인권과
사회복지

인권과
사회복지

엘리자베스 라이커트 외 지음 | KC대학교 남북통합지원센터 옮김

목차

약어

1995년 베이징선언 · 행동강령 Beijing Declararion and the Platform for Action, 1995

UN개발계획 United Nations Development Programme, UNDP

UN인권고등판무관 United Nations High Commissioner for Human Rights, UNHCHR

UN인권위원회 United Nations Commission on Human Rights, UNCHR

개발권선언 declaration on the right to development, 1986

경제적 · 사회적 · 문화적 권리에 관한 국제규약(A규약) International Covenant on Economic, Social and Cultural Rights, ICESCR

고문방지협약 Convention against Torture and Other Cruel, Inhuman or Degrading Treatment or Punishment

교육상 차별금지협약 Convention against Discrimination in Education

국제노동기구 International Labour Organization, ILO

국제사면위원회 Amnesty International

국제사회복지교육협의회 International Association of Schools of Social Work, IASSW

국제사회복지사연맹 International Federation of Social Workers, IFSW

국제연합 United Nations, UN

국제인권규약 International Covenants on Human Rights, ICHR

나이로비 미래전략 the Nairobi Forward-Looking startagies

미국사회복지교육협의회 Council on Social Work Education, CSWE

미국사회복지사협회 National Association of Social Workers, NASW

빈민의 경제적 인권 캠페인 Poor People's Economic Human Rights Campaign, PPEHRC

새천년개발목표 Millennium Development Goals

세계보건기구 World Health Organization, WHO

세계인권선언 Universal Declaration of Human Rights, UDHR

수감자 처우에 관한 최저기준 규칙 Standard Minimum Rules for the Treatment of Prisoners

시민적 · 정치적 권리에 관한 국제규약(B규약) International Covenant on Civil and Political Rights, ICCPR

아동권리협약 Convention on the Rights of the Child, CRC

여성에 대한 폭력철폐선언 Declaration on the Elimination of Violence against Women

여성차별철폐협약 Convention on the Elimination of All Forms of Discrimination against Women

여성환경개발기구 the Women's Environment and Development Organization, WEDO

우리의 권리 주장/아동 권리의 재주장을 위한 모임 Claiming our Rights/Reclaiming our Children, CORROC

유니세프(UN아동기금) United Nations Children's Fund, UNICEF

이주노동자권리협약 International Convention on the Protection of All Migrant Workers And their Families

인간개발지수 Human Development Index, HDI

인종차별철폐협약 International Convention on the Elimination of All Forms of Racial Discrimination

장애인권리협약 Convention on the Rights of Persons with Disabilities

전국사회복지행동연합회 Social Welfare Action Alliance, SWAA

차별금지법제관용과 차별의 철폐에 관한 선언 Declaration on the Elimination of All Forms of Intolerance and Discimination Based on Religion or Belief

토착 원주민 권리에 관한 선언서 draft declaration on the Rights of Indigenous Peoples

휴먼라이츠워치 Human Rights Watch, HRW

인권에 대한 사회복지 관점

—

엘리자베스 라이커트*Elisabeth Reichert*

최근까지 미국과 다른 나라들의 사회복지 전문직은 사회복지 정책과 실천에 인권이라는 개념을 통합시키는 것을 주저해왔다. 사회복지학자들이 사회복지 교육과정에서 인권의 중요성에 대해 이야기하기도 하지만, 현실적으로 사회복지사의 직무 내에서 인권의 중요성이 충분히 인정받았다고 하거나 녹아들었다고 하기에는 거리감이 있다.

특히 미국의 경우, 사회복지 전문직 내에 인권에 주목하도록 이끄는 것이 어려운 측면들이 있다. 이러한 어려움을 극복하는 데 있어 가장 큰 장애물은 이 분야에 적절한 문헌이 없다는 점이다. 인권에 관한 대부분의 학술서들은 사회복지와 거의 관련이 없고, 경제적 · 사회적 · 문화적 권리에 대한 논의가 대부분이다. 정치적 권리와 시민적 권리는 인권과 관련된 책들에서 많이 다뤄지는 주제들임에도 불구하고, 이러한 책들이 사회복지사가 직무를 수행함에 있어 명확한 연관성이 있는가에 대해서는 의문이 남는다. 그러나 경제적 · 사회적 · 문화적 인권의 원칙은 사회복지의 윤리, 가치 그리고 원칙에 배어 있다. 따라서 사회복지사들에게 인권과 직무의 연관성에 대한 이해를 돕기 위한 역동적인 논의를 제시하는 것이 이 책의 취지이다.

전 세계에서 사회복지를 연구하고 가르치는 교육자들과 실천활동을 펼치는 전문가들이 힘을 모아 저술한 이 책은 현재 사회복지 관련 문헌 내에 존재하는 큰 차이를 다루고 있다. 각 장들은 하나의 중요한 주제, 즉 오늘날 사회복지사들에게 가장 밀접한 분야인 경제적 · 사회적 · 문화적 인권의 강조와 함께 사회복지의 맥락에서 인권에 초점을 맞춘다. 이 책의 각 장은 세계 곳곳에서의 경험을 토대로 한 연구자들의 다양성을 담고 있다. 그러므로 경제적 · 사회적 · 문화적 인권문제에 대한 그들의 시각은 서구 사회 대 비서구 사회 등과 같은 다양한 각도에서 해석된다. 각 장들의 주요 주제는 조금씩 다르지만 다음과 같은 문제들을 공통적으로 고민했다.

- 사회복지 전문직이 인권을 정책과 실천에 어떻게 접목시킬 수 있는가?
- 문화 상대주의라는 개념이 보편적인 인권의 개념과 함께할 수 있는가?
- 인권은 확실히 경제적 · 사회적 발전을 증진시키는가, 아니면 단지 부유한 서구 사회가 개발도상국들을 통제하는 도구로 쓰일 뿐인가?
- 성별은 인권의 실현과 어떤 관련이 있는가?

우리 필자들은 인권문제가 복잡한 문제임을 인정하지만, 그 복잡성을 이해하는 동시에 관련된 쟁점들을 다루고자 한다.

쟁점

필자들은 독자들에게 구체적인 현대의 인권문제를 사회복지 맥락에서 소개하기 위해 여러 쟁점들 중에서 다음의 주제들을 다루었다.

- 시민적 · 정치적 권리가 경제적 · 사회적 권리보다 더 우위에 있어야 하는가?
- 사회복지 전문직은 국내적 혹은 국제적 차원의 부당성을 바로잡는 데 일조하는 임무를 갖는다. 그런데, 부유한 국가들이 개발도상국들을 도와주어야 할 의무가 있는가?
- 문화 상대주의는 어떤 문제에 대한 문화적으로 특정한 시각을 말한다. 인권이라는 맥락 내에서, 문화 상대주의는 문화적으로 특정한 주제가 인권원칙에 어긋날지라도 이를 실현하는 구실로 쓰일 수 있다. 이러한 관점에서 볼 때, 문화 상대주의는 인권침해의 구실로 작용하는가?
- 인권의 실현에 있어 성별은 어떤 역할을 하는가?
- 저소득자들에게 의료 서비스를 포함한 기본 인권이 주어져야 하는가?
- 변호사들과 사회복지사들은 인권을 증진시키는 데 있어 공동의 목적을 찾을 수 있는가?

1장은 인권이 어떻게 사회복지 전문직에 "사회정의"라는 남용된 범주 안에 포함되지 않는 포괄적이고 현대적인 지침을 마련해주는가에 대한 논의이다. 필자는 인권에는 항상 논란과 갈등이 수반됨을 이야기하며,

특히 문화 상대주의와 보편주의라는 측면에서의 갈등을 살펴본다.

2장에서는 국제사회복지교육협의회IASSW와 국제사회복지사연맹IFSW 모두 인권을 이론과 실천에 접목시키는 것을 중요하게 강조하고 있음을 바탕으로 한다. 사회복지사들이 수행하는 기술들은 소속 기관으로 하여금 모든 사람들이 인권을 누리도록 보장하는 데 중요한 역할을 하게 한다. 하지만 사회복지사들이 이러한 전문 기술을 최대한 활용하기 위해서는, 사회복지 교육과정에 인권증진에 조력할 지식과 기술을 얻는 데 필요한 체계가 마련되어야 한다. 인권은 보이지 않는 상태에서부터 드러나며 학회에서 그리고 실천현장에서도 명쾌하게 다뤄지는 주제가 된다는 점을 지지한다.

3장에서는 "세계적 분배정의"라는 개념을 인권의 차원에서 살펴본다. 부유한 나라와 가난한 나라 사이의 문제에 관한 이 획기적이고도 시사하는 바가 많은 시각은 세계 각지에서 활동하는 사회복지사들에게 중요한 쟁점을 제시한다. 더 부유한 국가들과 개인들은 인권이라는 맥락에서 이 불평등함을 다뤄야 하는가? 이러한 시각이 만연하다면, 더 부유한 국가들은 세계적 재분배를 인정하는 경향이 클 것인가? 인권에서 격논되는 부분은 문화적으로 특별한 관습과 보편적인 원칙 간의 관계이다.

4장에서는 보편주의 대 문화 상대주의의 쟁점과 이 두 개념 간의 갈등을 다룬다. 보편주의는 인권을 서구의 제국주의적 계획의 일부로 보고 비판하게 하는 데 일조하였다. 필자는 보편주의 대 문화 상대주의의 쟁점은 이 두 극단의 의견이 양립할 수 없기 때문에 조심스럽고 정교한 분석이 필요하다고 본다. 또한 단순히 법리적 차원에서의 인권 접근법이 얼마나 미흡한지에 대해서도 다루는데, 법이 아동학대나 가정폭력과 같은 가장 뻔한 학대 이상의 것을 중재하기 위하여 사적 영역에 개입하지 않는다는 점을 지적하다. 필자는 아래에서부터의 인권에 대한 정의를 내리는 것과 사람들이 인권에 대한 그들만의 정의를 내릴 수 있도록 도와주는 것이 중요하다고 말한다.

5장에서는 세계적 개발에 대해 이야기하면서 경제적 개발은 세계 인구의 일부에게만 번영을 안겨주며 비도시 지역 중 상당한 곳은 계속 궁핍한 생활을 한다고 지적한다. 필자는 사회개발에 관한 이론과 실제에는 인권이 포함되어 있지 않음을 지적하면서 사회복지에 대한 권리-기반 접근법을 고취하는 데에 있어 사회개발에 관련된 다양한 인권 규정이 어떻게 사용되는지를 보여준다. 교육, 건강, 영양, 모성에 대한 복지, 주거문제 등을 다루는 정부 프로그램은 더 이상 자유재량에 의한 것이 아니라 인권 관련 국제협약들의 법적 효력을 따라야 한다고 지적한다. 혹자는 경제적 · 사회적 · 문화적 인권이 법률적으로 시행될 수 없다고도 하지만, 필자는 경제적 · 사회적 · 문화적 인권을 바로잡는 데 있어 법률들이 어떻게 정당한 수단으로 사용되었는지를 사례를 통해 드러낸다. 공익 소송이라고 알려진 이러한 소송들을 위해 애써온 NGO 및 인권옹호단체들에 대해서도 소개한다.

6장에서는 미국의 경제적 · 사회적 인권문제에 더 깊이 관련된 주제를 다루면서 켄싱턴복지권연합KWRU에 대해 소개한다. 켄싱턴복지권연합은 필라델피아 켄싱턴 지역의 엄마들이 교회 지하에 모여 복지와 의료 지원이 축소된 상황에서 자신들과 자녀들을 어떻게 먹여 살릴 것인가에 대해 이야기를 나누면서 시작되었다. 이 단체는 세계인권선언에 대해 공부했으며, 이제 세계인권선언을 기본 토대로 활동을 이어나가고 있다. 필자들은 또한 지역사회를 중심으로 이루어지는 빈민의 경제적 인권 캠페인PPEHRC에 대해서도 설명한다. 이 운동에 관련된 단체들이 행동함에 있어 왜 사회복지사들이 경제적 · 사회적 인권을 이해하고 배워야 하는지를 설명한다. 그러한 지식이 없다는 것은 가난, 경제적 빈곤과 같은 사회문제를 다루는 데 필요한 도구가 없는 것과 마찬가지라고 말한다.

7장은 역사적, 철학적 이유로 시민적 · 정치적 권리가 경제적 · 사회적 · 문화적 권리보다 우선한다는 일반적인 견해에 대해 검토한다. 이러한 문제의 일부는 시민적 · 정치적 권리를 경제적 · 사회적 권리들보다 우선하는 것으로 여기는 미국 및 유럽의 정책 때문이라고 할 수 있다. 그러나 인권은 우선순위를 구분할 수 있는 것이 아니며, 경제적 · 사회적 권리에 대한 완전한 인식이 없다면 인권의 실현은 어려울 수밖에 없다.

제8장은 다양한 각도(여성의 경제적 권리, 건강에 대한 권리, 폭력으로부터의 보호, 성/모성에 대한 건강, 에이즈, 법 등)에서 인권으로서의 여성의 권리를 검토한다. 예를 들어, 전쟁 시 혹은 문화라는 구실에 따른 전통적 관습들에 의해 여성들은 전 세계적으로 그 어떤 집단보다도 심각한 인권침해를 경험한다는 국제사면위원회Amnesty International의 결론과 같이, 이 장의 필자는 여성들에게 가해지는 세계적인 억압에 대한 심리적 분석의 중요성을 강조한다. 또한 추상적인 열망으로서의 사회정의와 인권은 부족함이 있다고 주장한다. 인권은 실제 실행되는 방향으로 사회복지 교육과정에 스며들어야 한다. 원칙은 학습의 모든 부분에 포함되어야 하

며 전문 교육의 모든 면에서 중심이 되어야 한다.

9장에서는 구치소 및 교도소에 수감 중인 여성들의 신분을 조사하고 그들의 상황을 인권유린의 측면에서 바라본다. 여기서 강간, 보복, 부족, 강요된 알몸 노출, 폐쇄적인 체제에서의 임신, 강요된 낙태와 같은 사건들이 강조된다. 이러한 행위들은 미국에서 휴먼라이츠워치와 국제사면위원회에서 보고한 소송사건을 통해 드러난다. 필자는 수감된 여성들의 상태를 "모든 사람들은 (개개인의) 건강과 복지에 맞는 생활수준에 대한 권리가 있다"라는 세계인권선언 제25조와 연결하여 설명한다. 필자는 약물중독이나 정신병과 같은 사회문제를 처리하는 데 필요한 것들이 제대로 갖춰지지 못한 교도소로 인하여 수감자들에 대한 인권침해가 발생한다고 주장한다. 그리고 교도소 외부의 자원을 투입함으로써 이러한 문제를 해결할 수 있다고 강조한다. 또한 여성 수감자들을 남성 수감자들과 같은 방식으로 대하는 것에 경고한다. 여성과 남성을 똑같은 방법으로 대하는 것은 여성에 대한, 그리고 많은 경우에 모성에 대한 침해가 된다.

10장에서는 UN아동권리협약의 맥락에서 아동들의 삶과 발달에 초점을 맞춘다. 필자는 협약의 주요 내용을 사회복지 실천과 연결하여 설명하면서 아동의 복지문제를 다루는 데 있어 이 협약의 유용성을 보여준다. 필자는 아동의 권리와 가족의 권리 간의 갈등을 검토하며 미국을 제외한 거의 모든 나라가 이 협약을 비준하여 받아들였다는 사실과 함께 아동의 권리에 관한 미국의 복지사업에 문제를 제기한다. 필자는 사회복지사들이 협약의 목표와 기대에 대해 스스로를 교육해야 한다고 주장하며, 사회복지 관련 단체와 기관들이 협약의 내용을 어떻게 구현할지에 대해 의식적으로 고민해야 하고, 인권원칙들에 위배되는 관행들에 대해 이의를 제기해야 한다고 말한다.

11장에서는 사회복지 전문직들이 인류의 비극을 대하는 데 필요한 잠재력에 초점을 맞출 것을 유도한다. 필자는 "사회복지는 인간이 만들어낸 수많은 비극에 대한 본질적 인권 접근법으로서, 인권 체계의 보편적이고, 나눌 수 없으며, 양도할 수 없는 부분에 스모가스보드smorgasbord식의 초점을 맞춘다는 전제 하에 스스로 잘 재정비할 수 있다…"고 주장한다. 필자는 그 목표를 달성하는 것에 낙관적인 입장이면서도 사회복지 전문직의 현실정치에 대해 자신이 쓴 글을 참조함으로써 그 낙관이 다소 어려울 수 있음을 말한다.

12장에서 법적 관점과 사회복지적 관점을 통해 인권을 검토함으로써 이 책의 끝을 맺는다. 필자는 변호사들과 사회복지사들의 다양한 접근법들을 분석한 뒤 변호사들과 사회복지사들이 서로 적극적으로 협력함으로써 인권을 훨씬 증진시킬 수 있다고 조언한다. 그들의 역할은 다를 수 있으나 경제적 · 사회적 · 문화적 인권을 증진시키려는 공통된 목적이 있음에 주목한다.

이 모든 장들은 사회복지사들에게 현대의 인권과 사회복지 실천을 접목시키는 도전과제를 제시하는 동시에 그 해결의 길을 모색할 수 있도록 한다.

1

21세기 인권들

사회복지 실천을 위한 새로운 패러다임 조성

엘리자베스 라이커트 *Elisabeth Reichert*

엘리자베스 라이커트 *Elisabeth Reichert*

서던일리노이대학교 사회복지대학 교수이다. 풀브라이트 장학금으로 테네시 대학 사회복지학과에서 학위를 받았고, 독일에서도 같은 학위를 받았다. 임상 사회복지실천에 힘을 쏟아 왔으며, 1994년부터는 사회복지 정책과 실천을 후학들에게 가르치고 있다.

주요 저서

- Social Work and Human Rights: A Foundation for Policy and Practice (국내번역서: 사회복지와 인권, 국가인권위원회 사회복지연구회 역, 인간과복지, 2008)
- Understanding Human Rights: An Exercise Book (인권 이해: 연습문제집)

결국, 인권은 어디에서 시작되는 것인가? 작은 장소들, 즉 대단히 친밀하고 작아서 전 세계의 어떤 지도에서도 보이지 않는 가정과 같은 곳에서 시작된다. 그리고 그가 살고 있는 이웃, 다니는 학교나 대학, 그들이 일하는 공장, 농장, 회사들 같은 개인들의 세계이다. 또한 모든 남성과 여성, 아동들이 동등한 정의, 동등한 기회, 차별 없는 동등한 존엄성을 추구하는 곳들이다. 인권은 이러한 각 장소에서 의미가 없다면 어느 곳에서도 의미가 없을 것이다.

—

엘리너 루즈벨트*Eleanor Roosevelt*,
국가조정위원회*National Coordinating Committee*,
세계인권선언 50주년 기념식, 1998.

서론

인권의 기본적인 개념들은 역사적으로 교육, 평등, 보건, 주거, 공정성 등의 차원을 고찰하는 사회복지 전문직에 있어서 별반 새로운 것은 아니며, 이 모든 차원들은 인권이라는 하나의 개념에 잘 부합되는 것들이다(NASW, 2003; Wormer, 2004; Wronka, 1998; Staub Bernasconi, 1998; Ife, 2001). 사회복지 전문직은 이 중 어떤 차원이든 그 정책과 실천에 있어 전문직을 이끌어가야 한다는 점에서 인권과 공통점이 있다.

그러나 미국의 사회복지 전문직은 아직 커리큘럼과 정책진술에 있어 인권과의 명확한 연관성을 제시하지 못하고 있다(Reichert, 2003). 사회복지 문헌들에서 사회복지와 인권을 연결하여 분석하려는 진지한 노력들이 나타나기는 하지만 아주 드문 경우이며, 다루어진다고 하더라도 대체로 피상적인 수준이다(Reichert, 2003). 따라서 인권에 대한 기록이나 원칙들에 대한 상세한 분석은 아직 초창기라 할 수 있다. 사회복지사들이 진심으로 사회복지에 있어서 인권이 얼마나 중요한지를 이해하도록 하려면 인권교육에 훨씬 더 많이 힘써야 한다. 미국사회복지교육협의회Council on Social Work Education, CSWE가 인권에 대한 교육을 사회복지 커리큘럼의 일부로 의무화하면서 이제 더 이상 사회복지 교육에서 인권은 소홀히 할 수 없는 문제가 되었다(CSWE, 2003).

사회복지 전문직과 인권과의 관계는 미국에서보다 국제적 차원에서 더 큰 발전이 진행되어 왔다. 국제사회복지사연맹International Federation of Social Workers, IFSW에서 발간한 정책 백서policy paper에서는 "사회복지사들은 UN세계인권선언Universal Declaration of Human Rights과 그 선언에서 파생된 국제조약들에서 규정한 개인과 집단들의 기본 인권들을 존중한다"(IFSW, 2005)고 언급하고 있다. 사회복지에서 인권의 중요성을 강조하는 국제정책에 대해 살펴봄으로써 미국 내 사회복지 전문직은 인권에 대한 연구를 보다 진지하게 진행할 필요가 있다.

이 장에서는 인권에 대한 사회복지 문헌의 부족과 이러한 부족함이 보완되어야 할 중요성에 대하여 다루고자 한다. 사회복지 전문직은 인권에 좀 더 초점을 맞춘 분석적인 접근을 채택함으로써 그 사명을 이행할 수 있다.

왜 인권을 사회복지의 일부로 보아야 하는가?

사회복지 전문직의 주요 사명은 사람에 대한 복지를 강화하는 것이며, 특히 취약하고 억압받는 빈곤층의 욕구와 역량강화에 관심을 기울이면서 그들의 기본적인 욕구가 충족되도록 돕는 것이다(NASW, 1999). 사회복지의 역사적이고 규정적인 특징은 전문직의 초점을 사회 속의 개인의 안녕에 둔다는 점이다(Reichert, 2006a).

사회복지사의 역할은 광범위하다. 그리고 아동을 비롯한 다른 취약계층을 보호한다. 사회복지사의 일은 여러 분야와 연결되어 있다. 상담자로서의 역할을 수행하기도 하고, 국제적인 구호작업을 수행하며 재난지원의 일선에서 일하기도 한다. 또한 모든 계층의 사람들에게 사회 서비스를 전달하는 일을 지원한다. 달리 말해, 사회복지사가 없다면 전 세계는 희망적이고 행복한 환경을 누리게 될 가능성이 적어질 것이다.

이제, 사회복지 전문직은 그동안의 발전과 성취를 뛰어 넘어 미래에 나타날 도전과 욕구들에 대한 준비도 해야만 한다. 사회복지 전문직은 사회적 변화에 적응해야 하고 효과적으로 대응해야 한다. 그러기 위해선 무엇이 필요한가? 간단히 답하면, 사회복지의 사명에 역행하는 실천과 정책에 대한 무비판적 추종을 멀리하고 인권을 훨씬 가까이 해야 한다.

사회복지 실천의 원칙 속에는 빈곤한 개인에게 주거 공간, 음식, 의료보호가 반드시 제공되어야 함을 확실히 하고자 하는 의도가 담겨 있다. 어떤 사람이 실업자라거나 기본적인 욕구를 해결할 만한 소득이 불충분하다고 해서 가치가 없다고 말하는 것은 사회복지의 핵심과 모순된 것이다. 그러나 미국의 복지법은 저소득층 사람들의 경제적 상황에 대해서 최소한의 지원만을 제공한다(Reichert & McCormick, 1997, 1998; Blau & Abramovitz, 2004). 사회복지사들은 근본적으로 사회복지 혜택을 받는 사람들과 받지 않는 사람들을 결정하는 법적 지침들에 따를 수밖에 없는 경우가 많다. 이때 생각해야 할 중요한 질문은 사회복지법이 사회복지 실천의 주요 목적과 부합되지 않을 때 어떻게 사회복지사들은 사회복지 전문직이 사회복지의 사명에 더 잘 조화되도록 맞추어나갈 수 있을 것인가 하는 것이다. 한 가지 선택은 전문직이 인권원칙들을 받아들이고 이 원칙들이 법규에 반영될 수 있도록 정치가들을 상대로 로비활동을 벌이는 것이다. 이러한 노력의 분명한 출발점은 인권의 의미를 이해하는 것이다. 그 이해를 토대로 사회복지사들은 입법자들로 하여금 인권원칙들을 사회복지법규 안에 포함시키도록 지원하는 법적 영역으로 나아갈 수 있을 것이다.

인권에 대하여

미국에서의 사회복지 전문직은 위에서 말한 것처럼 아직 인권문서 및 인권원칙을 정책과 실천의 영역으로 가져오지 못했다. 사회복지와 관련된 문제들을 다룬 최근의 여러 정책 제안들에서 미국사회복지사협회National Association of Social Workers, NASW는 인권을 국제 분야 및 여성 분야에서 단 두 차례만 간략히 언급하였다(NASW, 2003). 미국사회복지사협회는 인권과 사회복지의 강력한 역사적 유대관계를 강조하면서도, "사회복지 전문직이 인권을 사회복지 정책, 실천, 연구, 프로그램의 우선순위를 평가하기 위한 근거로 충분히 활용하고 있지는 않다"(p. 211)는 것을 인정하고 있다.

미국사회복지사협회의 윤리강령에는 인권에 대한 언급조차 없지만, 최근 사회복지대학 인증을 위한 교육기준(NASW, 1999; CSWE, 2003)에서 인권에 대해 언급한 바 있다. 비록 이 교육기준에서 인권에 대한 언급이 아주 미미하기는 하지만, 그래도 사회복지 교육에 인권이 통합되어야 할 필요성이 있음을 이야기했다는 의미가 있다. 사회복지사로서의 윤리나 사회복지 교육에 있어 인권의 개념이 분명하게 의무화되지 않는다면, 사회복지 전문직이 정책과 실천 속에 인권을 포함시키는 것도 어려울 수밖에 없다. 그리고 사회복지 전문직이 인권을 옹호하지 않으면 입법자들이 법규 초안에 인권원칙들을 빠뜨리게 될 것은 자명하다.

사회정의와 인권

사회복지 문헌은 계속적으로 사회복지와 관련된 핵심 문제들을 분석하는 데에 있어서 "사회정의social justice"라는 용어를 선호한다(Swenson, 1998; Reichert, 2001, 2003). 비록 인권이 사회정의의 개념을 대신하지는 않지만, 인권원칙 속에는 사회정의, 그리고 그와 연관된 더 명확하고 포괄적인 지침들이 포함되어 있다는 점에서 중요하다. 미국사회복지사협회는 사회복지 분야에서 인권원칙들에 비교되는 사회정의의 한계점들을 인식하고 있다.

> 사회복지는 그 전통을 자랑스러워한다. 그것은 근본 가치와 관심사로서의 사회정의가 깊이 침투된 유일한 전문직이다. 그러나 사회정의는 시민적, 정치적 이해관계에 따라 무엇이 공정하고 부당한가가 결정된다. 반면, 인권은 사회정의를 포함하면서도 차별 없이 모든 인간의 기본적인 생명유지 욕구를 고려한다는 점에서 시민적, 정치적 이해관계를 초월한다.(NASW, 2003, p.211)

인권은 사회복지 전문직에 국제적이고 현대적인 일련의 지침들을 제공해주는 반면, 사회정의는 공정성 대 불공정성 혹은 평등 대 불평등과 같은 모호한 용어로 규정되는 경향이 있다(Reichert, 2003). 이러한 구분을 통해 인권에는 사회정의에 결여되어 있는 권리가 포함됨을 알 수 있다. 인권은 모든 계층과 전 세계 모든 곳의 사람들로부터 공통된 문제들에 대한 논의를 이끌어낼 수 있다. 공통된 인권문제에 대한 세계적 관심이 효과적 조치로 이어진 한 가지 예로 여성폭력 문제를 꼽을 수 있다(United Nations, 1981; Beijing Declaration and the Platform for Action, 1995). 예를 들면, 풀뿌리 운동 및 정부에 대한 압력은 여성폭력이 갖는 유해성에 대한 인식을 확산시켰으며, 여성폭력을 방지하기 위한 규정 마련으로 이어졌다. 이는 사회복지사와 전 세계 사람들 사이에 여성폭력이 인권에 대한 침해라는 공통된 이해가 만들어진 결과이다. 반면

"사회정의"를 중심으로 조직된 캠페인은 이와 같은 효과를 끌어내지는 못했다. 왜냐하면 한 국가나 집단에서 사회정의의 침해에 대한 책임은 대체로 인권의 침해에 대한 책임보다 더 강력하지 않기 때문이다. 물론 사회정의 역시 사회복지의 사명에서 중요한 부분이지만, 사회복지에서 공통된 문제를 다루는 데 있어 인권보다 중요한 것은 아니라고 말할 수 있다.

인권이란 무엇인가?

사회복지에서 인권을 가르칠 때의 근본적인 문제는 이 권리들이 무엇인가에 대한 명확한 규정을 내리는 것이다. 왜냐하면 사회복지사들은 대부분 정치나 법의 범주 안에서만 인권에 대한 언급을 하게 되기 때문에 인권과 사회복지의 연관성을 부각시키는 것이 쉽지 않다. 인권이 보통 정치적 상황, 특히 다른 국가들과의 관계에서만 주로 언급되면서 사회복지에서 인권의 중요성은 평가절하되기도 했다(Reichert, 2003). 미국의 정치가들이 인권을 이야기할 때는 주로 미국보다 경제적 발전을 이루지 못한 먼 나라의 상황을 설명할 때이다. 한 가지 예로, 미국이 아프리카에 지원을 제공하기 전에 인권을 존중해야 한다고 말할 때 "인권"이라는 용어는 정확하게 무엇을 의미하는 것인가? 분명 모든 사람은 그 의미를 이해하며, 미국 정부가 아프리카 국가들을 지원하기 전에 인권을 존중해야 한다는 것에 기꺼이 동의할 것이라는 것을 가정하고 있다.

정치가들은 이렇게 인권의 개념을 더욱 혼란스럽게 하며, 법률가들은 일상생활이 아닌 학문적인 글이나 법정에서 더 용이하게 사용할 수 있는 법률용어로서 인권을 이야기한다. 사회복지사들이 인권에 대한 주제를 명확하게 인식하지 못하고, 사회복지와 거리가 있는 정치가나 법률가들에게 더 어울리는 것으로 생각한다는 것은 놀랍지 않다. 여기에서는 인권에 대한 섬세한 연구를 통해 이 문제를 드러낼 것이며, 사회복지사들은 최소한 정치가와 법률가들이 그러하듯이 인권원칙의 실행을 위해 많은 주장들을 하게 된다는 것을 보여줄 것이다.

인권의 정의

인권은 정치적 · 경제적 · 사회적 영역을 포함하며, 욕구를 규정할 때에도 전 세계적으로 적용되는 일련의 개인적 권리들을 나타낸다. 다음은 UN(United Nations, 1987)이 제시한 일반적인 정의이다.

> 인권은 우리의 본성에 내재된 권리이며, 그것 없이는 인간으로서 살 수 없는 권리이다. 인권과 기본적인 자유를 통해 우리는 우리의 인간성 · 지성 · 재능 · 양심을 충분히 발전시키고 활용할 수 있게 되고, 우리의 정신적인 욕구 및 다른 욕구들을 만족시킬 수 있게 된다.

그러나 우리는 어떤 본성이 이 정의를 지배하고 있는가에 대해 질문할 수 있다. 미국인들에게 전기나 흐르는 물에 대한 접근성은 내재적 권리로 볼 수 있다. 반면 제3세계 국가들에서는 단순히 그저 충분히 먹는 것만으로 존엄성이 충분히 보장되는 것이라고 생각할 수 있다. 가치 있는 자원들을 획득하는 수단을 가지고 있는 사람들은 그러한 수단을 가지지 못한 사람들보다 인권에 대한 자격을 더 많이 갖고 있는 것인가? 결코 그렇지 않다. 그러나 인권과 관련한 근본적인 어려움은 자원을 분배하고, (개인들이나 집단들을 선별할 때가 아니라) 인권이 모든 사람에게 동등하게 반영될 수 있는 정책을 구축할 때에 발생한다(Reichert, 2003). 모든 국가 정부들은 특정한 권리와 자유를 인권으로 분류함으로써 (그 권리와 자유가 당연하다는 것을 뚜렷하게 밝히는 것이 복잡함에도 불구하고) 그 권리와 자유를 보장하는 여건들을 조성하는 공통된 목적을 인정한다.

인권에 대한 정의와 관련된 또 다른 복잡한 문제는 개인의 권리에 대한 강조이다. 어떤 사람이 인권을 당연하게 누리기 위해 요구되는 특정한 행동이 있는가? 예를 들어, 어떤 사람이 일이나 그밖에 생계를 위한 기회를 거부한다고 해도 그 사람은 공적 지원을 받을 권리를 가져야 하는가? 미국 시민들 중 교도소 안에 있는 수감자라고 해서 그들이 충분한 음식과 의료보호를 받을 자격이 없다고 주장할 사람은 거의 없다. 그러나 보통의 시민들은 수감자들이 어느 이상의 의료보호와 식량을 보장받아야 한다고 생각하지는 않는다. 이렇듯 인권원칙들과 모순되게 보이는 상황들을 극복하기 위한 논리적이고 자선적인 해결책은 모든 사람이 공통된 인도주의를 공유하고, 상황이 어떠하든지, 모든 개인이 기본적인 인권원칙에 따라 살 권리를 갖는 것이다.

세계인권선언

인권을 이해하는 데에 있어서 중요한 출발점은 UN의 모든 회원국들이 인정한 1948년 세계인권선언이다(Reichert, 2001). 이 선언은 구체적인 인권 목록을 제시했는데, 이는 어떤 국가에 대해 법적 구속력을 갖지는 않지만 적어도 한 국가가 이 선언을 승인한다는 것은 그 내용에 구체화된 권리들을 만족시키기 위해 노력하겠다는 것을 의미한다.

세계인권선언에서 다루는 권리들은 크게 3가지 부문으로 구분하여 볼 수 있다.

첫째는 소극적 권리로 미국에서 대부분의 사람들이 인권으로 인식하고 있는 정치적 · 개인적 자유에 관한 권리이다. 여기에는 차별, 노예제, 고문으로부터의 보호뿐만 아니라 정당한 법적 절차, 언론과 종교의 자유, 이동과 결사의 자유들이 포함되어 있다(UN, 1948, 제2~15조).

둘째는 적극적 권리로 각 개인들이 충분한 삶의 수준을 확보하려고 노력하는 것이다. 모든 사람은 "의식주, 의료보호, 필요한 사회 서비스 등 스스로와 가족의 건강 및 안녕을 위해 충분한 삶의 수준에 대한 권리를 가지고 있다", 게다가 "모성과 아동은 특별한 보호와 지원을 받을 자격이 있다", 그리고 모든 사람은 초등 수준의 교육을 무상으로 받을 권리를 가지고 있다(UN, 1948, 제16~27조).

세 번째 권리는 많은 국가들 사이의 집합적 권리와 관련된 것이다. 이는 3가지 부문 중에서 가장 덜 발달된 것이지만 국가와 개인들 사이의 연대가 이 선언의 핵심가치임을 의미하는 것이다. 1948년 세계인권선언에 따라 모든 사람은 선언에 기재된 "권리와 자유"가 충분히 전적으로 구체화될 수 있는 사회적, 국제적 질서에 대한 권리를 갖는다(UN, 1948, 제 28~30조). 근본적으로 집합적 인권의 증진을 위해서는 환경보호와 경제 발전 같은 세계적 문제에 대한 정부 간 협력이 필요하다. 한 집단의 국가들은 이러한 조건이 다른 집단의 성장과 번영에 방해가 된다면, 다른 집단에 대해 그와 같은 조건을 강제해서는 안 된다. 또 산업화된 국가들은 경제적 개발도상국들을 자원착취 등의 방식으로 이용하지 말아야 한다 (Reichert, 2003).

최근에는 어떤 국가도 인권을 위반했다는 오명을 받고 싶지 않아 하기 때문에 오히려 인권문제에 대해 아예 회피하거나 무관심한 태도를 취하는 경향도 나타난다.

> 세계적으로 시민사회의 활발한 움직임에 따라 인권 패러다임은 오늘날 전 세계 어떤 정부도 인권에 대한 요구를 대놓고 거부하거나 무시하지 못할 정도로 국가 정책과 국제적 관계에서 강력한 합법적인 힘이 되었다. 물론 각국의 정부는 인권침해에 대해 부인할 것이며, 국가의 상황에 따라 허용되는 규범에 맞추어 최선을 다하여 적극적으로 준수해왔음을 주장할 것이다. 그러한 국가들은 인권기준을 준수하는 "불편함" 없이 국제적인 합법성에 따른 이득을 얻으려고 할 것이다. 그러나 인권기준이 모든 국가에서, 심지어 가장 발전되고 안정된 사회에서도 헌법적 권리라는 것은 사실이다.(An Nai'im, 1995, p.427)

인권원칙을 준수하지 않는다는 꼬리표가 붙지 않도록 하기 위해 국가와 개인이 노력한다는 것은 결국 인권이 그만큼 중요함을 의미한다. 세계인권선언이 채택된 지 단 60여 년이 흘렀을 뿐이지만 이제 대부분의 국가는 인권이 전 세계의 중요한 목표임을 인식하고 있으며, 최소한 이에 대해 명시하고 있다(Reichert, 2006b).

하지만 아무리 미국이 세계인권선언에 나열된 첫 번째 인권 유형을 잘 따르고 있다고 할지라도 두 번째 인권 유형에 대해서는 부족함이 있다. 다른 많은 국가들에 비해 미국은 모든 사람을 위한 인권증진의 의무를 수행하는 데에는 실패하고 있다(Reichert & McCormick, 1997). 미국 정부가 모든 아동과 임신부에 대해 충분한 건강보호를 보장해주지 못하는 것은 미국의 정치지도자들이 중국, 쿠바, 이란 등이 지키지 못한다고 폄하하는 세계인권선언을 미국도 마찬가지로 무시하고 있는 것이다. 영아사망률은 다른 산업화된 국가보다 미국에서 더 높게 나타난다(Child Health USA, 2004a). 그리고 미국 내 영아사망률은 여러 인종집단을 비교할 때 아프리카계 영아사망률이 비히스패닉 백인 영아사망률보다 2배 이상 높게 나타나고 있다는 점에 주목해야 한다(Child Health USA, 2004b). 비록 높은 영아사망률이 불충분한 보건보호의 탓만은 아니라 하더라도 모든 거주민들에 대한 충분한 보건보호를 확보해주지 못하고 있다는 것은 명백한 사실이며, 이는 인권에 있어 중요한 문제이다.

UN은 세계인권선언을 토대로 세분화된 영역에 대한 인권을 구체화하여 경제적 · 사회적 · 문화적 권리에 관한 국제규약(A규약), 시민적 · 정치적 권리에 관한 국제규약(B규약), 아동권리협약, 여성차별철폐협약

등을 제시하였다. 미국을 비롯한 각 국가는 어떤 인권은 특별하게 보장할 수 있지만 또 어떤 인권에 대해서는 무시할 수도 있다. 다시 말해 이러한 규약이나 협약들은 강제성이 부족하고, 보건보호에 대한 미국의 입장처럼 각 국가는 특정 인권에 대해 선택적으로 시행하는 위선을 드러내게 된다.

문화 상대주의: 인권의 필수요소

개별 국가들이 인권을 실행하게 하는 단순한 대안은 없다. 인권을 적용함에 있어 어느 편에도 서지 않는 문화 상대주의는 인권이 보편적으로 실행되는 데에 있어 장애물이 되기도 한다.

인권은 보편적인 권리라고 하지만, 각 개별 문화는 저마다의 가치와 윤리를 갖기 때문에 양자 간에 모순이 발생하게 된다. 인권을 특정 문화에 대한 이해 없이 보편적으로 적용하게 된다면 한 국가의 문화적 정체감이 약화될 수 있으며, 이는 그 자체로 인권침해일 수 있다.

경제적 · 사회적 · 문화적 권리에 관한 국제규약에서 언급하고 있듯이 "모든 사람은 시민적 · 정치적 권리뿐 아니라 자신의 경제적 · 사회적 · 문화적 권리를 누릴 수 있다"(UN, 1966). 문화는 자주, 혹은 필요에 따라 개인이나 집단이 인권을 어떻게 규정할 것인지 그 관점을 형성하는 데 기여한다. 그리고 이로 인해 "인권은 보편적인 것이다"라는 인권의 대원칙이 흔들리게 된다.

문화 상대주의에 따르면, 모든 관점들은 모두 동등하게 타당한 것이며, 진리라고 하는 것도 그것이 개인의 혹은 자신의 문화에 속하기 때문에 상대적인 것이다. 윤리적, 종교적, 정치적 신념은 개인이나 사회의 문화적 정체감과 연결될 때에만 진리가 된다. 여전히 문화 상대주의는 어떤 측면에서는 유의미하다. 예를 들면, 각 국가는 언어, 음식, 옷, 예술, 건축 등에 있어 상대적인 차이점을 갖는 것이 좋다(Pasamonik, 2004). 또 "문화 상대주의는 각 문화가 서로 맞물려 있어서 그것들 중 어떤 것도 다른 부분들과 문화 전체, 소위 문화패턴이라고 하는 것에 대한 언급 없이는 이해하거나 평가할 수도 없는 부분들을 가진 특별한 전체이기 때문에 문화들 사이에는 바꿀 수 없는 다양성이 있음을 주장한다"(Lawson, 1998, p.13).

그러나 맹목적으로 문화 상대주의를 받아들이는 것은 문화규범을 만드는 사회구조를 무비판적으로 수용한다는 것이 전제되기 때문에 문제가 된다. 따라서 누가 문화, 종교, 법적 규범을 결정하든 사회복지사들은 보편적인 인권원칙들을 위배하는 문화 상대주의를 무비판적으로 받아들이는 것에 유의해야 한다.

보편주의와 문화 상대주의의 균형

인권에 대한 보편적인 원칙과 특정 문화, 종교, 법적 규범들 사이에 발생하는 갈등을 해소하기 위해 인권의 맥락에서 몇 가지 지침들이 조심스럽게 제기되었다. 문화 상대주의의 한 예로, 미국의 사회정책들은 음식,

주거, 의료보호 등과 같은 경제적 · 사회적 인권을 보장해주지 못한다 (Reichert, 2003). 비록 이러한 지원들이 개인 기부자, 정부, 친척의 도움 등 다른 방법을 통하여 가능하다고 하더라도 미국의 문화적, 법적 기준들은 이 지원을 인권으로 보지는 않는다. 왜 이러한 상황이 세계에서 가장 부유한 국가에 속하는 미국에서 일어나고 있는지를 분석하기 위하여 다음의 지침들을 살펴보자.

- **문화실천의 역사를 탐색한다.**

  선언이나 다른 인권문서에 의하여 수립된 특정 인권과 상충되는 문화규범의 역사나 배경은 무엇인가? 그 문화규범이 만들어져온 배경은 무엇인가?

- **문화규범을 결정하는 막강한 세력자들을 탐색한다.**

  문제시되는 문화규범이 민주적 과정에 따라 만들어진 것인가? 많은 목소리들이 그 결정에 포함되었는가, 혹은 단지 특정 사회계층에 의하여 결정되었는가?

- **오늘날의 인권 안에서 문화규범을 탐색한다.**

  오늘날의 인권기준들 중에서 어떤 기준에 따라 문화실천이 비교되어야 할 것인가? 이는 중요하게 고려해야 할 사항인데, 왜냐하면 수년간 존재해온 문화규범들이 시간의 경과에 따라 오늘날의 인권기준들과 양립될 수 없어 보이기 때문이다.

사회복지사들은 특정 정책이나 실천에 대해 역사적 배경 및 민주주의적 요인, 오늘날의 인권기준 등을 분석함으로써 인권에 있어 문화 상대주의의 역할을 더 잘 이해할 수 있다. 또 이러한 분석을 통하여 사회복지사는 정책이나 실천이 인권과 상충될 때 문화 상대주의를 통제해야 하는지의 여부를 결정할 수 있게 된다.

문화 상대주의에 관한 분석

경제적 · 사회적 인권에 대한 미국의 입장과 관련된 예로 다시 돌아가 생각해보자. 문화 상대주의는 음식, 주거, 충분한 의료보호를 인권으로 생각하지 않는가? 비록 음식, 주거, 의료보호에 대해서 모든 사람이 욕구를 갖고 있다는 데에 의문을 갖지는 않는다 하더라도 모든 사람이 이러한 욕구를 인권으로 주장할만한 자격을 갖고 있는가에 대한 의문을 제기할 수 있다.

- **역사적 배경**

  미국의 역사를 살펴보면, 그동안 경제적 권리는 인권이라고 볼 수 없을 만큼 개인주의적 관점을 취한다. 이는 자기충족이 규칙이었던 지난 시절과 관계가 있다. 과거의 정부는 국가의 일부 영역에서만 존재했고, (복지와 관련된) 지원은 그저 개인이나 개인이 속한 공동체를 통해 이루어졌다. 하지만 오늘날의 정부는 사회의 모든 영역에서 존재하기 때문에 상황이 바뀌었다. 따라서 비록 미국의 역사가 개인주의 이념을 지지한다 하더라도 이제 그 현실은 완전히 달라졌다.

• **민주주의적 요인**

많은 사람들은 아마도 일반적으로 정부는 경제적 · 사회적 인권을 보장해 주지 말아야 한다는 데에 동의할 것이다. 그러나 만일 어떤 사람이 자신이 의료보호나 주거가 없다는 것을 알게 되면 그때 그 사람은 생각을 바꿀 것인가? 정치가들이 최소한 그 체계를 다른 형태의 건강보호로 대체하지 않고 의료보호를 폐지하는 것은 불가능할 것이다. 그러나 그것을 요구할 수 있는 법적 근거는 없다. 기본적인 경제적 · 사회적 인권들을 보장해주지 않는 오늘날의 정책은 아마도 특정 문화적 정체감보다는 특별한 이해에 근거한 정부정책과 관계가 있는 것이다.

• **오늘날의 인권기준**

많은 국가들은 전 세계적으로 경제적 · 사회적 인권들이 정치적 인권처럼 중요하다는 것을 인정한다. 그리고 그러한 권리들이 널리 지켜지도록 확실히 하기 위한 조치를 취한다(UN, 1966). 그러나 미국은 인권에 대한 충분한 고려가 부족한 나라 중 하나이다. 즉 "미국의 아동들 중 20%는 빈곤상태에 놓여 있다. 이는 전 세계 산업국가들 중 가장 높은 비율이다. 그리고 수백만 명의 젊은이들은 충분히 교육받지 못한다. 또 수백만 명의 젊은이들이 실업상태에 있다. 수백만 명은 기아상태에 있으며, 또 수백만 명은 건강보험이 없다. 이로 인해 수많은 미국인들이 조기에 사망하게 된다"(Sunstein, 2004, p.234).

경제적 · 사회적 권리와 관련하여 위에서 살펴본 미국의 예를 통해,

한 국가의 역사를 왜곡하고, 민주적 참여를 억압하고, 오늘날의 인권원칙을 무시하는 것만으로도 문화 상대주의가 팽배해질 수 있음을 알 수 있다.

보편주의와 문화 상대주의 사이에 나타나는 갈등은, 국가든 사회든 상관없이 여기서 제시한 지침들에 따라 정밀하게 분석할 수 있다. 또한 그 분석은 문화 상대주의가 시대에 뒤떨어지고 억압적 토대에 근거해 있다는 결과를 밝힐 수 있을 것이다.

결론

미국에서의 사회복지 전문직은 인권에 대한 연구를 구체화함으로써 전문직의 목표를 더 잘 성취할 수 있다. 인권 개념은 전문직의 목표와 경제적 · 정치적 · 사회적 목표를 연결하는 분명한 틀을 제공한다. 인권은 욕구를 기반으로 한 특권적 개념인 사회적 혹은 경제적 정의의 개념보다 사회복지 상황에 더 유용하게 적용될 수 있다.

인권은 단순히 개인의 욕구를 넘어 개인의 권리로까지 논의와 실천을 끌어올린다. 각국의 정부는 국민의 인권을 보장할 책임이 있으며, 문화적 · 경제적 · 정치적 · 사회적 의무들을 갖는다. 이를테면, 전 세계의 정부는 의심할 여지없이 국민들에게 충분한 건강보호가 이루어져야 함을 인정한다. 그러나 비록 대다수의 산업국가들이 국민들의 건강보호를 법적으로 보장하고 있지만 미국은 그렇지 않다. 미국이 승인한 세계인권선언에 따라 미국 역시 모든 법적 국민들에게 건강보호를 제공할 의무가 있다.

또한 사회복지사들이 인권과 관련하여 중요하게 고려해야 하는 것은 개인과 광범위한 사회적 스펙트럼 사이에 나타나는 연계성이다. 예를 들면, 인권 영역에서 여성폭력은 개인의 문제만으로 보지 않는다. 오히려 사회구조적 측면과 정치적 측면에서 바라본다. 그리고 문화적 규범, 즉 폭력을 허용하고 폭력의 정당성을 인정하는 문화이든 그렇지 않든 상관없이 여성은 폭행당하지 않을 권리를 갖고 있다(Bunch, 1991). 가정폭력을 인권의 영역에서 파악하는 것은 가정폭력 피해자들에게 그들이 보호받을 자격이 있는 사람이며, 단순히 치료가 필요한 "아픈" 사람이 아니라는 것을 명확하게 해준다(Witkin, 1998). 가정폭력과 같은 사회문제를 인권의 차원에서 바라보는 것은 가정폭력에 반대하는 국제적 흐름을 만들어낼 수 있다. 만약 어떤 국가의 정부가 가정폭력을 방치한다면 인권침해에 대한 국제적 비난을 받게 될 것임을 알게 함으로써 가정폭력 방지를 위한 정부 차원의 적극적인 노력을 이끌어낼 수 있다.

물론 인권 개념에 대한 논쟁이 전혀 없는 것은 아니다. 논쟁 중 한 가지는 산업국가들이 인권의 방향을 통제한다는 점이다. 각 국가마다 우선시하는 특정 권리는 다 다르게 나타난다. 예를 들면, 개발도상국들은 미국의 수정헌법 제1조에서 보장하는 언론의 자유를 경제적 발전보다 덜 중요하게 여긴다. 그러나 일반적으로 세계인권선언을 승인한 대다수의 국가들은 이를 인권으로 보는 데에 동의하고 있다. 비록 어떤 권리의 시행이나 해석이 다양하게 나타난다 할지라도 오늘날 인권의 개념은 보편타당한 것으로 여겨지고 있다.

인권과 사회복지의 긴밀한 관계를 이해함으로써 사회복지 교육가와 실천가는 이 양자 간의 연관성을 한층 더 강화시킬 수 있고, 이를 통해 전문직의 위상을 높일 수 있다.

2

사회복지 실천에 있어서의 인권

사회복지 교육과정의 부족?

레나 도미넬리 *Lena Dominelli*

레나 도미넬리 *Lena Dominelli*

사회복지실천 이론가로 명성을 떨치고 있으며, 영국 더럼대학교 응용사회학과 교수로서 사회 · 지역사회 · 청소년 분야를 맡고 있다. 교육자, 연구자이며 실천가로서의 오랜 경험을 가지고 있으며, 사회복지 분야에서 폭넓은 저술 활동을 해왔다. 2015년 5월에는 서울을 방문하여 "재난시대의 사회복지"라는 주제로 강연을 펼치기도 했다.

주요 저서

- Social Work: Theory and Practice for a Changing Profession (국내번역서: 세계화와 사회복지실천, 한인영 역, 학지사, 2007)
- Revitalising Communities in a Globalising World (국제화 세계에서의 지역사회 재활성화)
- Women and community action (여성과 지역사회 행동)
- Anti-Racist Social Work (반인종주의적 사회사업)
- Anti Oppressive Social Work Theory and Practice (반억압적 사회사업 이론과 실천)
- Feminist Social Work Theory and Practice (여성주의 사회사업 이론과 실천)

여러 학자들이 오늘날의 사회복지는 권리를 기반으로 하고, 사회정의를 수행하는 데에 관심을 기울여야 한다고 주장한다(Ife, 2001; Reichert, 2003; Dominelli, 2004). 이는 전문직에 관한 주요 국제조직인 국제사회복지교육협의회IASSW와 국제사회복지사연맹IFSW이 함께 합의한 사회복지에 대한 국제적 개념 규정에 아주 명백하게 나타나 있다. 따라서 우리는 인권이 사회복지 커리큘럼에서 높은 위상을 가져야 한다고 기대한다. 그러나 교과목에서 가르치고 있는 인권의 위치는 사회복지의 기초적 가치나 윤리헌장에서 일반적으로 강조되고 있는 것 외에는 필수이기보다는 선택인 경우가 더 많다. 사회복지사를 위한 교재들은 인권을 소홀히 다루는 경향이 있으며, 이런 현상은 심지어 인권을 다루도록 규정하고 있는 국가들에서도 별반 다르지 않다. 사회복지 교육을 위한 자료나 강의에 인권이 포함되지 않음에 따라 교과과정 속에서도 인권을 찾아볼 수 없다. 그래서 많은 사회복지 전공생들이 실천에 필요한 인권과 관련된 법규의 내용뿐만 아니라 존재 자체를 알지 못한 채 사회복지사로서 일하게 된다.

이 장에서의 목적은 이와 같은 상황을 개선하고자 하는 것이다. 그 목적을 위하여 주요 인권헌장인, 세계인권선언의 역사와 그 조항들에 대해 생각해보고자 한다. 또한 세계화된 세상에서 인권의 중요성에 초점을 두고, 사회복지 실천에 있어서의 인권의 중요성을 고려할 것이다. 또 인권을 사회복지 교과목의 핵심적이고 필수적인 부분으로 만들 것을 주장한다. 이상적으로 볼 때, 인권에 대한 지지와 사회정의에 대한 보장은 단지 "인권"이라는 제목의 교과목뿐만 아니라 사회복지를 가르치는 모든 수업에 반영되어야 한다. 비록 필자의 글은 활동배경인 영국의 사례이기는 하지만, UN의 모든 회원국들이 세계인권선언에 합의했다는 점에서 다른 국가들에서도 마찬가지로 이 장의 내용들이 유의미할 것이라고 본다.

사회복지 이론과 실천에 있어서의 인권에 대한 무관심

의도적 무시benign neglect로 인한 죽음은 인권법규와 질 좋은 사회복지 프로그램 이슈에 대한 관심이 충분하지 못하였다는 점을 지적하기에 적절하다. 영국에서 사회복지사 자격을 위한 훈련관리 규정에 인권을 커리큘럼의 필수요소로 분명하게 언급한 부분은 거의 없다. 더구나 사회복지 실천과 인권을 연결하는 문헌은 극히 소수이다. 『영국사회복지저널British Journal of Social Work』, 『사회복지교육Social Work Education』, 『사회복지교육저널Journal of Social Work Education』, 『국제사회복지International Social Work』 등 주요 저널들의 2001년 이후 논문들을 보면, 장애 또는 소수집단의 권리와 같은 권리를 파악하기 위한 주제는 단지 한 두 편일 뿐이라는 것을 알 수 있다. 이 분야의 주요 교재도 극히 적은데, 짐 아이프Jim Ife의 『인권과 사회복지』(2002), 엘리자베스 라이커트Elisabeth Reichert의 『사회복지와 인권』(2003)과 『인권에 대한 이해』(2006), 콜리A. S. Kohli의 『인권과 사회복지』(2004) 등이 전부라고 해도 과언이 아니다. 따라서 인권은 사회복지 교육에서 잘 드러나 있지 않으며, 그동안 학생들은 인권에 관한 법규, 도구와 기제를 포함해서 특정 상황에서의 실천이 인권과 어떻게 관련되는지에 대해 세세하게 의식하지 못한 채 공부해왔고, 지금 현재도 그렇다. 한 경험 많은 실천가는 사회복지 실천에서 인권이 우선순위에서 밀려나 있는 것과 관련하여 다음과 같이 묘사했다.

> 예를 들어, 우리는 아동들 혹은 가족들과 일할 때, 아동들에 대한 영국의 대응을 비난한 UN보고서(1996년과 2002년의 아동권리선언에 관한 UN의 국가보고서)를 논의하는 것과 같은 약간 일반적인 방식으로 인권들을 논의할 것이다. 그렇지 않으면 나는 주로 취약한 사람들에 대한 차별이라는 측면에서 가치와 관련하여 인권들을 다룰 것이다.

1997년에 처음 언급한 이 메시지는 그동안 거의 변화 없이 반복되기만 해왔다. 인권을 가치로 규정할 경우, 법규를 통하여 시행되는 사회정의 준거틀을 형성하는 데에 있어서의 인권의 중요성은 최소화된다. 영국에서는 이와 관련하여 2000년에 시행된 1998년 인권법이 있다. 이 인권법은 영국이 채택한 UN 국제인권규약 및 선택의정서의 규정과 함께 유럽의 인권법규의 내용을 포함하고 있다.

초기에 인권과 관련된 사회복지 교육자료가 너무도 부족하여 국제사회복지교육협의회와 국제사회복지사연맹이 협력하여 사회복지사들이 사용할 인권 매뉴얼의 제작을 촉구기도 하였다(UN, 1994). 또한 국제사회복지사연맹은 아동권리 매뉴얼을 잇달아 만들어내는 성과를 이룩하기도 했다. 이렇듯 국제사회복지교육협의회와 국제사회복지사연맹은 실무자를 대상으로 한 인권 관련 자료들을 제작함으로써 관련 문헌의 부족 문제를 해결하고자 하였다. 2004년 두 조직의 총회에 의하여 받아들여진 국제적인 윤리문서에는 UN의 핵심적인 인권척도와 관련한 구체적인 언급들이 포함되어 있다. 필자는 모든 사회복지 교과과정에 이러한 내용들이 잘 다루어져야 한다고 제안한다. 그러나 실제로 이에 관한 교육은 거의 고려되지 못하고 있다.

국제사회복지교육협의회와 국제사회복지사연맹은 개별 사례옹호와 실천가 및 교육자 훈련을 위한 인권공동위원회를 구성했다. 국제사회복지교육협의회와 국제사회복지사연맹은 이 위원회를 통하여 사회복지 실천가들과 교육자들과 관련된 개별 사례들을 옹호하고, 훈련 세미나를 제공함으로써 인권교육을 증진하며, 또 그 주제에 대한 UN의 심의에 기여한다. 국제사회복지교육협의회는 인권이사회 세미나를 개최해왔고,

미국사회복지교육협의회CSWE와 함께 인권의 중요성을 공식화하고, 훈련을 제공하기 위하여 연례 프로그램을 이끌어왔다. 이 회의의 참여자들은 그동안 인권의 중요성에 대해 강조해왔다. 비록 인권을 사회복지 교육과정에 확실하게 포함시켜야 한다는 문제에 대해서는 여전히 애매한 부분이 있고 철저히 분석되지 않은 상태이기는 하지만, 인권의 중요성을 가르치기 위한 교재가 아주 없는 것은 아니다. 사회복지에 있어 인권이 이렇듯 극소수에 제한되어 연구되고 있는 것은 기존의 교과구성을 바꾸기 위한 대대적인 노력이 필요함을 의미한다. 지금까지는 어떤 뚜렷한 노력들이 이루어지지 못했다.

모든 사람을 위한 인권들:
미흡하지만 과감한 역사적 진전

인권 사상은 오랜 역사를 가지고 있다. 존 로크John Locke는 개인들과 함께 생명, 자유와 재산을 위한 토대로서의 "자연권natural rights" 개념을 신봉했다. 이 개념은 장 자크 루소Jean-Jacques Rousseau에 의해 더욱 발전되었는데, 그는 개인이 시민사회로 들어왔다는 생각을 지지했으며, 정부가 생명, 자유, 평등의 권리에 대한 침해로부터 시민들을 보호해준다는 명목에 따라 자연권이 시민권으로 교환되는 것이라고 보았다. 이러한 생각은 프랑스와 미국의 혁명가들의 사고 형성에 영향을 주어 프랑스 인권헌장과 미국 독립선언으로 이어지게 되었다. 이 선언들은 사람들이 자유, 평등과 자기결정권을 가지고 있다는 관점을 발전시키게 되었다. 이러한 사고와 이러한 사고를 따르는 사람들은 대서양을 건너 특정 민족국가 너머에까지 이르렀으며, 거기에서 처음으로 오늘날의 자유민주주의를 일으키고 확고히 하였다.

2차 세계대전에서 나치 독일이 자행한 홀로코스트는 인권을 인간억압과 대학살에 저항하는 보루로 국제화하려는 최초의 동기가 되었다 (Gibney, 2003). 이를 통해 인권은 사람들을 중시하고, 다른 사람들이 인정한 준거틀 안에서 개인의 복지를 보호하는 데에 목적을 둔 초월적 원칙으로서의 의미를 획득하였다. 비록 인권에 대한 규정이 논쟁적이라 해도 이렇게 명확히 함으로써 인권을 사회복지 가치와 실천에 직접 관련되게 만든다.

UN은 인간을 이유 없는 폭력으로부터 보호해야 한다는 가치에 따라 세계인권선언을 채택하기에 이르렀다. 이 선언은 루즈벨트 대통령이 말한 4가지 자유(언론과 표현의 자유, 신앙의 자유, 궁핍으로부터의 자유, 두려움으로부터의 자유)를 다루기 위한 인류의 포괄적인 노력을 의미했다 (UDHR, 2005). 또한 윌리엄 베버리지 경의 5대 악(궁핍, 질병, 더러움, 무지, 게으름)에 대해 다루었다. 이 5대 악을 제거하는 일이 곧 사회복지사의 역할이었고, 이를 통해 영국 복지국가의 기반이 형성되었다. 그리고 이는 여전히 영국 사회복지 실천의 이슈들로 남아있다. 이제 "빈곤"으로 일컬어지는 "궁핍"은 사회복지 지원을 필요로 하는 클라이언트의 80%에 영향을 미친다.

세계인권선언이 개인의 존엄성과 물질적 불평등을 제거하려는 노력,

그리고 자유, 평화와 정의를 번영시킬 수 있도록 하려는 노력을 기반으로 한 새로운 세계질서를 갖추기를 바라는 UN의 희망은 훌륭하다. 그것은 1947년에 처음 제안되고 루즈벨트 대통령 영부인인 엘리너 루즈벨트가 이끈 UN총회에서 48개 회원국들의 찬성, 8개국의 기권, 2개국의 불참으로 1948년 12월 아무런 이의 없이 채택되었다. 이 집단들 중 다양한 정권, 정치철학과 문화적 이해를 가정할 때 인권을 위한 그들의 합의는 인류 역사에 있어서 대단한 발전이었으며, 최초로 인권을 보편적 이슈로 만들었다.

세계인권선언(2005)는 "인권과 근본적 자유에 대한 보편적 존중과 준수"를 위한 준비를 하였다. 그것은 인권의 원칙을 보편적인 것으로 확립하였는데, 왜냐하면 이 권리들은 단지 인간이라는 이유로 모든 인류가 갖게 되는 것이기 때문이다(Donnelly, 2003). 그 원칙들은 정치체계, 인종이나 문화적 전통과 상관없이 인간의 존엄성과 이 세상의 모든 사람의 가치를 지키기 위하여 사용된다. 세계인권선언은 정치적 · 시민적 · 사회적 · 문화적 · 경제적 권리 등 모든 권리들의 보편성, 불가분성indivisibility, 상호의존성을 확신한다. 이 관점은 제네바에 인권위원 사무실을 설립하고, 국제 인권법의 일부이자 양도할 수 없는 권리로서 개발권을 확인했던 1993년 비엔나선언을 통하여 171개 국가들에 의하여 다시 확인되었다.

국제적 영역에서의 정치적 권리의 적법성은 궁극적으로 노예와 여성들의 해방을 확실히 하고, 식민지역의 자율성을 주장하는 데에 유용했다. 적어도 공식적으로는 2차 세계대전 종전 이후 세계인권선언의 합의는 인권이 꽃피어날 수 있는 새로운 자리를 예고하는 새로운 차원들을 이 이슈들에 가져왔다. 서구의 권력들은 국가 주권에 도전하지 않고 특정 국가에서 인권을 증진시키기 위하여 그들이 억압적 정권으로 생각하는 나라에서의 인권의 실행을 교역조건으로 요구했다. 중국에 대한 미국의 입장은 이 독트린의 고전적 사례이다. 그러나 역설적이게도 이 정책이, 아무리 고매하다 해도, 동시에 칠레의 인권이 침해되고 있음에도 또 다른 억압적인 정권인 칠레의 피노체Pinochet 정권을 미국이 지지하고 있었던 것이다.

서구 강대국들이 인권을 방치했던 것에 대해 어떤 면죄부도 받을 수 없다. 국제사면위원회Amnesty International는 서구에서 테러리스트로 의심받는 사람들에 대한 전반적 대응이라는 점에서 인권 남용자들을 주목해왔다(Stephen, 2003). UN인권위원회는 의무보고를 통해 어떤 국가들에서 특정 개별 집단들의 인권 상태가 적절하지 않음을 입증해왔다. 이를 통해 영국이 아동에 대한 폭력을 용인함으로써 아동권리협약의 조건들을 준수하고 있지 못하고 있음을 지적해왔다. 인권을 지지하는 국제기구들을 활용하는 것 외에 사회복지사들은 서비스 개선을 요구하기 위하여 이러한 이슈들에 대한 캠페인을 할 수 있다.

모든 국가와 인권들의 관련성에도 불구하고 사회복지 교육자들은 이 이슈를 사회복지 교과과정의 분명하고도 핵심적인 부분으로 만들어오지 못하였다. 그 결과 실천가들은 세계인권선언의 조항들과, 매일 매일의 실천 상황에 대한 인권의 적용성에 대한 이해가 부족하게 되었다. 인간의 욕구를 해결하는 데에 있어서 서비스의 부적합성에 관한 주장은 인권법규 하에서 거의 추구되지 못했다. 영국에서의 아동보호 실천현장에 대한 UN의 공식적인 비판이, 비록 이것이 수업에서 가끔 언급되긴 한다하더라도, 실천현장의 개선을 위한 옹호와 캠페인을 널리 촉발시키지는 못했다.

세계인권선언의 핵심 조항들

세계인권선언은 다음과 같이 범주화될 수 있는 30개 조항들을 포함하고 있다. 제1조와 제2조는 인권의 보편적 기초가 되며, 그(혹은 그녀)의 천부적인 권리로서 지상의 모든 개인들에 대하여 인권을 보장하는 것이며(예를 들면, 지위에 따른 차별 등), 어떠한 자격조건도 없다. 제3~21조는 시민적 · 정치적 권리들을 밝히고 있으며, 노예, 고문, 임의체포로부터의 자유와 공정한 재판, 언론의 자유, 이동과 사생활의 권리들을 포함하고 있다. 제22~27조는 사회적 안정성, 충분한 생활, 건강, 교육 수준, 일과 문화적 삶에 대한 공정한 보상 등을 포함한 경제적 · 사회적 · 문화적 권리들에 초점을 두고 있다. 제28~30조는 이 권리들을 기꺼이 누릴 수 있도록 보장해주는 보호 틀에 중점을 두고 있으며 인권의 구체화, 개인과 공동체의 책임, 다른 사람들에 의하여 손상되지 않도록 이 권리들을 보호하도록 촉구하는 국제질서를 포함하고 있다.

세계인권선언은 지난 60여 년에 걸쳐 성장해왔고 현재 국제법 중 상당 부분의 기초가 되고 있다. 그리고 1966년 국제인권규약, 즉 시민적 · 정치적 권리에 관한 국제규약 및 경제적 · 사회적 · 문화적 권리에 관한 국제규약을 통해 보다 확장되었다. 또 인종차별철폐협약International Convention on the Elimination of All Forms of Racial Discrimination, 여성차별철폐협약Convention on the Elimination of All Forms of Discrimination against Women, 고문방지협약Convention against Torture and Other Cruel, Inhuman or Degrading Treatment or Punishment, 아동권리협약Convention on the Rights of the Child 등을 통해 한층 더 확장되었다. 모든 UN회원국들이 이 모든 문서들을 승인해온 것은 아니다. 특히 미국이 가난한 아동 및 가족의 개입에 유의미한 아동권리협약에 비준하지 않은 것은 확실히 애석한 일이다. 아동의 빈곤은 세계인권선언의 제1조 및 제2조에 대한 위반이라는 것은 거의 확실하며, 이를 대신할 것들이 있을 수 있다. 사회복지 전공생들은 이 조항들과 척도, 실천에서 사용할 각 현장들에 관한 실행기제들을 배워야 한다. 이 교육에는 핵심활동가와 합의를 지키기 위한 전략들뿐만 아니라 세계인권선언 등의 역사도 포함되어야 한다.

인권에 대한 UN의 접근의 한계: 사회복지에 있어서의 관심

한 국가는 인권을 보장해줄 수도, 침해할 수도 있다. 세계인권선언은 국제적 구속력을 갖춘 합의사항으로 고안된 것이다. 각 국가별 법률이나 다른 국가 간 조약에 따라 실행되며, 그 국가의 통제 하에 놓여 있다. 심지어 그 실행에 필요한 자원들의 재분배조차도 국가 단위로 진행되고 있다. 따라서 세계인권선언의 가장 큰 한계는 사회적 · 정치적 · 경제적 권리들과 시민적 권리를 어떻게 실행에 옮길 것인지와 이에 대한 위반을 어떻게 처벌할 것인가 하는 책임이 개별 국가의 틀 안에 있다는 점이다. 어떤 국가는 별도의 독립된 준수기제가 없어서 세계인권선언의 의무사항을 이행하지 못할 수 있으며, 이는 국가의 이상을 실현함에 있어 심각한 장애물이 된다. 국제적 준거틀의 집행을 각 국가에 일임하는 것은 불공정 무역과 빈곤 사이의 관계처럼 상호의존적인 현실을 붕괴시킨다. 이러한 약점은 경제적 생존에 대한 신자유주의적 접근이 전 세계적으로 확산됨에 따라 두드러지게 나타난다. 산업국가에서의 빈곤의 원인은 바로 부유국에게 특권을 주고 빈곤국을 어려움에 빠뜨리는 무역조건과 직결된다. 그것은 한 국가가 세계인권선언의 요구처럼 국민들이 빈곤에서 벗어나게 하고 성장시키는 것을 불가능하게 한다(Jubilee, 2000; Wichterich, 2000). 여전히 빈곤 혹은 "궁핍"을 제거하는 것은 세계인권선언에 합의한 국가들의 주요 관심사이며, 사회복지의 주요 관심사이기도 하다.

세계인권선언의 목표는 칭송할 만하지만, 인권침해라는 과실이 있을 수 있는 국가에 대한 독립된 별도의 시행기제가 없어 선언의 내용이 국민들의 일상생활에 영향을 미칠 가능성은 미약했고, 서명국들이 선언의 내용들을 충실히 준수하도록 하는 데에 있어서도 설득 외에 별다른 수단이 없었다. 국제사면위원회를 비롯한 NGO들은 보고서를 통해 선언을 따르지 않는 정부들이 좀처럼 인권침해에 대해 책임지지 않음을 보여주고 있다. 그리고 보스니아, 르완다, 다르푸르 등지에서는 인종학살로 수백만 명의 사람들이 지속적으로 죽어가고 있다. 세계인권선언에 대한 또 다른 중요한 비판들은 선언의 초점이 개인적인 권리에 있으며, 이주와 세계화의 복합성에 대처하지는 못한다는 것이다.

인권의 책임을 국가에 돌리는 것은 특정 국가의 국민들에게만 세계인권선언에 포함된 보호를 받을 자격이 주어짐을 의미한다. 인권에 대한 국가의 담론은 특정 지역에 사는 사람들을 시민과 시민이 아닌 사람들로 구분하여, 시민에게는 시민으로서의 특권을 주도록 촉구해왔다. 권리를 일부 거주민들에게만 적용하는 것은 인간이라는 존재와 인권과의 직접적 연결성을 위태롭게 하고, 인권을 특정한 사회에 있을 때에만 뒤따르게 되는 내재적 특징들로 그 지위를 실추시킨다. 이는 인권의 실현을 그 사람이 어느 곳을 가든 따라가는 것이라기보다 어디에 소속됨으로써 주장할 수 있는 것으로 만든다. 또 특정 영토에서의 시민권과 연결하는 것은 국경을 초월한 인권의 이동성을 부인하는 것이다. 이렇듯 국가에 대한 의존성은 인권을 개인들의 통제 너머 사회현실에 따른 것으로 하며, 이는 존엄성과 인권이 개인 안에 존재한다는 관점과 모순된다. 개인의 인권침해에 대한 오래된 한 사례는 버마/미얀마에서 일어난 아웅산 수지의 오랜 가택연금이다. 공식적인 항거는 그녀의 상황에 거의 변화를 가져다주지 못했다.

이 이슈들은 난민 및 망명신청자들에 대한 담론들에 있어서 대단히 중요해졌다. 영국에서는 이들에게 그동안 제공되었던 수당들을 전반적으로 축소함에 따라 빈곤수준에서 고려된, 생계보조 비율의 70% 정도인 수당으로 생존해야 하며, 동시에 그들의 사례가 이야기되기 전에는 고용권이 거부된다. 도움을 요청하는 것은 난민 및 망명신청자들의 빈곤과 씨름하는 사회복지사들에게 윤리적 딜레마를 야기한다. 왜냐하면 그들의 지원은 규정범위를 넘을 수 없기 때문이다. 따라서 난민 및 망명신청자들은 지하경제의 착취대상이 되기 쉬운, 하루살이 존재로 살게 된다. 그들에 대한 처우는 인권침해로 여겨지지 않는다. 왜냐하면 그들은 시민들을 위해 비축되어 있는 수당에서 배제되기 때문이다. 사회복지사들의 주요 역할은 이들 개인들의 인권을 옹호하는 것이지만, 쉽지는 않다. 헤이즈(Hayes, 2006, p. 193)는 영국의 사회복지사들은 복지국가의 치안유지를 책임지는 이민중개인으로서의 역할이나 수문장으로서의 역할 수행을 거부함으로써 인권을 지지하기 위한 더 많은 것을 할 수 있을 것이라고 주장한다. 린다 브리스크먼(Linda Briskman, 2006, p. 215)은 호주 사회복지학자들에게 정부가 망명신청자들의 인권과 존엄성을 박탈하는 데에 있어서의 복잡성을 둘러싸고 세워 놓은 "침묵의 벽" 안에 가담하지 말 것을 강력히 촉구하였다.

세계인권선언이 개인에 초점을 둠으로써 집단 혹은 집합적 권리들에 대한 관심이 부족하게 되고 인권에 대한 서구의 생각들을 더 강화시키고 있다는 비판을 받고 있다. 세계인권선언은 서구 문화의 우수성을 더욱 장려한다는 비난을 받아왔는데(Parekh, 2000), 이는 "아시아적 가치"가 동양의 문화적 전통을 가진 사람들의 욕구해결에 더 적절할 수 있다는 주장들에 대한 우려이자(Donnelly, 2003), 인간의 가치와 존엄성에 대해 정의하는 것을 서구에게 내어주는 것에 대한 염려이기도 하다. 이러한 비판들은 개인들이 다양한 유형의 가족, 다양한 사회 · 정치 · 종교 · 문화 공동체 안에 존재한다는 사실을 무시하는 것이기도 하며, 세계인권선언의 보편성을 손상시키는 것이라고 생각된다. 상대성에 대한 비난은 세계인권선언에 동조한 대다수 정부들을 간과하는 것이다. 보편성 대 상대성이라는 논쟁 속에 잠기기보다는 마치 사회환경과 어떤 상호작용에 관련된 사람들이 그 의미를 만들어내듯이 세계인권선언의 조항들을 상황에 따른 것으로 보는 것이 더 유용하다. 사람들을 "상황 속의 개인the person in their situation"으로 인식하여 사회적 환경과 연결시키는 것은 사회복지사들에게 익숙한 일이다.

세계인권선언은 공인된 인권들을 지지하는 데에 있어서 개인들과 국가의 행동에만 주목함에 따라 기업 조직의 침해에 대해서는 다소 소홀한 경향도 있다. 때로는 한 국가가 가진 자원보다 더 많은 자원들을 소유한 대규모 다국적 기업들에게 재량을 주었으며(Wichterich, 2000), 이는 다양한 지역의 사람들의 건강과 생계, 환경, 심지어는 문제가 되는 지역이나 의사결정 지역으로부터 멀리 떨어져있는 사람들과 지역에까지 영향을 미친다는 점에서 점점 중요해졌다. 지구 온난화 및 천연자원 감소가 모든 인간의 생계를 위협하게 됨에 따라 인권은 점점 환경 이슈들과 연결되고, 사회복지사들은 이 이슈들을 심각하게 받아들이게 되었다(Ungar, 2002). 이러한 염려들과 함께 인권을 국가의 통치권과, 영토 경계 안에서의 시민권으로 제한하는 데에 의문을 가진 사람들은 세계시민권global citizenship의 문제를 국제적 의제로 가져왔다. 그러나 세계시민권의 의미에 대한 합의나, 어떻게 세계시민권이 구체화되고 행사되는지에 대한 합의는 거의 없는 상태이다.

지리적 이동, 이중국적, 이산공동체diasporic communities가 증가됨에 따라 세계인권선언에 대한 흥미로운 질문들이 제기되고 있다(Brah, 1996). 단지 일시적인 체류라 할지라도 그 영토와 개인들이 어떤 관계에 있는지를 살펴봐야 한다. 2009년 7월 29일 파키스탄의 장군 페르베 무샤라프 Pervez Musharraf가 파키스탄의 마드라사madrasa(이슬람 신학교)에서 공부하고 있는 이중국적자들을 포함한 외국국적자들을 고국으로 돌려보내려는 의지를 선언했을 때 잠재적인 문제들이 드러났다. 그 선언은 쉽게 이행될 수 없다. 이중시민권자들은 그들이 도착하는 순간부터 그들이 살고 있는 국가의 책임이다. 따라서 파키스탄 국적을 가진 이중시민권자는 파키스탄 국경 내에 있는 동안 파키스탄의 보호에 의지해야만 한다. 이중국적자들이 파키스탄에 있는 동안에는 다른 국가에게 공식적인 지지와 개입을 요청할 수 없다.

이러한 규제들은 인권의 시각에서 문제가 되며 따라서 중요한 의문들을 제기하게 된다. 즉 한 정부는 어느 한쪽의 국가에서 세계인권선언에 따라 받을 수 있는 보호를, 일방적으로 하지 않을 수 있는가? 만일 파키스탄에서 태어난 사람이 이중국적을 가지고 있을 때 그 사람이 또 다른 국적이 있는 국가로 추방될 수 있는가? 만일 다른 국가가, 특히 그 사람이 국가 보안에 위협이 된다고 생각하여 받아들이기를 거부한다면 어떻게 되는가? 한 개인이 오고가는 속에서 그의 인권은 어디서 책임져야 하는가? 그런 상황 속에서 사회복지사는 무엇을 할 수 있는가? 비록 그런 한 개인이 다른 국가의 사회복지사와 법적 권리를 위한 자문가를 요청한다 해도, 그 전문가들은 자신들이 거주하는 국가 내에서만 역할을 할 수 있으며, 직접적으로 관여할 수 없도록 제한하는 규칙에 따라 규제받게 된다는 것을 알게 될 것이다. 사회복지사들은 이중국적자들이 거주하는 국가의 시민으로서 권리가 지켜지도록 국가에 압력을 가하고, 개인이 그들의 권리들을 실천할 수 있도록 법적 지원을 조정하는 최소한의 역할만 할 수 있을 뿐이다.

사회복지사들은 분명 국민에 대한 인권침해가 일어나지 않도록 하는 데에 중요한 책임을 지고 있다. 그럼에도 사회복지사들이 권위를 가지고 인권침해에 저항하거나 의제를 설정하기란 거의 불가능하다. 인도적 지원을 분배하도록 요청하면서 그들의 목소리로 잔학행위를 막는 것은 사실상 거의 불가능하다. 자연재해 속에서조차 사회복지사들의 역할은 치료적 차원에 한정되는 경우가 많다. 로레타 파일즈(Loretta Pyles, 2006)는 허리케인 카트리나가 뉴올리언스 시를 강타했을 당시 흑인 빈곤층이 무시되었음을 이야기했다. 그녀는 사회복지사들은 이런 상황에 닥쳤을 때 모아진 사회적 자원을 배분하면서 빈곤한 사람들을 지원하기 위해 역량 준거틀capabilities framework에서 인권을 사용해야 한다고 주장한다. 또 그녀는 미국사회복지교육협의회CSWE의 리더십 하에서 미국 교육자들이 인권을 옹호하는 국제정책 진술문을 주도적으로 학생들에게 가르쳐야 하고, 이를 통해 학생들이 재난 상황 속에 개입할 준비가 이루어져야 한다고 제안한다.

인권보호에 대한 어려움은 더욱 더 빈번해진 자연재해나 환경오염, 그밖에 무장갈등 및 테러 등 인재에 의한 불안정과 불확실성으로 점철된 오늘날의 세계 속에서 더 심각해져 왔다. 9.11 이후 위태로운 안보상황은 인간의 존엄성과 권리에 대한 존중이 결여된 개인들의 행위에 대한 좌절과 분노로 휩싸이게 되었다. 인간의 삶에 대한 그와 같은 경멸은 인권과 안보의 균형이라는 과제를 훨씬 복잡하게 만들었으며, 그 결과 국민들은 더 중요한 안보라는 명목 하에 아주 단기적일지라도 인권을 희생해야 하는 상황에 자주 처하게 된다. 하나의 행동을 하기 위한 수단들이 추구되는 목표들과 연결되지 않는다면 사회복지사들이 개입하여 다른 사람들의 인권을 무시하는 사람들보다 높은 도덕적 기준을 주장하는 것이 불가능해진다. 사회복지 교육과정에서 이러한 이슈들을 다루는 데에 있어서 교육자들은 목적과 수단에 초점을 두어야 하고, 다음과 같은 질문들을 고려하여야 한다.

- 그 행동에는 무엇이 필요한가?
- 어떤 과정을 통해서 인권을 지지하는 특정 행동이 시도되고, 실행되고, 평가되는가?
- 그 행동은 받아들이는 편의 사람들에게 어떤 영향을 미치는가?

인권의 복잡성: 다층적이고 국제화된 상황들

점점 더 다문화되어 가는 사회 안에서 다양성에 대한 존중은 인권을 새롭고, 다양한 맥락들 안에서 보게 만들었다. 일단 국가의 경계를 넘어 생각하게 되는 세계화, 이주와 국제주의가 이제 바로 눈앞에 와 있다. 이러한 요인들은 지역, 국가, 지역 수준과 상호작용하여 문제를 야기하고 상황에 대한 기존의 반응들을 손상시키게 되는 경우가 많다. 이러한 발전은 신규 진입자들이 지리적으로 그곳에 이미 거주하고 있는 시민들과 같은 존재로서 수당을 받고, 같은 인간으로서 같은 신분으로서 동등한 권리를 갖는다 할지라도, 국가에 대해 새로운 요구를 요청하거나 인권을 실현하는 것을 복잡하게 만든다. 테일러(Taylor, 1994)는 이러한 지금의 현실을 "인정의 정치학the politics of recognition"으로 명명하며, 다양성을 포괄하는 정의사회를 만드는 데에 있어서 그것이 가장 중심에 있음을 강조한다. 그러한 공간 안에서 만들어지는 새로운 정체감을 인정하는 것의 영향과, 현실적으로 그것들을 받아들이는 데에 있어서의 어려움들은 과소평가될 수 없다. 사회복지사들은 다층적이고 국제적인 맥락과, 그들이 상대로 일하는 사람들에게 있어서의 의미들을 이해해야만 한다.

나는 인권이 다른 사람들과의 "대화를 통하여" 형성된다는 것을 주장하기 위하여 정체감 형성에 대한 찰스 테일러(Taylor, 1994)의 주장을 빌려오고자 한다. 인권을 구성하는 요인들과, 인권의 의미에 있어서의 다양성은 이와 같은 대화의 상호작용을 통해서 일어나며 누가 관련되어 있는가에 따라 달라진다. 또 사람들이 활동하는 광범위한 사회정치적이고 사회경제적 맥락도 현실적으로 인권이 무엇인가를 형성하는 데에 영향을 미친다. 인권의 상대성은 이 관계 밖에서 그것들을 형성하는 것으로 주장될 수 있는 보편적으로 받아들여지는 법적 공식이 있는지 여부와 상관없이, 대화의 상호작용에 의하여 조성되는 공간 안에서 이루어진다. 우리는 다른 사람들과의 상호작용을 통하여 한 개인이 되고, 사회적 관계를 통하여 인권들을 구체화시킨다. 이 상호작용 과정이 그들의 집합적 지지를 끌어들이는 반면, 인권들은 개별화된다.

소수자로서의 정체감에 관한 자유는 세계인권선언 제27조에서 규정하고 있다. 사람을 소수자와 다수자라는 측면에 고정하여 정의하면 중요한 점을 빠뜨리게 된다. 즉 정체감은 자신과 다른 타인들과의 상호작용을 통하여 형성된다. 다수자는 다른 사람들이 소수자로 보일 때만 존재할 수 있다. 이와 같이 양자a dyad 관계에 이 이슈를 위치시키는 것은 다수집단이 다른 집단과 싸우게 만드는 담론을 강화시키는 동시에, 다수집단 내에 존재하는 다층성을 간과하게 만든다. 왜냐하면 다수집단도 한 측면에서는 주도적이나 다른 측면에서는 그렇지 않을 수 있기 때문이다. 영국에서 앵글로색슨족 백인은 지배적인 인종집단의 구성원이다. 그러나 만일 그가 동성애자라면 그의 성정체성에 있어서는 소수집단이 된다.

인종적으로 다수집단의 구성원들이 소수집단의 희생을 대가로 특권을 갖는 것으로 생각될 때, 다른 인종의 사람들을 마귀로 보게 되고 결과적으로 소수자들의 인권을 침해하게 된다. 이 입장을 인정하는 담론은 현재 유럽에서 이주자들은, 만일 그들이 망명신청자이거나 난민이라면, 이 정치조직에 "바람직하지 못한" 부가물로 생각된다. 이 부정적인 담론들은 그들의 배제를 복잡하게 만드는데, 왜냐하면 인권에 대한 고려 없이 그들을 사회의 중심부에서 삭제하기 때문이다. 그러한 틀은 망명신청자들의 주장이 거짓이라는 판단을 하도록 만든다. 그리고 만일 망명신청자들이 "안전한" 제3국을 통해 목적지로 왔다 하더라도, 도망나왔던 그 국가로 송환될 수 있다. 망명신청자들은 차이에 대한 파시스트적 반응이나 인종차별주의자의 공격을 불러올 수 있다는 점에서 위험하다(Cheles, Ferguson & Vaughan, 1991). 그들은 또한 생명의 위협을 받는 사람들에게 도망 나온 국가가 아닌 다른 국가에서 보호의 권리가 제공되어야 한다는 제네바협정을 위반하는 것이다. 왜냐하면 증오범죄hate crime로 기소된 사람들이 사회복지사들의 클라이언트인 경우가 자주 있기 때문에, 사회복지 교과과정은 가해자와 희생자의 인권들을 보호하기 위하여 그러한 환경 안에서 효과적인 개입방법들을 탐색해야만 한다.

문화적 삶에 대한 권리는 경제적 · 사회적 · 문화적 권리에 관한 국제규약ICESPR 제5조에 포함되어 있다. 자신의 문화를 누리는 것은 인정의 정치학에 중요한 의문을 제기한다. 즉 문화와 정체감이 유동적이라는 것, 즉 비슷하거나 다른 사람들과의 상호작용들에 의하여 형성되고 또 상호작용들을 통하여 수정되는, 계속적으로 발전되는 실재라고 인정하는 대신 이전의 정체감 표현과 연관된 시간 왜곡 안에서 각 집단의 문화는 어느 정도 굳어져 있는가? 달리 말하여 정체감 형성에 대한 공식적 개념화에 매개체가 포함되어 있는가? 매개체 없이는 그들의 문화와 정체감에 대한 개인과 집단의 권리는 "석화ossified"(Dominelli, 2000)되어, 맥락, 시간과 공간과 무관하게 자기중심적이고 변하지 않는 대상들로 취급되는 위험에 처하게 된다(Dominelli, 2004). 따라서 그들은 변화 권리가 부인된다. 정체감 형성과 개인의 동일시에 있어서 변화는 사회복지를 실천함에 있어서 중요한 차원들이다. 실천가들은 그들이 이러한 권리의 지역적, 국가적 그리고 국제적 측면들 사이의 관련성을 이해하도록 확실히 하면서, 사람들이 문화와 정체감을 둘러싼 그들의 인권을 실현하도록 돕는 데에 있어서 중요한 역할을 가지고 있다. 사회복지(실천) 교과목은 이러한 이슈들을 탐색해야만 하고, 학생들에게 실천에 있어서 이러한 점들을 해결하는 기술들을 제공해야만 한다.

정체감들이 복잡하다는 것은 사회복지사들이 공간, 다양한 배경의 사람들과 그들 성격의 복합적 측면들 사이를 연결하여 생각해야 한다는 것을 암시한다. 이 접근법은 분열적이고 배제적인 기제를 통하여 다른 사람들과 분리되기보다 견고하고 포괄적인 자극들을 통하여 문화들 안에서 사람들이 발전되어가는 과정을 보여준다. 그리하여 상호작용하는 각 측면들은 다른 문화권의 사람들이 공통점을 가지고 있다는 것을 받아들일 수 있으며, 연대감을 바탕으로 서로의 세계로 상호조정하여 포용할 수 있도록 돕는다.

새로운 이야기와 인권에 대한 재구조화

인권에 대한 새로운 이야기를 위해서는 복잡한 도전들과 다층의 국제적 맥락을 고려할 필요가 있다. 여기에는 지구적 자원들의 동등한 재분배와 인권의 이동성portability이 포함된다. 우리의 활동들은 개념적으로 형성되며(Hacking, 1986), 새롭게 만들어지는 이야기들은 우리에게 이 지구를 즐기고 그 자원들을 보다 공평하게 공유하라고 가르칠 수 있다. 여기서 사회복지사들은 클라이언트들의 이야기들을 수집하고, 함께 일하도록 협력을 활성화시키는 이야기를 만듦으로써 습득된 기술들을 이용할 수 있다(Hall, 1997).

인류 역사를 통하여 사람들의 이주는 우리가 새로운 이야기를 낳는 지구적 디아스포라에 살고 있다(Brah, 1996)는 것을 의미한다. 오늘날의 인터넷 기술은 사람들의 확산을 지원하고 우리와, 우리가 직접 살고 있는 지리적 공간 너머에 살고 있는 다른 사람들을 연결시켜준다. 기술 중심의 상호작용들은 지형, 시간과 공간을 압축시켜 우리의 존재에 대한 새로운 이야기들을 만들어내고 새로운 공동체와 공간들을 형성한다. 그리고 견고함과 유대감을 기초로 함께 한다면 이 발전들은 사람들이 자신과 다른 사람들과 조화롭게 살도록 촉진할 것이다. 사회복지사들은 다문화 사회와 조화로운 관계를 자신들 안에 잘 받아들이도록 노력하기 위하여 이 이야기들을 기록하고 전달할 수 있다.

세계인권선언의 조항들을 확대한 것으로 일컬어지는 인권 관련 협약들이 모든 정부들에 의하여 받아들여지지는 않았다. 미국처럼 일부 국가는 아동권리협약에 서명하지 않았다. 또 어떤 국가들은 다른 협약의 특정 조항, 예를 들면 노동자들이 괜찮은 월급을 받고, 존중과 존엄하게 대우받는 고용권과 관련된 사항들을 비준하지 않았다. 또 다른 국가들은 난민의 지위에 대한 1951년 제네바협정과 관련하여, 그 국가에서 받아들여야 하는 난민들을 배제할 수 있도록 하는 규정을 만들었고, 그 중 미국은 그들을 "불법적인 전투원"으로 규정함으로써 제네바협정의 조항이 적용되지 않도록 하여 전쟁포로에 대한 조항들을 거부해왔다. 어떤 국가들은 다른 국가에 입국하여 거주권을 얻으려고 하는 망명신청자와 제네바협정의 관련성에 의문을 제기하기도 한다. 이 국가들은 그러한 개인들을 불법 입국을 찾는 범죄 가능성이 있는 사람으로 규정하고, 그들의 망명신청을 거부하는 것이 정당하다고 생각한다. 영국의 난민협의회 Refugee Council 및 호주의 망명신청자자원센터Asylum Seekers Resource Center 등을 비롯한 일부 NGO들은 이러한 국가들의 입장을 인권침해로 본다.

인권법규로부터 특정 행동들을 제외시키려고 하는 것은 인권의 불가분성indivisibility과 양도 불가능성inalienability에 관한 갈등을 형성한다. 또한 특정 행위와 상관없이 사람들을 존엄하게 대해야 한다는 중요함을 간과하는 것이다. 개인의 행동들을 비난하는 반면 사람을 존중하는 것은, 사회복지의 주요 가치로, 우리가 인권을 지지하고 우리 자신의 존엄성과 인간성을 보유하고자 한다면 필수적이다. 이런 식으로 사람들을 대우하는 것은 우리에게 개인이 그들의 행동을 책임질 수 있는 권한을 주는 것이며, 인권을 침해한 사람들을 법에 따라 처벌할 권한을 주는 것이다. 비록 그들이 다른 사람들에 대하여 그렇게 하지 못했다 하더라도 우리가 그들의 수준으로 추락하지 않으려면 그들의 인권들을 인정하는 방식으로 위반자들을 대하는 것이 필수적이다.

세계시민권 관점은, 모든 사람들은 단지 인간이기 때문에 인권을 갖는다는 것이다. 그리고 망명신청자와 난민들에 대한 부정적 관점에 의문을 제기한다. 단지 그들이 국경을 넘어왔을 뿐이기에 현재 그들이 거주하고 있는 국가는 책임이 없다고 여기는 것, 그로 인해 그들의 권리가 부인되는 것을 비판한다. 영국의 외무상 잭 스트로우는 제네바협정의 조항들에 "가짜bogus" 난민의 주장들을 처리하기 위한 변화가 필요하다고 주장해왔다. 무엇이 잘못 적용되었다는 것인지에 대하여 이견이 분분하지만, 이는 대체로 개인의 신분을 입증할 서류가 부재하다는 것을 의미한다. 그것은 생명을 걸지 않고는 얻어질 수 없는 것이다. 이러한 입장은 유대인 난민의 아들이자, 야당의 총수를 지낸 미카엘 하워드에 의하여 지지된다. 인권의 이동가능성을 주장할 때에는 다음과 같은 한 쌍의 문제들이 연결된다. 구체적으로 누가 그들의 정착에 대한 대가를 치를 것인가? 누가 이주 인구집단을 옹호할 것인가? 비록 하나의 개념으로서 세계시민권의 중요성에 대해서는 합의가 된다고 하더라도 실질적인 의미와 실행에 있어서는 상당한 이견이 존재한다.

인권의 대가와 실현에 누가 책임이 있는가에 대한 논쟁이 전 세계적으로 빈곤을 제거를 위한 노력을 휩싸고 있다. 2005년의 〈빈곤을 역사 속에 파묻어버리자*Make Poverty History*〉 캠페인[1]과 그 이전의 〈주빌리2000*Jubilee 2000*〉 캠페인[2]은 국제적 맥락 안에서의 인권에 대한 중요한 우려들을 제기하였다. 주로 서구에 있는 부유한 국가들이 어떻게 지구적으로 높은 빈곤 수준을 용납할 수 있는가? UN은 23억 이상의 사람들이 매일 2달러보다 적은 돈으로 살고 있으며, 절대빈곤을 의미하는 1달러보다 적은 돈으로 살고 있는 인구가 13억이나 된다고 확신해왔다. 빈곤 수준에서 사람들은 기아, 영양실조, 문맹과 불건강 때문에 고통을 받고 있

---

1 역자 주: 세계적 빈곤에 대한 인식을 증진시키고 각 정부들에 의한 정책변화를 성취하도록 하기 위하여 함께 일하는 지원 · 개발 기구들의(가나) 연대이다. 각 캠페인은 그들 국가 내 상황에 따라 서로 다른 이슈들에 초점을 둔다하더라도 일반적으로는 지원, 무역과 정의 등 8가지 새천년개발목표Millennium Development Goal와 관련된 이슈들에 초점을 두고 있다.

2 역자 주: 2000년까지 제3세계의 부채탕감을 요구한 40개 이상의 국가들에 의한 국제연대운동이다. 이 운동은 가톨릭 교회의 2000년 대축제와 일치한다. 2001년 초기부터 주빌리 2000 캠페인은 전 세계 수많은 조직들로 확산되었다.

다. 이러한 현실은 세계인권선언 제22~27조에서 규정된 내용과 너무나 대조되며, 선언에서 규정하고 있는 복지에 대한 사람들의 권리를 손상시키고 있다. 현재의 생산기술은 지구에 사는 사람들을 위한 충분한 식량을 생산할 수 있으며, 이러한 상황에서 기아는 사라져야 한다. 그러나 이것을 현실화하기 위해서는 필요한 자원들을 재분배하고자 하는 정치적 의지가 필요하다. 이 문제가 해결되지 않고 교착되고 있는 것은 인권이 이행되는 수준에서 대단히 논란의 여지가 있음을 나타내는 것이다.

수산 죠지(Susan George, 2003, p.17)는 세계인권선언 제25조가 빈곤퇴치 전략과 관련성이 있다고 주장한다. 왜냐하면 제25조에는 다음과 같은 주장이 있기 때문이다.

> 모든 사람은 음식, 의복, 주거, 의료, 필요한 사회 서비스를 포함하여 자신과 가족의 건강과 안녕을 위해 적절한 생활수준을 누릴 권리를 가지며, 실업, 질병, 장애, 배우자와의 사별, 노령, 그밖에 자신이 통제할 수 없는 상황에 따른 생계곤란을 겪을 경우 사회보장을 누릴 권리를 가진다.

죠지는 인권을 실현하는 데에 있어서의 주요 장애물은 세계화를 비롯한, 사람들의 욕구보다 시장이 우선한다는 세계화에 따른 신자유주의라고 주장한다. 체제가 불평등을 낳는다는 그녀의 주장을 지지하는 것으로, 그녀에 의하면 소득과 부의 재분배가 점점 양극화되고 있으며, 그로 인하여 전 세계인구 중 상위 20%가 지난 30년 동안 전 세계 부의 86%를 쌓아왔다. 또 최하위 20%가 전 세계 부의 단 1.3%만을 차지하고 있다.

이는 미국에서 북남 간의 차이를 18세기의 2:1에서 오늘날 70:1로 상승시킨 결과를 가져왔다(George, 2003, pp.18-19). 보다 생생하게 말하면, 지구상의 가장 부유한 3명의 사람이 세계 48개 최빈국들의 국내총생산GDP보다 많은 부를 가지고 있다는 것이다. 국가들 사이에서조차도 소득과 부의 불평등은 가속화되어 왔다. 오늘날 서구 기업 사다리에서 최고 지위에 있는 피고용인의 소득은 피고용인 전체의 평균 소득보다 200~300배 많으며, 이는 40~60배 차이가 났던 1960, 1970년대와 비교된다(George, 2003, p.19).

사회복지사들은 이러한 논쟁에 참여하여 빈곤을 종식시키기 위한 재분배 기제에 대한 주장을 할 수 있다. 그러나 사회복지사들은 영국 사회복지사협회 회원들이 2005년 7월 에딘버러에서 진행한 〈빈곤을 역사 속에 파묻어버리자〉 캠페인에서 배너를 들고 행진을 했던 때에 채택한 것보다 더욱 주도적인 역할을 취할 필요가 있다. 심지어 전 세계 빈곤의 종식과 같은 단 하나의 이슈를 처리하는 캠페인이라도 오랫동안 여러 차원들에서 유지되어야 한다. 이슈의 복잡성과, 변화를 위한 활동에 요구되는 포괄적 자원들 때문에 국제 혹은 국내 협회뿐만 아니라 사회복지사 집단들은 보다 본질적인 역할을 채택하지 못한다.

어려움에 처해 있는 사람들에 반응하고, 그들이 자신들의 인권을 구체화하도록 돕는 것은 사회복지의 가장 큰 핵심이다. 그러나 사회복지 실천가들, 교과서 혹은 교과과정들이 이러한 준거틀을 가지고 있거나 인권 캠페인에 따라가는 경우는 거의 없다. 사회복지 전공생들이 빈곤과 빈곤의 구조적 기원, 사람들의 일상생활에 빈곤이 미치는 영향과 성장기회의 상실에 대하여 이해할 수 있도록 해주는 교과과정은 인권을 기반으로 한 교과과정의 중요한 요소들이다.

세계화와 다국적 기업의 인권침해

세계화는 우리가 인권을 이해하는 데에 있어서 상당한 변화를 야기하고 있다(McGrew, 1998). 그리고 부분적으로는 인권을 직접 손상시키고 있기도 하다. 세계화는 국가들 간의 불평등한 요소가 있는 복잡한 무역 교류와 연결되어 있다. 이는 국가 내부 혹은 국가 간 빈곤격차 및 소득불평등이 심화되고 있다는 사실을 통하여 드러난다(Wichterich, 2000). 경제적 자원이 없는 사람들은, 아무리 그들이 정치적 · 시민적 권리를 누리고 있어도, 자신들의 사회적 · 경제적 권리를 실현할 기회가 거의 없으며, 자원이 없는 국가는 이러한 측면에서 그들의 의무를 행할 수 없다. 세계인권선언의 이행에 관한 문제는 그 선언이 발표되기 전에 이미 제기되었다. 개인의 유급고용에 대한 권리, 휴가에 대한 권리 등 중요한 경제적 권리를 포함하려는 의도는 협상의 초기부터 거부되었다. 왜냐하면 모든 국가가 그렇게 할 수 있는 충분한 자원들을 가진 것은 아니기 때문에 이 조항을 보장할 수 없었기 때문이다(Evans, 1998; McGrew, 1998; Freeman, 2002).

세계화는 자원을 가진 사람들을 시장에서 원하는 것을 선택하는 소비자로 변화시킴으로써 사회적 관계를 상품화해왔다. 그러나 재정자원과 시장의 작용에 관한 지식이 부족한 사람들을 배제시켰다(Dominelli, 2004). 이러한 발전은 시민권에 대한 자격요건에 시사점을 준다. 왜냐하면 공공 복지국가에 의하여 공식적으로 제공되는 서비스로 생각되어 왔던 것들이 이제는 소비자로서의 역할을 하는 개인들에 의하여 사적으로 구매되는 상품으로 생각되고 있기 때문이다. "고객", "환자", "탑승객"에서 "소비자"로 단어가 바뀌는 것은 개인적인 사회 서비스에 있어서조차 시장경제 경향이 나타남을 의미한다.

세계화는 또한 노동권에도 영향을 미친다. 이윤을 확보하려는 기업의 욕구는 노동자들이 공공분야의 직업에서 민간분야, 심지어 저임금의 다른 영역으로 직업이 바뀔 때 더 낮은 임금을 받아들여야만 하도록 만들었다(Wichterich, 2000). 회사들은 아무런 처벌을 받지 않고 이러한 조치들을 취했다. 왜냐하면 일자리를 확보하려는 국가들 사이의 경쟁은 이윤을 극대화하기 위하여 가장 유익한 환경, 예를 들면 세금면제, 저임금, 노동조합의 제한, 한정된 사회보장, 공적 기금에 의하여 지불되는 인프라구조 등을 구축하기 위하여 갈 데까지 가기 때문이다(Wichterich, 2000). 저임금, 불확실성, 정규직이 아닌 단기계약, 경제적 문제들에 대한 보다 보수적인 재정 접근법이 규범처럼 이어져 왔다. 이러한 전반적 영향으로 인하여 사람들은 자신들을 보살필 수 없게 되었다.

반다나 쉬바(Vandana Shiva, 2003)는 세계적 기업들에게 책임을 물음으로써 이러한 경향들을 상쇄시키려고 노력하고 있다. 그녀는 이러한 기업들이 환경을 파괴하고 이윤을 서둘러 내려고 하는 데에 있어 지역의 농업지식을 전용appropriating하는 것에 대해 비난한다. 그녀는 세계화가 기업의 경제적 권리와 인권을 서로 상치되게 하고 있다고 주장한다. 그리고 그녀는 다자간 투자협정Multilateral Agreement on Investment, MAI이 기업의 경제적 권리를 위해 개인의 인권을 전복시키는 도구로 활용되고 있다고 생각한다. 쉬바는 기업의 책무성을 통하여 이러한 발전이 역전되어야 한다고 주장한다.

쉬바(Shiva, 2003)는 또 다자간 투자협정의 위험이 종자특허의 부과로 공통되게 보유하고 있는 지역의 지식을 은밀히 통제하는 위험을 지적한다. 왜냐하면 이것은 식량의 생산과 분배에 대한 독과점적 통제를 강화하고, 몇몇 기업의 손에 지적 자본을 집중시키고, 세계 자본을 통해 사람들의 일상생활에 부정적으로 영향을 미치는 결정이 가능하도록 하기 때문이다. 그녀의 관점에서 볼 때, 이러한 현실은 규범이 되어 가는데, 그것은 다자간 투자협정으로 인해 정부가 외국 투자자의 유입을 막지 못하며 그들의 의사결정에 간섭하지 못하게 되기 때문이다. 쉬바는 이러한 정부 하에서 소규모의 독립적인 식량생산자들이 그들의 생계, 그들 자신들과 가족을 위한 공급권, 기업의 산업화 방식보다 지구의 재생산 역량에 민감하고 환경친화적인 자신의 문화적 전통에 따라 살 권리를 잃어버리게 될 것을 우려한다. 실제로 그녀가 지적했듯이, 인도에서의 다자간 투자협정이, 적어도 이 순간, 지역주민의 동원에 따라 궁지에 빠져있다.

쉬바(Shiva, 2003)에 의하면, 유전자 변형 식품 제조회사로 대표되는 세계적인 농업관련 산업은 실수요자인 소비자들에게 해로운 영향을 끼친다. 기업은 유전자 변형이라는 딱지가 붙는 것을 우려하여 식품의 성분에 대한 정보를 감추려고 한다. 즉 소비자들이 이 상품들이 어떻게 자신들의 건강에 부정적인 영향을 끼치는가에 대하여 알기를 더 어렵게 만들며, 또 소비자들이 구매하는 상품에 대하여 정확하게 알 권리를 손상시킨다. 쉬바는 인도의 상황에 초점을 두면서 세계화가 어떻게 민주적 정치와 연관된 인권을 손상시키는가를 드러낸다. 그녀는 민주적 수단들을 통하여 부정의injustice를 해결하려는 사람들의 열망과 역량을 위축시킴으로써, 세계화의 불확실성은 불확실한 세계에서 확실함을 위하여 사람들이 편협한 종교와 국가 정체감에 호소하기 때문에 파시스트와 근본주의자들의 세력들을 강화한다고 주장한다. 달리 이야기하면, "경제적 권리가 빠진 정치는 두려움과 불안정이 생기게 만들고 증오를 정치적 자본으로 구축한다. 세계화가 사람들이 민주적인 방법들을 통하여 그들의 생활과 생계를 유지하기 위한 수단들을 얻지 못하게 함에 따라 인도에서만 파시스트와 근본주의자 세력의 확장을 볼 수 있는 것은 아니다"(pp. 103-104).

세계화되고 있는 세상에서 사람들의 정체감과 안보가 약화되고 있는 것은 지역적, 국가적, 국제적 수준에서 해결해야 할 중요한 문제이다. 쉬바(Shiva, 2003)는 사람들 사이의 포용성, 상호관련성 그리고 인권의 불가분성을 이러한 우려들에 대한 유용한 대응이라고 보고, 적절한 여건들을 만드는 데에 있어서 여성의 역할을 강조한다. 이로써 우리에게 인권의 보편성과, 편협한 부분적인 기업이윤 대신 사람과 환경을 사회적 · 경제적 · 정치적 의제의 한 복판에 두는 새로운 세계질서를 발전시키는 데에 있어서 남성과 여성 모두를 포괄하는 포용성 이슈에 직면하게 된다. 남성이 사람들의 인권을 보호한다는 명목 하에 사람들의 인권을 파괴하는 무장갈등을 유발하는 의사결정에 우위를 둘 때 양성을 모두 포괄하는 것은 대단히 중요하다. 포용성은 필수적이다. 왜냐하면 의사결정 과정에서 제외되었던 여성들이 인간복지에 도움이 되지 않는 "남성적" 의사결정의 영향에 대응해야만 한다는 인식의 확산으로 이어지게 되기 때문이다.

여성의 인권, 특히 가정에서의 여성들의 지위에 관한 권리, 자기결정권, 재산 소유권, 공격으로부터 자유로울 권리, 공적 영역에의 참여권 등에 관한 여성의 권리들은 그동안 제대로 실현되지 못했다. 1995년 베이징 여성회의에서는 여성의 권리를 인권으로 재정의하고 평등에 대한 여성의 요구를 촉구하기 위하여 권리의 보편성을 강조하였다. 남성과 여성 사이의 평등을 확보하는 것은 긴급한 관심을 요구하는 지구적 이슈로 남아있으며, 사회복지사의 관심사이기도 하다.

또 남성들은 여성들과 환경, 다른 남성들과의 관계에 대한 책임뿐 아니라, 변화하는 그들의 행동과 태도에도 책임져야 한다. 특히 이들 중에서 공공 자원과 의사결정 구조를 이용한 제로섬 게임을 하려는 의도에 대해서 저항하고 있다. 이는 승자와 패자를 가르지만, 결국에는 우리 모두 패하게 될 것을 확신하게 될 뿐이다. 이러한 결과를 피하기 위해서는 다양한 사람들 그리고 국가들 간의 유대감을 통하여 협력을 꾀해야 한다 (Dominelli 2002, 2004).

강력한 의사결정자에 대하여 공개적으로 질문함으로써 그들의 행동에 대하여 설명할 수 있도록 정부, 세계적 기업과 개인들을 지지하는 것은 알 권리를 포함한 인권의 근본적인 측면들이다. 안보를 위하여 사람들의 알 권리를 파괴하는 것은 불안정성을 증가시킬 뿐이다. 또 사람들은 정직한 토론을 두려워하게 되고, 제한된 혜택 때문에 자신들의 삶을 상당 부분 파괴하거나 변경시킬 수 있는 정책들을 비판할 수 없게 된다. 주요 인권 외에 표현의 자유 및 결사의 자유 역시 시민으로서의 행동 역량의 핵심이자 기본이 된다. 이는 특정 상황에서 적절한 조치에 대하여 알고 의사결정하도록 개인을 돕는, 정보에 대한 접근권이 있는 알 권리라는 측면에서 지지되어야만 한다. 사회복지사들은 시민들이 필요로 하고, 시민들이 이러한 자료를 소장하고 있는 조직에 대응해 나가는 데에 도움이 되는 정보를 획득하도록 도울 수 있다.

고발은 부정의와 범죄에 이의를 제기하는 전략을 지지한다. 고발은 강력한 조직체들이 못마땅해 하기 때문에 주의할 필요가 있다. 고발자의 경력과 생계가 위험해질 가능성(Martin, 2003)이 있기 때문에 사람들은 고발하는 것을 조심스러워 한다. 2001년에 파산한 에너지 회사인 엔론Enron을 비롯하여 사람들의 돈을 남용해온 다른 기업들의 사례에서 볼 수 있듯이 조직과 조직의 행동들에 대하여 알 권리를 갖는 것은, 세계무대에 있는 경제활동가들이나 그러한 조직체들이 책무성을 갖도록 변화시키고, 기업가가 기업의 이윤과 개인의 이윤을 목적으로 무모한 개인들의 생계를 파괴하는 결정을 비밀리에 진행하는 것을 근절하기 위해서 필수적이다. 사회복지사들은 자주 이러한 기업체들을 고발하려는 노력에 관여하게 되고, 이러한 노력에 필요한 기술들을 지원할 수 있다.

국제 테러리즘, 불안정성, 국가의 인권위반

잘못된 의사결정은 투명성과 책무성에 의하여 개선될 수 있다. 9.11 사태로 안보에 대한 염려들은 테러리스트들로부터의 방어를 위해 공적이고 세계적인 공동생존에 대한 비법을 더 요구해왔다. 인권적 관점에서 볼 때, 이것은 목적과 수단의 관계에 대한 이슈를 제기한다. 만일 건강한 정치 통일체가 개방사회에서 대리인으로서 행동하는 시민들로 요약된다면, 공격에 대한 국가의 반응들이 곤경에 사로잡힌 결백한 생명을 무시한다고 생각될 때 우리는 어떤 대가를 치르게 되는가. 또한 국민들이 국가의 행동들에 대해 국가가 책임질 것을 주장할 자격을 갖는 더욱 광범한 인권이 간과될 때 우리는 어떤 대가를 치르게 되는가.

소외된 개인들은 상상에 의한 것이든 실제이든 자신이 가진 불만 때문에 사회에 보복하기 위해 법을 위반할 수 있다. 그리고 무차별적으로 다른 사람들의 생활권을 파괴할 수 있다. 만일 이러한 잘못들이 법을 준수하는 정치위원들에게 반향된다면 이 지식은 범법자들을 다루는 데에 있어서 인권을 인정하는 도덕적 통합과 행동을 옹호하는 방식을 찾는 데에 탐색되고 사용되어야 한다. 테러리스트들을 범법자로 재규정함으로써 승인된 정의의 틀 안에서 대응하도록 자극하고 모두의 안보를 지켜주며, 민주적 삶의 방식을 독재적인 것으로 대체하는 사람들을 지원하지 못하게 해야 한다. 우리는 이스라엘-팔레스타인 분쟁과 같은 역사적 사례를 통해 군사적인 맞대응이 정치적 문제들을 해결하지 못함을 알게 되었다. 오히려 증오가 커지고 무장갈등을 강화시킨다는 사실을 알고 있다. 우리는 적대적인 집단들을 대화로 오게 하는 것이 그 갈등을 해결하는 데에 있어서 가장 진전을 이룩해왔다는 사실을 북 아일랜드의 발전을 통해 알고 있다. 중재와 갈등의 비폭력적 해결에 대한 전문성을 가진 사회복지사들이 인권을 하나의 이슈로 우선시한다면, 이러한 지식을 인권 영역으로 발전시킬 수 있다.

그러한 상황 속에서 점점 더 독재적이고 방어적인 서구 국가들의 입장은 그들 자신의 편협한 분파 간 이해관계를 조장하는 무차별하게 사람을 죽이는 살인자들에 대하여 어떻게 잘 대응하는가에 대하여 다른 질문들을 제기한다. 간디주의자Ghandian들의 통찰은 이 위협에 어떻게 대응하는가에 대하여 다르게 사고할 가능성을 국가에 제공하는가? 혹은 국가가 관계보다 권위를 강화시키고 이 세계적 드라마에서 그들의 역할에 상관없이 시민들에 대하여 통제권을 증가시키는 방향으로 가고 있는가? 국가는 어떻게 우리가 추구하는 평화롭고 안정된 사회를 이끌 것인가? 복잡한 상황들을 다루는 데에 익숙한 사회복지사들은 이러한 어려움들에 대한 적절한 해결책들을 찾아내는 데에 필요한 대화를 이끌어내는 역할을 수행할 수 있다.

한 국가가 국가통합성에 대한 공격에 대응하는 과정들을 소홀히 다루게 되면 많은 시민들을 지원하면서 그 국민들의 최선의 이해관계를 위하여 행동하는 권위를 손상시킬 수 있다. 시민들에 대한 지원을 확실히 하는 것은 각 개인들과 개인의 사생활에 대한 권리를 기입해두는 기술적 수단들이 있는 감시사회의 문제에 저항하는 국가의 최선의 보호 방법이다. 국가는 개인의 자유와 민주사회에서의 사회적 삶을 보장해주는 존재이기 때문에 어떤 이슈에 대한 국가의 행동의 결과들은 인권에 주는 의미가 대단히 클 수 있다. 사회복지사들의 역할은 인권을 지지함으로써 어려운 환경 속에서 사회적 응집력을 유지하는 데에 대단히 중요하다 (Lorenz, 1994; Dominelli, 2004).

이주 인구의 흐름은 국제활동가라는 지위를 얻은 기업들이 비교적 처벌을 받지 않고 국경을 넘나들 수 있는 반면 특정 영토 안에 있는 한 개인의 기득권에는 제한을 주는 것에 대하여 의문을 제기한다. 한편 개인들은 국가 경계를 넘나드는 자신들의 움직임은 특히 뉴욕의 세계무역센터가 공격당한 이후로 보다 기술적으로 간섭적인 국가의 감시를 받고 있음을 인식하게 된다. 그때 이후로 점점 안보가 강조됨에 따라 인권침해가 일어났고 보호에 대한 우선순위는 미묘하게 약간 약화되고 있다. 2005년 런던 폭발물 사건에서 이러한 경향을 느낄 수 있다. 인권을 안보 다음으로 두는 것은 더 큰 보안—대문이 딸린 주택지gated communities, 감시장비와 법 질서 장치들을 죄기 위한 기술들—을 위한 장비들을 파는 회사들에게 이윤을 극대화할 기회들을 만들어주게 된다. 안보는 보이지 않는 이러한 서비스들을 제공하는 다국적 기업과, 안보유지를 담당하는 기관에게 있어서 책무를 덜어주는 대형 사업이 된다.

이러한 안보사업의 발달은 자유와 존엄에 대한 자격조건으로서의 인권의 흐름을 저평가한다. 인권은 주변화되고 결과를 미리 점치며 안전으로 교체되었다. 그러나 위험스러운 상황들은 유동적이고 알려지지 않은 많은 요소들을 가지고 있기 때문에 안전을 보증하는 것은 망상일 따름이다. 이러한 맥락에서 볼 때, 임의적 규범을 따르는 것은 안전 확보나 장애 완화로 인식하게 된다는 의미이고, 그로써 사람들은, 때때로 불평을 하면서도, 감축된 권리와 자유에 만족하게 된다. 그럼에도 불구하고 위기 완화나 장애 최소화가 인권을 합법화하는 철학의 일부가 되고 있는 한, 국가들은 대다수를 위한 안보의 확대를 위하여 인권을 지지하는 것이 오히려 손해라고 말할 수 있다.

한편, 국가는 높은 수준의 기술발달에 의지하는 폭력 무기의 증가를 전용하고 있으며, 시민들은 전시 군인들의 삶보다 더 위태로운 삶을 살 가능성을 가지고 있다(Chomsky, 2003). 그러므로 2차 세계대전 이후 분쟁들이 보통사람들에게 상당한 영향을 주었으며, 특히 여성과 아동들의 인권이 남성의 인권보다 더 취약해왔다. 블레어 총리는 "불확실"하고 어려운 시기에 필요한 것이라 하여 "테러리스트로 의심되는 자"인 장 찰스 드 메네Jean Charles de Menezes에게 총격을 가했다. 그는 단지 순진무구한 27세의 브라질 출신의 선거권자이며, 합법적으로 영국에 거주하며, 일터로 가는 중이었을 뿐인데 메트로폴리탄 경찰은 그에게 방어를 목적으로 총격을 가했으며, 이는 보안과 인권을 맞바꿈으로써 발생되는 인권의 취약함을 보여주고 있다. 우연한 총격에 대한 두려움 없이 길거리를 다닐 수 있는 자유는 안보를 위하여 희생된다. 안보에 우선순위를 두는 것은 사회개발에도 시사점을 가지고 있다. 왜냐하면 그것은 보호를 위하여 자원들을 유용하기 때문이다. 사회복지사들은 이 논쟁들에 참여함으로써 빈곤을 완화시키고 복지를 강화하는 데에 있어서 사회개발의 가치를 확인시킬 수 있다.

안보에 대한 관심으로 인하여 시민권에 대한 통제가 점점 증가하는 것은 사회개발을 더욱 손상시킬 수 있다. 왜냐하면 사람들은 불일치를 이야기하는 것을 두려워하게 되기 때문이다. 안보 명목으로 이루어진 결정에 도전하는 것은 대단히 어렵고도 위험성을 가질 수 있는데, 그러나 공공의 논쟁과 책무 없이 권력의 남용이 보다 많아지고 표현의 자유는 보다 쉽게 제재를 받게 된다. 52명의 무고한 영국제도british isles 지역 거주자들을 살해한 4명의 살인자들, 그들은 다양한 국가 출신들로 개인의 생명에 대한 권리와 두려움으로부터의 자유를 묵살했다. 그들은 자살을 통해 정의의 영역에서 벗어났고, 시민의 권위에 대한 그들의 묵살은 최고조에 도달했다. 아동, 여성과 남성들을 착취하기 위해 인신매매를 하는 국제범죄 신디케이트와 네트워크에 관련된 사람들은 자신들의 인권도 침해하는 것이 됨을 알아야 한다.

새로운 정보기술의 팽창과 값싼 항공료로 사람들 간의 연결이 활발해졌다. 이처럼 점점 증가하는 상호연결성은 전 소비에트연방에서 발생된 것처럼 민족국가를 구성하고 있던 단위들이 분열되기를 바라는 것에 비례한다. 어떤 경우 이 분열들은 전 유고슬라비아에서처럼 격렬한 봉기 이후에 발생되었다. 다른 시기에 있어서는 스코틀랜드, 퀘벡에서처럼 투표는 변화를 성취하기 위한 수단이 되어 왔다. 사회복지사들은 사람들이 이 사건들을 이해하고 또 비폭력적인 선택들을 실현함으로써 앞으로 나아가도록 도울 수 있다.

사회복지 교과과정 안에서의, 그리고 사회복지 교과과정을 통한 인권증진

인권은 세계의 평화와 인간의 복지를 위한 평화로운 평등한 세상을 발전시키는 데에 있어서 대단히 중요하다. 사회복지 전공생들은 그들이 매일매일 직면하는 복잡하고도 어려운 과제를 위한 기술을 배워야 한다. 사회정의의 틀 안에서 인권을 지지하는 한편 개입할 수 있게 되는 것이 이 목적의 중요한 요소이다. 인권은 인권에 관한 특정 선택과목뿐 아니라 기존의 모든 사회복지 교과안에 주입되어야 한다. 다음과 같은 주제들이 포함될 수 있다.

- 인권의 역사
- 인권, 특히 예를 들면 인종차별철폐협약, 여성차별철폐협약, 고문방지협약, 아동권리협약, 장애인권리협약 등 UN 조직과 관련된 인권에 대한 국제법규와 의정서
- 인권에 대한 국내외 법규
- 예를 들면 여성과 가정폭력, 전쟁에서의 강간피해자로서의 여성, 아동인신매매, 아동군인 등의 현실에서의 핵심 이슈와 사례들
- 인권침해의 사례와 이에 대한 조치들
- 조치의 목적과 수단들이 인권에 부합되는지 확인하기
- 인간의 존엄성과 가치를 지지하는 과정들
- 실천에서 인권을 어떻게 강화할 것인가에 관한 문제

- 인권을 구체화하는 데에 있어서 시뮬레이션과 역할놀이를 포함한 활동들
- 조치들의 가능성과 위험을 탐색하기 위한 "What if" 활동
- 교차문화 이슈와 인권 관련된 프로젝트
- 중재와 비폭력 갈등해결 기술들
- 옹호하기와 국가와 기업의 책무성을 위한 캠페인 벌이기
- 고발 절차와 기술들

결론

세계 역사의 아주 중요한 시점에 세계인권선언은 수백만의 사람들에게 더 나은 삶에 대한 희망을 가져다주었다. 비록 세계인권선언이 그 목적들 중 일부를 성취했다고 하더라도 이 지구에 평화, 자유, 안전에 목적을 둔 국제적 규범으로서 가야할 길은 여전히 멀다. 인권보장의 주체와 그 판단 주체를 민족국가에 두는 것에는 한계가 있다. 현대 역사는 국가가 그동안 종종 인권침해의 주체가 되기도 했고, 독립적이지 못하고, 다루기 어려운 국가를 통제하기 위한 강력한 국제적 기제가 전 세계적인 인권실천에 장애가 되어 왔음을 보여주고 있다. 이 한계들이 국제 영역에서 강력한 기제가 만들어져야 한다는 것을 주장하고 있다. 사회복지사들은 이러한 영역에서 필요하고, 관여된 사람들에게 도움이 되는 필요한 대화를 주도하는 데에 기여할 수 있다.

세계인권선언의 또 다른 주요한 실패는 세계적인 빈곤퇴치의 실패이

다. 모든 다른 인권들에 대한 심각한 손상이 만연되고 있다는 것이다. 또 그 실행의 문제가 심리적이 아닌 구조적으로 야기될 때 인권의 근원을 개인 안에 두는 것은 이를 지지하려는 노력을 방해하게 된다. 빈곤은 구조적인 사회문제의 한 예이다. 사람들이 빈곤한 것은 챨스 머레이(Charles Murray, 1990)와 같은 새로운 권리 이데올로기주의자들이 주장하듯이 단지 그들이 성공에 필요한 기술이 부족하기 때문이거나 도덕적 해이 때문만은 아니다. 오히려 모든 사람을 위한 사회적 · 정치적 · 경제적 기회에 대한 접근성이 부족하다거나 충분한 급료가 지불되지 않는다거나 동기를 불러일으킬 만한 일거리, 질 좋은 교육이 불충분하다거나 하는 요인들 때문이다. 구조적 빈곤을 퇴치하는 데에는 단순히 구제조치가 아닌, 완전히 다른 사회질서를 구축하는 것이 필요하다(Gutierrez, 1983). 사회복지사들로서 우리는 인권을 활용하여 우리가 구조적 불평등을 제거함으로써 정의의 길을 갈 수 있도록 할 수 있다. 그리고 이를 위해 인권이 무엇인지를 배워야 한다.

사회복지사들은 우리가 어디에서 살고 있던 인권이 확실하게 실천되도록 하는 데에 있어서 중요한 역할을 하기 위한 기술들을 가지고 있다. 그 전문성을 잘 활용하여 사회복지 교과과정은 인권이 실현되도록 도울 수 있는 지식 획득과 기술 개발을 위한 여지와 준거틀을 제공하는 것이 중요하다. 인권은 보이지 않는 상태에서 벗어나야 하며, 학계와 현장 모두에서 명백한 주제가 되어야 하고, 실천가, 학자와 서비스 이용자들이 해결할 중요한 도전이 되어야 한다. 그러나 그렇게 하는 것은 우리가 사람들의 존엄성과 가치의 침해와, 물리적 환경의 퇴락에 의하여 생긴 국가의 사회적 · 물리적 상처들을 치료하려면 대단히 긴급한 일이다.

3

인권으로서의 세계적 분배정의

인권문화 창조를 위한 함의

조셉 롱카 *Joseph Wronka*

조셉 롱카 *Joseph Wronka*

메사추세츠 주에 위치한 스프링필드 대학 사회사업학과의 교수이며, 브랜다이스 대학교의 사회정책 · 관리 헬러스쿨의 사회변화센터에서 시작한 세계인권선언 프로젝트의 조사관이기도 하다. 그는 다양한 곳에서 실천하고, 연구하며, 뉴욕, 알래스카 및 유럽 등지에서 강연했다.

주요 저서

- Human Rights and Social Policy in the 21st Century (21세기 인권과 사회정책)
- Human Rights and Social Justice (인권과 사회정의)

수백만 인구의 문맹, 영양실조, 질병, 영아사망률 그리고 수명 단축 등의 문제를 악화시키는 시민적, 정치적 권리의 일탈을 비난하기 위해 인권을 그 원인으로 지적하는 것은 좋지 않다. 그러나 역사적으로 모든 독재자와 침략자도 오늘날의 세계적인 부와 빈곤의 불균형(disparities) 같이 인간에게 불행과 고통을 가져다주는 일을 해결하는 데 성공하지는 못했다.

—

쉬리다스 람팔 *Shridath Ramphal*
전 UN사무국장

이 장은 인권의 세계적 분배 위기에 관한 심각성을 고조시키는 자료를 전달하고, 연대적 책임이라는 측면에서 인권의 세계적 분배를 검토하며, 세계적인 인권문화 창조에 시사점을 주는 사회적 활동전략을 제안하는 데에 목적을 둔다. 궁극적으로는 세계가 분배정의, 연대적 권리를 통해 빈곤 국가들이 부유 국가의 번영에 대한 권리를 가질 수 있어야 한다고 주장하는 것이다. 이는 세계인권선언 제1조에 명시된 바와 같이 세계 모든 사람들은 형제관계이므로 형제애brotherhood[1]를 요구하는 것이다. 이는 20세기 후반부터 현재까지 민족국가nation-state에 대한 거부와 제3세계 국가의 성장을 반영하는 힘과 부, 또 다른 중요한 가치인 대규모의 세계적 재분배를 위한 요구이다(Human Rights, 2006). 지미 카터Jimmy

—

1 자매애와 여학생클럽 역시 동등하게 중요하다. 세계인권선언문 작성위원회 위원장인 엘리너 루즈벨트Eleanor Roosevelt는 선언문이 성평등적 언어로 쓰이기를 원했지만 그 시점에는 다른 학술적 결론이 우세하였다.

Carter 전 미국 대통령은 2002년 노벨 평화상을 받을 때 연설을 통해 이러한 중요한 인권침해에 대한 긴급함과 심각성을 강력하게 표현하였다.

> 오늘날 세계적으로 가장 심각한 문제는 지구상에서 가장 부유한 사람과 가장 가난한 사람 사이의 간격이 더 벌어지고 있다는 점이다. 세계 10대 부유국의 국민은 세계 10대 빈곤국에 사는 사람들보다 75배 더 부유하다. 그리고 이 문제는 단지 국가 간의 비교를 통해서만 나타나는 것이 아니며, 한 국가 내에서도 그 간격이 매년 벌어지고 있다. 이 같은 불균형의 결과는 기아, 문맹, 환경파괴, 폭력적 갈등과 기니아충Guinea worm 감염에서 HIV/에이즈에 이르기까지 불필요한 질병을 포함해 대부분의 해결되지 않은 세계적 문제의 근본적 원인이 된다(Carter, 2002, pp.18-19).

전 세계 인구의 약 40%인 2억 5천만 인구가 하루 2달러 이하의 돈으로 살아가고 있을 뿐 아니라 단순히 연명하기 위해 하루하루를 투쟁하듯 살아가고 있다. 실제로 20세기 중반 20대 부유국의 국내총생산 비율은 빈곤국의 약 18배 정도였다. 그런데 21세기로 접어들자 그 비율은 37배로 2배 이상 증가했다. 최상위층에 소득이 집중된 이러한 현재의 상황은 바닥으로 내려가면서 가느다란 줄기로 이어지는 샴페인 잔의 모양으로 묘사할 수 있다. 실제 전 세계적으로 최하위 빈곤층으로부터 최고 부유층까지의 소득 비율은 1대 103이다. 지미 카터의 말을 조금 더 인용하면 대부분 국가들에서 불균형이 증가하고 있다고 한다. 가장 극적인 변화를 보이고 있는 국가는 시장경제로 전환하고 있는 이전의 공산주의 국가들이다. 예를 들어, 러시아는 늘어나는 빈곤과 실업, 그리고 그 결과로 생겨나는 폭력으로 고통 받고 있다. 그러나 국세청에 따르면 미국 역시 1968년과 2001년을 비교해보면 소득의 불균형이 증가하고 있어 결과적으로 고소득 국가 중에서도 미국이 가장 심한 소득불균형을 보이고 있다(UN Development Program[UNDP], 2005).

국가 간 그리고 국가 내에서 나타나는 이러한 소득불균형은 결국 특권을 부여받지 못한 사람들the disenfranchised의 목소리에 둔감한 법과 정책에 영향을 끼치고 힘의 불균형과 유권자들에게 영향을 주어 매스컴에 접근가능한 사람들을 더 부유하게 만드는 결과를 초래하게 될 것이다(Worldwatch Institute, 2003). 이와 유사하게 소득과 밀접하게 관련된 힘에 대한 얘기를 하자면 소득 면에서 세계에서 가장 높은 상위층에 있는 미국(Kivel, 2004)이 세계 영화산업을 독점하고 있다(UNDP, 2004). 이는 "부유하고 유명한 사람들"의 라이프스타일을 젊은 사람, 나이 든 사람 할 것 없이 자연스럽게 선택하도록 영향을 끼치고, 특히 미국의 모든 것이 세계적 정책입안의 주 모델이 되게 한다(Steiner & Alston, 2000). 세계무대인 UN안전보장이사회에서조차도 5개 상임이사국(중국, 러시아, 프랑스, 영국, 미국)이 일반적으로 경제 부유국이어서 이 국가들은 거부권을 행사할 강력한 힘을 갖는다. 사실 최근에 들어서야 아프리카 국가들이 현재 5개 상임이사국을 저지하기 위해 상임이사회에서의 거부권 행사를 위한 2개의 상임위 자리를 요구하였다("4 Centries Delay", 2005). 이 같은 세계적 불균형은 과거 에리히 프롬Erich Frome이 의미심장하게 말했던 것처럼 "삶이 좌절되는 방향으로 몰릴수록 그 방향은 더욱 파괴적인 방향으로 더 강해진다. … 살 수 없는 삶의 결과"(Gil, 1996, p.1 재인용)는 세계인권선언에 쓰인 두려움, 즉 "인간양심에 대한 분노"를 나타내는 더 극단적인 행동을 초래한다는 지적을 되새길 필요가 있다. 뿐만 아니라 자신들의 국경을 방위하기 위해 약 1조 5천억 달러를 사용하는 민족국가는 신뢰할 수 없는 기업일 수 있다는 결론이 도출되어야 할 것이다. 데이비스(Davis, 1992)는 민족국가는 하나의 신화라고 했고, 1995년 노벨 평화상 수상자인 조셉 롯블랏(Joseph Rotblatt, 1997)은 우리들의 충성은 국가가 아닌 인류사회에 대한 것이어야 한다고 주장했다. 웨스트팔리아 회의Westpalia coference에서 제기된 것처럼, "국제적international 분배정의"보다는 "세계적global 분배정의"라는 용어를 사용하는 것이 더 적절할 것 같다.

그러나 경제적 불균형과 힘만이 국가 간 그리고 국가 내의 자원을 분배하는 데 있어서의 유일한 문제라고 간주하는 것은 잘못이다. 다른 중요한 가치는 아직 개념적으로 논의 및 발전단계에 있는 연대적 권리이다(Human Rights, 2006). 개념에 대한 정의가 아직 초기단계임에도 불구하고 UN의 인간개발지수Human Development Index, HDI(유아사망률, 학업, 수명 등에 강조점을 두고 있는 국가의 전반적 삶의 질을 측정하는 지표)는 이 같은 보편적 문제의 정도와 적절한 사회적 행동을 해야 하는 상황에 대한 유용한 원칙(Gil, 1992, 1998)을 제공해줄 수 있을 것이다. 요약하면, 저소득 국가에서의 유아사망률은 고소득 국가보다 13배가 높다. 미국의 유아사망률을 살펴보면, 전체 유아사망률에 비해 원주민의 유아사망률은 1.5배가 높고, 흑인의 유아사망률은 백인의 유아사망률보다 2.5

배가 높다(Human Rights Committee on the Elimination of Racial Discrimination, 2000). 세계적으로 고소득 국가와 저소득 국가의 평균 교육년수는 각각 약 13.5년과 7년으로 나타난다. 미국에서 교육기회가 제한된 저소득층과 권리가 박탈된 집단이 주를 이루는 성인의 거의 절반 정도가 기능적으로 무지한 것으로 간주된다(Human Rights Committee on Civil and Political Rights, 1995). 고소득 국가와 저소득 국가의 평균 수명의 차이는 대략 19년이다(UNDP, 2005). 미국에서 심장마비로 사망하는 흑인의 수는 백인보다 41%나 많고, 당뇨병으로 사망하는 원주민의 수는 미국 전체 평균보다 231%나 많다. 소득, 교육, 수명, 환경적 문제와 지미 카터 대통령의 관심사인 재앙, 폭력적 갈등과 HIV 문제는 복잡하다. 세계적으로 평균 자연재해 수는 1975년의 경우 약 200건이었으나 2001년에는 1,700건에 달했으며(Montanari, 2005), 사막화는 30년 전보다 2배 증가했다(Gore, 2006). 원주민들이 주로 거주하는 해변 지역의 주민들은, 특히 여성과 아동의 경우 그들과 가족이 생존하는 데에 필요한 땔감과 물을 구하는 것이 점점 더 힘들어지고 있고 위협받고 있다. 문맹인 원주민들의 약 3분의 2는 세계 인구의 절반 이상을 차지하고 있는 여성이다. 공식적으로 인력으로 간주되지 않는 이러한 여성 인구는 1980년 이후 HIV 감염률이 더 증가했다. 결국 가장 큰 녹색가스 발포자인 미국에서조차도 "바르게 하려는 것이다"라고 하면서 실제로는 추한 현실을 만들고 있다는 속언처럼 전 세계 소득의 47%에 달하는 예산을 국방에 사용하고 있고, 이 돈은 세계적으로 앞서가는 대규모 군대를 거느린 30개 국가의 예산을 합한 것보다 많은 액수이다(*New York Times*

Almanac, 2005, p. 225).

희망의 서광이 경고의 상황과 더불어 비치고 있다. 예를 들어, 1960년부터 현재까지 고소득 국가의 수명은 16세나 증가했고 저소득 국가의 경우에도 6세가 증가했다. 좀 더 자세히 들여다보면 이러한 증가는 1980년 전에 이루어진 것이다. 2000년대 이후 저소득 국가의 평균 소득은 3.4% 증가하였고, 이는 고소득 국가의 평균 소득 증가분에 비해 두 배에 달하는 수치이다. 그러나 그것은 전체 평균이고 사하라 주변 아프리카 지역의 소득은 조금 증가했지만(1.2%), HIV나 말라리아 사망률과 같은 다른 지표는 더 많이 증가하여 좋지 않은 상황을 드러낸다. 중국과 인도와 같은 몇몇 아시아 국가도 소득이 증가하였으나 소득 증대가 전반적인 삶의 질을 향상시켰다고 해석하기는 힘들다. 경제적 부유함이 인간발달을 강화시킨다고 보장할 수는 없다. 과테말라의 경우 베트남 평균 소득의 2배가 되지만 인간개발지수 순위로 보면 더 아래에 있다(UN Development Reports, 2005). 증가하기는 하지만 매우 적고 느리게 증가하거나, 성장이 고르게 되고 있지 않거나, 부가 인간욕구의 모든 것을 만족시킨다고 해석되지는 않음을 알 수 있다.

이 같은 불평등 시나리오는 국가 간 혹은 국가 내 비교에서만 나타나는 것이 아니라 개인과 국가 사이에서도 드러난다. 예를 들어, 작스(Sachs, 2005, p. 305)에 따르면, "2000년 (미국에서) 상위 400명이 벌어들인 소득은 2005년 부시 대통령이 방문한 4개국(보츠나와, 나이지리아, 세네갈, 우간다)의 소득을 모두 합한 금액보다 많다". 또한 〈포브스*forbes*〉지에서 선정한 세계 500대 부호는 그들 자산의 5%가 넘는 소득을 벌어들였으며,이는 세계에서 가장 빈곤한 4억 1,600만 인구의 총 소득액보다 많다(Danaher, 1996, 2001). 예를 들어, "1995년 세계 최대 자동차 회사인 제너럴 모터스사의 판매량은 사우디아라비아, 남아프리카, 말레이시아, 노르웨이를 포함한 169개 국가의 자동차 총 생산량보다 더 많았다"(Brown & Flavin, 1999, p.7). 그리고 모겐슨(Morgenson, 2004)에 따르면 미국 CEO들의 월급은 수많은 피고용인들이 받는 평균 임금의 531배에 달하고, 최근에는 그 격차가 "입을 다물 수 없을 정도"로 벌어지고 있다.

필자는 1960년대 후반에 아시아를 여행하면서 목격했던 비참한 상황을 계속 회상하게 된다. 터키 이즈미르Izmir의 한 거리에서 가족들이 담요 위에 모여 구걸하고 있는 것을 보게 되었다. 한 여성은 울고 있는 아이에게 먹일 물을 구할 동전 몇 푼을 얻기 위해 열성적으로 구걸을 했다. 몇 개의 동전을 얻은 그 여성은 아이의 고통을 덜어주기 위해 물을 사려고 달려갔다. 그 후에도 아이는 계속 울었고 그 여성은 또 다시 구걸을 했다. 잠시 후 "친절한 물장수"가 허리를 굽혀 아이에게 공짜로 물 몇 모금을 더 주었다. 그곳에서 얼마 떨어지지 않은 곳에는 그 물 값보다 더 비싼 코카콜라와 유럽산 와인을 파는 유럽식 카페가 있었다. 그 카페의 손님들은 유럽이나 북미에서 온 사람들로 보였는데, 아마도 그 가게들이 남긴 이윤은 파리나 애틀랜타로 들어갈 것이다. 미국 원주민 현인이자 최고 추장으로 명성을 떨친 시팅 불Sitting Bull의 "백인은 모든 것을 만들 줄 알지만 분배할 줄은 모른다"라는 지적처럼 이와 같은 세계적 부의 불균형이라는 현실이 해결되지 못하고 있는 것일까(Safransky, 1990, p.74).

그때의 그 여성과 아이 그리고 그와 유사한 상황들은 오늘날 물이 고갈되고 깨끗한 물 한 컵을 구하기가 점점 더 어려워지는 상황을 보여준다.

인권문화의 창출을 향하여

만약 인권이 인간의 욕구를 충족시키기 위한 법적인 강제규정으로 간주되고 인권이야말로 유일한 인간성의 완성이라는 생각이 진정으로 받아들여진다면 앞서 논의했던 몇 가지의 간극들을 이겨낼 수 있는 강력한 힘이 될 수 있을 것이다. 우리가 여기서 이야기하고 있는 인권문화의 개발, 즉 인권원칙에 대한 "살아있는 인식"은 단지 지식을 말하는 것이 아니라 사람의 마음속에 자리하여 일상적으로 나타날 수 있는 인식을 말한다(Wronka, 2006, 1998a). 예를 들어 연대적 권리가 인권이라는 사실을 아는 것뿐 아니라 사람들의 마음속에서 "느끼고" 매일 인식되어서 모든 사람의 인권이 어디에서든 보장될 수 있도록 하는 것이 중요하다. 인권의 원칙에 근거한 이 같은 문화는 사회복지 전문직과 일반 의료 전문직의 주된 관심인 사회적으로 공정한 정책으로 쉽게 표현될 것이다.

오늘날 어떤 국가도 나치제국의 학살을 종식시키기 위해 프랭클린 루즈벨트Franklin D. Roosevelt 대통령이 제창했던 1938년 에비앙 회의Evian Conference의 인권 관련 결의에 반대할 수는 없을 것이다. 당시의 합의는 어떤 국가도 다른 국가의 국내 상황을 간섭할 수 없다는 것이었다. 나치의 학대에 대한 세계적 관심을 불러오는 것은 미국 원주민을 교수형에 처하거나 집단학살하는 것, 아프리카에서 공공연하게 일어나는 유럽 국가들에 의한 고문, 소련의 굴라크Gulag[2]에서의 공포와 같은 잔인한 행위를 더 가시화시켰다(Buergenthal, Shelton & Stewart, 2002). 국내 주권domestic sovereignty의 우월성이라는 태도가 2차 대전과 함께 집시, 폴란드인, 동성애자들과 나치 반대자들뿐만 아니라 주로 유태인을 포함하여 최소한 1천만 명 이상에 대한 무자비한 학살을 초래했다. 이 같은 아픔ashes의 결과로 UN이 생겨났고 루즈벨트의 리더십을 통해 세계인권선언이 탄생되었다. 자유와 관련된 루즈벨트의 4번째 연설(1941년)은 UN을 만드는 것뿐 아니라 이후 세계인권선언의 근본적인 자유를 위한 세계적 연대의 첫 삽을 뜨게 했다.

> 우리들은 미래에 다음의 4가지 중요한 인간의 자유를 발견할 수 있는 세상을 기대하고 그것을 안착시킨다.
>
> 첫째, 세계 어디서든 말하고 표현할 수 있는 자유.
>
> 둘째, 세계 어디서든 자신의 방식대로 신을 숭배할 수 있는 자유.
>
> 셋째, 세계 어디에 거주하던 모든 나라의 국민이 건강한 평화적 삶을 보장받기를 원하는 자유.
>
> 넷째, 세계 어디서든 어떤 국가도 다른 이웃을 물리적으로 공격하는 지위에 있을 수 없고, 그 수준에서의 세계적 무기감축을 이루어 세계적으로 물리적 공격에 대한 두려움으로부터의 자유.(pp.46-47)

---

2 역자 주: 1930~1955년 구 소련의 강제수용소.

인권은 동등하고, 독립적이며, 나눌 수 있는 것이 아니다. 대부분의 미국인은 시민으로서 정치적 권리의 중요성을 인식하고 있고, 사회적 · 경제적 보장을 위한 운동도 진행하고 있으며, 이 글에서는 그와 같이 중요한 연대적 권리, 특히 세계적 분배정의를 강조한다. 연대적 권리의 중요성은 부와 힘과 같은 수준의 다른 중요한 가치를 분배하는 것과 세계적 공동체가 약화될 가능성이 있는 세계적으로 소외되었거나 무시된 많은 사람들의 분노에서 뚜렷하게 드러난다. 이 같이 "과거의 삶에 대한 청산이 파괴를 낳는" 것을 감안하면 자신의 능력을 개발할 수 있는 기회를 박탈당하고 특권을 부여받지 못한 많은 사람들을 위한 자원으로 사용하는 대신 방어 비용을 늘리는 일은 궁극적으로 폭력과 폭력에 대한 폭력(Gil, 1995)의 끝없는 반복을 낳는 결과를 초래할 것이다.

정보는 힘이어서 다음에서 소개하는 "인권 트립틱Triptych"은 사회운동가, 인권옹호자들에게 인권문화를 창출하기 위한 그들의 활동에 충분한 지식을 제공해줄 것이다.

인권 트립틱

"인권의 진정한 대부"(Szabo, 1982, p. 23)로 불리는 르네 카생Renee Cassin은 인권을 피터 브뢰겔Peter Breughel과 히에로니무스 보스Hieronymus Bosch의 트립틱 작품인 "세속적인 쾌락의 동산Garden of Earthly Delights"에서 보이는 예술적 작업과 비교하였는데 이 트립틱 작품에서는 중앙 판에 주

테마인 인간성의 본질을 담고 우측 판에는 7가지 악을, 좌측 판에는 에덴동산을 담았다. 이보다 더 이상적인 은유적 표현은 결코 없겠지만 이 경우 중앙 판, 즉 가장 중요한 것을 이해하기 위해서는 세계인권선언을 이해해야 한다. 그 후에 좌우의 판을 조사하여 더 깊이 이해하면서 역사적, 철학적, 경험적, 사회환경적 맥락에서 인권의 가치를 정교하게 만들기 위한 논의를 이어갈 수 있을 것이다.

세계인권선언

교황 존 폴 2세John Paul II(Daughters of St. Paul, 1979)에 의해 만들어진 인종에 대한 길고 어려운 논쟁의 이정표가 된 세계인권선언은 인권 트립틱의 중앙 판으로 볼 수 있다. 원래는 국가가 그 원칙을 준수하도록 촉구하는 선언적 문서였으나 점점 더 통상적인 국제법으로서 발전하였다(Filartiga v. Pena, 1980; Wronka, 1992, 1998a, 1998b, 2002; Steiner & Alston, 2000; Weissbrodt, Fitzpatrick, & Newman, 2001; Buergenthal et al., 2002). 초반부에서 다루어지고 있는 인간의 존엄과 그에 따른 당연한 권리인 비차별에 관한 내용들은 선언문 제1조와 제2조에서 강조되고 있다. 이는 선언문 작성에 참여한 몇몇 이슬람 국가들의 생각을 포함하고 있으나 주로 서구 사회의 기반을 이루고 있는 유대-그리스도인-이슬람 전통에서 유래되었다. 따라서 창세기 1:27의 "하나님께서 인간을 그의 형상대로 지었다"는 내용은 탈무드학자인 벤 아짜이Ben Azzai의 글 가운데 인간에 대한 가장 중요한 하나의 단어인 "궁극적인 최상의 가치"로 구체화된다(Kaplan, 1980, p.55). 성서에 의거한 팔복 중 8번째 인 산상수훈에서 정의를 위해 배고프고 목마른 자(누가복음 6:20-26)를 도우라고 권유받은 기독교인 역시 창세기에 언급된 인간의 성스러움과 위엄을 수용한다. 이와 유사하게 코란의 수라(sura 6:15)에서는 "진실로, 모든 인간을 존중해야 한다"고 강조했고, 무슬림 신학자인 리팟 핫산(Riffat Hassan, 1982, p.55)도 "인생의 성스럽고 절대적인 권리는 존중되어야 한다"고 말했다.

세계인권선언 제2조에서는 "인종, 성별, 색깔, 언어, 종교, 정치적 혹은 다른 견해, 국가 혹은 사회적 출신, 재산, 다른 지위"를 불문하고 모든 인간은 존엄을 갖는다고 명시한다. 세계인권선언문이 완벽한 문서가 아니라 할지라도, 루즈벨트가 말했듯이 "다른 지위" 속에 성적 지향, 의료적 상태, 장애, 가족, 문화와 같은 문제를 포함하여 더 진지하게 정의를 논의해야 할 필요가 있다고 하더라도, 이 선언은 "매우 좋은 문서이다"(UN Department of Public Information, 1950, p.15-16). 사실 사회복지나 인권 영역(Healy, 2001; Sachs, 2005)에서 자주 문제시되는 "문화주의"는 하나의 문화가 다른 문화에 비해 우세하다는 문화적 느낌이다. 이 문제는 여성의 할례가 잘못되었다고 보는 문화에서조차도 많은 사람들이 거식증으로 죽어가는 고통을 당하고 있기에 더욱 복잡해진다. 중요한 것은 인권을 보장하는 유일한 기준은 인간됨이라는 사실이다.

프랑스혁명 시절 연대적 외침이었던 "자유, 평등, 박애"는 세계인권선언에서 중요하게 강조되는 내용이다. 세계인권선언의 제3~21조에서 규정하는 내용인 시민적 · 정치적 권리는 정치적 권위의 학대로부터 인간적 존엄과 비차별적 자유를 지켜내기 위한 자유이다. 이러한 자유는 언론, 출판, 종교의 자유를 포함하며, 소위 1세대 권리 혹은 소극적 권리라고 불린다. 여기에는 루즈벨트가 말한 표현의 자유와 신앙의 자유라는 두 가지 자유가 잘 나타나고 있으며, 이는 유럽의 종교전쟁과 같이 17세기, 18세기 영주들의 탄압적인 학대에 대한 반향으로 일어났다. 그 결과 미국 독립선언문과 미국 헌법의 권리장전이 나타나게 되었다. 이 같은 문서들은 임의적인 규정으로부터 삶과 자유를 지킬 수 있는 권리를 강조한 존 로크John Locke, "삶, 자유 그리고 행복추구"를 위한 기본적 권리에 대해 쓴 토마스 제퍼슨Thomas Jefferson과 같은 계몽주의자들에 의해 추진되었다. 이 같은 기본적인 자유는 궁극적으로 정부가 인간의 기본권을 방해하지 않아야 한다는 것을 강조한다. 종교 혹은 영성의 자유는, 예를 들어 죽음이라는 관점에서 그들이 선택할 수 있는 자신의 존재의 의미를 발견하도록 허락해야 한다.

선언문에서 세 번째로 강조되는 것은 경제적 · 사회적 · 문화적 권리, 즉 정부는 인간의 존엄성의 가치를 보장할 수 있도록 필요한 것을 동등하게 제공해야 한다는 것이다. 제22~27조에서는 2세대 권리 혹은 적극적 권리라고 불리는 권리들에 대해 규정한다. 이는 루즈벨트가 말한 세 번째 자유로, 원하는 것을 추구할 권리이다. 예를 들면, 건강보호, 교육, 적정임금을 받는 고용, 어머니와 아동을 위한 특별한 보호, 노년을 위한 보장과 여가를 즐길 권리 등이 포함된다. 미국 헌법에는 이런 권리들을 포함하고 있지 않지만 필자는 이러한 권리들도 보호되어야 한다고 생각한다(Wronka, 1992, 1998b). 이런 권리들이 문서(Steiner & Alston,

2000)에 포함되도록 미국 입안자들에게 법안의 제청을 요청하는 것은 중요하다. 이 같은 권리는 엄청난 풍요 속에 거대한 빈곤을 초래한 19세기 산업화에 따른 학대에 대한 반응이다. 그리고 1936년 소련 헌법을 통해 이러한 권리들이 확장되었다. 그라쿠스 바뵈프Gracchus Babeuf, 토마스 페인Thomas Paine, 칼 마르크스Karl Marx와 같은 이론가들도 이 권리에 긍정적인 영향을 주었다. 예를 들어, 페인은 자신의 저서인, 『인간의 권리*Rights of Man*』를 통해 가난의 예방을 주장하였다.

> 인간의 마음heart은 굶주린 아동과 70~80세 되는 사람들이 빵을 위해 구걸하는 것에 대해 충격 받지 않을 것이다. 죽어가는 빈곤한 자들도 드디어 이곳저곳으로 끌려 다니지 않을 것이다. 과부는 자녀를 위해 필요한 것들을 가지게 되고 그들 남편의 죽음으로 인해 범죄자들처럼 버려지지는 않을 것이다.(Fast, 1946, p.255-256)

세계인권선언의 마지막 핵심내용은 제28~30조에 규정된 연대적 권리solidarity rights이다. 이 권리의 개념이 아직까지도 명확하게 확립되지 못한 이유는 식민지주의와 국내 주권 때문이다. 따라서 우리가 사회적으로 정의로운 세상을 위한 투쟁을 하기 위해서는 세상의 모든 사람들이 형제애 정신을 가져야 한다. 이 같은 정신은 루즈벨트가 말한 셋째, 넷째 자유와 일치한다. 한 나라가 분배의 정의, 환경오염, 전쟁, 경제발전, 자주적 결정, 식민지와 다른 사람들에 대한 억압을 비롯한 자연적/인위적 재앙과 같은 세계적 불평등을 효과적으로 다룰 수는 없다. 이들에 대한 권리는 국가 간 협력을 통해, 그리고 모든 권리들이 이와 부합하도록 강조된다. 세계적 협력과 공정하고 정의로운 힘은 소득과 식량이 공평하게 분배되도록 하기 위해 필요하다. 나아가 개인은 영양가 있고, 쉽게 구할 수 있으며, 문화적으로 적절하고, 합리적인 가격으로 음식을 구할 수 있는 권리를 갖는다(Eide, 1987). 또한 충분히 소비할 의무 역시 가져야 한다. 철학자 임마누엘 칸트Immanuel Kant는 자신의 저서인 『영원한 평화를 위하여*Project for a Perpetual Peace*』를 통해 국가의 위선을 인식하고 "도덕적 가치를 갖기 위한 행동은 반드시 의무로 행해져야 한다"(Curtis, 1981, p. 40에서 인용)고 주장하였는데, 이는 인간의 권리에 대한 논의에 있어 연대라는 아이디어를 포함한 논의의 시작이라고 생각된다. 세계인권선언을 위한 위원회에서 인간의 권리에 대한 의미에 대해 질문을 받은 간디Gandhi는 단순하지만, 깊이 있게 "무지하지만 현명하셨던 나의 어머니는 모든 권리는 의무를 잘 수행했을 때 받을 권리가 생긴다고 말씀하셨고, … 생존을 위한 그 권리는 세계 시민으로서의 의무를 다할 때 생겨난다"(UN, 1948, p. 15)고 답했다.

더 구체적으로 이러한 권리는 세계적 분배정의, 평화, 자기결정, 인도주의적 재앙을 위한 구제, 공통의 유산으로 받는 인간성(예: 우주공간, 대양, 문화적 전통과 유물)에 대한 권리, 그리고 깨끗한 환경을 포함한다(Human Rights, 2006). 세계인권선언에 명시되어 있지 않더라도 이러한 권리들은 "이 선언에서 규정한 권리와 자유가 완전히 실현될 수 있는 사회적, 국제적 질서를 요구할 권리"라는 제28조의 규정에 따라 주장할 수 있다. 앞서 언급한 다른 권리들처럼 이러한 권리가 확실하게 언급되지 않는 이유는 그 사회적 시대 상황과 밀접하게 관련되어 있다. 예를 들어, 환경오염은 곧 일어날 일임에도 불구하고 깨끗한 환경을 위한 권리에 대해서는 아직 강력한 언급이 이루어지지는 않고 있다. 또한 세계인권선언이 마련될 당시에는 유럽 중심의 편견(Alston, 2000)을 주도하는 유럽 국가들, 말하자면 빈곤국들에 대한 고려가 부족한 부자들의 대리인이 많았을지도 모른다.

이 같은 결점이 있지만 그렇다고 그 선언을 없애야 한다는 것은 아니다. 인간이 만들어낸 지식에는 한계가 있지만, 인권에 대한 중요한 모든 개념들이 상호의존적이고 분배할 수 없고 의무 없이 권리가 존재할 수 없다는 것을 지적하는 것은 중요하다. 미국 헌법의 권리장전은 필자가 참여했던 UN인권점검위원회가 만든 시민적 · 정치적 권리의 맹세에 대한 보고서에 관한 내용으로 1995년 3월 수정되어 "희망의 횃불"로 올바르게 지적하고 있는 아름다운 문서이다. 그러나 권리장전은 단지 한 편으로만 마련되어 있을 뿐이다. 마르크스는 시민적 · 정치적 권리로 규정된 그 말이 "자본주의의 겉모습facade"으로 사용될 수 있다는 우려를 나타내기도 했다(Kolakowski, 1983, p.85). 따라서 언론의 자유라는 미명 아래 아동용 TV 광고나 매스컴에서 등장하는 폭력은 인간의 욕구보다 이익이 우선시되는 숨겨진 아젠다가 있을지도 모른다. 우리가 세상에서 우리의 의무를 다한다면 "이마의 땀sweat of one's brow"(창세기 3:13)보다는 인간의 욕구를 만족시키고, 수입으로 비활동성을 보상받는 경제적 체계가 세계인권선언에 쓰인 대로 단지 사회적, 국제적 질서를 위한 욕구와도 일치하지 않을 뿐 아니라 천년을 두고 보아야 하는 교훈에 반대되는 경제체계가 아닌지 의심스럽다. 권리의 상호의존성에 대한 이러한 예는 언론의 자유에 대한 권리, 시민적 · 정치적 권리는 집이 없거나 굶는 사람들 혹은 연대적 권리에 위배되는 전쟁 중에 있거나 재앙의 끝자락에서 살고 있는 사람들에게는 의미가 없을 것이다. 만약 그들의 생각을 자유롭게 표현할 수 있지만 지속적인 공포 속에서 살거나 다음 끼니는 어디에서 때울지를 걱정하는, 매일 2달러 이하로 생활하는 전 세계 40%의 인구가 그들의 인권을 즐긴다고 말하는 것도 똑같이 모순이다. 이와 관련하여 마틴 루터 킹Martin Luther King 목사는 "어디에나 있는 부정의는 어디에나 있는 정의에 대한 위협이다. 우리는 하나의 운명이라는 옷에 묶여있는 상호성의 망 안에 갇혀 있다. 한 사람에게 직접적으로 미치는 영향은 모두에게 간접적으로 영향을 준다"라며 연대를 요구했다(University if Pennsylvania African Studies Center, 2006, p.1).

세계인권선언을 위한 성명과 규약

세계인권선언에서 확장된 다음 6가지 주요 규약/협약은 이제 인권에 대한 기반이 되었고, 국제법으로서의 효력을 갖는다.

① 시민적 · 정치적 권리에 관한 국제규약(ICCPR, 1976)

② 경제적 · 사회적 · 문화적 권리에 관한 국제규약(ICESCR, 1976)

③ 아동권리협약(CRC, 1990)

④ 여성차별철폐협약(CEDAW, 1981)

⑤ 고문방지협약(CAT, 1987)

⑥ 인종차별철폐협약(CERD, 1969)

이 규약/협약들은 법 체계에서 "조약treaty"과 같은 지위를 가지며, 미국 헌법 제6조에 따라 비준할 시에는 "국가의 최고법"으로서, "모든 법관은 이에 구속을 받는다"(Weissbrodt et al., 2001). 미국은 이 중 시민적 · 정치적 권리에 관한 국제규약, 고문방지협약, 인종차별철폐협약을 비준했지만 이들이 자동적으로 발효되지는 않기 때문에 미국 내에서 강제적으로 시행할 수는 없다. 이와 같은 협약과 성명서 중 몇 가지 예를 살펴보면 다음과 같다.

- 장애인권리협약
- 이주노동자권리협약
- 교육상 차별금지협약
- 토착 원주민 권리에 관한 선언서
- 차별금지법제관용과 차별의 철폐에 관한 선언
- 여성에 대한 폭력철폐선언
- 수감자 처우에 관한 최저기준 규칙
- 평화와 국제이해의 강화에 대한 매스 미디어의 공헌에 관한 기본원칙의 선언
- 개발권선언
- 법집행기관 공무원들의 행동강령

경우에 따라 선택의정서가 존재하기도 하는데, 일반적으로 본 협약에서 지나치게 간소하게 다루어진 내용에 대해 추가적인 언급이 필요한 이슈들을 의정서를 통해 보충한다. 예를 들면, 시민적 · 정치적 권리에 관한 국제규약은 사형폐지에 관한 선택의정서(1991)를, 아동권리협약은 아동의 무력분쟁 참여에 관한 선택의정서와 아동의 매매 · 성매매 · 음란물에 관한 선택의정서(2000)를 포함하고 있다. 미국은 이들 중 아동권리협약의 두 의정서를 비준하였다(협약문을 비롯한 기타 정보들은 필자의 홈페이지[www.humanrightsculture.org]에서 "Human Rights Link"를 클릭하면 확인할 수 있다). 일반적으로 이 규약/협약들은 세계인권선언에서 다루었던 권리를 더 구체화시켜준다. 세계인권선언 제25조에서는 단순히 "어머니와 아동에게는 특별한 보호와 지원을 요구할 권리가 있다"라고 규정하고 있지만, 여성차별철폐협약과 아동권리협약에서는 그 보호와 원조를 구체적으로 명시하고 있다. 여성차별철폐협약 제11조에서는 "이에 대한 구체적 보호와 원조"를 위해 정부로 하여금 "아동보육시설망의 확립과 발전의 촉진을 통하여 부모가 직장에서의 책임 및 사회생활에의 참여를 가사의 의무와 병행시키는 데 도움이 될 필요한 사회보장 혜택의 제공을 장려"하도록 할 것을 규정하고 있다. 또한 제12조를 통해 "당사국은 여성에 대해 임신 및 수유기 동안의 적절한 영양 섭취를 확보하고 임신, 출산 및 산후 조리기간과 관련하여 적절한 역무제공을 확보하여야 하며, 필요한 경우에는 무상으로 이를 제공하여야 한다"고 규정하고 있다. 아동권리협약은 아동의 권리와 관련하여 “아동은 출생 후 즉시 등록되어야 하며, 이름과 국적을 가져야 하며, 가능한 한 부모가 누구인지 알고 부모에 의해 양육받아야 한다(제7조). 아동에게는 본인에게 영향을 미치는 모든 문제에 대해 자유롭게 의견을 표현할 권리를 보장해야 하고, 아동의 나이와 성숙도에 따라 그 의견에 적절한 비중을 부여해야 한다(제12조). 아동 그리고 보호가 필요한 아동을 위해 필요시 지원할 수 있는 사회적 프로그램을 확립해야 한다(제19조)”고 규정하고 있다.

인권의 세계적 분배와 관련하여 다양한 수준의 이 같은 문서들은 전 세계 인구의 경제적인 불균형을 줄여야 할 필요성을 언급한다. 예를 들면, 경제적 · 사회적 · 문화적 권리에 관한 국제규약은 모든 규약의 당사국이 “이 규약에서 인정된 권리의 완전한 실현을 점진적으로 달성하기 위하여, 개별적인, 특히 경제적, 기술적인 국제지원과 국제협력을 통하여, 자국의 가용자원이 허용하는 최대한도까지 조치를 취할 것을 약속한다(제2조)”라는 것과 “영양에 대한 원칙과 관련된 지식을 보급함으로써 모든 기술적, 과학적 지식을 사용하여 식량생산, 보존, 분배의 방법을 향상시키고, … 식량수입국 및 식량수출국 쌍방의 문제를 고려하여 세계 식량공급의 공평한 분배를 확보(제11조)”할 것을 규정한다. 시민적 · 정치적 권리에 대한 국제규약은 “모든 사람은 언어적으로든, 기록이나 인쇄물로든, 예술의 형태든, 다른 매개체를 이용하든 모든 종류의 정보와 생각을 찾고, 받고, 전할 수 있는 … 표현의 자유에 대한 권리가 있다”고 규정하고 있다. 인종차별철폐협약에서는 국가는 “특히, 수업, 교육, 문화, 정보 분야에서는 인종차별을 낳는 편견과 투쟁하고 국가, 인종 혹은 민족집단 사이에서의 이해, 인내, 우정을 향상시키는 관점에서 즉각적이고 효과적인 수단을 채택해야 한다(제7조)"고 규정한다.

세계적 분배정의의 문제와 관련하여서는 아직 대표적이라고 할 만한 문서는 없지만 UN개발권선언(UN declaration on the right to development, 1986)이 그나마 가장 근접한 문서라 할 수 있다. 다른 문서들에서도 "가난한 국가는 부유한 국가의 부에 대한 권리를 갖는다"라는 내용을 명확히 한 진술은 없다. 세계 모든 국가와 국민의 공평을 위해 국제적 협력에 대한 강조가 있어야 할 것 같다. 이런 전제는, 예를 들어 "인권을 향상시키고 보호하기 위한 국제적 수준의 노력은 새로운 국제적 경제순위를 확립하는 노력을 담보로 해야 한다"는 인식이 요구된다. 개발권선언 제1조에서는 "개발권은 모든 사람이 경제적, 사회적, 문화적, 정치적 개발에 참여하고 기여하는 것으로 생겨나는 뺏을 수 없는 권리다"라고 규정하고 있다. 그리고 국가의 주된 책임이 "자주적 공평, 독립, 상호 관심과 협력에 기반을 둔 새로운 국제 경제질서를 향상시키는 것과 마찬가지로 … 개발을 확실하게 하고 장애물을 제거하기 위해 서로 협력하기 위한 의무뿐 아니라 국내적, 국제적 조건을 창조하는 것"(제3조)에 있다고 규정한다. 미국은 이런 선언이 인류의 희망을 비현실적으로 제기하고 너무 이상적으로 문서화되어 있다는 이유로 이를 거부하는 유일한 국가이다(Abram, 1991). 마음에서 심장으로 움직여서 이런 규약/협약들이 단지 선언적인 것이 아니라 "살아있는", 즉 인권문화에 기여하고 적용할 수 있는 도구로서 심사되어야 할 필요가 있다.

적용을 위한 도구들

트립틱의 좌측 판은 이들 권리를 현실로 만드는 방법, 즉 적용에 관한 것이다. 인권에 있어 그 적용에 대한 발전은 아직까지도 미약하지만 가장 중요하기도 하다. 현재 적용과 관련하여 유용한 도구는 6가지 주요 협약의 내용을 토대로 주기적으로 발행되는 보고서 정도이다. 작성된 보고서는 단지 살펴보고 권유하는 것으로 그칠 것이 아니라, 긍정적 내용에 대한 코멘트를 제공하는 UN인권점검위원회 위원들과 "창의적 대화"(Wronka, 1995b)를 나누는 것이 바람직할 것이다. 이 단계에서는 적절한 정부관계자에게 알려 바람직한 인권도구들에 따르도록 법과 정책을 수정하도록 촉구한다. 그러나 이런 보고서는 인터넷에 게시되기 전에는 찾아보기 어렵다. 인터넷이 대중화되기 전인 1995년에 필자는 한 서점에서 어떤 보고서를 찾기 위해 노력했지만, 그 서점 직원이 정부간행물 발간국에 문의한 결과 미국의 초기 보고서 중 시민적 · 정치적 권리에 관한 국제규약에 따라 출간된 보고서는 들어본 적이 없다고 말했다. 이 일은 미국이 시민적 · 정치적 권리에 관한 국제규약을 따라야 한다는 내용의 공청회에 참석한 후의 일이다. UN인권점검위원회에 NGO들이 관련 보고서를 좀 더 쉽게 볼 수 있으면 좋겠다는 의견을 전했고, "더 많은 보고서를 배포하고 대중들이 더 유용하게 볼 수 있도록 하겠다"는 답변을 받았다.

인종차별철폐협약을 비준한 후 미국은 각 조항을 실제적으로 적용시켜야 했다. 예를 들어, 제4조에 따라 미국은 "어떤 인종이나 다른 피부색 혹은 민족집단에 대항하는 행위에 대한 폭력이나 선동 등을 법적으로 저촉되는 위반행위로 선언"하고, 제5조에 따라 "직장에서 즐겨야 할 권리, 직업선택의 자유, 적절하고 선호하는 작업조건, 같은 일에 대한 같은 보수/봉급, 주거의 권리, 그밖에 의료보호의 권리에 대한 인종차별을 없앨" 것이라고 했다. 2001년 인종차별철폐협약의 준수에 관한 보고서에 따르면, 미국은 어떤 사람이 자신의 인종, 피부색, 종교, 성별 혹은 장애로 상처나 위험 내지 방해를 받는 것에 대해 처벌하도록 한 1968년 시민권법Civil Rights Act과 1998년 개정 공정주거법Fair Housing Amendments Act을 통해 십자가를 태우거나 집에서 살고 있는 사람들에게 가해지는 타인의 위협에 대해 처벌할 수도 있도록 하여 점검위원회의 요구에 대응했다(보고서 96문단)고 전했다. 또한 "미국의 의료체계는 세계적으로 최고의 보호를 제공한다"라고 쓰는 대신 1946년 힐버튼법Hill Burton Act, 1994년 공중보건법Public Health Act 등을 통해 메디케이드Medicaid, 메디케어Medicare 등 의료보호 관련 프로그램들을 명시했다고 밝혔다. 한편, 이 보고서는 흑인 영아사망률은 백인보다 2.5배 높고 원주민보다 1.5배 높으며, 전립선암에 걸린 65세 이상의 흑인 남성은 백인보다 약 2배가 많으며, 천식으로 입원하는 흑인 아동들은 백인에 비해 3배나 많다(보고서 376문단)고 지적하였다. 또한 흑인(26.1%)의 빈곤율은 비히스패닉 백인보다 3배 높고(보고서 348문단), 인종과 민족 간 차이처럼 아동의 빈곤율도 흑인이 높다(보고서 349문단)고 밝혔다. 이 보고서는 "오랜 기간 미국은 인종차별을 극복하기 위해 노력해왔으며 부분적으로 성공을 거두기도 했다. 그럼에도 불구하고 심각한 문제들이 남아 있어 미국은 인권위원회에서 이러한 일들을 논의하기를 기대한다(보고서 465문단)"고 지적했다(Human Rights Committee on the International Convention on the Elimination of Racial Discrimination, 2000).

이와 관련하여 위원회는 원주민에 대한 노예제도 및 차별, 파괴 정책의 유산으로 인한 차별 효과가 여전히 존재하고 있다는 것을 직시하면서 이에 대한 대화를 시작할 수 있는 기회를 갖는 것을 환영했다(보고서 381문단). 예를 들어 1998년 12월 10일 클린턴 행정부의 집행명령 13107에서 명시했듯이 미국은 세계인권선언에 따라 그 명령을 존중하고 적용할 것(보고서 386문단)과 이전에는 백인들이 지배했던 영역에 흑인과 히스패닉의 참여를 지속적으로 늘려나갈 것을 강조했다(보고서 389문단). 그러나 위원회는 시민의 권리 행사가 특별한 책임을 가져온다는 것을 고려할 때 인종 우월주의나 차별을 토대로 한 아이디어의 확산을 금지하는 것이 의견 및 표현의 자유라는 권리와 양립될 수 있는지에 대한 우려를 표했다(보고서 391문단). 또한 특히 소수집단에 영향을 끼치는 경찰들의 권력남용과 그 결과 생겨난 사망 사례 등 경찰의 폭력성과 잔인성에 따른 사례에 대한 염려도 표하였다(보고서 394문단). 피해자와 방어자 모두가 관련된 인종 간 분배관계와 사형법의 부과(보고서 396문단), 투표권이 거부된 소수집단이 거주하는 정치적으로 박탈당한 많은 지역(보고서 397문단), 적절한 주거, 교육, 고용, 의료보호를 받을 권리에 대한 지속적인 불균형(보고서 398문단) 등에 대한 우려도 나타냈다.

물론 이 장에서 논의하는 범위를 넘어선 다른 보고들도 있다. 어쨌든, 아동의 강제이주 금지 등을 제시한 제노사이드협약Genocide Convention의 규정에 의한 집단학살 정책의 영향을 사실상 받았던 미국 원주민과 관련하여, 시민적 · 정치적 권리에 관한 국제규약 산하 인권위원회의 2005년 미국 보고서(United States of America, 2005)가 적어도 과거 인종차별철폐협약 보고서보다 미국 원주민과 관련된 문제에 대해 더 많이 언급하였다는 것은 의미가 있다. 한 가지 예로, 연방정부와 인디언 간의 신뢰 관계는 100년보다 훨씬 더 과거로 거슬러가 살펴봐야 하는데(보고서 11문단), 내무장관이 신뢰를 바탕으로 부족의 부동산에서 소득을 올렸음에도(보고서 11문단), 부족은 미국이 그 땅에 대한 가치책정 및 이자계산을 적절히 해주지 않았다는 것에 대해 정부를 고발하였다(보고서 14문단). 위원회는 원주민의 권리가 사라져서는 안 된다는 점을 인식할 것을 부분적으로 주장하였고(보고서 15문단), 부족에 대한 연방정부의 결정을 법적으로 재검토하도록 하였으며(보고서 16문단), 미국 원주민의 높은 빈곤율, 질환, 알코올 문제와 투쟁에 대한 지속적인 프로그램의 강화에 대해서도 언급했다(보고서 17문단).

이처럼 세계적 분배정의와 관련하여 인권점검위원회가 경제적 · 사회적 · 문화적 권리에 관한 국제규약에 따라 더 열악한 국가에 제공되어야 할 원조의 양을 언급한 것은 주목할 만하다. 이미 언급했듯이 미국은 불행히도 그 문서를 비준하지 않았기 때문에 위원회의 염려에 반응할 의무는 없다. 예를 들면, 경제적 · 사회적 · 문화적 권리에 관한 국제규약의 점검위원회는 개발원조 비율을 2004년 국내총생산GDP의 0.23%에서 2006년까지 0.33%로 끌어 올리겠다는 이탈리아의 약속을 칭찬하였지만, UN이 목표로 하는 국내총생산의 0.7%에 비교하면 아직도 개발원조는 매우 부족한 편이다(보고서 13문단). 2005년 위원회는 국제협력을 위해 국민총생산GNP 0.92% 규모의 개발원조를 약속한 노르웨이에 감사를 전했다(보고서 2문단).

물론, 조약에 따른 기구가 논의하지 않더라도, UN헌장에 따라 특별조사위원을 임명하여 UN헌장의 이행을 촉구하는 등 이행을 촉구하기 위한 수단은 여러 가지가 있다. 그 중에는 "국제 경제 · 사회 · 건강 및 관련 문제"(UN헌장 제55조)에 관한 것도 있다. 조사위원들은 극단적 빈곤, 여성에 대한 폭력, 인종차별, 환경오염, 그밖에 특정 국가의 상황 등에 대해 보고한다. 세계적 분배정의에 관한 보고서를 살펴보면, 레안드로 데스푸이Leandro Despouy는 『인권과 극단적 빈곤*Human Rights and Extreme Poverty*』이라는 보고서를 통해 세계적 수준에서 "인종차별의 새로운 면"이라고 부를 수 있는 극단적 빈곤이 증가하고 있다고 말했다(1996, p.37). 한편, 새천년개발목표Millennium Development Goals와 같은 UN의 주요 사업처럼 지구정상회담(1992년 브라질 리우), 세계사회개발정상회담(1995년 덴마크 코펜하겐) 및 방재회의(2005년 일본 효고) 등에서는 인권문제를 다룬 바 있다. 이들의 목표는 ① 극단적 빈곤 및 기아의 근절, ② 국제적 기본교육 달성, ③ 성평등 증진 및 여성의 역량강화, ④ 아동사망률의 감소, ⑤ 정신건강 증진, ⑥ HIV/에이즈, 말라리아 등 질병퇴치, ⑦ 환경보존, ⑧ 개발을 위한 세계적 파트너십 개발 등이다. 본질적으로 조금 다른 범주라고 볼 수 있지만 미주기구Orgarnization of American States, OAS, 아프리카연합African Union, AU 그리고 유럽연합European Union, EU 등도 인권문제에 관심을 두고 있다. 간단히 말해 미국이 비준하지 않은 미주기구의 경제적 · 사회적 · 문화적 권리에 대한 산살바도르지침의 머리말에서는 "권리의 다른 카테고리는 인간의 존엄을 인정하는 것에 기반을 두는 분리할 수 없는 전체로 구성된다"고 말한다. 그렇다면 이 산살바도르지침에 따른 시행을 어떻게 정부나 다른 힘 있는 조직들에게 강제할 수 있는지를 고민해야 한다.

사회적 행동전략의 제안

이하에서는 비교적 분명한 사회적 행동전략을 제시하고자 한다. 부와 힘을 비롯하여 세계를 통틀어 적용되는 다른 영향력 있는 가치들에 따라 발생하는 불평등을 줄이기 위해서, 그리고 사회적으로 정의로운 정책을 이끌 인권문화의 발전을 돕는 "원칙guiding principle"으로서 인권을 사용하기 위해서 우리는 어디에서든 단일하게 선택된 가치를 인정해야 한다. 누구도 한 가지 문화를 강요할 수는 없다. "문화culture"라는 단어는 라틴어 cultura의 "경작tilling, 배양cultivation"이라는 의미에서 유래되었다. 그렇다면 인권에 관한 논의는 모든 인간이 자신의 최상의 능력을 빛낼 수 있는 문화의 단단한 기반을 이루기 위한 완벽한 수단으로서 진행되어야 한다. 사람들은 인권원칙에서 정의한 것처럼 상대방에게 떳떳한가라는 물음이 정의로운 사회를 창조하기 위해 중요한 전략이라는 점을 알아야 한다. 사람들이 문서나 보고서로부터 인권원칙, 상호의존성과 개별성을 배워야 하지만 마음으로부터의 변화 혹은 가톨릭 활동가들의 운동을 확립시킨 도로시 데이(Dorothy Day, 2005, p. 1)가 주장하는 "마음으로부터의 개혁"이 아니라면 변화는 일시적일 것이다.

둘째, 초등학교부터 그 이후 교육과정까지 인권교육은 주요 내용으로 다루어져야 한다. 미국에서 인권교육을 시작한 지 10년이 된 2004년, UN에서는 자신의 권리에 대해 알 권리를 강조하는 내용의 세계적인 인권교육 프로그램을 제시했다. UN은 최근 자신의 권리에 대해 알 권리를 강조하는 인권교육에 대한 세계적 프로그램을 시작했다(Human Rights Education Associates, 2005). 권리장전에서 그렇듯이 세계인권선언을 아동들이 알아야 한다는 루즈벨트 대통령의 소망이 열매를 맺기 위해서는 인권에 대해 가르쳐야 할 교과과정이 계속적으로 필요하다. 학생들은 인권에 관한 협약뿐 아니라 헌법의 내용도 알아야 한다. 비록 교육이 그런 문화의 발전에 핵심적이라 할지라도 인권에 대한 지식을 퍼뜨리는 것이 항상 형식을 갖추어 이루어져야 하는 것은 아니다. 이를테면, TV쇼를 통해서도 인권교육이 이루어질 수 있다. 프랑스의 한 TV 프로그램에서는 세계인권선언의 제1조에 있는 단어를 인용하여 춤을 추는 짧은 쇼를 진행했었다. 마지막에는 출연자들이 한 목소리로 "그것에 대해 생각해 보세요!"라고 소리치며 끝났다. 그리고 프랑스항공은 1998년 세계인권선언 50주년 기념회의가 파리에서 열리는 동안 항공사 카탈로그 앞면에 세계인권선언 전문을 게재하기도 했다. 권리의 상호의존성을 가르치기 위해서는 반드시 세계적 분배정의에 대한 권리, 즉 연대적 권리의 통합이 필요하다. 인권침해는 대중적으로 논란을 일으켰던 미국 애국법Patriot Act의 관타나모Guantanamo 수용소 수감에 관한 문제뿐만 아니라 인간 존엄성의 실존을 보충해나가기 위하여 전 세계 사람들이 투쟁해야 하는 것이라고 보아야 한다. 이 투쟁의 메시지는 인권은 당연히 모든 사람에게, 그리고 모든 곳에서 보장되어야 한다는 것이다. 완벽하게 들어맞는 것은 없겠지만 인권문화를 창조하는 것, 그 자체가 투쟁이다.

셋째, 모두의 인권을 보장하기 위해 미국사회복지사협회NASW를 참고하는 것도 중요하다.

> 미국사회복지사협회는 UN의 인권문서에서 주장하는 기본원칙에 동의한다. … (그리고) 사회복지의 모든 이론과 응용된 지식이 기반하고 있는 기본원칙으로 인권이 채택되어야 한다는 개념을 지지한다. … 경제적 · 사회적 · 문화적 권리와 마찬가지로 모든 사람의 시민적 · 정치적 권리를 확실히 하는 UN의 2가지 기본공약을 지지한다. … 사회복지 전문직은 관습이 인권을 침해할 때는 사람들이 이전의 사회적 전통을 넘어서는 권리를 **확립하는 조약과 협정**에 동의한다(Falk, 1999, p.17; 강조는 추가한 내용임).

결과적으로 말해 사회복지는 실천에 적용할 기본적인 인권원칙을 사회복지 전문직에 통합시켜야 한다. 인권이 우리 모두를 위한 것이라면 사회복지도 "시작부터 인권 전문직이어야 한다"(Internation Federation of Social Work, UN에서 인용, 1994, p.1). 따라서 인권원칙이 실천현장에 적용될 수 있는 길을 찾아야 한다. 그리하여 클라이언트와의 관계 속에서 지원할 수 있는 방법으로서 인간 존엄성과 같은 원칙을 사용할 뿐만 아니라 모든 인종을 포함하고 인위적인 국가 경계를 만든 경제적, 사회적 배열과 인간의 욕구충족에 사용되어야 할 군사적 비용을 포함한 광범위한 환경의 상호연계성에 대해서도 활용되어야 한다(Ife, 2001; Reichert, 2003, 2006; Wronka, 2002, 2004). 국제사회복지 영역에서 더 많은 과정이 이루어져야 할 것이다. 인권과 존엄에 따라 조율되었다는 것은, 아프리카인을 돕기 위한 세계적 록 콘서트에서 장클로드 톰(Jean-Claude Tonme, 2005, p.21)이 한 말을 인용하면, 그들을 "반드시 구해야 할 아동들"로서 인식하기보다는 가난한 국가에 사는 그들의 투쟁을 같이 나눌 수 있는 능력을 필요로 하는 사람들을 돕기 위한 "거시적" 전략을 의미한다. 사실 모든 사회복지 전문직의 가장 큰 도전은 인권이 가치절하되지 않도록, 사람들이 자신의 가족을 부양할 수 있게 돈을 버는 것과 같이, 자기존중감을 유지하도록 돕는 것이다.

인권을 사회정의의 초석, 사회복지의 주된 헌신이라는 관점을 갖는 것은 "사회정의"라는 단어의 어원을 확인하는 데 도움이 된다. 라틴어 cocius에서 유래된 "사회적social"이란 단어는 "친구, 협력자, 파트너"를 의미하는 동시에 "나누는 것, 동행하는 것과 함께 행동하는 것"을 의미하며, 라틴어 justusfh에서 유래된 "정의justice"란 단어는 "올바른, 공평한, 공정한, 대부분의 사람들"을 의미한다(Wronka, 2008). 따라서 우리가 사회정의를 얘기할 때에는 원조 전문가로서 그들을 위해 근사한 것을 가난한 사람들에게 제공할 수 있다는 의미가 아니라, 사회적으로 공의로운 세상을 만들기 위한 투쟁을 위해 동등한 사람, 파트너로서 타인들과 함께 일한다는 것을 의미한다. 가난한 사람들에게 낮은 이자를 받고 대부해주는 최초의 소액신용은행인 그라민 은행Grameen bank의 창시자로 잘 알려진 무하마드 유누스Muhammad Yunnus는 누구나 존중감을 바탕으로 나눔의 여정에서 파트너가 될 수 있다는 것을 보여준 대표적인 본보기라 하겠다.

넷째, 사회복지는 인권에 유사한 헌신하는 마음을 가진 다른 봉사와 의료 전문직들과 간학문적인 대화를 해야 한다. 예를 들면, 미국사회문제협회The American Sociological Association, ASA는 "모든 국가들이 모든 사람과 문화에 대한 공평함의 중요성을 주장하는 인권에 대한 국제선언과 다른 국제적 동의서의 정신과 실천을 지지하도록 촉구한다"(ASA, 2005, p. 2). 미국의료협회The American Medical Association, AMA가 가르치는 의료윤리의 첫 번째 원칙은 "의사는 인간 존중 및 권리에 대한 동정심과 존중감으로 능숙한 의료적 보호를 제공하는 것에 헌신해야 한다"는 것을 명시하고 있다. 미국심리학회The Americal Psychological Association, APA도 윤리강령에서 모든 인간의 위엄과 가치를 언급하고 있고, 미국공중보건협회The Americal Public Health Association도 공중보건 윤리강령에서 인권문서에서 발견되는 인간의 상호의존성과 인간 존엄의 가치에 대해 말하고 있으며, 미국간호협회American Nurses Association도 윤리강령에서 인권의 보호, 증진과 향상을 촉구하고 있다(Wronka, 2008). 이러한 전문가협회들은 또한 생존을 위한 인간의 욕구와 관련하여 명백한 불공정 분배를 포함한 국제적 문제를 다루는 부서를 두고 있다.

다섯째, 인권에 관심을 둔 집단은 평화와 자유를 위한 국제여성연대 매사추세츠 지부가 선봉에 섰던 "모두를 위한 인권: 매사추세츠 주는 주법을 통해 인권의 표준과 가치를 반영하는 것을 주도하는 일"을 위한 후

원금을 지원할 수 있다. 하우스빌 706House Bill 706으로 알려진 이 법안은 "매사추세츠 주의 법과 정책에 국제 인권기준을 통합시킬 수 있도록 특별위원회"를 두도록 했다. 이 위원회의 초대 위원장은 "세계의 의무이자 세계의 양심"(Healy, 2001, p.1 인용)으로, "사회복지의 어머니"로 불리는 노벨 평화상 수상자인 제인 애덤스Jane Addams였다. 인권에 대한 생각은 매우 강력하여 하우스빌 706을 위한 상원위원회 청문회 때 의사 집단, 국제대사 집단, 매사추세츠복지권연합 그리고 사회정의를 위한 결의조직Arise for Social Justice과 같은 모임을 포함하여 전체 정치 영역에 배치되어 있던 약 50개의 조직이 동맹에 가담했다. 이 글을 쓰고 있는 시점에서는 그 법안이 아직 위원회 상정 중이지만 미국사회복지사협회 펜실베이니아 지부, 켄싱턴복지권연합, 빈민의 경제적 인권 캠페인의 노력으로 통과된 유사한 법안인 "커리결의the Curry Resolution"를 살펴보는 것도 가치 있는 일이다(Stoesen, 2002, p.1). 하우스빌 706과 같은 법안은 행정부, 사법부, 입법부의 움직임이 국제 인권기준에 부합하는지를 점검할 수 있을 것이다. 최근의 연구에서는 미국 헌법에서 경제적 · 사회적 · 문화적 권리에 대한 사항은 거의 부재하다는 것이 발견되었다. 제외된 권리를 살펴보면 주정부는 헌법에는 없는 권리를 확장하기 위해 대법관 루이스 브랜다이스Louis Brandeis가 인용한 "민주주의를 위한 실험실"과 같은 법제정에는 실패했다. 대부분의 주법에서 볼 수 있는 유일한 경제적 · 사회적 권리는 교육을 위한 권리뿐이었다(Wronka, 1992, 1998b). 연대적 권리와 같은 세계적 분배정의는 없었지만 현재 뉴콜롬비아 주의 콜롬비아 지역을 위해 상정된 법안에서는 다소나마 관련 내용을 찾아볼 수 있다.

> 우리 뉴콜롬비아 주의 시민은 건강, 안전, 복지 그리고 평화롭고 질서 있는 삶, 법적 권리, 사회적 · 경제적 정의, 평등 등이 모든 사람들에게 확보되고 제공될 수 있도록 한다. (그리고) 미래의 평화와 조화를 함께 만들 수 있다는 것을 확실히 하는 우정과 협동정신으로 세계 모든 사람들에게 다가간다.(wronka, 1992, pp.240-241)

여섯째, 나프타North Atlantic Free Trade Agreement, NAFTA와 같은 다국적 동의서를 가능하게 했던 1980년, 1990년대에 생겨났던 빈곤퇴치에 대한 세계적 성공도 더 이상 작동하지 않고, 지금은 WTOWorld Trade Organization(세계무역기구), IMFInternational Monetary Fund(국제통화기금) 그리고 세계은행World Bank 같은 조직의 힘과 제휴, 영향으로 도움이 주어지고 있다. 멕시코에서는 세계적 분배정의를 향상시키는 것에 대한 전조현상으로 1994년 1월 1일에 시아파 반란The Chiapas rebellion이 일어났다. 우리는 다국적 정책과 WTO, IMF같은 조직에 대해 인권을 위한 강력한 생각으로 설득하면서 그런 조직들의 유용성에 대한 대화를 할 수 있는 방법을 모색해야 한다. 예를 들면, 우리는 세계인권선언이 가진 가치에 대해 동의할 수 있고, 모든 곳의, 모든 사람들의 삶의 질을 위해 그 정책적 효과를 측정해보아야 한다는 것에 동의할 수 있다. 다음으로 그 정책의 효과와, 어떻게 그 정책이 인권문서화를 위해 진전을 보이고 있는지 혹은 퇴보하고 있는지를 세상에 "있는 그대로 증언bear witness"할 수 있어야 한다. 세계무역감시Global Trade Watch, 세계정의연대Alliance for Global Justice, 공정무역센터Global Exchange, 지구적 민중행동People's Global Action, 주빌리

USA네트워크Jubilee USA Network 등의 조직들은 우리들의 노력을 지원할 수 있을 것이다(Prokosch & Raymond, 2002). 예를 들어, 주빌리USA네트워크의 지지자들은 몇몇 최빈국의 교육, 건강, 깨끗한 물과 같은 사회적 욕구충족을 위한 채무액의 조속한 탕감을 위해 수만 건의 이메일과 전화를 통해 세계은행을 설득했다. 현재 그들은 사바스2007Sabbath 2007이 "모든 빚에 대한 희년제 탕감을 위한 공식적 목소리"를 높이기 위해 뜻을 모으고 있다("Drop the Debt", 2006, p. 4).

일곱째, 각종 세계회의와 새천년개발목표와 같은 국제적 노력을 지원하기 위한 세계적 합의가 필요하다. 여성들의 회의에서는 남성들의 문제를 생각하고, 예를 들어, 새천년개발목표의 한 가지 목표인 산모의 건강을 향상시키는 것이 세계적 파트너십의 개발과 환경유지와 직접적으로 관련이 있다는 권리의 상호의존성에 대한 중요성을 강조해야 한다. 이러한 시도들은 세계 공동체가 말라리아를 예방하기 위해 모기장과 혹은 컴퓨터와 같은 "명료한 어떤 것들"을 위한 모금을 할 수 있도록 하여 가난한 농부들이 세계 공동체 내에서 그들 농작물의 가치를 결정함에 있어 더 나은 지위를 차지할 수 있도록 지원할 수 있다. 또한 세계적으로 가난한 지역사회를 위해 일하는 옥스팜Oxfam과 아프리카, 중앙아시아, 라틴아메리카, 캐리비안에 수많은 진보적 파트너를 가지고 있는 국제풀뿌리운동Grassroots International과 같은 조직들이 있다.

여덟째, 인권위원회와 같이 국내정책에 국제인권운동들을 연결시킬 수 있는 국내기구가 필요하다. 그 기구를 통해 미국이 모든 주요 인권협회들에게 배분하도록 하는 전략을 개발하는 일을 원조할 수 있다. 단지 인권에 대한 문서를 작성하는 일뿐 아니라 국민총생산GNP의 7%를 최빈국에게 제공하도록 하는 등의 인권위원회 권고가 적용되도록 책임을 져야 한다. 바꾸어 말하면, 국제기구들이 세계적 분배정의를 유지하기 위한 일에 협력할 책임을 져야할 것이다. 국제기구들 간의 협력의 결여 또한 더 가난한 나라들이 필요로 하는 원조를 방해할 수 있다(Jencks, 2005). 경제사회이사회에 의존하기보다는 상임이사회가 관련 해법을 다루는 UN인권위원회의 최근 발전은 특히 세계적 분배정의에 관한 긍정적인 움직임으로 볼 수 있다. 이것은 인권에 관한 주요 시도에 있어서는 그 나라가 부유하든 가난하든 상관없이 모든 상임이사국이 각각 1표씩을 갖기 때문이다. 그 기구를 통해 인권위원회와 단단한 연계를 맺음으로써 가난한 국가와 부유한 국가 간의 차이를 줄이는 정책을 실현할 수 있다.

아홉째, 우리는 개발권선언에서 미국의 거부권veto을 뒤집고 세계적 분배정의와 관련된 국제협약을 위해 일해야 한다. 그러나 그런 협약은 주로 부유한 국가들에 의해 이루어지기 때문에 제네바에서는 많은 반대 의견이 존재한다. 그런 협약이 현실에 적용될 수 있도록 정부에 압력을 가하는 것은 우리들의 몫이다. 미시적으로는 부유한 국가들이 가난한 국가들의 개발을 위한 비용을 부담하는 것으로 이루어질 수 있지만, 궁극적으로는 사회적, 국제적 질서를 위해서 부유한 국가들의 부를 지키기 위한 국방비를 줄이는 데서 시작해야 할 것이다. 최부국과 최빈국 간의 국내총생산의 비율이 103:1인 현실을 좌시해서는 안 된다. CEO와 일반 노동자의 임금 격차가 벌어지는 것에 대한 관심은 부유국과 빈곤국의 격차를 줄이기 위한 세계적 합의로 연결될 수도 있다. 최부국과 최빈국의 간격이 6:1이었을 때를 상기하면서 현재를 보자. 오늘날 세계인권선언의 서문에 인용된 "인간의 양심을 격분시키는" 사건과 관련하여 어떤 이들은 "아메리카 원주민의 학살, 대서양을 통한 노예무역, 혹은 유대인 학살이 왜 일어났는가?"라고 질문할 것이다. 그리고 현 상태의 부의 세계적 분배를 볼 때, 수년 후에도 똑같은 질문을 하게 될 것이다.

열째, 세계적 분배정의는 단지 "추상적인" 권리가 아닌 "실질적인" 법적 보호를 받을 수 있는 권리가 되어야 한다. 다른 말로 세계적 분배정의는 단순히 이상적이거나 열정적일 필요는 없다. 다만, 국제재판소와 같은 국제기구를 통해 이 목표를 성취할 수 있을 것이다. 예를 들어, 이제는 레이건 정부시절 니카라과 항에 의도적으로 폭탄을 투하한 것 등 미국이 다른 나라에 대해 침범한 것에 대해 국제재판소에 고소할 수 있다. 30년 전만 해도 담배가 암을 일으킨다는 내용으로 담배회사가 고소당할 수 있다는 것은 상상할 수 없었다. 하지만 이제는 이러한 것들이 점점 현실화되고 있다. 아마도 국가나 회사, 심지어 개인까지도 부정의를 야기한다면, 결국은 부와 권리의 세계적 분배를 위해 그들을 국제재판소와 같은 법정으로 나오게 할 수 있을 것이다. "처음에는 그들이 당신을 무시할 것이다. 다음에는 당신을 비웃을 것이다. 다음에는 당신과 싸울 것이다. 그리고 당신은 이긴다"라는 간디의 격언을 새겨볼 필요가 있다.

열한 번째, 아프리카연합, 미주기구, 유럽연합과 같은 지역조직들은 세계적 분배정의를 위해 협력해야 한다. 유로화와 관련된 문제가 늘어남에도 불구하고 공격행위로 인한 역사적 분열에 따른 전쟁의 가능성은 줄

어드는 것처럼 보인다. 어떤 사람은 모든 지역조직이 주된 역할을 할 수 있는 세계적 화폐인 "몬도Mondo"를 만들 것을 제안한다. 반면, 어떤 사람은 미국 달러가 세계적 화폐로 계속 보편화됨에 따라 소비자 중심주의와 국방비 지출이 확대되고 있으며, 민영화의 가치를 극찬하며 강조하는 현상이 일어나고 있다고 말한다. 더욱 협력적인 노력, 나눔의 윤리, 평화의 확산을 위해 만들어진 또 다른 화폐는 인간성에 충실한 방향으로 나아가는 데 도움이 되거나, 빈곤을 제거하기 위한 시간과 에너지를 사용하게 하거나, 수많은 국가들이 환전 싸움에 들이는 노력을 감소시키게 할지도 모른다.

열두 번째, 정의를 위한 투쟁, 즉 멀리 떨어진 곳에 사는 사람들이나, 자신들의 문화를 유지하는 생활양식에 영향을 주는 사막화와 식수오염과 같은 세계적 분배의 부정의에 따른 불균형적 결과로 해를 입는 원주민에 대해 특별한 주의를 기울이도록 해야 한다. 필자가 알래스카에 사는 동안 원주민 환자들은 치아 엑스레이 사진을 찍을 필요가 없다는 이야기를 들었다. 뉴멕시코 폭탄실험에 따른 방사선 낙진fallout이 북극에 사는 이끼에 내려앉아 순록이 그 이끼를 먹고 그 순록고기를 원주민인 이누이트 사람들이 먹었기 때문이라고 한다. 2006년에 상임이사회가 서명한 원주민을 위한 선언서에 있는 "자기결정권"의 개념에 대해 우려를 나타내고 있는 상당수의 원주민이 있는 미국이나 뉴질랜드 같은 부유국들도 "자원의 관리"라는 단어를 더 선호한다. 그러나 이 단어는, 북아메리카 원주민 모호크족 법률학자인 패트리샤 몽튀르Patricia Monture에 따르면, 원주민에게는 "법"과 "정의"는 유사하며 "함께 잘 사는 것"을 의미한다고 한다. 이것은 유럽전쟁의 특성에서 나타나는 정복 혹은 법적 권한을 갖는 것을 의미하는 것이 아니라 단순히 삶을 위한 자유와 모든 인간에게 보장된 권리를 즐기는 것이다. 정부는 이러한 개념을 두려워할 이유가 없다. 자기결정은 스스로 삶의 방식을 선택하고 그 결정을 보장받았다고 느끼는 것이다(Daes, 2001).

대체로, 원주민은 "민족" 혹은 "인종"의 개념이 아니라 그들의 이름이 나타내는 것처럼 토착적인 개념으로 인식되며, 이러한 개념은 아동권리협약에서도 나타난다. 최근에 작성된 선언문의 초안은 원주민에 대한 존중을 보장하는 국제적 구속력을 갖춘 협약이 되어야 한다. 이는 다음의 내용을 포함하고 있다.

① 보호라는 미명하에 원주민 아동의 이주를 중단할 것을 요청하는 것과 고지된 동의 없는 강제격리의 중단을 요청하는 등 제노사이드genocide 방지에 대한 완전 보장

② 강제송환에 대한 체류의 권리와 생존수단 강탈에 대한 보장을 포함한 문화적 가치와 정체성 박탈로부터의 구제

③ 문화적으로 적절한 방법의 교육과 학습에 있어 자신들의 언어로 교육받을 수 있는 권리를 포함한 원주민 아동들을 위한 교육을 통제할 수 있는 권리

④ 문화적 다양성을 반영하는 비원주민의 매스컴에 접근할 수 있는 권리 및 자신들의 언어를 사용하는 원주민 매스컴을 만들 수 있는 권리

⑤ 약용 동 · 식물 보호 및 미네랄 보존을 포함한 전통의학과 건강진료소

설치를 위한 권리

⑥ 땅, 물, 바다, 빙산 그리고 동 · 식물 등을 포함하여 전통적으로 자신들의 것이었던 자원과 더불어 특별한 영적, 물질적 관계를 유지하고 강화시킬 수 있는 권리

⑦ 인간 및 다른 유전적 자원들, 씨앗, 약물 등, 그리고 문화적 전통에 대한 지식을 통제, 개발, 보호하기 위해 필요한 특별한 방법을 포함한, 문화적 · 지적 재산에 대한 완전한 인식

그동안 인권위원회에서 발행해온 보고서들이 이와 같은 이슈들을 제대로 다루지 못했다는 것은 너무도 명백한 사실이다.

마지막으로, 우리에게는 동정심, 비전, 용기와 희망이 필요하다. 크레이지 호스Crazy Horse라는 이름으로 더 많이 알려진 인디언 추장이자 위대한 영적 지도자인 타슈카 위트코Thašųka Witko는 "위대한 비전이 필요하다. 그리고 독수리가 깊고 푸른 하늘을 찾는 것처럼 그것을 반드시 지킬 수 있는 사람이 필요하다"(Indigenous Peoples' Literature, 2006, p.1)고 말했다. 독수리는 가족을 위한 음식을 구하기 위해 서슴없이 폭풍 속을 직선으로 비행하는 것으로 유명하다. 크레이지 호스의 정신도 인간정신의 불행, 모든 사람과 모든 장소에서 인권을 가질 수 있는 비전, 그것이 가능하도록 현재에 안주하지 않는 용기, "평화, 이해, 영원한 사랑"에 대한 마음을 위한 동정심으로 알려져 있다(Geocities, 2006, p.1). 이러한 크레이지 호스의 정신은 인권문화 위에 사회적으로 정의로운 세계를 만들기 위해 고군분투하는 우리에게 중요한 밑바탕이 될 것이다.

문화 상대주의와 지역사회 행동주의

짐 아이프*Jim Ife*

짐 아이프 *Jim Ife*

호주 웨스턴오스트레일리아대학교 및 커틴대학교에서 사회사업 · 사회정책을 가르치며 교수로 재직한 바 있다. 2006년 은퇴할 때까지 커틴대학교 인권교육센터를 이끌며, 인권교육을 위해 힘썼다. 호주 국제사면위원회 회장을 역임한 바 있다.

주요 저서

- Human Rights and Social Work (국내번역서: 인권과 사회복지실천, 김형식 역, 인간과복지, 2001)
- Community Development (국내번역서: 지역사회개발, 류혜정 역, 인간과복지, 2005)
- Human Rights from Below (아래로부터의 인권)

보편주의와 문화 상대주의에 대한 문제는 연구자, 이론가 그리고 실천가들이 인권을 이해하는 데 있어 다소 어려운 질문들이다. 이 문제는 인권에 관심을 가진 모든 사람이 제기하는 첫 번째 문제 중 한 가지로 방대한 문헌들도 이를 다루고 있다(Douzinas, 2000; Bell, Nathan, & Peleg, 2001; Meijer, 2001; Bauer & Bell, 1999; Van Ness, 1999; Lyons & Mayall, 2003; Caney & Jones, 2001).

단순히 "보편적" 혹은 자기확신에 따라 이해된 인권은 문화적 차이에 대한 고려 없이 맥락을 무시하고 동일한 방식으로 적용되게 된다. 이 같은 단순한 접근은 인권이 단지 서구적, 제국주의적 계획의 일부라는 비판을 받게 하며, 주로 서구적이고, 가부장적이며, 근대적이며, 개인주의적이라는 논쟁을 야기한다(Pereira, 1997; Gibney, 2003). 서구 계몽주의 사상을 기반으로 한 인권운동의 기원은 이러한 비판을 더욱 강화시켰다(Hayden, 2001; Herbert, 2002; Ishay, 2004). 반면, 인권은 문화적으로 상대적이고 다른 상황에서는 다른 것을 의미한다는 주장은 다른 문화를 존중하지 않는 것이라는 이유로 인권침해 사례에 개입하는 것을 주저하도록 만들었다. 문화적 민감성이라는 미명 아래 몇몇 국가 지도자들이 자신들의 인권기록에 대한 비판을 불식시키거나 그들을 식민주의자로 명명하는 비판을 잠재우려고 하면서 인권은 훼손되었다.

분명히, 무비판적 보편주의는 식민주의적 실천을 낳고, 무비판적 상대주의는 박탈의 문제를 야기할 수 있다. 아마도 이와 관련된 가장 대중적인 이슈는 이슬람 지역에서 행해지는 여성 할례이다. 무슬림을 포함한 많은 사람들은 그 행위를 여성의 몸에 대한 용납할 수 없는 절단이며, 남성의 힘과 통제 그리고 여성의 권리침해 문제와 깊은 관련을 갖고 있다고 생각한다. 그러면, 사람들이 이 같은 행위에 대항하고, 사람들에게 "서구"의 문화를 주입하여 그 행위를 야만적 행위라고 비판해야 할 것인가? 이러한 문제를 흑백논리로 논하는 것은 복합적인 문제를 지나치게 단순화할 뿐만 아니라 서구적 사고와 서구의 지식적 헤게모니를 기준으로 한다는 점에서 유의해야 한다. 그럼에도 불구하고 이런 문제들이 매스컴뿐만 아니라 전문적 문헌에서도 흑백논리의 오류 속에 갇혀 있다.

보편주의와 상대주의에 대한 문제는 보다 주의 깊고 세련된 분석이 요구된다. 따라서 본 장에서는 이원론적인 틀에서 각각이 대립할 때에는 양극단의 입장이 해결할 수 없는 갈등만을 야기한다는 것을 주장한다. 두 가지 대치되는 가치만을 보는 관점을 넘어서려면 보편주의와 상대주의에 대한 이분법적 입장이 조금 약화될 필요가 있다.

식민주의, 문화주의 그리고 문화적 민감성

극단적인 보편주의는 보편적 인권을 모든 상황에서의 일관성으로 간주하고, 인간이 어떻게 자신의 삶을 구성하고 어떻게 자신의 경험으로부터 의미를 도출하는지에 대한 문화와 문화적 민감성을 무시한다. 주관적 실증주의 입장에서는 인권을 단지 행위자의 경험에 대한 표면적으로 "존재하는" 어떤 것으로 간주한다. 이는 대부분의 경험주의자(Ife, 1997)를 포함한 모든 사람에게 인정받지 못한 경험주의적 세계관에 입각하고 있어 철학적으로도 의심을 살 뿐 아니라 위험하기도 하다. 계몽주의 전통에서의 절대적인 보편적 지식에 대한 수용은 서구적 가치의 부과imposition와 다른 문화집단에 대한 관념을 낳았고, 가짜-객관성pseudo-objectivity과 과학이라는 베일 뒤에서 그 가치들이 문화적 편견으로 개발되는 것을 용납하였다. 그것은 불가피하게 다른 전문직은 물론 사회복지에서도 식민주의적 실천과 연계되게 했고, 식민주의는 그런 극단적인 보편주의의 피할 수 없는 결과로 남게 되었다.

만약 극단적인 보편주의가 식민주의의 위험성을 일으킨다면, 극단적인 상대주의와 문화의 존엄성에 대한 믿음은 다른 사람들의 문화를 방해하는 것을 항상 유해한 것으로 간주하게 할 것이다(Booth, 1999). "만약 그것이 문화적인 것이라면 괜찮다"라는 것은 문화적 실천에 대한 판단을 내릴 외적으로 드러난 도덕관점external moral reference point에 대한 타당성을 부인하는 견해다.

극단적인 보편주의와 상대주의의 문제를 인정하는 상태에서도 "중도적 과정middle course"이 아니라 단순한 이원론을 넘어설 길을 발견하는 일이 중요하다. 이 문제를 해결할 첫 번째 접근은 문화와 문화적 맥락에 대한 고차원적인 이해를 위해 노력하는 것이다. 문화는 단순히 한 개의 돌덩어리monolithic가 아니라는 것을 강조하는 것이 중요하다. 다시 여성 할례의 예를 들면, 하나의 문화적 실천이 그 문화집단 내의 모든 사람이 그것을 지지하거나 실행함을 의미하는 것은 아니다. 다른 예를 들면, 만약 어떤 스포츠가 미국 문화의 중요한 일부라고 할지라도 모든 미국인들을 그 스포츠의 광팬으로 간주해서는 안 된다는 것이다. 문화는 정적이지 않고 새로운 상황에 맞추어 변화하기에 50년 전의 문화가 지금과 같지 않다. 이러한 경험은 다른 나라에서 수십 년간 살다가 본국으로 돌아간 이민자들의 공통적인 경험이기도 하다. 이민자들은 종종 그들이 기억하고 소중하게 여겼던 그들의 문화가 엄청나게 변했다는 것에 놀라는 경험을 한다. 문화가 획일적이고 정적인 것이 아니라 다원적이고 역동적이라는 것을 깨달음으로써 "문화"는 손댈 수 없는 것이라는 문화주의의 문제를 극복할 수 있을 것이다. 오히려 문화적 실천을 구체적인 것으로 간주하고 항상 변화하는 과정 속에 있고, 그 문화 내에서도 사람들에 의해 도전받고 있다는 것을 인식할 필요가 있다. 이제 많은 무슬림들이 반드시 이슬람의 교리를 수행하는 것만이 이슬람교를 믿는 것은 아니라고 말하고 있다. 인권은 이러한 변화를 이끌 수 있는 중요한 준거틀을 제공한다.

이는 사람들에게 단순히 문화적 민감성을 무시하라는 의미는 아니다. 만약 여성 할례와 같은 인권문제가 제기되었다면 문화적으로 적절한 방식으로 다루어져야 하고 문제해결을 위한 사람들의 구성도 적절한 문화집단 내의 사람들로 이루어져야 한다. 여성해방을 위한 투쟁은 문화적 경계를 넘어서는 동시에 다른 문화에서는 다른 방식을 취해야 한다. 이 경우 문화적 실천과 그 문화집단 내 사람들에 대한 중요성을 이해하는 것이 필요하며 "외부"의 갈등적 관점을 부과하기보다는 대화를 위한 노력이 필요하다. 대화는 지역사회 기반의 인권실천을 위해 중요하며, 이는 잠시 후 더 세부적으로 다룰 것이다.

또한 내부로부터이든 외부로부터이든 개별적 문화집단과 문화적 실천의 세부적인 면을 수용할 준비를 하는 것이 중요하다. 인권이라는 이름으로 다른 문화의 실천을 비판하기 전에 우리는 우리 문화공동체에서의 행동에 대해 다른 문화인들이 어떤 의문을 제기할 수 있을지, 혹은 그들이 어떻게 느낄지에 대해 스스로에게 질문해야 한다. 예를 들어, 미국 사람이 다른 나라의 인권학대에 대해 의문을 제기할 때에는 다른 나라 사람도 미국에서의 사형집행 제도에 대해 의문을 제기할 수 있다는 점, 그리고 이라크와 아프가니스탄 전쟁에서 미군과 안전요원들이 때로는 암묵적으로, 때로는 적극적으로 자행한 고문에 대해 의문을 제기할 수 있다는 점을 수용할 필요가 있다. 마찬가지로 호주 사람이 다른 나라에서의 인권학대를 비판할 자격이 있다고 생각한다면, 호주 요양시설의 입소자에 대한 잘못된 처우나 호주 원주민들에게 벌어지는 인권학대에 대한 비판을 수용해야 할 것이다.

보편주의/상대주의라는 이분법을 넘어서

인권 개념을 적용할 때에는 강한 주장을 하기 전에 문화적 맥락을 매우 조심스럽게 고려해야 한다. 그러나 이것도 보편주의/상대주의 문제를 분석하는 측면에서는 단지 첫 단계일 뿐이다. 보편성/상대성이라는 이원론으로 나누는 것을 "이것 아니면 저것"이 아니라 오히려 "둘 다/그리고"의 차원으로 고려해야 한다고 제안한다. 이와 관련하여 구체적으로 다음의 방식들이 가능할 것이다.

첫 번째 접근방식은 인권에는 두 가지 유형이 있다는 것을 염두에 두는 것이다. 첫 번째 유형은 보편적으로 적용할 수 있는 권리이고, 두 번째 유형은 특수한 상황에서 적용할 수 있는 권리이다. 첫 번째 유형은 자유, 위엄, 교육, 의료보호를 위한 권리와 같이 세부적이거나 구체적이지 않은 일반적 수준의 권리이다. 이렇게 제한적으로 적용되는 권리는 보편적인 적용을 위해서는 동의할 수 있지만 법이나 제도적으로 보장받기보다는 원칙이나 의도에 따라 모호한 상태로 지켜진다. 두 번째 유형은 한 문화적 상황에서 다른 문화로, 그렇지만 "보편적"이지 않게 다양한 방식으로 이해되어서 어떤 특수한 상황에서 의미를 갖게 된다. 인권을 "A 목록"과 "B 목록"으로 구분하는 이러한 접근방식은 더 많은 논쟁을 낳지는 않지만, 인권을 완전히 보편적인 권리 혹은 완전히 상대적인 권리로 나누어버린다.

보편주의와 상대주의에 대한 또 다른 사고방식은 보편적 권리의 범위를 고려하지만 다른 장소와 다른 시간에서 다른 권리들을 낳는 문화적,

역사적, 정치적, 경제적 요소와 더불어 고려하는 것이다. 예를 들어, 언론의 자유freedom of speech에 대한 권리는 보편적 권리로 간주될 수 있지만, 어떤 문화에서는 대부분의 사람들에게 그렇게 중요한 권리는 아닐 수 있고, 또 다른 전통에서는 정치체계의 기본이 되는 중요한 권리일 수도 있다. 유사하게 전쟁 시 방송자료 검열처럼, 어떤 권리는 특정 시기에는 더 의미가 있지만 다른 때에는 그렇지 않게 여겨지기도 한다. 즉 인간의 권리는 보편적인 것처럼 보일지라도 상황에 따라 다르게 나타나기도 한다는 것이다.

두 번째 접근방식은 권리와 욕구의 관계를 고려하는 것이다. 인간의 권리를 유도하는 보편적인 인권을 고려할 수 있다. 그러나 여기서는 그 입장이 역전되어야 한다는 것이다. 인권을 권리로 간주해야 할 욕구로 생각할 수 있다. 우리가 살 권리를 수용한다면, 음식에 대한 욕구는 "인간의 기본욕구"이지만 살 권리가 거부된다면 음식을 위한 정상적 "욕구"도 정당화될 수가 없다. "인간의 욕구"라는 책무는 인권을 가정하고 있어서 지역사회의 욕구, 지원되어야 할 가족의 욕구, 아동보호를 위한 부모의 욕구, 사람들의 이동 욕구 등 사회복지사가 개발해내는 욕구에 대한 진술도 그 사람, 가족 혹은 지역사회가 고려된 권리에 대한 분명한 가정에 기반을 둔다는 것이다. 따라서 기본적 욕구가 권리를 낳는 것이 아니라 기본적 권리가 욕구를 낳는다고 보아야 한다. 이는 보편주의/상대주의에 대한 유용한 사고방식을 제공한다. 인권이 보편적인 반면 이런 권리로부터 유추된 욕구는 문화적 맥락에 따라 다양해질 것이다. 예를 들면, 교육에 대한 보편적 권리는 교육적 욕구에 따라 다양해질 것이다.

교육적 욕구는 어떤 상황에서는 교사와 학교건물을 의미할 수 있지만, 다른 상황에서는 라디오와 컴퓨터를 의미할 수도 있으며, 또 다른 상황에서는 가족을 위한 교육자료 제공을 의미할 수도 있다. 우리가 보편주의/상대주의라는 두 가지 측면에서 인간의 권리와 욕구를 이해할 수 있다면 문화적으로 아주 다른 중요한 욕구들이 드러나게 될 것이다.

보편주의/상대주의 딜레마에 대한 세 번째 접근방식은 인권이 모든 사람의 경험에 기반을 둔 보편성이 아니라 보편적 염원aspiration이라는 것을 깨닫는 것이다. 이는 우리가 인간으로서 인간성이라는 보편성을 갖는다는 우리의 이상을 반영하는 것이다. 이런 의미에서 인권은 정적인 것이 아니며, UN으로부터 "명령tablets of stone으로 물려받은" 것이 아니다. 오히려 우리들의 생각과 여러 가지 변화로 지속적으로 재구성된다. 그러므로 내가 "인권"이라는 말을 했을 때, 그 인권은 경험적 진실에서만 추출한 것이 아니라 모든 인간성에게 적용되어야 할 가치라는 것이다. 보편주의는 반드시 그렇게 되어야 하는 사실로 주장하는 것이 아니라 모든 인간에게 적용되어야 할 권리라는 바람에 근거한다. 다른 문화의 구성원은 아마 다르게 인권을 정의할 것이다. 다만 우리는 불가피하게 문화적으로 다른 관점을 가지고 결정하게 되므로 다른 문화적 상황은 "인권"에 대해 다르게 정의할 것이다. 나의 관점과 다른 사람의 관점은 우리 모두가 모든 사람들에게 적용되기를 희망하는 표현된 가치articulated values를 갖는 것에 있어 보편적이라는 것이다. 그럼에도 불구하고 그것들은 다르다. 즉 문화적 차이로 인해 "보편적 인간성"에 대한 이해가 달라짐에 따라 다양한 "보편성"이 존재하게 된다. 이는 대화를 통해 접점을 찾을 수 있다. 만약 나와 어떤 사람이 보편적 인간성과 인권이 무엇인지에 대한 생각이 다르다면 서로에게 경청하고 더 많이 공유하고 이해하는 의미 있는 대화를 할 수 있다. 이 같은 대화는 "인간"에 대한 구성과 "인간"이 무엇을 의미하는가라는 복합적이고 철학적인 문제를 포함하고 있어 다른 사람과의 관계에 유용한 방법이다. 복잡성은 우리가 "인권"에 대한 생각을 적절하게 사용하려면 어떻게 해야 하는가라는 문제를 다루어야 하기 때문에 그 주제에 관해 얘기하는 것을 피할 필요가 없다. 그동안 "인간"에 대한 정의는 너무도 분명해서 아무런 문제도 없는 것처럼 여겨졌다. 그러나 사실 그 정의는 매우 문제가 많고 엄청난 철학적 논쟁의 주제이다(예: Caroll, 2004를 보라).

보편주의와 상대주의에 대한 네 번째 접근방식은 이 둘을 이분법으로 이해하는 것이 아니라 상호의존적으로 이해하고, 인권의 의미를 파악하기 위해 보편성과 상대성이 모두 필요하다는 것을 인식하는 것이다. 인권에 대한 보편적 진술은 단지 자신의 문화적 맥락에서만 적절하다. 예를 들면, 언론의 자유, 학대로부터의 자유 혹은 의료보호를 위한 자유에 대한 진술은 단지 자신의 경험과 관련되었을 때에만 이해될 것이다. 다시 말해 어떤 보편적 진술도 그 의미를 제공하는 상황이 있어야 한다는 것이다. 유사하게 자신의 상황에 대한 진술도 더 큰, 더 "보편적" 이해가 있을 때라야 먹혀들 수 있다. 예로, 우리가 다른 문화에 대한 더 넓은 이해력을 갖고 더 많은 보편적 규범과 미국문화를 비교할 수 있을 때라야 미국문화를 "물질주의적"라고 말할 수 있다는 것이다. 보편적 진술이 그것의 의미를 부여할 수 있을 때에만 의미가 주어질 수 있는 것과 같이 상황적 진술도 보편적 이해가 필요하다. 이런 관점에서는 보편주의와 문화상대주의를 다른 사람과는 대조적으로 존재한다는 것처럼 말할 수가 없다. 오히려 우리는 다른 사람을 필요로 하고 둘은 함께 속한다는 것을 이해할 필요가 있다. 때로 한 사람은 다른 사람보다 앞에 있지만 인권에 대한 모든 진술은 보편적인 이해와 상대적인 이해 모두를 포함하고 의존하게 된다. 이런 의미에서 이분법은 사라지게 된다. 인권에 대한 어떤 진술은 보편적 진술과 상황적 진술이 동시에 완벽히 일치할 수 있고, 모든 인권은 보편적 양상과 상황적 양상을 함께 이해하고 탐색해야 할 필요가 있다. 보편주의와 상대주의에 관한 논의는 더지나(Douzinas, 2000)의 글에서도 살펴볼 수 있다.

사회복지 실천에서 단순하게 이해되어 온 것처럼, 보편적 인권에 기반을 두고 문화적 경계를 넘어서서 일한다는 것은 어쩌면 보편적 관점이 차이를 부정하고 문화적 맥락을 가치절하하는 등 사회복지의 목표를 방해하는 것처럼 보일 수도 있다. 그러나 이 문제에 대한 보다 정교한 분석이 그 반대의 결과를 이끌어내고, 문화적 차이를 넘어서는 일을 할 때의 긴장을 인권을 통해 극복할 수 있을 것이다.

인권과 법

인권에 대한 전형적 문제 중 한 가지는 항상 법과 등식화하는 것이다. 변호사는 우월한 인권 전문가로 간주되며 인권문제는 자주 법적인 용어인 듯 정의된다. 법적인 관점에서 인권은 법과 법적 절차를 통해 인지되고 보호되는 한에서 정의로울 때만 획득된다. 물론 법은 인권을 위해 그리고 변호사는 인권을 지키는 법적 절차와 인권 관련 용어를 정의하는 데에 많은 기여를 한다는 점에서 매우 중요하다. 그러나 단지 변호사를 인권 전문가로 보거나 인권을 단지 법적 문제로만 보는 것은 잘못이다. 그런 시각은 인권에 대한 생각과 범위를 제한하고 다른 전문가 집단의 기여를 가치절하하는 것이다.

인권을 법의 테두리 안에서 생각하고 법정에서 인정받는 것을 최선이라고 생각하기도 하지만, 단순히 법으로만 처리해서는 오히려 권리문제를 약화시키는 결과를 낳을 수도 있다. 이러한 경향은 시민사회에서 적극적으로 제공되어야 할 의료, 교육, 주거와 같은 적극적 권리보다는 보호되어야 할 권리, 즉 소극적 권리로 초점을 흐린다. 소극적 권리는 경제적 · 사회적 · 문화적 권리와는 다른 시민적 · 정치적 권리로, 이는 공공담론에서 다른 것들보다 시민적 · 정치적 권리의 특권적 지위를 이끈다. 예를 들어, 어떤 나라의 언론이 그 나라를 법적 체계가 부패한 전제정부이며, 자백을 받아 내기 위해 고문하고 대중의 의사표현을 검열하고, 이사 혹은 만남에 대한 자유가 없다는 것을 이유로 "인권이 보장되지 못한다"고 주장한다. 이때 말하는 인권은 저조한 의료보호 서비스, 부적절한 주거, 교육에 관한 권리 등을 의미하는 것은 아닐 것이다. 그러나 이때의 인권침해는 경제적 · 사회적 · 문화적 권리가 법적으로 덜 보장된다는 차원에서 인권문제로 볼 수 있다.

인권을 법의 차원에서만 생각할 때의 또 다른 문제는 우리의 권리가 소극적 권리로 보호되어 적극적 권리와는 다른 방식으로 가치절하될 수 있다는 점이다. 그것은 우리의 인권을 성취하기 위한 길이 단지 법이라는 것이 된다. 예를 들어, 성희롱 혹은 차별로부터 자유로울 수 있는 권리는 법을 통해 완전히 보호되지는 않는다. 법은 성희롱이나 차별이 노골적으로 드러나고 증명할 수 있을 때에는 보호받을 수 있지만, 특히 오랫동안 지속되었거나 인권이 전반적으로 침해받았다고 할 수 있는 "낮은 수준"의 성희롱이나 차별을 보호받기에는 적절하지 않다. 마치 상습적으로 일어나는 인종차별을 제거할 수 없듯이 모든 종류의 인권학대에 대항할 법적 장치는 부분적으로만 성공적으로 기능할 뿐이다. 이런 상황은 특히 아동이나 여성 등 사적인 가정 내에서 발생하는 문제인 경우에는 더욱 두드러지게 나타난다. 법은 심각한 아동학대 혹은 가정폭력과 같은 노골적인 학대 외에는 개인의 사적인 영역을 침범할 수 없고 심각한 학대 사례조차도 효과적으로 다루지 못하는 경우가 많다. 오랜 시간 계속되었다고 하더라도 "낮은 수준"의 성희롱 사건에서 법은 무의미하다. 가정 내에서의 인권에 대한 이해를 확장하면 표현의 자유는 시민사회에서만큼 가족 내에서도 중요한 권리가 되어서 성희롱이나 괴롭힘으로부터의 자유는 직장에서와 같이 가정에서도 중요한 것이 된다. 그러나 법이 이러한 권리를 공적 영역에서 적용하는 것과 같은 수준으로 운영하면 시민의 사생활침해라는 심각한 이슈가 제기될 수도 있다. 유사하게 가족 내 권리에 있어서는 자원에 대해 접근할 권리, 종교의 자유에 대한 권리, 모든 가족원이 적절한 여가를 가질 권리 등에 대해서도 생각해볼 수 있다. 이 같은 사적 영역에서의 인권문제는 사회복지사에게는 공적 영역에서의 인권문제 만큼 중요하지만 적절하게 다뤄지지 않는 경우도 많고 단지 법적 체계에 따라서만 다뤄지는 경우도 많다. 법이 중요하지만 인권을 달성하기 위한 유일한 수단이 되면, 혹은 인권활동에 있어서 법이 주도권을 갖게 된다면, 다른 실천의 형태를 가치절하하고 가정 내에서의 인권문제가 다루어지지 못하는 등의 위험성이 남게 된다.

극단적으로 법적인 이해가 갖는 또 다른 문제는 보편주의와 관련하여 이미 언급했던 객관적이고, 실증적이며, 상황을 고려하지 않는 상황에서 "존재하는" 어떤 권리와 맥을 같이한다. 법적으로 정의된 인권은 쉽게 구체화되어 더 높은 권위로부터 전수된 자신의 권리로 여겨질 수 있다. 이 실증주의적 이해는 법의 실증적 전통과 일치하지만 인권을 이해하거나 인권에 힘을 실어주기에는 부족한 방법이다. 오히려 인권은 주관적으로 존재하는 것이 아니라 사회적 구성으로 간주되어야 한다. 우리는 인권은 보편적 인간성에 대한 표현이고 "보편적 인간성"이란 복합적이고, 경쟁하며, 변화하는 생각이기 때문에 인권을 지속적으로 구성하고, 재구성하고 또 구성한다. 인권은 문화적 맥락에 따라, 그리고 시간이 지남에 따라 변화할 것이다. 예를 들어, UN헌장은 인권에 관하여 가장 큰, 영감을 주는 문서이지만 UN헌장이 만들어진 1948년에 사람들이 중요하다고 본 문제들 속에는 요즘 많은 사람들이 중요하다고 생각하는 성적 지향에 관한 차별이 포함되지는 못했다. 실제로, "보편적 인간성"에 대한 생각은 서구 인도주의적 전통에 기반하고 있어 다른 인간의 철학들을 가치절하할 것이다. 다른 사람들은 인도주의적 전통은 글로벌 시대에 세계관을 통일시키기 위해서, 그리고 전 지구적인 평화, 정의, 자연보존을 달성하기 위해서 필요하다고 주장할 것이다. 다른 말로, 우리가 경제적, 문화적으로 세계화되기 위해서는 세계인의 권리 역시 중요하다는 것이다(Gibney, 2003). 여전히 인권은 종교적, 철학적 전통에 따라 다르게 발견되고, 서구 계몽주의적 관점에서 볼 때 인권은 어린 아이처럼 미숙하다고 여겨진다. 이 같은 논쟁을 더 구체적으로 살펴보기에는 지면이 충분치 못하지만 다른 인권 관련 문헌들을 통해 탐색할 수 있을 것이다(Hayden, 2001; Campbell, Ewing & Tomkins, 2001; Bell, Nathan & Peleg, 2001; Douzinas, 2000; Gaita, 1999; Herbert, 2002). 우리는 법적 전통에서 살펴볼 수 있는 인권에 대한 객관적이고 실증적인 가정 그 이상을 탐구하고자 한다.

법적 전통은 주로 변호사, 정치인, 교육자, 오피니언 리더들, 인권 관련 NGO와 같은 엘리트집단에 의해 정의된 "위로부터의" 인권의 핵심 중 하나이다. 효과적인 법의 적용을 위해서 권리는 협약이나 법률 속에서 법적 용어로 표현되어 왔다. 다른 말로, 인권이 권리를 받아야 할 수혜자보다는 법적 체계의 이익을 위해 활용되어 왔다는 것이다. 그리하여 권리에 대한 일반 대중들의 이해보다 법률가들의 이해가 더 중요한 것처럼 여겨졌다. 따라서 인권의 큰 사명은 법적 합리성을 위해 희생되었고 보호되어야 할 사람들이 오히려 인권의 이해에서 제외되는 상황이 되었다. 이 같은 방식으로 인권의 주체는 상실되고 많은 다른 것들(예: 경제)처럼 마치 인권은 사람들이 스스로 지켜내기에는 너무나 중요해서 "전문가"에게 위임해야 하는 특별한 것처럼 되었다. 사회과학적 철학자들(예: Fay, 1975)은 그 같은 기술적 합리성과 효과적 권리박탈은 실용주의 세계관에서는 피할 수 없는 결과라고 오랫동안 주장해왔고, 실제로 인권처럼 경제, 법, 사회정책 그리고 사회복지에서도 그러하다.

"위로부터의" 사회복지 실천의 연역적 접근을 유도한 인권관점(Ife, 2001)은 인권을 "주어진" 것으로 받아들이게 했고, 인권 관련 협약들은 궁극적 권위로 간주되며 시험을 치러서 받은 어떤 자격holy writ같은 실질적 지위로 비판 없이 인용되게 했다. 이에 따라 실천은 비판 없이 수용된 권리에 대한 진술을 사용하면서 특수한 상황과 맥락에서 인권보호 및 인권옹호를 진행하는 단순한 과정이 되어버렸다. 이 같은 관점 하에서도 상당한 결과를 도출하는 많은 가치 있는 일이 행해질 수 있겠지만 사회복지도 인권에 대해 제한적이고 무비판적인 접근을 하도록 유도할 뿐이다. 이 후 본 장에서는 "아래로부터의" 인권에 기반을 둔 보다 귀납적인 접근에 대해 탐색한다.

아래로부터의 인권

인권이 주관적 의미로 존재한다는 것보다 구성되어지는 것이라는 생각을 받아들인다면 누가 구성하는가에 대해 질문하는 것은 중요하다. 초기 비평가들은 인권이 백인에 의해 정의되어 백인 남성의 세계가 무비판적으로 반영되었다고 본다. 이는 사실과 다르다. 예를 들면, 루즈벨트 대통령은 비非서구 국가 대표단이 그랬듯이 인권에 대한 UN헌장 채택에 주된 역할을 했다. 그러나 실제로 인권에 관한 논쟁은 다른 목소리들을 효과적으로 잠재웠던 가부장적이고 서구적인 세계관의 영향을 많이 받았다. 최근에 이러한 상황이 변화하고 있는데 인권문헌에 나타나는 단순한 조사를 살펴봐도 여성의 목소리와 비서구적 전통이 인권논의를 구성하는 데에 큰 영향을 미치고 있음을 알 수 있다(Van Ness, 1999; Meijer, 2001; Nirmal, 2000; Davis, 1995; Moussalli, 2001; Rendel, 1997). 여성학적, 후기식민지적 이론화가 우세해짐에 따라 인권 영역에 대한 학문적 이해를 위해 필요한 것으로 간주되고 있으며, UN회의에서는 여성과 비서구 국가의 목소리가 인권선언을 이끌어내는 데 더 큰 몫을 하고 있다. 인권논의를 공식화함에 있어 백인 남성의 목소리가 전부는 아니지만 여전히 거의 특권적 목소리를 내고는 있다. 이미 언급했듯이 인권은 변호사, 정치인, 학자와 특권을 가진 행동가들에 의해 주로 정의된다. 모두가 백인이나 남성은 아닐지라도 대다수가 제외된, 소수의 엘리트들을 대변하고 있는 것이다. 인권에 있어 성과 인종/민족성에 대한 지속적인 논의는 그 자체로 중요하기도 하지만 한편으론 모순에 빠질 수도 있는데, 인권 및 우리의 보편적 인간성을 정의하는 데 대한 책임성은 소수집단에 의해서만 인식되고, 그 과정에서 인권이 거부되거나 학대되어 고통을 당하는(가장 불이익을 당하는) 사람들은 제외된다. 이는 결국 힘없는 사람들에 대한 힘있는 사람들만의 논의가 되는 것이다. 이러한 점에서 "위로부터의" 인권은 그 자체가 인권학대의 한 가지 형태가 되고, 그들의 권리를 정의하는 데 역할을 해야 할 사람들의 권리를 부인하는 것이다.

따라서 "아래로부터의" 인권이라는 대안적 개발은 구체적인 상황에서 그들 스스로의 인권을 정의하도록 도울 수 있어야 하고, 인권이 일상의 한 부분인 인권문화를 개발하도록 돕는 방법들을 포함해야 한다. 이것은 다른 사람들에 의해 부과된 욕구가 아니라 그들 스스로 욕구를 정의하도록 하는 것과 관련된 지역사회 사업(Ife, 2002)의 아젠다와 직접 연결되어야 한다. 그리고 외부적으로(옹호, 로비 등) 혹은 내부적으로(개발, 자기신뢰 등) 그 욕구를 충족시키기 위한 행동을 취해야 한다. 이미 언급했듯이 인권은 인간의 욕구와 불가피하게 연결되어 있어 욕구에 대한 정의가 보편적 권리를 현실화시킬 수 있는 한 가지 방법이 된다. 지역사회 활동가는 사람들이 저마다의 욕구를 정의하도록 도움으로써 권리를 정의하는 과정에 관여하게 된다. 따라서 지역사회 활동가는 지역사회 집단과 일할 때 인지되거나 사정된 욕구로 적용된 권리문제를 전방으로 가져다 "욕구 언어"처럼 "권리 언어"를 사용하도록 이끌어내는 것이 중요하다. 분명한 권리라는 관점에서 욕구를 형상화하는 일은 권리 언어가 욕구 언어보다 더 강력한 명령을 전달하는 것처럼 강력한 옹호를 유도해낼 수 있다.

권리를 정의하는 것

사람들 스스로 자신의 권리를 정의하도록 돕는다는 것이 인권헌장이나 협약의 내용을 무시하는 것을 의미하지는 않는다. 세계인권선언과 같은 선언이나 아동권리협약과 같은 구체적인 권리에 대한 협약 등을 통합하는 것이 유용할 수 있는가라는 점은 비판을 받을 수 있다. 오히려 인권은 도전 없는 지혜처럼 한 가지 관점으로, 혹은 비판과 파괴를 위한 문서나 얘기할 가치가 있는 생각으로 제시될 수 있다. 권리를 비교하는 논의는 사람들이 스스로 권리의 중요성을 느끼고, 인권과 그것이 어떤 의미인지에 대해 더 폭넓게 생각하도록 돕는 효과적인 방법이 될 수 있다. 또한 이 수준에서 인권을 논의하는 것은 권리가 단지 자신뿐 아니라 모든 사람들을 위한 인권에 대한 생각을 강조한다는 측면에서 중요하다. 따라서 그 논의는 인권이 인간에게 어떤 의미이고 자신과 다른 사람들이 소중히 생각하는 것이 어떤 것인지에 대한 반영이 포함될 수 있다.

이 같은 형식의 실천을 위해 중요한 것은 대화다. 현대 서구 사회의 초점은 적어도 부분적으로 잃어가고 있는 기술인, 대화에 불리한 점이 있다. 대화는 우리가 상대에게 말하고 설득하는 만큼 듣는 것을 요구한다. 대화에 참여한 상대방이 우리만큼 지혜와 지식을 가지고 있다는 것과 서로에게 배울 수 있다는 것을 인정하는 것이 필요하다. 각자는 모든 것에 대한 답을 갖고 있는 것은 아니며, 협력을 통해 이해하고 혼자서 할 수 있는 것보다 더 많은 것을 이룰 수 있다는 것을 시인하는 것이 필요하다. 이것은 대화가 아닌 논쟁이 되는 일반적인 교환의 형식과는 대조적이다. 논쟁에서는 배우기보다는 상대방을 "이기는 것"을 찾는다. 승자와 패자 그리고 상호탐색하는 것보다는 일종의 경쟁을 위한 토론에 대한 생각은 보편성을 인식할 수 없는 서구적 사고방식에 깊이 뿌리내리고 있다. 대화는 상대방을 경쟁자로 보는 것이 아니라 다른 사람을 열린 마음으로 대하는 것이다. 대화는 클라이언트의 전통적 체험적 지혜와 우리의 전문적 지식이 대치될 때 다른 사람의 지식과 지혜보다 우리의 지식과 지혜가 더 낫다고 전하는 것이 아니다. 다른 사람의 권리를 존중하고, 그들의 권리가 스스로 정의되도록 존중하는 실천의 한 가지 형태이다. 대화는 이 시대에 구체적인 결과, 증거–기반 실천, 관리주의에 깊이 빠진 자기결정권에 대한 전통적 사회복지 가치를 공명resonate한다.

권리를 지키는 것

사람들이 스스로 권리를 정의하게 하는 것은 인권–기반 실천의 첫 단계다. 일단 권리가 구체화되면 다음 단계는 그 권리들(여기서는 소극적 권리)을 보호하는 방향으로 움직이거나 그것(여기서는 적극적 권리)을 깨닫게 하는 쪽으로 움직이는 일을 하면 된다. 사회복지 실천의 현실은 사회복지사 혹은 지역사회에 관심 있는 사람들에 의해 행해지는 옹호 혹은 행동주의의 형태를 포함하게 된다. 사람들의 자기옹호 능력을 고려하지 않고 생각 없이 이 단계로 움직이는 사회복지사는 그들 스스로가 자신의 권리를 부인하고 능력부여에 반하는disempowerment 위험에 빠지게 된다. 다른 한편, 능력부여에 반하는 것에 대한 옹호를 거부하는 사회복지사 역시도 위험하다. 때로 그들은 사회복지사가 다른 사람을 대신해서 할 수 없는 옹호나 운동을 하게 하는 위험과 관련이 되어 있다. 예를 들면, 사회복지사가 중증 지적장애를 가진 사람들을 옹호하는 일은 중요하다. 이 경우 그들과 일하는 사람과의 대화를 통해 옹호/행동주의를 진행할 경우 최선의 방법이 무엇인지 그런 판단이 서게 된 필수불가결한 정치적, 민족적 배경을 가질 필요성에 대한 주의 깊은 판단이 강조되어야 한다는 것이다.

그러나 사회복지사의 활동이 또 다른 사람들의 인권을 학대하는 결과를 초래할 수 있다는 점을 기억해야 한다. 한 가지 예로, 호주, 캐나다, 미국의 원주민 아동을 가족으로부터 강제입양시키는 것을 들 수 있다. 사회복지사가 다른 사람의 최대 관심을 정당화하는 일을 하게 될 경우 인권학대의 위험이 발생할 수 있다. 물론 때로는 필요할 수 있지만 그것이 해로운 영향을 끼칠 수 있다는 것과 그와 관련된 사람들의 권리를 보호할 최선의 방법은 무엇인지에 대한 심도 있는 고찰이 반드시 있어야 한다.

행동주의와 옹호에 관한 문제는 본 장의 범위를 넘어선다. 중요한 점은 "아래로부터의" 인권 관점은 자연스럽게 사회복지를 행동주의로 이끌게 된다. 특히, 사회복지사와 연합하는 사람 혹은 지역사회는 투쟁하지 않고는 그들의 권리를 깨닫기 어렵고, 보장받거나 보호받기 어렵기 때문에 인권 관련 사회복지는 이런 투쟁을 지지해야 할 필요가 있다. 이 같은 투쟁이 욕구 용어가 아닌 권리 용어로 치환된다면, 즉 단지 자선적 범위 안에서 충족될 수 있는 욕구가 아닌 필연obligation 혹은 정의justice라는 명목으로 충족되어야 하는 권리로 받아들여질 수 있다면, 그 효과는 상당히 커질 것이다.

권리를 행사하는 것

권리가 행사되지 않는다면 권리를 갖는 것은 의미가 없다. 만약 표현의 자유가 적극적으로 활용되지 않는다면 다른 많은 권리들처럼 아무 의미가 없다. 이런 의미에서 우리는 권리를 지키는 것뿐 아니라 행사해야 한다는 결론을 내릴 수 있다.

권리의 행사는 과거에 인권을 지키기 위해 투쟁했던 사람들에게 진 빚을 갚는 길이 될 것이다. 현재 우리가 보장받고 있는 권리들 중에는 그 권리를 지키기 위해 투쟁하고, 심지어는 목숨까지 걸었던 수많은 투쟁가들의 희생으로 힘들게 얻은 것들이 있다. 그 권리를 심각하게 생각하지 않은 사람들은 투쟁한 사람들의 희생을 심각하게 받아들이고 우리의 권리를 행사할 책임을 가져야 할 것이다. 예를 들면, 투표권도 아주 어렵게 갖게 된 것으로 이 권리를 위해 투쟁한 사람들에게 빚을 진 것이나 다름없다. 그 권리를 행사하거나 혹은 만약 행사하지 않을 때라도 단순한 연민이 아닌 주의 깊게 고려된 자신의 입장을 지녀야 할 것이다.

그러므로 인권을 소중히 하는 사회는 적극적으로 참여하는 사회이며, 시민들은 자신들의 권리를 중요하게 생각하고 권리를 행사한다. 시민의 참여를 격려하는 것은 인권을 위해 일하는 데 있어 중요한 요소이고 지역사회 개발이라는 아젠다 속에 인권이 확고하게 자리하도록 하는 것이다. 시민참여는 지역사회 개발을 위한 실천의 한 가지 양상으로 오랫동안 자리매김했고 지역사회 개발과 관련한 교재를 통해 참여를 이끌어내기 위한 구체적인 많은 기법들을 살펴볼 수 있다(Ife, 2001).

일상생활에서의 인권

"아래로부터의" 인권에 대한 또 다른 사고방식은 우리가 일상에서 지속적으로 권리와 책임을 구성하고 재구성하는 방식에 대해 생각하는 것이다. 특히 우리가 모르는 사람들과 상호작용할 때 우리는 권리와 의무에 대한 가정 하에 행동한다. 서구 문화의 한 예로 은행, 우체국, 슈퍼마켓 계산대에서 줄을 서서 기다릴 때 누가 먼저 서비스를 받을 것인가에 대해 다른 사람의 권리에 대한 가정을 한다. 그러나 심각한 장애를 가진 사람이 그 줄에 있다면 우리는 권리에 대한 인식과 무관하게 그들이 앞으로 서는 것을 허락할 것이다. 서비스가 제공될 때 제공자들은 서비스를 받는 사람들이 받을 권리가 있다는 것을 이해하고, 우리도 고객으로서의 권리인 예의바르고 효율적인 서비스를 받기를 기대한다. 그러나 우리 뒤에 줄 서 있는 사람들의 권리와 상관없이 서비스 제공자와 날씨나 미식축구에 대한 얘기를 길게 늘어놓지는 않는다. 직장, 쇼핑센터에서나 운전할 때, 버스를 탈 때, 해변, 교실이나 예배장소 등 공공장소에서 우리는 자신과 타인의 권리와 그래서 우리가 취해야 할 의무에 대해 심각하게 고려하지 않는데 왜냐하면 그때의 권리는 이들과의 친밀함과 구체적인 상태로부터 생겨난 것이 아니고 그들은 모르는 사람이므로 단순히 다른 사람이라는 것에만 신경을 쓰기 때문이다. 물론 누가 먼저 서비스를 받아야 하는가에 대한 다툼이 있기도 하지만 권리에 대한 이해를 공유할 필요는 없다. 중요한 점은 우리가 인식하지는 못하지만 우리들의 일상이 스스로와 다른 사람들에 대한 권리에 대한 가정에 기반을 두어

진행된다는 것이고 인권은 우리의 일상에서도 핵심적인 요소라는 것이다.

일상생활의 일부로서의 인권이라는 생각은 인권에 관한 교육과 실천을 위해 특별히 중요하다. 그것은 인권에 대한 우리의 이해를 보여주는 것으로 다른 사람을 대하는 방식을 확인하고 논의하는 기회가 되고 UN 회의에 참석한 소수 엘리트에 의해 정의된 인권과는 또 다른 의미의 인권이 있음을 보여주는 것이다. 이는 정 반대의 입장을 보여주기 때문이다. 우리는 UN과는 동떨어져 있지만 그럼에도 우리가 인권을 구성하고, 재구성하는 과정에 관여하고 우리들에 의해서 인권이 만들어진다는 것을 보여준다. 인간적인 저울에서 중요한 인권이 우리 모두가 이해할 수 있도록 만들어야 한다는 주장이 적용된다. 이미 논의했듯이 이런 점이 인권을 정의하는 과정을 위해 좋은 시작점이라는 것을 드러내기 때문이다.

인권에 대한 이런 관점은 또한 보편주의/상대주의와도 관련된다. 이렇게 사회적으로 구성된 인권은 어디든 모두 같을 수는 없고 문화에 따라 다르다. 실천과 연결할 때는 문화마다 다양해질 것이다. 따라서 인권의 미시적 수준은 어디에서든 그 권리가 같은 방식으로 적용되지 않을 것이다. 그러나 살펴보았듯이 보편주의의 내용은 단순하고 문화적 다양성을 관조하지 않는다. 그러나 다른 사람을 존중해야 한다는 관점에서 이해된 구성에 기반을 둔 원칙들은 비록 상황적으로 다를지라도 보편성을 지니는 가치로 적용될 수 있다.

인권과 지역사회 개발

인권과 지역사회 개발의 관계는 본 장에서 “법을 넘어서는 인권”과 “아래로부터의 인권”에 대한 폭넓은 이해가 어떻게 지역사회 개발 아젠다 속에서 공평하게 인권을 확립하는가를 보여주는 반복되는 주제였다. 그러나 인권과 지역사회 개발은 인권의 공동체적 성격을 볼 수 있다는 측면에서 더 근본적으로 연결되어 있다.

개인이 격리된 상태에서 권리를 주장하는 것은 아무 의미가 없다. 권리를 위해 책임을 질 수 있는 사람이 없기 때문에 사막 한 가운데 있는 개인은 권리를 효과적으로 행사할 수 없다. 권리는 필연적으로 다른 사람의 책임—나의 권리는 타인의 책임이 되고, 타인의 권리는 나의 책임이 된다—을 포함하기 때문에 인권은 우리를 다른 동료들과 심오한 방식으로 연결한다. 인권은 서로에 대해 걱정하고, 다른 사람에 대해 책임감을 느끼고, 공동으로 우리의 권리를 나누는 사회에서 적용된다. 그러므로 인권을 “나의 권리”라는 전통적 개인주의 틀에서 이해하는 것은 잘못된 것이다. 인권은 몇 사람이 주장한 것처럼 개인주의를 적용하지 않고 “나의 권리”가 아니라 “우리의 권리”가 중요하다는 공동체적인 형태로 적용된다. 인권은 미국 철학자 앨런 거워스(Alan Gewirth, 1996)가 사용한 “권리 공동체” 혹은 가시적인 몇 가지 형태의 인간 공동체human community가 필요하다. 각자에 대한 의무를 다하는 것으로 적용되는 인권이 인간 공동체의 핵심이고 따라서 강한 인권은 강한 인간 공동체를 필요로 한다. 이런 의미에서 지역사회 개발은 인권사업으로 볼 수 있다. 앞서 인권을 소중히 하는 사회는 적극적이고 참여적인 사회라고 했는데 따라서 인권을 확립시키기 위해서는 인간 공동체가 필요하다고 주장할 수 있다.

유사하게 지역사회 개발은 인권을 필요로 한다고 주장할 수 있다. 지역사회 개발은 인권을 중요시하는 견지에서 이해되고 실천되어야 하며, 그렇지 않을 경우 위험한 결과가 초래될 수 있다. 예를 들면, 히틀러 캠프는 인권이 존재하지 않는 상태에서 큰 성공을 거둔 지역사회 개발 사업이라고 할 수 있다. 그 프로그램은 높은 수준의 지역사회 참여를 이루어냈고, 청년들에게는 정체성과 성취감을 주었으며, 목표에 대한 분명한 방향성과 의미를 제공하였고, 그 프로그램에 속한 청년들의 자존감을 향상시켰다. 그러나 그것은 대량으로 이루어진 최악의 인권침해 사례였다. 나치의 경험, 비록 그보다 덜 극단적인 수준의 인권침해라도 반복되지 않기 위해서는 강한 인권 준거틀이 지역사회 개발 실천의 본질적인 요소가 되어야 한다.

그러므로 인권과 지역사회 개발은 서로 필요하고, 각자는 상대방을 의미한다. 실제로 "아래로부터의 인권"의 입장을 취한다면 우리는 유사하고, 나란하고, 과정적이라 할 수 있다. 이런 입장은 두 논쟁이 있을 때 단순히 말로만 할 수도 있다. 종종 지역사회 개발이 인간 공동체를 세우는 것과 관련된 반면, 인권은 공통의 인간성common humanity을 확립하는 것과 관련되어 있다고 말한다. 두 단어의 의미는 동일하고, 이 경우에 우리는 둘 다 공통의 아젠다를 추구하고 있다고 주장할 수 있다. 유사하게 "인권 활동가"는 어떤 일을 하고 "지역사회 운동가"는 무엇을 하는지를 살펴보면 차이가 없다는 것이다. 어쩌면 다를지라도 행동주의, 옹호,

대화, 통합, 참여, 자문 등의 기술은 참여자들에 의해 사용된 가치 기반이 그렇듯이 사용된 단어는 동일하다. 이것은 그들의 실천을 더 풍성하게 하기 위해 지역사회 활동가가 인권 분야에서 무언가를 배워야 할 뿐 아니라 인권 분야에 기여해야 한다는 것이다.

인권과 지역사회 개발은 이 논문의 범위를 넘어서는 부분에서도 공통분모들을 발견할 수 있다. 그리고 유사한 주장이 사회복지 실천에서 더욱 일반적으로 재개될 수도 있다. 사회복지는 인권이라는 가치에 기반하고 있는 전문직이며, 인권과 사회복지 실천 간에는 많은 유사성이 있다(Ife, 2001를 보라).

결론

이 장의 후반부에서 다루었던 아래로부터의 인권 접근은 이전에 제기되었던 보편주의와 상대주의에 관한 몇 가지 이슈를 다루는 데 있어 중요하다. 서구 개인주의에 기반하고 있고 다른 문화적 전통에서 발견되는 보다 집합적이고 공동체적인 것을 고려하지 않는다는 것이 인권 관련 주류에 대한 주된 비판이었다. 그러나 본 장 후반부에서의 주장은 더 집합적이고 순수한 이해가 필요하다는 것이었다. 이런 관점에서 서구의 개인주의적 전통도 별반 다르지 않다는 것이고, 전통의 결과로 놔두기보다는 착취, 불평등, 서구의 자유주의적 개인주의에 대한 가능한 대안으로서 인권을 살펴봐야 한다. 실제로 반세계화 운동과 같이 지배질서에 반대하는 사람들에 의해 인권이 제기된 것은 우연의 일치라고 볼 수는 없다. 세계 자본주의 횡포ravage에 대한 "합법적" 대안이 부재한 상황에서 인권에 대한 생각이 사회적, 경제적, 정치적 변화를 추구하는 유일한 합법적 대안으로 출현한 것이다.

다양성이라는 문제를 다루는 데에 있어서 서구 사회가 직면하는 가장 엄청난 도전 중 한 가지가 남게 된다. 서구 근대 계몽주의는 한 집단과 다른 집단의 차이를 우월성과 연결하여 보았고, 이는 장애인, 동성애 등 다른 집단이 인종차별, 성차별 등 차별의 한가운데에 놓이게 했다. 집단이 둘 혹은 그 이상으로 분류될 때 한 집단이 다른 집단보다 우월하다/열등하다는 판단을 해야 한다고 믿는 근대성modernity은 차이가 위계와 연결될 필요가 없다는 것을 받아들일 수 없었다. 근대주의적 관점에서 이해하면, 인권은 강제적 보편주의의 통일성 외에 어떤 것이라도 다른 문화적 실천에 대한 가치판단을 이끈다는 점에서 같은 어려움에 직면한다. 이를 넘어서기 위한 도전은 우리의 공통의 "인간성"을 강조하고 인간성이 무엇을 의미하는지와 인간성은 구성된다는 점에서 다른 맥락을 제공하는 것으로 다른 문화적 전통을 인정한다면 인권에 대한 보편주의 접근을 개발할 수 있을 것이다. 보편주의는 통일성을 의미하는 것이 아니며, (서구 근대주의자들이 그 차이를 인식하기 힘들겠지만) 위계성을 의미하는 것도 아니다. 지역사회 개발도 아래로부터의 변화라는 관점을 오랫동안 유지해왔지만 여전히 유사한 딜레마를 고민한다. 지역사회 개발과 인권을 같이 다루는 일은 보편주의와 문화적 차이에 관한 문제를 넘어설 뿐 아니라 인권-기반 사회복지 실천을 위한 강력한 준거틀을 제공한다.

5

개발, 사회개발, 인권

제임스 미드글리 *James Midgley*

제임스 미드글리 *James Midgley*

캘리포니아대학교 사회복지학과의 학장을 역임한 바 있으며, 사회개발과 국제사회복지 등에 관한 저술 활동을 펼쳐왔다.

주요 저서

- Social Welfare in Global Context (국내번역서: 국제사회복지, 신섭중 역, 대학출판사, 1999)
- Social Development: The Developmental Perspective in The Developmental Perspective in Social Welfare (국내번역서: 복지와 경제의 상생적 사회개발, 김영화 역, 양서원, 2003)
- Controversial issues in social policy (국내번역서: 사회복지 쟁점, 이홍직 외 역, 신정, 2013)
- Social work and social development (국내번역서: 사회사업과 사회개발, 김영화 · 박태정 역, 양서원, 2012)
- The Handbook of Social Policy (사회정책 핸드북)
- International Encyclopedia of Social Policy (사회정책 국제백과사전)
- International Perspectives on Welfare to Work Policy (복지정책 수행에 관한 국제적 관점)

개발development이란 넓은 의미에서 산업화의 부산물로 이루어진 경제적 또는 사회적 변화로 지난 1세기 이상 공공정책 분야와 사회과학에서 현저한 관심거리였다. 물론 이러한 측면에서 개발에 대한 정의는 19세기와 20세기에 경제적 현대화를 경험한 서구 사회의 역사적 경험에 근거한 것이다. 이와 같은 개발의 확산은 아프리카, 아시아, 중남미 등의 많은 개발도상국들이 경제성장을 촉진하고 생활수준living standards을 개선하고자 할 때 활발하게 진행되었다.

주요 문제는 경제개발에 따른 이득이 전체 인구 중 일부에만 해당한다는 점이다. 비록 개발이 세계의 많은 지역에서 실질적인 번영을 가져온다고 할지라도, 생활수준의 개선은 대체적으로 도시지역에 집중된 반면에 상대적으로 많은 개발도상국에서는 전체 인구 중 극소수만이 현대의 임금근로자로 흡수되었다. 많은 국가에서 농촌 인구의 상당한 비율이 가난과 끔찍한 박탈감을 겪으며 살고 있다. 그리고 도시 슬럼가와 무허가 거주지는 개발도상국에서 만연한 일이다. 대부분의 남반구Global South에서 경제적 현대화는 왜곡된 개발로 이어졌고, 그곳에서의 경제성장은 그에 상응하는 사회적 진보를 동반하지는 못했다.

이러한 문제들을 고심해서 다룰 수 있는 사회정책과 프로그램에 대한 필요성을 인정할 때, "사회개발"(혹은 흔히 알려진 대로 "인간개발")이라는 용어는 사회정책을 경제개발에 맞춰 수정시킴으로써 직접적으로 가난과 박탈의 문제에 맞서려는 노력을 의미하며 사용되었다. 사회개발이란 정부, 국제개발기구, NGO 그리고 지역사회단체 등에 의해서 계획되는 프로젝트, 프로그램, 그리고 개입의 혼합물로 이루어진다. 이런 활동들은 빈곤퇴치와 생활수준 향상과 같은 복지의 물질적인 목표에 우선적으로 집중한다. 그러나 사회개발은 또한 모두를 위한 물질적 안녕well-being의 증진과 분리될 수 없는 것, 즉 불균등 또는 사회적 불평등과 관련이 있다.

비록 정치, 언론 그리고 학계 등에서 인권에 대한 논쟁이 광범위하게 이루어지고 있으나, 이들이 체계적으로 사회개발 이론과 실천에 통합되지는 않고 있다. 인권담론에 대한 합법적 본질을 놓고 볼 때, 사회개발 이론가와 실천가들이 상대적으로 인권문제에 관심을 두지 않았다는 사실은 놀라운 일이 아니다. 그러나 최근에 많은 사회개발 이론가와 실천가들은 사회개발 행동에 인권이 통합되어야 한다고 주장해왔다. 그리고 이는 풀뿌리인권활동 및 인권접근법을 효과적으로 채택한 개발조직의 옹호활동을 통해서 지지를 받았다. 지난 수십 년 동안 "권리-기반 개발"이란 용어는 이런 노력들을 알리는 데 기여하였다.

이 장에서는 우선적으로 사회개발과 관련이 있는 다양한 인권협약에 대해 설명하고, 다음으로 개발을 증진하는 데 있어서 권리—기반 접근법을 어떻게 사용할 수 있는지를 강조할 것이다. 사회적 · 경제적 관심을 언급하는 수많은 국제적인 인권 회의와 협약들에 대해 논의하고, 이러한 수단들이 모든 사람들의 생활수준을 현저히 개선하기 위해 경제적 성장능력을 어떻게 활용할 수 있는지에 대해 제안하고자 한다. 그러나 인권이 권리—기반 접근법의 채택을 통하여 수행될 수 있는 방법론을 논의하기 전에 개발 및 사회개발의 분야와 그리고 이들의 역사적 발전과정과 중심적인 명제들에 대해 간략하게 설명하고자 한다.

개발과 사회개발

비록 앞에서 정의한 개발이 서구 산업국가의 역사적 경험에 근거한 것이지만, 그러한 정의는 사회적 변화와 사회적 진보에 관한 묵은 사상을 반영하는 것이다. 안트(Arndt, 1978)가 주장하는 것처럼, 개발의 현대적 개념은 사회변화를 조성하는 데 있어서 합리적 지식, 기술적 발명 그리고 사회복지기관의 역할을 극찬하는 낙관적 계몽주의 신념에 근거한다. 이런 사상들은 경제계획 및 20세기 중반 수십 년 동안 서구 자본주의 국가의 케인즈 경제정책을 널리 도입하는 데 있어서 뿐 아니라 소비에트연방에서의 중앙집권국가계획 등의 표현에서도 발견된다.

경제계획은 제2차 세계대전 때에 유럽 제국주의 통치로부터 독립한 많은 식민지 개발도상국가들에 의해서 채택되었다. 남반구에 위치한 많은 정부들은 농업사회를 현대화된 산업국가로 변형시키고자 중앙기획부를 만들었다. 경제계획은 급격한 산업화를 촉진하고, 농촌의 자급자족 영역으로부터 노동력을 끌어들여서 고용기회를 창출하고 전체 국민의 소득과 생계수준을 끌어올리기 위해 만들어졌다.

기업의 경제개발

케인즈의 영향 외에 경제개발계획은 개발도상국의 욕구에 초점을 두고 퍼져나간 장학단체에 의해 더욱 가속화되었다. 개발경제학이라는 새로운 분야가 도출되었고, 이는 개발연구의 새로운 주제를 구축하는 것으로 확대되었다. 그 당시 개발도상국의 경제는 대규모의 전통적이고 궁핍했던 자급자족 분야를 식민지시대에 생겨났던 소규모의 현대적인 분야와 대조되는 이중적 모델의 측면에서 개념화되었다(Boeke, 1953; Higgins, 1956). 현대적 영역에서 임금고용 기회가 확대될 수 있다면 잉여노동은 전통적 영역으로부터 현대적 영역으로 전환되어 결국 소득과 생활수준을 향상시킬 것이다. 저명한 경제학자로 노벨 경제학상을 수상한 바 있는 아더 루이스(Arthur Lewis, 1955)는 제조산업에 대한 자본투자의 필요성을 강조함으로써 이러한 견해를 공식화했다. 그는 이로써 비약적인 경제성장을 활성화하여 대규모의 임금고용을 창출할 것이라고 생각했다. 루이스의 견해는 널리 전파되어 다른 개발학자들에 의해 미화되었다. 수많은 신생 독립국가의 계획기관들은 남반구에 있는 많은 농업

국가들도 산업화로 빠르게 전환될 수 있다는 루이스의 견해를 받아 들였다.

빠른 산업개발을 육성하기 위해 대부분의 개발도상국 정부들은 수입을 제한하고, 초기의 산업확산을 보호하고, 국내 시장에서 지역 제조업을 활성화하여 수요를 충족시키는 수입대체 방안을 채택하였다. 물론 빠른 산업개발을 통한 현대화를 목표로 대규모의 자본투입을 위한 국제차관이 이루어졌다. 일부 개발도상국들은 산업 분야를 활성화하기 위한 국내 자본이 충분하지 않기 때문에 많은 국가들이 세계은행World Bank과 같은 국제개발기구나 서구 세계로부터 투자자본을 유치했다. 이자율이 상대적으로 낮았기 때문에 많은 정부들은 상용시장에서 대대적으로 차용했다. 물론 빠른 산업개발 때문에 대출금의 조기상환이 충분히 가능할 것이라는 가정이 있었다.

수입대체 산업개발 모델에 대한 전반적인 결과물은 뒤섞여져 한편에선 많은 개발도상국들이 높은 연간 경제성장률을 기록했으며, 이는 현대적인 산업의 확산으로 이어지고 임금고용 창출을 위해 고안된 정책의 성공을 반영했다. 일부 국가는 유례없을 정도로 빠른 산업발전을 이루어냈다. 예를 들면, 1960년대 브라질은 성장률이 너무 높아서 국제적으로 새로운 "경제개발 기적"으로 표현되기도 했다. 그러나 다른 한편에서의 산업화는 분명히 절대빈곤 발생률을 현저하게 감소시킬 수 있는 농촌지역 자급자족 분야의 노동을 흡수하지 못했다. ILO(International Labour Organization, 1972)에 의해 이루어진 한 연구에서는, 케냐에서는 도시로 이주한 많은 사람 중에 단지 극소수의 비율만이 정규직을 얻었다고 했다. 또한 ILO 연구에서는 대부분의 이주자들이 비공식 영역으로 알려진 그들 자신과 가족에 의한 방법으로 간신히 생계를 꾸려가고 있다고 했다(Bromley & Gerry, 1979). 대부분의 비공식 영역에서 생계수단은 불결함, 빈곤, 박탈 등을 특징으로 한다.

사실 이 산업개발 모델이 긍정적인 결과를 초래하는 것처럼 나타나는 지역도 있다. 예를 들면, 일부 동아시아 국가에서는 현대 산업에서 대규모 자본투자를 통해 고성장을 이루었다. 그래서 임금고용이 실질적으로 증가했다. 그러나 이들 국가는 종래의 전통적인 수입대체 접근법을 받아들이는 대신에 값싼 제조상품들을 생산해 미국을 비롯한 다른 서구 국가로 수출했다. 일본과 다른 서구 국가들(스웨덴과 스위스)을 모방한 수출주도형 산업개발은 교육, 건강관리, 주택 등에서 실질적인 투자를 동반했고, 그 결과 현대적이고 기술적인 경제에 참여가 가능한 고도의 숙련된 노동력을 양성하였다.

비록 세계의 다른 지역에서도 수출주도형 산업개발 전략을 받아들이려는 노력이 있었으나, 1970년대에 일어난 사건이 기업의 발전에 심각한 문제를 일으켰다. 1970년대 유류파동으로 산업개발 비용이 심각하게 상승했고, 서구 산업국가의 경제침체와 동반된 급격한 인플레이션이 발생하자 정부는 이를 통제하기 위해 금리인상을 단행했다. 결과적으로 국제 시장에서 많은 돈을 빌려왔던 개발도상국들은 막대한 부채를 지게 되었다. 많은 나라들은 세계은행과 IMF에 원조를 요청해야만 했다. 그리고 원조의 조건으로 정부의 경제개입을 심하게 박탈하는 구조조정 프로그램을 수용하게 되었다. 특히 아프리카와 남아시아 같은 세계의 또 다른 지역에서 사회적 상태는 더욱 악화되었고 빈곤과 박탈도 증가하게 되었다.

지난 50년 동안에 걸쳐 이루어진 개발 과정은 중요한 경제적 이익을 가져 왔으나, 일부 주목할 만한 것을 제외하고 피폐된 식민지 사회의 개발도상국을 현대 산업국가로 바꾸어 줄 것이라는 희망을 실현시켜주지는 못했다. 비록 많은 국가가 현대 경제의 확대 때문에 이득을 얻었지만, 또 많은 다른 국가들은 뒤처지게 되었다. 이는 세계의 많은 국가에서 나타난 비약적인 경제성장률이 광범위한 번영을 동반하지 못하는 왜곡된 발전의 결과였다. 경제적 풍요로움 속에서 지속되는 가난은 개발의 모순으로 남았고 큰 도전적인 문제가 되었다.

사회개발 대안

사회개발 주창자들은 경제성장과 사회복지 정책을 결합함으로써 왜곡된 개발의 문제가 가장 잘 교정될 수 있다고 생각한다. 사회개발 주창자들은 산업개발이 임금고용의 창출과 소득 증가에 크게 기여했다는 사실을 부정하는 것이 아니라, 다만 모든 안녕이 자연적인 경제성장을 동반할 것이라고 생각하지 않는 것이다. 대신에 그들은 경제개발과 관련된 빈곤과 박탈의 문제를 명백하게 다루는 사회개발 정책과 프로그램을 받아들일 것을 주장한다(Midgley, 1955).

사회개발로 알려진 "사회복지 활동"은 가나를 비롯한 영국의 식민지배를 받았던 서아프리카의 국가에 거주하는 상상력이 풍부한 사회복지사들에 의해 처음으로 소개되었다. 그들은 사람들의 경제적 · 사회적 욕구를 다루는 지역사회 수준의 프로젝트를 실행했으며, 그와 동시에 국가적 개발 노력에도 기여했다. 이러한 형성적 사회개발 프로그램은 소규모 농업과 소규모 가족기업의 성장, 공예와 마을기술의 개발, 지선도로를 포함한 경제적 · 사회적 공공기반시설 구축, 지역사회 수도공급, 마을의 위생시설, 건강과 주간보호센터, 학교 및 기타 지역사회 시설물 등이다(Midgley, 1994).

이와 같은 초기 사회개발 프로그램들은 처음에는 영국 제국주의 당국의 지시를 통해서, 그 다음에는 UN의 개입을 통해 상당수의 개발도상국에서 그대로 이루어졌다. 사회개발의 대중화는 명백하게 사회복지에 대한 제3세계주의자적 접근법으로서 UN과 그 산하기관들의 노력 덕분이라고 할 수 있다. 1960년대, 1970년대 세계은행 및 ILO 등 여러 국제조직들도 사회개발의 채택에 기여했다.

다른 전략들은 사회개발 목표를 달성하는 것을 주장하였다. 그러한 전략들은 사회개발에 대해 형성적 개념의 특성을 나타내는 독창적 기술이 특징이다(Midgley, 2003). 1950년대에 UN은 지역사회 수준의 사회개발 프로그램을 채택할 것을 권고했고 일반 사람들이 개발의 모든 측면에서 능동적으로 참여할 수 있다는 것을 확신하면서 전국적인 참여방안을 촉구했다. 1960년대에 UN은 "사회 · 경제통합계획"과 같은 주정부가 지원하는 개입을 장려했는데, 이것은 국가계획 당국에게 사회적 분야를 배려하는 것을 포함시키기 위해 제조업과 경제적 하부구조를 촉진하는 데 있어서 관습적인 초점을 초월할 것을 주장하였다. 그런 희망은 개발계획이란 사회적 목표뿐만 아니라 좁은 의미의 경제적 목적을 함께 달성할 수 있어야 함을 의미한다(UN, 1971).

세계은행도 역시 혁신적인 사회개발 전략을 형성하는 데 있어서 적극적이었다. 1970년대 맥나마라McNamara 총재는 자신의 임기동안 세계은행이 빈곤완화에 최우선 순위를 두도록 했다. 또한 세계은행은 빈곤과 불평등이 서로 불가분의 관계라는 사실을 주장하면서 개발의 불공평 문제를 다루었다. 세계은행은 수석 경제학자 홀리스 체너리Hollis Chennery가 설명한 것처럼 경제성장과 재분배 전략이 결합할 수 있다는 논쟁적 견해를 포용했다(Chennery, Ahluwalia, Bell, Duloy & Jolly, 1974). 많은 개발도상국에서는 이러한 정책을 수립하기 위해 대출 프로그램을 이용했고, 세계은행은 특별히 남반구에서 사회개발 채택을 조성하는 데 중요한 역할을 했다.

1970년대 ILO는 개발정책이 경제의 공적 분야에서 고용창출을 최우선으로 삼아야 한다는 전통적인 견해에 대해 이의를 제기했다. 인구 중 상당 비율이 자급자족 농업 혹은 도시의 비공식적 근로에 참여하고 있다는 사실과 관련하여, ILO는 경제개발 노력의 최우선 목표는 안전, 생계, 교육, 건강, 주거지, 깨끗한 물 등 인간의 기본욕구 충족에 두어야 한다고 주장했다. 또한 정부가 과거와 같이 산업개발에 초점을 두는 대신에 이제는 기본욕구 충족에 초점을 둘 수 있도록 정부의 개발노력을 재조명해야 한다고 강조했다(International Labour Office, 1976; Streeten & Burki, 1978).

비록 이러한 기본욕구 접근은 사회복지 전달체계의 측면에서 NGO

의 광범위한 관여를 가능하게 하는 측면은 있지만, 이는 본질적으로 국가통제주의적 성격을 띠고 있다. 1980년대까지 많은 정부들의 포퓰리즘에 대한 환상이나 신자유주의의 반국가통제주의적 흐름은 개발단체에서 기본욕구 접근의 기반을 약화시켰다. 지역사회 개발의 초기 개념을 다시 설명했던 포퓰리스트의 접근법은 개발NGO 단체의 급속한 증가와 이런 단체에 국제적 원조 제공을 통해 주로 사회개발 단체에서 통용되기 시작했다. 그밖에도 유니세프UNICEF와 WHO 등 몇몇 국제개발기구들은 활발하게 "모든 사람의 건강", 특히 아동과 엄마들의 건강증진을 위한 최선의 수단으로서 "지역사회 참여"를 주장했다. 이러한 주제들은 오늘날 세계 도처에서 사회개발 프로그램을 실행하는 많은 NGO들에 의해서 널리 강조되고 있다.

비록 이런 개발들이 인간의 복지를 증진하기 위한 특별한 접근법으로서 사회개발의 형성에 기여했다고 할지라도, 사회개발은 여전히 사회개발 활동을 이끌어가기 위한 일관된 개념적 틀이 부족하다. 사회개발은 여전히 막연하게 정의되어 있고, 사회개발이 수반하는 것이 무엇인지도 분명하지 않다. 게다가 사회개발 정책들이 세계의 모든 지역에서 효과적으로 실행되고 있다고 주장할 수 없으며, 인간의 조건을 지속적으로 특징짓는 억압, 기아, 박탈, 불균형 등의 절박한 문제를 적절하게 설명한다고 주장할 수도 없다.

그럼에도 불구하고 1995년 코펜하겐에서 개최된 세계사회개발정상회담에서 UN은 사회개발이 성숙함과 정교함의 새로운 수준에 도달되었다고 주장했다(UN, 1996). 이후 새천년개발목표를 통해 전 세계적으로 사회개발을 증진하려는 노력(UN, 2005; UNDP, 2003)과 또 다른 진취적 계획이 실천행동을 위한 안건을 만들어냈고, 재개된 사회개발 노력의 필요성에 대한 산업국가의 대중매체와 대중적 관심을 받게 되었다. 결국 이러한 노력들이 개발원조의 증가, 신자유주의 부채 정책의 개선, 그리고 개발도상국의 부채 폐지를 지지하는 여론 형성에 활기를 불어넣었다. 이런 맥락에서 인권에 대한 개념들이 특히 중요한 기여를 했다. 다음에서 언급되는 것처럼, 개발에서의 권리-기반 접근은 사회개발을 위한 지지를 활성화하고 세계적 기아와 박탈의 시련에 잘 대처하기 위한 노력을 새로이 하도록 도울 수 있다.

인권과 개발

현대의 인권담론은 인간이 인정, 존중, 규칙준수 등을 요구할 권리를 갖는다는 단순한 생각을 표현하는 이념과 신념의 풍부한 유산에 근거한다. 이러한 최근의 개념은 인권이 추상적인 이론에서 구체적인 행동 프로그램으로 전환됨에 있어 형식주의적인 특징을 갖게 한다. 이는 인권담론에서 자격의 개념을 강화하고, 법적 기준을 따르도록 한다. 그러므로 이론상으로 말하자면, 어떤 사람이 자신의 권리가 침해당했다고 생각될 때 법률제도를 통해 보상을 보장받을 수 있다는 점에서 인권은 재판에 회부되는 것이다.

비록 인권이 매우 복잡하고 추상적인 문제를 포함하고 있지만, 본 장에서는 인권을 구체적이고, 특별하고, 법적으로 규정되도록 한 공식적 인권협약들에 초점을 둔다. 이런 종류의 공식적 인권협약은 1950년 유럽 인권보호협약, 1969년 미국 인권협약, 1981년 아프리카 인권헌장 등의 지역별 협약뿐만 아니라 연방헌법, 법령, 판례법 등도 포함된다. 그 중에서도 가장 중요한 것은 아마 UN 및 그 산하기관들에 의해 채택된 많은 국제협약들이다. 또한 전문위원회, 전문가, 자문단체의 업무뿐만 아니라 주요 국제사회개발회의에서 채택된 다량의 보고서, 선언문, 성명서 등에서 의의를 찾아볼 수 있다. 이러한 문서와 연방 또는 지역적 협약 등이 인권담론에 관련되어 있지만, 이 장에서는 UN 및 그 산하기관이 지난 50년 이상 지원해온, 사회개발에 직접적인 영향을 미친 국제협약에 대해 살펴보도록 하겠다.

주요 인권협약

사회개발 문제를 다루기 위해 최근 10여 년에 걸쳐서 채택된 가장 중요한 선언, 규약, 협약 등은 세계인권선언(1948)과 그 이후 2가지 규약, 즉 선언문의 원칙을 법적으로 구속력이 있는 조약으로 바꾼 시민적 · 정치적 권리에 관한 국제규약(1966) 및 경제적 · 사회적 · 문화적 권리에 관한 국제규약(1966)일 것이다. 선언문 자체와 두 개의 국제규약은 기본적으로 사회개발에 중요하다. 이 외에 인종차별철폐협약(1965), 여성차별철폐협약(1979), 개발권선언(1986), 아동권리협약(1989), 고문방지협약(1984) 등도 중요한 협약이다.

세계인권선언이 역사적으로 가장 중요한 인권문서인 것은 거의 틀림없다. 왜냐하면 세계인권선언은 수많은 인권을 소중히 생각하기 때문이다. 세계인권선언의 첫 번째 부분은 임의적인 체포, 구류 혹은 추방에 관한 금지(제8조), 독립적이고 공평한 법정에 의해 정당한 재판을 받을 권리(제10조), 정치적 과정에 참여하고 정치권의 대표를 선택할 수 있는 권리(제21조) 등을 포함하는 시민적 · 정치적 권리에 초점을 두고 있다. 경제적 · 사회적 · 문화적 권리들이 선언서의 후반부에 포함되어 있고, 그리고 사회적 안전에 대한 권리와 의료보호 및 사회 서비스에 대해 접근할 권리(제22조 및 제25조), 동일 노동에 대해 동일 임금을 받을 권리(제23조), 적어도 초등학교는 무상으로 교육받을 수 있는 교육에 대한 권리(제26조), 개인과 가족의 안녕을 위해 적절한 생활수준을 유지할 권리(제25조), 휴식과 여가를 즐기고 지역사회의 문화생활에 참여할 권리, 과학적 발전과 혜택을 공유하고 예술을 즐길 권리(제27조)도 포함한다.

국제적 문서들이 조약을 통해 비준하는 형식을 거쳐야 하지만, 꼭 이 문제가 아니더라도 세계인권선언의 실행은 정치적인 이유로 인해 지연된 것도 있다. 세계인권선언의 채택에 관한 UN회원국의 찬반 투표가 진행될 때 소비에트연방, 체코슬로바키아, 폴란드, 유고슬라비아 등 공산주의 국가들은 기권했다. 비공산주의 회원국인 사우디아라비아와 남아프리카공화국은 불참했다. 공산주의 회원국들의 기권은 이후에 국제적인 인권담론의 진전에 영향을 끼치게 될 새로운 이념투쟁을 반영한 것이었다.

서구 회원국들은 개인적 · 시민적 · 정치적 권리를 강조하는 인권의 관점을 선호했다. 반면에 공산국가들은 사회적 · 경제적 권리의 중요성을 강조했다. 이들 두 진영은 종종 인권을 침해하는 것에 대해 상호간에 비난했다. 이런 대립 상황에서 선언조항을 실행하는 데 있어서 법적 구속력을 갖춘 국제조약을 만들어내는 것은 어려웠다. 그리고 법적 구속력을 갖춘 국제규약은 1966년에서야 이루어졌는데, 당시의 대립 상황이 반영되어 한 개의 규약이 아닌 두 개의 분리된 규약으로 제시되었다. 이것이 바로 앞서 언급했던 경제적 · 사회적 · 문화적 권리에 관한 국제규약과 시민적 · 정치적 권리에 관한 국제규약이다. 이 규약은 UN의 최소 정족수 35개 회원국에 의해 비준된 이후 1976년에 발효되었다. 20세기 말까지 140개 이상의 회원국들이 두 협약의 비준을 마무리했다(Freedman, 2002).

비록 두 개의 규약이 세계 여러 나라에서 비준되었지만, 시민적 · 정치적 권리는 일반적으로 경제적 · 사회적 · 문화적 권리보다 우선시되었고 더 많은 지지를 얻었다. 이것은 인권에 대한 서구 사회의 자유주의적 해석과 인권이 대중에 의해 정의되는 방식 때문인 것으로 나타났다. 일반적으로 대중매체에서 인권에 대한 언급은 시민적 · 정치적 권리에 초점을 두고 있으며, 그리고 여론은 일반적인 선호도를 반영하는 것이다. 게다가 인권에 관한 학자의 저술에서는 인권을 뚜렷이 구분되는 "세대generation"로 범주화한다. 전통적으로 시민적 · 정치적 권리는 제1세대의 "자유권"으로 보았다. 반면에 경제적 · 사회적 · 문화적 권리는 "평등권"으로 제2세대의 권리를 구성하는 것으로 보았다. 최근에는 "연대권"으로 알려진 제3세대가 나타나기 시작했다(Freeman, 2002). 개발권은 주로 제3

세대로 포함된다.

시민적 · 정치적 권리에 대한 선호도는 이러한 권리가 사법적 판단이 적절하다는 견해를 반영하는 것이라고 할 수 있다. 반면에 경제적 · 사회적 · 문화적 권리는 사법적 판단이 적절하지 않다. 시민적 · 정치적 권리에 관한 국제규약의 채택은 협약감시기구가 추정된 침해에 대한 항의에 귀 기울일 수 있는 선택의정서를 동시에 만들었다. 그러나 어떤 조항도 경제적 · 사회적 · 문화적 권리에 관한 국제규약의 적용을 강제하지는 않는다. 또한 경제적 · 사회적 · 문화적 권리에 관한 국제규약은 경제적 · 사회적 권리의 성취가 사회적 욕구를 충족시키기 위한 자원의 가용성에 의해 결정된다는 것을 인정한다. 규약을 승인했던 국가들은 규약에서 강조된 권리를 "계속해서" 이루어가야 한다는 것을 알고 있다. 반면에 시민적 · 정치적 권리에 관한 국제규약에서 규정된 권리들은 즉각적으로 실행될 수 있었다.

비록 이런 방법으로 인권을 분류하고 은연중에 등급을 매기는 것이 으레 있는 일이지만, 많은 인권학자들은 인권들은 동등한 효력성과 보편적 적용성을 가지고 있는 불가분의 관계에 있는 것이라고 생각한다(Merali & Oosterveld, 2001). 이러한 사실은 새로운 생각이 아니다. 세계인권선언의 초안이 작성되었을 당시에 UN총회는 시민적 · 정치적 권리와 경제적 · 사회적 권리는 "상호연결되어 있으면서도 독립적"이라고 의결했다(PutaChekwe & Flood, 2001, p. 40). 이런 믿음은 이후에 1968년 테헤란에서 개최된 국제인권회의와 1993년 비엔나에서 개최된 세계인권회의에서 재확인되었다. 인권이 불가분의 관계라는 견해는 사회개발계에서 폭넓게 수용되고 있다.

1950년대와 1960년대에 인권에 관한 이념적 투쟁은 비동맹회원국으로 구성되었고 이들은 자기결정권, 문화적 권리 그리고 개발을 위해 투쟁했다. 대부분의 이런 국가들은 남반구에 속한 나라들이었으며, 반식민지 투쟁으로 자신들의 의지를 표현하고 초강대국의 지배로부터 자신들의 독립을 주장하면서 인권에 대한 특별한 "제3세계" 관점을 제안했다. 보편적 원칙의 맥락에서 민족자결권과 토착적 문화가치의 표현 권리가 비동맹회권국의 대표단에 의해 강조되었고, 이와 관련하여 콰메 은크루마Kwame Nkrumah[1], 줄리어스 니에레레Julius Nyerere[2], 레오폴 상고르Leopold Senghor[3], 체 게바라Che Guevara[4]와 같은 제3세계 지도자들은 총회에 앞서 유창하게 연설하였다(Ishay, 2004).

비동맹회권국이 인권에 대한 자신들의 관점을 주장하는 초기의 시도는 사회적 불평등을 다루는 협약을 관철시키기 위한 표현을 찾아낸 것이다. 한 가지 예는 1965년 인종차별철폐협약에 자신들이 참여하는 것

---

1 역자 주: 콰메 은크루마는 가나의 정치가이자 초대 대통령으로 가나의 독립운동을 지휘하여 아프리카 독립운동의 아버지라 불린다.

2 역자 주: 줄리어스 니에레레는 탄자니아의 독립운동가이자 초대 대통령으로, 탄자니아의 국부로 일컬어진다. 탄자니아인들은 그를 '음왈리무'라고 부르는데, 이는 스와힐리어로 선생님이라는 의미이다.

3 역자 주: 레오폴 상고르는 세네갈의 시인이며 정치가이자 문화이론가로 세네갈의 초대 대통령으로 5번의 임기를 역임했다. 상고르는 아프리카인으로는 최초로 아카데미 프랑세즈의 멤버가 된 인물이며, 세네갈 민주당의 창설자이기도 하다. 그는 20세기 가장 중요한 아프리카 지식인 중 한 명으로 손꼽힌다.

4 역자 주: 에르네스토 라파엘 게바라 데 라 세르나는 "체 게바라"라는 애칭으로 더 잘 알려져 있다. 아르헨티나 출신의 공산주의 혁명가, 정치가, 의사, 저술가이자 쿠바의 게릴라 지도자이다.

이었다. 비록 이 협약이 동서진영의 국가로부터 지지를 얻었을지라도 비동맹회권국은 식민지배 시대에 내재되어 있는 인종차별주의와 식민주의에 대항하여 자신들의 투쟁을 나타내는 것처럼 그 협약의 채택을 옹호하는 데 있어서 매우 적극적이었다. 법 앞의 비인종차별에 대한 초기 언급과 내성을 증진하고, 또한 세계인권선언에 있는 국가, 인종, 종교집단의 관계를 이해하기 위한 교육의 역할이 인종차별을 엄격히 금지하기 위해서 좀 더 체계적으로 표현되었다. 이러한 정서는 비동맹회원국들(유럽왕정으로부터 독립을 보장받았던 국가)이 남아프리카와 이스라엘의 정부에서 지속된 식민주의와 인종차별주의 관행에 대해 느꼈던 분노를 반영한 것이다. 비록 미국과 다른 서구 국가들이 시온주의Zionism[5]를 인종주의와 연결하려는 시도에 대해 거세게 책망하고 있으나, 많은 비동맹회원국들은 남아프리카공화국의 인종차별 정책과 시온주의를 인종차별주의의 유형으로 보았다. 다른 한편으로는 남아프리카공화국의 인종차별 정책은 일반적으로 비난을 받았다. 특히 이 국제적 협약은 남아프리카공화국의 인종차별 정책을 참고했지만 시온주의를 참고하지는 않았다. 이 협약은 비교적 짧은 기간 내에 이스라엘을 포함하여 많은 회원국들에 의해서 비준되었다. 그리고 1998년에 남아프리카에 의해서 비준되었다.

인권협약을 통해 인종차별주의를 다루기 위한 시도는 아주 흔한 성억압의 난제를 해결하려는 노력을 동반하였다. 비록 세계인권선언이 여

5 역자 주: 유대인이 시온의 땅, 즉 에레츠 이스라엘(팔레스타인)로 귀환하고자 하는 운동 및 그 견해를 뜻한다. 즉 세계 각 지역에 흩어져 있던 유대인이 그들 조상의 땅인 팔레스타인에 자신의 국가를 건국하려는 유대민족주의운동으로, 1948년 이스라엘의 독립으로 실현되었다.

성들의 시민적 · 정치적 인권에 주목하고 있지만, 여성인권 옹호자들은 좀 더 체계적인 방식으로 이러한 권리의 문제를 다루는 협약이 채택될 수 있도록 캠페인을 진행했다. 이러한 노력으로 1954년 여성의 참정권에 관한 조약Convention on the Political Rights of Women이 발효되었다. 이 조약은 투표권과 행정관청의 피선거권, 그리고 결혼이 여성의 국적에 영향을 미칠 수 없다는 1957년의 기혼 여성의 국적에 관한 협약을 보호했다. 그러나 여성의 권리와 관련된 가장 중요한 협약은 1979년의 여성차별철폐협약, 즉 여성에 대한 모든 형태의 차별철폐에 관한 협약Convention on the Elimination of All Forms of Discrimination against Women이다. 1981년에 발효된 이 협약은 여성의 투표권과 공직에의 선출 등을 포함하는 30개 조항으로 이루어져 있으며, 동등한 교육기회를 부여받고, 건강보호와 기타 사회 서비스에 동등한 대우를 누리는 것을 포함한다. 이 협약은 여성의 생식에 관한 권리와 결혼에 따른 권리를 주장한다. 이 협약에서 당사국들은 삶의 모든 영역에서 여성차별철폐를 약속했다. 현재 이 협약은 180개의 UN 회원국들에 의해서 비준되었다. 그러나 미국에서는 여전히 비준되지 않고 있다.

또 하나의 중요한 인권협약은 1989년 아동권리협약으로, 이 협약은 54개의 조항을 통해 많은 아동의 권리를 다루고 있다. 이 조항들은 교육, 의료보호, 영양 등에 관한 권리를 비롯하여 아동이 차별과 착취로부터 보호받을 권리를 포함해서 이전에 있었던 협약의 내용 중 아동에 관한 권리들을 한층 더 확대한 것이다. 또한 여기에서는 아동의 권리를 문화활동에 참여하고 완전한 가족생활을 즐기는 것이라고 규정하고 있다. 당사국들은 자신들의 노력으로 아동과, 그리고 필요하다면 부모들에게, 물질적 원조와 서비스를 제공해야 하는 것을 주장하였다. 또한 아동에게 제공되고 보호해야 하는 많은 사회 서비스 조항들을 포함하고 있다. 현재 전 세계 UN회원국 중 소말리아와 미국을 제외한 192개 국가가 비준하였다.

개발권

앞서 언급한 것처럼 비동맹회원국들은 특히 가난, 박탈, 국제적 착취, 세계적 부채, 기타 개발 문제 등과 관계된 인권협약의 지지를 동원하는 데 전념했다. 결국 이런 관심들은 개발권이라는 개념에 따라 연합되었다. 개발권을 지지하는 사람들은 "모든 사람은 이 선언문에서 규정한 권리와 자유가 완전히 실현될 수 있는 사회적, 국제적 질서를 요구할 권리가 있다"라는 세계인권선언 제28조와, "모든 사람들은 자기결정권이 있다"라는 경제적 · 사회적 · 문화적 권리에 관한 국제규약 제1조에서 발전된 것이다. 그런 권리 덕분에 모든 사람들은 자신들의 정치적 지위를 자유롭게 결정하여 경제적 · 사회적 · 문화적 개발을 자유롭게 추구할 수 있다. 그 두 조항은 하나의 종합적인 인권협약으로 자기결정권과 개발의 개념을 아우르는 캠페인에 대한 기초를 제공했다.

개발권에 관한 논의는 1972년 국제인권협회에서 세네갈의 법률가 케바 음바예Keba M'Baye의 강연에서 비롯되었다(Freeman, 2002). 당시에 UN인권위원회의 위원장이었던 음바예는 개발이 하나의 권리라는 사실을 주장했다. 인권과 시민적 · 정치적 권리가 같음을 표시하는 경향의 관점에서 개발권 자체는 매우 독창적인 생각이었고, 지금까지도 논쟁거리로 남아있는 도발적인 생각이었다. 그럼에도 불구하고 음바예는 1977년 총회결의안 채택을 보장할 수 있었다. 그리고 이 총회결의안은 개발권 문제에 대한 연구 권한을 주게 되었고, 결국 1986년 UN의 개발권선언 채택이라는 결과를 가져왔다.

1986년 개발권선언 채택은 산업국가와 개발도상국 사이에서 국제개발에 관한 더 많은 협력을 증진하기 위한 공동 노력의 하나였다. 1970년 UN은 세계 국가들 사이에서 더 많은 협동과 평등을 만들려는 의도로 새로운 국제 경제질서의 창출을 옹호했다. 이러한 신념은 나중에 1980년 브란트위원회Brandt Commission[6]에 의해서 강화되었다. 그리고 브란트위원회는 더 많은 세계적 협력의 필요성을 제기하며, 부채, 세계적 빈곤 등 신자유주의적 세계화 정책의 부정적인 문제를 다루는 수많은 후속적인 다자간 협력을 촉구했다. 개발권은 환경적인 문제에 관한 우려와 지속가능한 개발을 증진하려는 욕구로 알려져 있다. 1972년 스톡홀름에서 개최된 환경과 개발에 관한 UN회의, 1992년 지구를 위한 리오Rio 정상회담, 브루트랜드Brutland 위원회의 사업 등 주요 국제회의들을 통해 이러한 노력들이 더욱 강화되었다(World Commission on Environment and Development, 1987).

---

6 역자 주: 전 서독수상인 빌리 브란트에 의해 구성되어 1977년 말 결성된 '국제개발문제 전문독립연구기관'의 약칭으로서 원래의 명칭은 '국제개발문제독립위원회'이다.

개발권선언은 단지 10개 조항을 가진 짧은 것이다. 그 선언의 핵심은 개발권이 자기결정권을 포함하는 이양할 수 없는 인권(생명 · 자유 · 행복추구에 관한 권리)이라는 것이다. 이 선언은 국가에게 국가의 개발을 증진하고 개발로부터 국민의 이득을 보장할 것을 요구한다. 또한 개발도상국의 빠른 성장을 증진하기 위해 국제정책을 형성하는 데 있어서 국가 간의 협력을 의무화할 것을 주장한다. 또한 이 선언은 국가들에게 인종주의, 식민주의, 외국의 지배나 점령, 다른 억압의 형태들에서부터 발생하는 인권침해를 철폐하기 위한 조치를 취할 것을 주장한다.

미국을 비롯한 몇몇 서구 국가들이 이 선언에 반대한 것은 놀랄 만한 것이 아니다. 결과적으로 이 선언은 법적 구속력이 있는 협약의 형식을 갖추지 못했다. 서구의 회원국들은 경제적 선진국들이 법적 구속력이 있는 협약을 통해 세계의 가난한 국가의 욕구를 다루기 위해 무역과 관계된 국제정책들을 수정해야 한다는 생각에 특히 비판적이다. 비록 그 선언에 포함된 원칙들을 실행할 것이라는 합의를 위해 노력하고 있지만, 제한적으로 진행되고 있다. 그리고 개발권선언을 법적 구속력이 있는 협약으로 바꾸기 위한 노력이 여전히 지속되고 있다(Center for Development and Human Rights, 2004).

사회개발에 대한 권리-기반 접근 모색

세계인권선언에 의해 틀을 갖추고 개발권선언에 의해 지지된, 앞서 기술된 다양한 국제적인 인권협약들은 사회개발과 관계된 개발에 대해 권리-기반 접근법을 제공한다. 세계적, 지역적, 국가간 등 다양한 방식으로 이루어진 인권협약이 증가했고, 이러한 협약들은 특별위원회와 단체의 노력뿐만 아니라 국제회의의 보고서와 선언문을 통해 지지되었다. 인권의 특성과 보편성을 알고 있기 때문에 권리-기반 접근법은 많은 협약과 인권활동으로 나타나며, 개발권선언에만 전적으로 의존하지는 않는다. 비록 여전히 막연히 정의되었다 하더라도 권리-기반 접근법은 인권이 사회개발 노력에 영향을 미칠 수도 있고, 사회개발 노력을 향상시킬 수도 있다는 신념에 근거한다. 이러한 사실은 여러모로 서로 관련 있는 방식에서 이루어질 수 있다.

권리-기반 접근법은 사회개발에 인권의 언어를 포함시키고, 사회개발 실천에서 인권에 관한 담화를 분명하게 하는 새로운 사고방식을 불러일으킬 수 있다. 비록 인권과 개발이 오랫동안 별개의 영역으로 취급되어 왔으나 사회개발에 관한 사고를 좀 더 체계적으로 인권에 통합해야 한다는 견해가 지지를 얻고 있다. 또한 권리-기반 접근법은 사회개발의 목표를 정의하는 것을 도울 수 있고, 성공적인 사회개발 노력에 대한 전제조건을 규명하는 데에 도움이 될 수 있다. 마지막으로 권리-기반 접근법은 사회개발 정책과 프로그램의 실행에 영향을 미칠 수 있고, 그 실행을 더 용이하게 할 수도 있다.

사회개발 사고에 인권의 언어를 주입하기

권리-기반 접근법을 옹호하는 사람들은 사회개발을 인권의 언어와 사고방식에 주입하려고 노력한다. 이미 말한 것처럼 사회개발은 대체로 물질적 복지 및 인간의 기본욕구 충족과 관련이 있다. 이러한 사실은 확실히 바람직한 목표이지만, 권리-기반 접근법의 지지자들은 사회개발이 불평등과 억압의 문제를 좀 더 폭넓게 충분히 다루지 못하고 있다고 주장한다. 지지자들은 사회개발에서는 빈곤퇴치 및 건강 · 교육 · 주거지 등의 향유가 침해할 수 없는 인권이라는 신념을 적절하게 표현하지도 않고, 동정이나 자선도 아니라고 생각한다. 권리-기반 접근법을 지지하는 사람들 중 일부는 욕구-기반 접근법(Molyneux & Lazar, 2003)에 대해 충족되지 못한 욕구를 가진 사람들을 수동적 수혜자의 상태로 몰아넣는 온정주의적 발상이라고 주장하면서 사회개발을 비판했었다. 밀레니엄 시대에 들어서면서 기본적 욕구와 사회개발 목표의 배경으로 흔히 권리를 떠올리기 때문에 이러한 비판이 적절해 보이지 않을 수도 있지만 사회개발에 인권 담론을 포함시키는 것은 보다 명확한 노력을 전제로 한다. 마찬가지로 사회개발이 오랫동안 불균등과 사회적 불평등에 관련이 있을지라도 권리-기반 접근법은 이러한 노력을 확고히 할 수 있다.

사회개발에 권리-기반 접근법으로 다가가는 것은 그 분야를 보다 더 일관적으로 규명하기 위한 노력을 지원할 수 있고, 좀 더 체계적인 개념적 틀을 제공해 줄 수 있을 것이다. 사회개발이 불충분하게 정의되었다는 것은 이미 지적한 바 있다. 그리고 이런 애매성 때문에 다양한 실천적 협약이 제시되고 있다. 이러한 문제점을 다루려는 다양한 노력에도 불구하고, 사회개발은 여전히 협약들을 위한 건전한 개념적 기초를 통합하고 제공하는, 무엇보다도 중요한 개념적 틀이 미흡하다(Midgley, 2003). 인권의 언어는 이러한 과업을 용이하게 할 수 있다. 해외개발원(Overseas Development Institute, 1999)에 의해서 발표된 중요한 보도자료에서 주장하는 것처럼 인권에 관한 담화는 사회개발 정책을 위한 "발판scaffolding"으로서 역할을 할 수 있다.

비록 사회개발을 경제적 · 사회적 · 문화적 권리를 특별하게 다루거나 혹은 개발권을 다루는 인권협약과 연관 짓는 경향이 있지만, 권리-기반 접근법을 옹호하는 사람들은 모든 인권은 사회개발 담론과 관련이 있기 때문에 사회개발 담론에 인권이 반드시 포함되어야 한다고 주장한다. 고문과 같은 문제를 다루는 인권협약이 사회개발과 직접적 관련이 없을 수도 있지만, 대부분의 대중 생활수준은 개인의 권리와 자유가 보장되는 정치적으로 민주적 환경에서 가능할 것이란 사실은 분명하다.

사회개발의 목표를 정의하기

몇몇 사회개발 이론가들이 사회개발의 목표는 모호하고 추상적이고 이상적이고 권고적이라고 지적해왔다. 1982년부터 로이드G. A. Lloyd는 사회개발 이론가들이 사회개발의 목표에 대해 구체적인 정의를 내리거나 그 목표를 달성하기 위한 방안을 분명하게 규정하는 데에 실패했다는 것에 대한 좌절감을 드러냈다. 로이드는 특수하지는 않지만 많은 문헌들에서는 "가치체계, 열망, 그리고 발전적 개념의 체계"(1982, p. 44)가 있다고 주장했다. 로이드가 비판했던 부족한 특수성은 학술적 차원에서는 다루어졌으나 사회개발의 노력을 공고히 하는 사회개발 실천가들의 노력으로 이어지지는 않았다. 그런 한 가지 노력은 생존, 안전, 영양, 주거지, 건강, 교육 등과 같은 기본적인 욕구의 성취를 통해 사회개발 목표의 조작적 정의를 내리는 기본욕구 접근법이었다(ILO, 1976; Streeten & Burki, 1978). 이런 접근은 사회개발을 구체적 결과 측정이라는 관점에서 다루어질 수 있는 일련의 명확한 업무를 제공한다고 할지라도 욕구충족에 제한적으로 집중하여 다른 중요한 사회개발 차원을 방관하였다. 이런 우려를 다루려는 시도에서 미드글리(Midgley, 1995, p. 14)는 사회개발 목표의 정의를 인간복지의 성취로 제안했다. 사회개발의 개념을 물질적 측면에 초점을 두었기 때문에 미드글리는 사회복지의 조건, 즉 안녕well-being을 사회문제가 처리되고, 욕구가 충족되고, 승진기회가 주어지는 상태라고 정의했다.

기본욕구 접근보다 더 광범위하지만 미드글리의 정의는 보다 넓은 불평등과 억압의 문제를 다루지 못하고, 제한적으로 "복지국가주의자welfarist" 목표에 우선한 것이라는 비판을 받았다(Green, 2002). 다른 한편으로는 억압과 불평등을 암시하는 정의는 모호하고, 권고적이고, 사회개발 실천에 명확한 처방을 내리지 못하는 위기에 처해 있다. 역량강화의 개념은 악명 높게 모호하지만, 정치적 좌파와 우파 양측의 운동가들이 각자의 이념적 목적에 이득이라고 생각하는 협약을 특징짓는 데 사용되었다. 다른 한편으로는 인권문서란 당사국들에게 의무를 준수하는 분명하고 명확한 자격성명서를 제공하는 것이고, 사회개발 목표를 성취하기 위한 노력을 어떻게 진행해야 하는지를 제시하는 극단적인 형식주의적 문서이기도 하다. 원칙 시행을 채택했던 세계인권선언과 협약들은 목표에 대한 분명한 성명서를 제시한다. 성명서에서는 생명권, 보장권, 자유권, 적절한 생활수준권, 고용권, 교육기본권, 건강 · 영양 · 거주권, 사회보장권, 공동체 문화생활 참여권, 자기결정권, 개발 자체의 권리 등을 포함하는 인권을 표현함으로써 사회개발 목표가 구체화되었다는 것을 밝힌다. 그러므로 인권담론은 인권의 획득을 개발 노력의 궁극적인 목표로 정의한다(Overseas Development Institute, 1999). 이러한 접근법의 측면에서 "발달한" 사회는 모든 사람이 인권을 획득한 사회로 보일 수 있다.

또한 권리-기반 접근법을 채택함으로써 가시적인 사회개발의 목표를 세우는 것은 사회개발 결과의 측정을 용이하게 한다. 자료수집, 분석, 자료제출에서 어려움이 발생할 수 있지만, 인권의 획득은 조작적으로 추구할 수 있다. UN개발계획(United Nations Development Program [UNDP], 2000)은 사회개발을 측정하는 데에 중요한 역할을 했고, 또한 인권실행을 측정하는 데 기여했다. UN개발계획은 인권의 측정을 인간개발지수Human Development Index, HDI, 즉 사회개발 획득의 총지표와 연결시키고 있다. UN개발계획의 목표설정은 일부 국가에서 사회개발 목표를 인권과 연결하는 데 사용되었다. 예를 들면, 태국 정부의 중앙기획부 국가경제사회개발위원회는 산모와 유아사망률의 감소, 의무교육의 접근, 영양상태의 개선 등과 관련하여 1989년 아동권리협약을 기반으로 한 구체적인 사회개발 목표를 세웠다. 새천년개발목표의 채택에 따라 사회개발 목표를 설정하는 이러한 노력이 현재의 세계적인 추세이다(UN, 2005; UNDP, 2003).

성공적인 사회개발을 위한 전제조건 설정하기

인권을 사회개발의 궁극적인 목표로 설정하는 것을 비롯하여 인권 조항을 성공적 사회개발 노력을 위한 전제조건으로 보는 것 또한 가능하다. 이러한 사실은 다소 역설적인 것처럼 보일 수도 있지만, 그러나 사회개발 정책과 계획이 정치적 안정, 자유, 평화, 보장의 조건에서 가장 성공적으로 실행될 수 있다는 믿음을 반영하는 것이기도 하다. 비교적 이 문제에 대한 관심은 거의 없었지만 개발 수행은 좀 더 넓은 사회적 · 정치적 상황에 의해 영향을 받는다. 분명히 사회개발을 위한 노력은 시민 갈등, 제도화된 부패, 고착화된 계층적 불평등, 불충분한 기회, 높은 범죄율, 정치적 억압, 기본적 자유의 부정에 의해서 가로막힌다.

아마도 여러 지역에서 발생하는 폭력은 사회개발 정책과 프로그램을 파괴한다. 레바논, 구 유고슬라비아, 팔레스타인 등을 포함한 많은 국가의 경제가 무력분쟁과 군사점령에 의해 황폐화되었다. 이러한 대규모의 폭력에 영향을 받은 국가들이 회복하려면 종종 수년이 걸린다. 베트남은 현재 빠른 경제성장을 이루고 있지만 전쟁에 따른 파괴를 극복하기 위해서는 수십 년에 걸친 막대한 노력이 필요하다. 최근 체첸 공화국Chechnya의 그로즈니Groznyi와 이라크의 팔루자Faluja 같은 도시들은 전쟁으로 거의 파괴되었다. 그리고 현재까지 재건설과 사회개발 목표 달성의 전망이 밝지 못하다. 많은 곳에서 벌어지는 고문을 비롯한 학대는 군사 점령 속에 이루어지고 있으며 경제적, 사회적 진보의 실현에 전혀 도움이 되지 않는다.

또한 정치적 억압과 기본적 자유의 부정이 사회개발을 위한 노력을 방해하며, 전체주의적 정부의 활동이 경제성장과 사회진보를 어떻게 방해했는지에 대한 많은 사례들이 있다. 한편으로는, 칠레나 대한민국처럼 독재주의 및 군사정부 하에서 경제성장이 이루어진 사례도 있으며, 또한 중국, 싱가포르, 대만 등 비군사적 독재정부 하에서 경제성장이 이루어진 경우도 있다. 그러나 프리만(Freeman, 2002)이 제시하는 것처럼, 예외가 있을 수는 있지만, 시민적 · 정치적 자유가 경제성장과 사회개발 목표의 획득을 증진한다는 것을 부정할 수는 없다.

고착화된 불평등, 인종차별, 여성차별, 소수민족에 대한 차별 역시 사회개발 프로그램을 방해한다. 왜곡된 개발의 문제는 인종과 민족성이 경제활동 참여의 유형과 연관되어 있는 상황에서 악화된다. 정치적 · 사회적 · 경제적 공동체 생활에 있어 민족적 혹은 종교적으로 다른 소수 집단을 배제함에 따라 폭력의 결과를 낳았고, 세계 곳곳에서 사회개발 프로그램의 실행이 방해받았다. 남아프리카공화국의 아파르트헤이트 정권apartheid regime 하에서 실시된 합법적 인종차별 정책은 소수의 백인 민족과 다수인 아프리카 민족 사이에 생활수준 및 교육, 건강, 영양 상태를 비롯한 사회개발 목표의 획득과 관련된 모든 요소들에서 극명한 불균형과 엄청난 격차를 낳았다.

인권의 능동적 추구는 이런 문제들을 다룰 수 있고, 경제적 · 사회적 개발 목표의 실현을 증진하는 사회적 · 정치적 분위기를 만들 수 있다. 다행스럽게도 성공적인 사회개발 노력들을 방해하는 요인들을 다뤄야 할 필요성이 점차적으로 인지되고 있으며, 민주적 제도, 시민의 자유보장, 거버넌스(양호통치)의 조성, 사회적 통합, 정치적 · 사회적 활동 참여 등이 강조되고 있다. 오늘날 이런 활동들은 사회개발을 통합적 관점에서 보는 것이다. 1995년 세계사회개발정상회담에서 채택된 코펜하겐 프로그램 행동선언문에서 진술된 것처럼, 사회개발과 사회정의는 평화와 보장이 부재한 곳에서 얻을 수 없고, 인권과 기본적 자유에 대한 존중이 없는 곳에서도 마찬가지이다.

사회개발 정책과 프로그램 실행 촉진

권리-기반 접근법은 사회개발 목표를 명백하게 설명하는 것 이외에 사회개발 정책과 프로그램의 실행을 촉진하게 할 수 있다. 이것은 국가적으로나 국제적으로 인권을 증진하기 위해서 마련되었던 정보보급, 프로그램 실행, 책무성 등의 제도적 체계뿐만 아니라 공식적인 국제적 인권 협약이 사회개발 노력을 지지하기 위해 동원될 수 있기 때문이다. 공익단체 및 NGO들은 이러한 과업에 참여한다. NGO는 원래 시민적 · 정치적 권리와 관계가 있지만 또한 이들은 경제적 · 사회적 · 문화적 권리의 증진에도 관여했었다.

서명과 비준으로 국제적 인권조약에 가입함으로써 당사국들은 조약을 준수하고 조약의 내용을 의무적으로 수행해야 한다. 인권협약을 비준한 대부분의 국가 정부는 이를 준수하려고 하지만, 그렇다고 해서 비준이 반드시 효과적인 실행을 이끌지는 못한다. 어떤 정부는 인권협약에 비준했음에도 불구하고 심하게 위반하기도 했다. 또 어떤 정부들은 비준했지만 예산상의 이유로 따르지 않기도 했다. 경제적 · 사회적 · 문화적 권리에 관한 국제규약과 같은 협약에서 규정한 많은 조항들을 실행하기 위해서는 예산할당을 필요로 하는데, 많은 개발도상국가들은 그 조항을 모두 따를 만큼의 자원이 없다. 이러한 문제는 협약 조항의 단계적 이행을 요구하는 경제적 · 사회적 · 문화적 권리에 관한 국제규약에서 알 수 있다.

국제적 수준에서 인권이행을 육성하기 위한 공식적 체제mechanism가 개발되었다. UN인권위원회와 UN인권고등판무관을 비롯하여 많은 전문위원회가 준수의 의무 문제를 다루기 위해 설립되었다. 어떤 경우에 이 위원회는 선택의정서에 따라 고충을 들을 수 있는 권한을 갖기도 한다. 또한 몇몇 UN기관은 행정 및 군수 지원을 제공한다. 몇몇 정부들도 인권이행을 증진하기 위해 국가적 수준에서 기구를 만들었다. 협약에 따라 각국의 법률이 수정됨으로써 권리는 법적으로 보장된다. 물론 많은 국가의 정부들이 인권 관련 법률을 제정했고, 각국 헌법에도 인권 관련 조항을 실었다. 이외에도 어떤 정부들은 인권위원회, 옴부즈맨 본부, 인권자문위원회 및 대중에게 권리교육, 인권옹호 등을 할 수 있는 단체를 만들었다. 인권옹호자들은 국가적으로나 국제적으로 이런 노력들이 인권을 제도화하는 문화를 육성하기를 희망한다. 결코 이런 목표가 실현되지는 않을 수 있을지라도, 인권옹호자들은 전 세계적으로 인권을 증진하려는 노력이 광범위한 지지를 얻어낼 것이며, 그리고 "준수문화"(Overseas Development Institute, 1993)는 공식적인 법적 자원의 필요성을 점진적으로 진전시킬 것이고, 마침내 그 필요성을 감소시키게 될 것이라는 낙관적 입장을 취한다.

권리문화의 등장이라는 맥락 속에서 인권협약은 사회개발 정책과 프로그램 이행을 지지하는 데 매우 중요한 역할을 할 수 있다. 인권협약에 가입하고 진정으로 이를 준수함으로써, 교육, 건강, 영양, 여성복지, 주거 등의 문제를 다루는 정부의 프로그램은 더 이상 임의적으로 실행되는 것이 아니라 법을 토대로 진행되게 된다. 이는 프로그램에 예산 및 행정적 우선권에 대한 법률 존중주의의 권리를 부여하고, 프로그램에 인권의 언어와 문화를 주입하고, 프로그램을 더 광범위한 인권 노력에 통합시키는 것이다. 앞서 지적한 바와 같이, 어떤 정부는 아동복지 프로그램을 수정하고, 약정의 조항에 근거한 구체적 목표를 설정하기 위해 아동권리협약과 같은 국제협약을 사용했다. 이러한 노력에 따라 어떤 국가에서는 인권의 통합을 정부의 사회개발 프로그램으로 육성했다. 모제르와 노튼(Moser & Norton, 2001)은 세계인권선언과 국제규약에 근거한 "권리헌장"을 채택한 짐바브웨의 가족계획 서비스를 그 예로 들었다. 짐바브웨의 가족계획 서비스는 여성들에게 서비스에 접근할 권리를 보장하고 여성이 자신의 출산을 조절할 수 있도록 확대함으로써 전통적인 사회 서비스 전달체계에의 접근을 강화시켰다. 부족 지도자들의 반대에도 불구하고 정부는 건강센터와 가족계획상담소의 설치를 통해 헌장의 내용을 준수했으며, 이 조항의 채택은 여성들에게 더 효과적으로 그들의 전통적인 문화적 기대감과 요구에 대해 협상할 수 있는 자율권을 주었다.

경제적 · 사회적 · 문화적 권리가 정당한 것인가에 대한 논란에도 불구하고 이 권리가 법적 보상의 수단이 된 수많은 사례가 있다. 공익소송으로 알려진 이 사례는 종종 사회개발에 참여한 NGO와 함께 일했던 인권옹호단체에서 제공해 주었다. UN개발계획(UNDP, 2000)은 지방자치단체가 임의적으로 물 공급을 중단했을 때 법적 체계를 통해 보상을 받았던 남아프리카의 한 저소득 지역의 사례를 제시했다. 법정은 남아프리카의 지역 지방자치단체의 행동이 그 국가의 헌법에서 보장하는 지역사회의 인권을 침해한 것으로 판결했다. 또 다른 사례는 인도의 여성자영업협회에서 재택근무자와 계약한 산업체에게 실질적으로 그 국가의 임금 및 고용법령을 준수할 것을 요구하는, 길지만 성공적인 소송 캠페인을 시작했던 것이다. 결과적으로 그들의 소득과 생활수준은 상당히 개선되었다(Moser & Norton, 2001). 개발 및 인권 관련 단체들의 활동에서 알 수 있듯이, 공익소송은 최근에 인도에서 사회개발 이상을 증진하기 위해서 자주 사용되었다. 그러나 이런 노력들이 항상 성공적인 것은 아니다. 예를 들면, 쿡(Cook, 2001)은 매년 임신과 출산의 합병증 때문에 매년 100만 명 이상의 여성이 사망한다고 지적했다. 몇몇 국가의 법정은 정부에게 응급 건강관리와 HIV 치료의 제공을 요구하고 있지만, 이런 불필요한 죽음을 예방할 수 있는 모성보건 서비스를 제공해야 한다는 것을 법적으로 규정하는 국가는 없다.

그럼에도 불구하고 공익소송의 이용은 힘을 돋우어 주는 효과가 있으며, 많은 저소득층과 억압받는 지역사회는 이런 목적에 동참하였다. 이에 관한 예를 들면, 이스라엘 정부의 토지몰수와 주택파괴 정책에 이의를 제기하기 위해 경제적 · 사회적 · 문화적 권리에 관한 국제규약을 사용하는 팔레스타인 주택조합의 노력이다. 큰 성공은 아니었지만, 그 조합은 저항에 있어 지역주민을 동참시켜 이스라엘 정부로 하여금 창피해서라도 협약에 비준하도록 만들었고, 그래서 그 조합은 민주적 성취에 대한 자부심을 가지게 되었다(Farha, 2001). 몰리뉴와 라자르(Molyneux & Lazar, 2003)의 연구들은 라틴 아메리카에서 진행된 권리－기반 개발 활동 중에서 직접적으로 사회개발에 영향을 미치는 인권을 보호하기 위한 지역 NGO 캠페인의 사례를 보여준다.

이러한 지역사회에 기반을 둔 노력들을 비롯하여 사회개발 정책과 프로그램을 실행하려는 시도들은 국가적 및 국제적인 인권단체의 옹호를 통해서 지지를 받았다. 앞서 지적한 바와 같이 이러한 많은 노력들은 시민적 · 정치적 권리 침해로 향하고 있으나, 점차 경제적 · 사회적 문제들로 다루어지고 있다. 세계의 다른 지역에서 아동 노동자를 포함해 저임금과 그 밖의 노동자를 착취하는 다국적 기업에 대항하는 옹호 캠페인이 그 한 예이다. 이런 캠페인은 인권을 유린하는 야만정권을 지지했던 다국적 기업, 특히 정유와 광물 추출 산업을 했던 다국적 기업을 대상으로 했으며, 그 결과 세계 여론 사이에는 이런 활동에 관한 교육이 증가하고 동참하려는 분위기가 확산되었다. 점차로 수많은 선도적인 다국적 기업들은 압력에 굴복하여 그들의 정책을 바꾸었다. 이런 노력들은 UN의 원조와 몇몇 국가의 자발적 준수 규정에 따라 1999년 글로벌 콤팩트Global Compact[7]를 채택하는 결과를 얻게 되었다(Freeman, 2002). 신자유주의적 경제세계화 정책의 부정적 영향으로 조직화된 저항 및 증가하는 대중적 동요와 더불어 권리-기반 접근법을 통해 인권과 사회개발을 통합하려는 노력은 세계 모든 사람들의 안녕well-being을 향상시킬 수 있을 것이다.

7 역자 주: UN과 기업 간 협력을 통해 UN이 추진하고 있는 지속균형발전에 기업들의 동참을 장려하고 국제사회윤리와 국제환경을 개선하고자 발의한 UN 산하 전문기구이다.

6

빈곤종식을 위한 사회운동에서 경제적 인권 활용

켄싱턴복지권연합과 빈민의 경제적 인권 캠페인

메리 브릭커-젠킨스 *Mary Bricker-Jenkins*
캐리 영 *Carrie Young*
체리 혼카라 *Cheri Honkala*

메리 브릭커-젠킨스 *Mary Bricker-Jenkins*

———

사회복지사로서 40년 넘게 활약을 펼쳐오고 있으며, 아동복지, 여성복지, 지역조직화, 사회복지역사, 경제적 인권 등 다양한 영역에서 실천하고, 가르치고, 책을 써오고 있다. 최근 미국 템플대학교에서 은퇴한 후, 고향인 테네시 주로 돌아가 빈민의 경제적 인권 캠페인의 일원으로 활동하고 있으며, 빈민대학 사회사업 · 사회변혁학과의 공동의장을 맡고 있으며, 여러 대학에 출강을 나가기도 한다.

주요 저서

- Feminist Social Work Practice in Clinical Settings (여성주의 사회복지실천)
- Not for Women Only: Social Work Practice for a Feminist Future (여성만을 위한 것은 아니다: 여성주의적 미래를 위한 사회복지실천)

캐리 영 *Carrie Young*

———

빈민의 경제적 인권 캠페인에 참여하고 있으며, 사회복지사로서 경제적 인권-기반 사회복지 실천모델을 개발하는 데에 관심을 두고 있다. 그녀는 또한 켄싱턴복지권연합 빈민대학 등에서 활약하고 있으며, 미국 템플대학교 사회행정학부 교수로 재직 중이다.

체리 혼카라 *Cheri Honkala*

———

빈민의 경제적 인권 캠페인의 공동설립자이다. 과거 노숙인 엄마였던 그녀는 1991년 켄싱턴복지권연합을 찾았으며, 미국에서 경제적 인권운동을 개척해왔다. 그녀는 빈민들과 함께 행진, 자유버스 투어 등을 진행하며, 빈곤층의 생존을 위한 다양한 프로젝트를 성공적으로 이끌어왔다. 2003년부터 빈민의 경제적 인권 캠페인의 국가조정관을 맡으며, 빈곤층을 이끌고, 경제적 인권을 실현하기 위해 비폭력운동을 조직화하는 데에 힘쓰고 있다. 여전히 글을 쓰고, 연설을 하고, 시위를 한다.

이 장에서는 경제적 인권이 시민적·정치적 권리와 마찬가지로 법적·도덕적 지위를 가져야 함을 주장한다. 인권의 특정 부분이 인권 전체를 증진하거나 보호 및 실현하도록 하는 것은 아니다.

역경

로빈Robin과 세 명의 어린 자녀는 로빈이 받는 시간당 8달러의 임금으로 집세와 공과금을 감당할 수 없어 새로운 집을 찾는 동안 로빈의 여동생 집으로 이사했다. 3개월 후 여동생 집의 여주인은 연방정부 제8조 규정을 따라야 하기 때문에 로빈이 떠나지 않으면 과밀거주로 쫓아내야 한다고 말했다. 그 집 여주인은 로빈에게 도움을 주고자 지역아동복지기관에 연락을 했다. 그녀는 주거지원이 없으면 가정위탁보호에 자신의 자녀를 맡겨야 하는 위험에 처해 있는 가족들에게 중점적으로 주거지원을 제공하는 새로운 프로그램이 있다는 것을 알게 되었다. 그리고 로빈이 그 도시의 주거지원 프로그램을 이용할 수 있다고 들었다. 절망에 빠져 있던 로빈은 그녀의 이야기를 듣고 가족보호소에 방문해보기로 했다. 여주인은 로빈이 그 프로그램에 들어갈 수 있다면 여주인이 보조를 받고 있는 다른 아파트 중 1개를 로빈에게 우선권을 주기로 약속하고 출근했다. 로빈은 아이들과 함께 아침나절에 갔다. 아침식사 후 아무것도 먹지 못했던 로빈과 그녀의 세 자녀는 주거지원 인테이크 사회복지사가 그들을 만나기 위해 올 때까지 4시간을 기다려야 했다. 로빈이 배가 고파서 칭얼거리는 젖먹이 아기에게 막 화를 내려고 할 때 아동복지사가 도착했다. 아동복지사 조니Joni는 감정에 휩싸여 혼란한 로빈 때문에 스트레스를 받고 있는 아이를 안정시키기 위해 아이를 안아 올렸다. 순간 로빈의 마음은 얼음처럼 변했다. 왜냐하면 가난한 동네에서 아동복지사들은 종종 경찰보다도 더 두려운 대상이기 때문이다. "이것은 속임수다. 당신이 아이를 위해서 왔냐! 당신이 내 아이를 데리고 갈수 없어!"라고 로빈은 소리를 질렀다.

조니는 공포에 떨던 아이를 로빈에게 건네주었다. 그리고 조니는 로빈이 주거지원 프로그램에 들어가는 것을 돕기 위해서 왔다는 것을 로빈에게 확신시켜주었다. 조니는 로빈 가족들이 식사를 했는지 물어보았고, 샌드위치 가게에 다녀오겠다고 말했다. 돌아오는 길에 조니는 로빈의 가족이 그곳을 떠나지 않았는지를 확인하기 위해서 경비원에게 물었다. 조니가 샌드위치와 음료수를 가지고 돌아와서 로빈에게 주거지원 프로그램에 대해 설명했다. 로빈과 로빈의 자녀들이 잠시 동안 쉼터에 머물러 있을 수 있다는 이야기를 했다. 조니는 로빈이 이 임시 서비스를 받을 수 있도록 절차를 진행하고자 했다. 그리고 이를 통해서 조니는 로빈의 가족이 특별주택 프로그램의 자격을 얻을 수 있기를 바랐다. 아파트를 기다리는 대기자들이 있어서 조니는 로빈의 가족이 얼마나 오랫동안 쉼터에 있어야 할지는 정확하게 말할 수 없었다.

로빈은 조니가 서류를 작성하러 가는 동안 몇 시간을 더 기다려야 했다. 마침내 로빈의 가족이 도착한 지 5시간이 흘러서야 주거지원 인테이크 사회복지사가 나타나 조니와 대화를 나누었다. 쉼터에서는 어머니와 3명의 자녀가 함께 있을 수 있는 공간이 없다고 조니가 설명했다. 2명은 적어도 며칠 동안 가정위탁보호에 머물러 있어야 했다. 그러나 주거지원 인테이크 사회복지사와 아동복지사는 로빈의 가족이 함께 있을 수 있는 방법이 있는지 알아보기로 했다. 2명의 사회복지사들은 그 가족을 위한 공간을 찾기 위해서 도시에 있는 모든 쉼터에 미친 듯이 전화를 했다. 그들은 며칠 동안이라도 그 아이들 중 1~2명이 아파트로 되돌아갈 수 있는지를 알아보기 위해 로빈 여동생의 여주인에게 연락했으나 연락이 닿지 않았다. 그들은 가정폭력 쉼터에 전화했으나, 로빈은 가정폭력의 기록이 없었기 때문에 그 서비스를 받을 수는 없었다. 그러는 동안 로빈은 그녀의 고용주에게 전화를 했고, 고용주는 로빈에게 단지 이틀의 휴가를 줄 수 있을 뿐 그 후에는 다른 사람을 구할 것이라고 말했다.

조니는 로빈에게 돌아가서 그 상황을 설명했다. 조니는 자신들이 할 수 있는 최선의 방법은 아이들을 어디에 맡겨야 하는지를 함께 결정하는 것이라고 말했다. 그리고 조니는 아이들을 가능한 가까이에 함께 있을 수 있도록 노력하겠다고 약속했다. 그러다 늦은 밤이 되었다. 조니는 로빈의 가족이 있을 장소가 필요하다는 사실을 알리기 위해 슈퍼바이저에게 전화를 했다.

로빈은 눈을 감았고, 그리고 그 다음엔 창밖을 바라보았다. 아이들은 그 긴장상태를 느꼈다. 공포에 질린 2명의 어린 아이들은 엄마인 로빈에게 꼭 매달려 있었다. 그 와중에 큰 아이는 방을 가로질러 텔레비전 맞은편의 의자에 앉아 있는 다른 아이를 힘으로 밀쳤다. 경비원이 그 아이들에게 다가갔다. 경비원이 바닥에 넘어져 있는 아이를 일으키려고 할 때, 로빈은 자신의 아이를 재빨리 안아 올리며, "도망가!"라고 고함을 질렀다. 로빈은 어두운 골목길로 도망쳐 한 아이는 팔로 안고 다른 두 아이는 자신의 등 뒤에 숨긴 채 쓰레기 통 뒤에 숨었다. 한참 후에 로빈의 가족들은 한 친구의 원룸 아파트로 가기로 했고 그 친구는 그날 밤 그들이 머물 수 있게 해주었다. 친구의 소파에 함께 옹기종기 모여 앉아 로빈은 아이들에게 오늘의 일을 설명했다.

다음날 아침, 로빈의 친구는 로빈과 아이들의 음식을 마련하기 위해 나갔다. 로빈의 친구가 되돌아왔고, 그 친구는 자신이 예전에 들은 적이 있었던 그 지역에 있는 켄싱턴복지권연합Kensingtonn Welfare Rights Union, KWRU이라는 한 단체에 대해 말해주었다. 로빈의 친구는 "켄싱턴복지권연합은 우리처럼 애쓰고 사는 사람들의 단체"이고, "그들은 사람들이 쉼터에 가지 않고 살 수 있도록 주거공간을 마련하는 데 도움을 준다"고 설명했다. 로빈의 친구는 복지지원이 끊겼을 때 켄싱턴복지권연합으로 갔던 어떤 이웃의 이야기를 들려주었다. 그 이웃은 켄싱턴복지권연합을 통해 복지지원뿐만 아니라 의료지원도 받을 수 있었다. 켄싱턴복지권연합은 또한 사람들에게 음식, 의복, 공과금을 도와주었다. 로빈은 그 단체가 어떤 일을 하는지를 알아보기 위해서 친구와 함께 켄싱턴복지권연합 사무실로 가기로 했다.

오후 늦게 로빈과 아이들은 북필라델피아에서 과거에는 산업지구로, 지금은 가난, 다민족사회로 특징되는 켄싱턴 중심부에 위치한 켄싱턴복지권연합 사무실에 도착했다. 사무실의 자원봉사자인 리사Lisa가 로빈의 가족을 반갑게 맞아주었다. 리사는 로빈에게 이곳에 어떻게 오게 되었는지를 물었다. 로빈이 그 전날의 사건들에 대해서 설명했을 때, 리사는 자신과 아이들이 노숙자로 지냈던 지난날의 이야기를 들려주었다. 리사는 "나도 집이 없었을 때 이 단체에 왔다" 그리고 "나는 혼자가 아니라는 사실을 알게 되었다. 또 나는 주택, 건강보호, 그리고 나와 내 가족이 살아가는 데 필요한 다른 것을 가질 권리를 포함해서 나는 권리를 가지고 있다는 것을 알게 되었다"고 말했다. 리사는 로빈에게 그 단체의 지도자 중 한 사람인 마크Mark가 지금 오고 있는 중인데 로빈을 도울 수 있는 사람이니 기다리자고 했다. 그러는 동안에 리사는 로빈에게 그 단체는 약간의 의복과 음식을 가지고 있고, 로빈이 원한다면 기꺼이 도와줄 수 있다고 말했다. 리사는 또한 그들이 기다리는 동안 아이들이 놀 수 있는 장난감이 있는 방을 안내했다. 아이들은 잠시 동안 엄마와 떨어지는 것을 망설였지만 그러나 잠시 후 옆방에 있던 다른 아이들과 함께 즐겁게 놀았다. 그날 처음으로 그녀는 편안함을 느꼈다.

몇 분 후 마크가 도착해 로빈에게 자신을 소개했다. 로빈이 마크에게 자신의 상황을 설명한 후, 마크는 자신도 가족과 함께 노숙자가 되었던 몇 년 전에 켄싱턴복지권연합으로 왔고, 이 단체를 통해 자신의 집을 가질 수 있게 되었다고 이야기했다. 마크는 로빈에게 켄싱턴복지권연합이 켄싱턴에 소위 "인권의 집human rights house"이라는 많은 집들을 가지고 있다고 설명했다. 가끔 사람들은 실제로 그 단체에 주택을 기증하지만, 그러나 이런 많은 집들은 미국 연방정부 기관인 주택 · 도시개발부Housing and Urban Development, HUD의 소유로 소위 버려진 집으로 취급되었다. 마크는 켄싱턴복지권연합의 입장을 설명했다. 1948년에 UN이 채택한 세계인권선언에는 주택은 인권이며, 그래서 정부가 국민들에게 주택을 제공하지 못하면 켄싱턴복지권연합과 같은 단체가 자신들이 필요한 것을 조직하고 취할 수 있도록 준비하는 것을 보장한다는 내용이었다.

로빈은 "불법"처럼 보이는 집에 사는 것이 불안했다. 그러나 마크는 로빈과 아이들의 안전을 보장하였다. 로빈 가족은 오래전 이 단체의 장기회원이 된 사람들과 함께 집을 사용할 것이고, 그들은 어떤 문제가 발생할 때 어떤 조치를 취해야 하는지 알고 있다고 했다. 또한 그 단체의 "지하철도조직underground railroad"을 통해 그 단체의 일원들인 다른 가난한 사람, 학생, 사회복지사, 의사, 변호사 등과 네트워크를 형성하고 있으며, 이러한 네트워크가 인권의 집에서 생활하고 있는 가족들을 지원하기 위해 필요한 것이 있다면 무엇이든지 할 것이라는 말도 덧붙였다. 중요한 것은 로빈과 자녀들은 이제 더 이상 혼자가 아니라는 것이다.

투쟁

마크는 켄싱턴복지권연합이 운영되는 방식을 설명하기 시작했다. 로빈은 그 단체에 집세를 지불할 필요도 없었고, 쉼터에서처럼 집을 얻기 위해 많은 신청양식을 작성할 필요도 없었다. 아마도 로빈은 그 단체에 가입할 것으로 예상된다. 로빈은 가족의 영구주택을 위해 투쟁하는 것 외에도 주택, 건강보호, 그리고 다른 인권을 얻기 위해 투쟁할 것이다. 회원모임은 매주 월요일 밤에 개최되는데, 로빈은 그 모임에서 그 단체와 인권에 대해 더 많은 것을 배울 것이다. 모든 모임은 로빈이 아이들과 함께 참석할 수 있도록 아이 돌봄 서비스를 제공한다. 이후에 로빈은 그 단체의 교육위원회, 지역조직위원회, 미디어위원회 혹은 다른 위원회 중 한 곳에 가입하여 구성원들과 함께 단체의 업무를 계획할 것이다. 마크는 켄싱턴복지권연합이란 사회서비스기관이 아니라 가난하고 집 없는 사람들이 앞장서서 운영하는 단체라고 설명하였다. 마크는 "이곳에서는 아무도 급료를 받지 않지만, 그러나 우리는 우리의 권리와 삶을 위해 투쟁하기 때문에 매일 이 단체에서 함께 일을 한다"고 말했다.

로빈은 마크에게 자신과 아이들을 위해 집이 필요하지만, 로빈은 쉼터로 가는 것을 원하지 않으며, 가장 중요한 것은 다른 사람이 자신의 아이를 다른 곳으로 데려가는 것을 원치 않는다고 말했다. 로빈은 단 한 번도 집을 권리라고는 생각해본 적이 없었다. 그래서 로빈은 이 단체에 가입해서 자신의 주거권을 위해 투쟁하면서 더 많은 것을 배우기를 원했다. 마크는 로빈이 단체에 온 것을 환영했다. 그리고 마크는 트럭을 가지고 있는 사람에게 전화를 해서 로빈과 자녀들, 그리고 그들의 물건을 인권의 집으로 옮겨주도록 했다. 마크는 그날 저녁 다른 인권의 집에서 진행되는 "영화 상영의 밤"에 로빈을 초대했고, 그곳에서 그녀는 경제적 인권에 대해서 더 많은 것을 배울 수 있었고, 그 단체의 다른 구성원들도 만날 수 있었다.

이듬해 로빈은 이 단체에서 자신의 리더십 기술을 키워나가기 시작했다.

> 그녀는 영화 상영의 밤과 여러 교육에 참석했다.
>
> 그녀는 음식배급 활동 및 시청에서의 직접행동에도 참여했다.
>
> 그녀는 다른 켄싱턴복지권연합 회원들과 함께 시민 불복종 죄로 투옥되었다.
>
> 그녀는 자신의 곤경에 대해 경제인권특별위원회 앞에서 증언했다.
>
> 그 해 말에 그녀는 세계 도처에서 여성의 경제적 인권침해에 미치는 영향을 조사하는 UN조사관에게 캐나다 및 미국 출신의 다른 여성들 19명과 함께 자신의 이야기를 들려주었다.

몇몇 위원회에서 많은 책임을 떠맡고 그 단체에서 2년을 보낸 후 로빈은 켄싱턴복지권연합의 정책입안 조직인 "전시내각War Council"에 선출되었다. 로빈은 자신의 주택권리 보장을 주장하면서 다른 사람들도 그렇게 할 수 있도록 도왔으며 켄싱턴복지권연합이 추구하는 방향에 동참하여 빈곤을 종식시키기 위한 사회운동의 리더가 되었다.

켄싱턴복지권연합과
빈민의 경제적 인권 캠페인의 역사

켄싱턴복지권연합은 필라델피아의 켄싱턴 인근에서 시작되었는데, 그곳은 펜실베이니아에서 가장 빈곤한 지역이었다. 당시 복지지원을 받던 어머니 단체가 교회 지하실에 모여 복지 및 의료 지원의 삭감이 본인과 자녀들을 부양하는 데 어떤 영향을 미치는지를 토론한 것이 이 단체의 시작이 되었다. 초기 켄싱턴복지권연합의 회원들은 복지사무소 앞에서 전단지와 음식을 나누었고, 그 지역사회에서 교육적 모임을 개최했고, 저항과 시위를 조직했고, 북필라델피아에 있는 노숙가정을 위한 천막도시Tent Cities를 세웠다.

1996년 릿지빌Ridgeville(펜실베이니아의 주지사 톰 릿지Tom Ridge의 이름을 본떠 지은 명칭)이라고 불리는 천막도시tent city에서 살고 있는 가족들은 펜실베이니아에 있는 수천 명의 노숙가정들을 돕기 위해 주지사가 무엇을 해야 하는지에 대한 진상을 알리기 위한 면담을 하려고 해리스버그Harrisburg까지 행진하기로 했다. 해리스버그에 도착하자마자 그 가족들은 주의회 의사당에 릿지빌을 세웠다. 그들은 처음에는 주의회 의사당의 로튠다Rotunda 안쪽에, 그리고 후에 건물관리 규정이 야간폐쇄로 바뀌면서부터는 주의사당 계단과 잔디에 천막을 세웠다. 그 가족들은 여행자, 주의원, 그리고 다른 행인들에게 그들이 거기에 있는 이유를 설명하면서 그곳에서 몇 주 동안 조용하게 지냈다. 어느 날 그들은 주지사의 저택까지 몇 마일을 행진했고, 그곳에서 가족들은 주지사의 개들이 그들보다도 더 잘 먹고 더 좋은 집에서 살고 있다는 것을 지켜보았다. 주지사는 거의 두 달 동안 만남을 거절하면서 주의사당 경찰에게 땅바닥에서 자고 있는 그 가족들의 담요를 치우라고 명령했다. 그날은 10월의 가장 추운 밤이었다. 인간 이하의 취급을 받았던 이러한 경험을 통해 켄싱턴복지권연합의 회원들은 경제적 인권을 이해하고 그 언어를 사용하기 시작했다.

이 일은 켄싱턴복지권연합의 역사에서 중요한 사건이었다. 이 일을 계기로 로빈과 같은 사람들의 곤경이 복지 시스템의 단편적 개혁patchwork reform만으로는 해결될 수 없다는 것이 분명하게 드러났다. 조니와 같은 친절한 마음을 지닌 숙련된 사회복지사들조차 입법자와 캠페인의 재정 지원자들로부터 단순히 가용한 자원들을 제공받는 것에 그칠 수밖에 없다. 빈곤은 개선될 것이 아니라 종식되어야 하는 것이다. 경제적 인권의 개념과 언어는 빈곤을 종식시키기 위한 대중 사회운동을 구축하는 다음 단계로 옮겨가는 데 필요한 개념적 및 전략적 조직체의 주요 요소를 제공했다.

켄싱턴복지권연합의 지도자와 회원들은 1948년 12월 10일 UN총회에서 채택된 세계인권선언을 연구하기 시작했다. 그 다음 그들은 세계인권선언을 다른 사람에게 가르치기 시작했다. 세계인권선언은 켄싱턴복지권연합의 조직화를 위한 주요 도구가 되었고, 이후에는 켄싱턴복지권연합을 선봉으로 조직된 "빈민의 경제적 인권 캠페인the Poor People's Economic Human Rights Campaign, PPEHRC"에서도 주요 도구가 되었다. 인권이 양도할 수 없는 권리라고 할 때, 조직화에서의 주요 강조점은 경제적 인권을 포함하는 제23조, 제25조, 제26조에서 살펴볼 수 있다(UN, 1948).

제23조

① 모든 사람은 근로의 권리, 자유로운 직업선택의 권리, 공정하고 안전한 근로조건에 관한 권리 및 실업으로부터 보호받을 권리를 가진다.

② 모든 사람은 어떠한 차별도 받지 않고 동등한 노동에 대하여 동등한 보수를 받을 권리를 가진다.

③ 모든 근로자는 자신과 가족에게 인간적 존엄에 합당한 생활을 보장받으며, 필요할 경우 다른 사회적 보호의 수단에 의하여 보완되는, 정당하고 유리한 보수를 받을 권리를 가진다.

④ 모든 사람은 자신의 이익을 보호하기 위하여 노동조합을 결성하고, 가입할 권리를 가진다.

제25조

① 모든 사람은 음식, 의복, 주거, 의료, 필요한 사회 서비스를 포함하여 자신과 가족의 건강과 안녕을 위해 적절한 생활수준을 누릴 권리를 가지며, 실업, 질병, 장애, 배우자와의 사별, 노령, 그밖에 자신이 통제할 수 없는 상황에 따른 생계곤란을 겪을 경우 사회보장을 누릴 권리를 가진다.

② 모자는 특별한 보살핌과 도움을 받을 권리를 가진다. 모든 아동은 부모의 혼인 여부에 관계없이 동등한 사회적 보호를 향유한다.

제26조

① 모든 사람은 교육을 받을 권리를 가진다. 최소한 초등 및 기초 단계의

교육은 무상으로 실시해야 한다. 초등교육은 의무적으로 실시해야 한다. 기술교육과 직업교육은 일반적으로 이용할 수 있어야 하며, 고등교육도 능력에 따라 모든 사람에게 평등하게 개방되어야 한다.

② 교육은 인격의 완전한 발달과 인권 및 기본적 자유에 대한 존중의 강화를 목표로 하여야 한다. 교육은 모든 국가들과 인종적 또는 종교적 집단 간에 있어서 이해, 관용 및 친선을 증진시키고 평화를 유지하기 위한 UN의 활동을 촉진시켜야 한다.

③ 부모는 자녀에게 제공되는 교육의 종류를 선택함에 있어서 우선권을 가진다.

경제적 인권의 부재는 미국에서 증가하고 있는 수많은 사람들의 일반적인 상황을 반영하는 것이며, 그리고 경제적 인권의 실현은 미국의 독립 이래로 국민에게 인지된 약속을 제공하는 것처럼 최근에 생겨난 사회운동의 지도자들은 경제적 인권의 개념에 매력을 느꼈다. 게다가 그들은 세계인권선언과 이후 파생된 협약인 경제적 · 사회적 · 문화적 권리에 관한 국제규약에 매력을 느꼈다(UN, 1966). 이 협약은 적어도 세계 여론에 있어서 합법적이고 도덕적인 힘을 지니고 있다. 협약은 공통된 비전에 맞춘 통일성을 위한 잠재적 기반을 창출하면서 사람들에게 완전하고 단순하게 말한다.

켄싱턴복지권연합의 회원들은 사람들을 인권 감독자로 훈련시키기 시작했고, 경제적 인권침해를 문서로 입증하기 위해 대규모 캠페인을 시작했다. 그 다음에 이 단체의 회원들은 1998년 6월 "신자유버스—실업,

기아, 노숙으로부터 자유"라는 이름의 버스투어를 한 달간 진행했다. 이 버스투어는 미국 전역을 돌면서 도시와 농촌 등에서 가난하게 사는 사람들로부터 증거문서를 수집하는 방법을 제공하는 것을 비롯하여, 켄싱턴복지권연합을 경제적 인권이 미국에서 보장받을 수 있도록 함께 일하는 다른 풀뿌리 조직과 연결하는 데 중요한 기여를 했다. 버스투어의 마지막 종착지는 뉴욕시였다. 신자유의 기수New Freedom Riders와 전 미국 단체의 대표자들에 동참한 수천 명의 사람들이 증거문서를 전달하기 위해 조지워싱턴 다리를 가로질러 UN이 있는 맨해튼 거리로 행진하였다. 켄싱턴복지권연합으로 인해 만들어진 재판소에서 국제법 및 헌법, 사회복지, 노동 등의 전문가들이 가두행진 참가자들의 증언을 들었다. 증언을 들은 전문가들은 미국 정부가 사실상 시민의 경제적 인권을 침해하고 있다는 것에 대해 유죄를 선언했다.

버스투어가 끝나고 40개 이상의 주와 푸에르토리코에서 온 사람들이 필라델피아의 템플대학교에 모여 "빈민들의 정상회담Poor People's Summit"을 열었다. 버스투어와 정상회담으로부터 빈민의 경제적 인권 캠페인이 출범하게 되었다. 지난 몇 년에 걸쳐서 빈민의 경제적 인권 캠페인이 구조적으로 성장하고 회원수가 증가해온 것과 함께 켄싱턴복지권연합과 빈민의 경제적 인권 캠페인은 지방, 국가, 그리고 점차적으로 국제적인 조직화로 나아갔다. 회원 단체들은 지역적 분석과 임무에 일치하는 그들만의 의제를 추구하기도 했지만 경제적 인권이라는 공통의 목적을 전달하려는 연합행사를 함께하기도 했다.

1999년 10월 켄싱턴복지권연합과 빈민의 경제적 인권 캠페인 단체는 캐나다 및 중남미 대표자들과 함께 행진을 펼쳤다. 워싱턴 D. C에서 시작한 행진은 한 달 후 뉴욕에서 사회운동을 위한 조직화와 교육에 중점을 둔 회의로 끝이 났다. 회의를 진행하는 동안 빈민의 경제적 인권 캠페인의 지도자들은 공식적인 운영위원회를 설립했다. 켄싱턴복지권연합이 주도했던 다소 느슨했던 연합은 이제 공식적인 전국적 조직이 되었다.

다음에 열린 중요한 빈민의 경제적 인권 캠페인 행사는 2000년 공화당 전당대회 개막식에 맞춰 필라델피아의 브로드가街에서 진행한 대규모의 시가행진이었다. 민주당원인 시장은 공화당 손님들의 기분을 맞춰 주려고 시가행진에 대한 반대 입장을 공식적으로 표명했다. 시의 아동복지 당국자들은 켄싱턴복지권연합과 빈민의 경제적 인권 캠페인의 지도자들에게 행진을 강행한다면 사회복지사들이 참석할 것이라고 경고했다. 즉 사회복지사가 폭동진압 경찰이 "불법" 시가행진을 해산시키고 관련자를 체포하려는 것과 같은 "심각한 해가 임박한 위험상황"으로 인식하게 된다면, 사회복지사들이 아이들을 보호할 것이라고 경고했었다. 그럼에도 불구하고 수천 명의 사람들이 브로드가로 시가행진을 했고, 가난한 사람들 뒤에 서는 군중들이 점점 늘어났지만 이 군중들은 시가행진을 허락받지 못한 유일한 집단이었다. 시가행진을 시작으로 약 1주일 동안, "부쉬빌Bushville"이라는 별명이 붙은 천막도시는 시가행진의 지도자들에게 거처를 제공하고 사회운동의 전략과 전술을 교육시키는 장소가 되었다. 그래서 1999년 미국의 시가행진의 정점에서 설립된 빈민대학The University of The Poor, UP은 빈민의 경제적 인권 캠페인의 국민교육 부문으로 시작되었다. 빈민대학은 학위를 수여하거나 자격증을 수여하지는 않지만 그럼에도 불구하고 빈민대학은 사회운동의 발달과정에서 교육과 조직화를 본질적이고 서로 밀접하게 연관된 요소로서 간주하는 사회운동의 핵심이었다.

이후 수년에 걸쳐서 의사소통을 위한 망을 사용하고, 빈민의 경제적 인권 캠페인 회원 단체들과 교육적 측면을 상호교환하고, 단체의 회원들에게 정치적인 교육을 발전시키도록 돕는 빈민대학의 많은 단과대학들이 설립되었다. 빈민의 경제적 인권 캠페인에 함께하는 단체들은 주州 전체에 걸쳐 행진과 캠페인을 시작했다. 예를 들면, 오클랜드에 기반을 둔 여성경제문제프로젝트Women's Economic Agenda Project, WEAP는 캘리포니아에 경제적 인권위원회가 설립되도록 이끌면서 신자유버스투어를 조직했다. 펜실베이니아의 켄싱턴복지권연합은 미국사회복지사협회의 펜실베이니아 지부와 선견지명이 있는 주요 입법자들의 참여로 경제적 인권에 초점을 둔 주 전체의 조직화에 착수하였다. 연합체는 사회적 프로그램을 평가하기 위한 기준으로 경제적 인권을 입법화하기 위해서 첫 번째 주州의 결의안을 위한 도구로 입법청문회와 결의안을 사용했다(Bricker-Jenkins, 2004). 플로리다에 기반을 둔 임모카리노동자연합Coalition of Immokalee Workers, CIW은 타코 벨 진실여행Taco Bell Truth Tour과 성공적인 국가적 타코 벨 보이콧Taco Bell Boycott을 조직했다. 전국의 빈민의 경제적 인권 캠페인 단체는 유타 주를 중심으로 조직되어 2002년 솔트레이크시티Salt Lake City 동계올림픽 기간 동안 집회 및 시위 활동을 펼쳤던 두 개의 단체, 즉 경제적 · 사회적 정의를 위한 모르몬교Mormons for Economic and Social Justice, MESJ와 여성을 위한 정의 · 경제적 존엄성 · 독립Justice, Economic

Dignity and Independence for Women, JEDI에 가입했다.

빈민의 경제적 인권 캠페인이 시작되고 수년이 흐르면서 빈민의 경제적 인권 캠페인은 도시, 도시근교, 농촌 등 미국 전역의 경제적 인권과 관련된 100여 개 이상의 조직, 지역사회 단체, 비영리기구들이 가입하며 성장했다. 대부분의 회원 조직들은 지역사회에 기반을 두고 있으며 가난하게 살고 있는 사람들이 이끌고 있다. 매년 전국적으로 진행되는 연합 행사는 회원 조직들이 직면하는 사회적, 경제적, 정치적 도전의 공통성을 강조하는 동시에 빈민의 경제적 인권 캠페인의 공식적 구조와 지도력이 진화할 수 있는 기회를 제공한다. 이러한 연합 행사는 권리에 대한 부정을 통해 이득을 얻는 사람들과 경제적 인권에 대해 부정하는 언론의 관심을 끌게 한다. 행사는 다음과 같다.

- 2002년 11월 10일과 2002년 12월 10일 사이에 전국을 횡단했었던 두 번째 전국적인 자유버스투어(세계인권선언의 기념일)
- 마틴 루터 킹이 암살되었을 당시 조직 중이었던 1998년 빈민에 의한 행진의 35주년을 기념하는 2003년 8월 남부에서의 빈민에 의한 경제적 인권 행진
- 2004 뉴욕에서 공화당 전국전당대회의 개회식이 열린 2004년 8월의 두 번째 성공적 행진
- 수업, 워크숍 그리고 다른 활동들을 위해 미국 전역에 걸쳐서 빈민의 경제적 인권 캠페인 회원 조직의 백여 명 이상의 지도자들이 브린 모우어 대학Bryn Mawr College에 함께 모여 2005년 7월 일주일간 열린 빈민대학

리더십 교실

- 오하이오 주의 클리브랜드에서 2006년 6월 열린 국가진실위원회National Truth Commission에서는 국제 및 국내 위원들이 주택, 건강, 교육, 식수, 그리고 다른 기본적 욕구 등에 대한 권리침해, 그리고 아동의 강제퇴거 상황, 즉 가족의 경제적 인권을 충족시키는 데 정부가 실패한 결과로서 아동들이 집으로 돌아가지 못하는 상황 등에 대한 증언을 듣고 평가했다.

빈곤종식을 위한 사회운동에서의 분석과 전략

1967년에 마틴 루터 킹은 "우리는 시민권의 시대에서 인권의 시대로 가고 있다는 것을 깨닫는 것이 필요하다"라고 주장했다(King Jr., 1967년 5월). 모든 인종의 대중 행동을 제안하면서 킹 목사는 다음과 같이 주장했다.

> 미국에서는 잃을 것이 거의 혹은 전혀 없는 수백만 명의 가난한 사람들이 있다. 그들이 함께 행동할 수 있도록 서로 도울 수 있다면, 그들은 현실에 안주하는 미국국민 생활양식에서 새로운, 동요하게 만드는 세력이 되어 자유와 세력으로 함께 행동할 것이다(King Jr., 1967, p.60).

1998년 봄, 킹 박사가 정부에 대해 모든 인권을 보장할 것을 요구하기 위해 워싱턴에서 자신이 구상한 빈민에 의한 행진을 이끌어가기 전 살해되었다.

빈민의 경제적 인권 캠페인은 킹 박사가 제안했던 프로그램을 받아들였다. 그 미션은 다음과 같다.

> 빈민의 경제적 인권 캠페인은 가난을 사라지게 할 수 있는 거시적 사회운동을 위한 지도력의 기반으로서 흑백 인종차별을 넘어서는 빈민결속the unity of the poor에 최선을 다 하고 있다. 우리 단체는 음식, 주택, 건강, 교육, 의사소통, 최저임금근로 등의 권리와 같은 세계인권선언에서 밝히는 경제적 인권의 발전을 통해서 빈곤종식을 달성하려고 노력한다.

킹 박사뿐만 아니라 빈민의 경제적 인권 캠페인도 빈민결속의 전략적 중요성을 강조했지만 미국을 비롯한 세계에서의 객관적 상태의 변화는 킹 박사 이후로 수십 년이 지난 지금에 이르러서야 이 권한에 새로운 의미를 부여했다. 우리는 산업시대에서 세계화 시대, 즉 어느 때보다 늘어나는 빈부격차, 연방정부에서 밝히는 바와 같이 공식적인 빈곤율의 증가, "신빈곤층"의 생성이라는 결과를 가져왔던 컴퓨터에 기반을 둔 경제체계로 이동했다. 이 "새로운 계층"은 "중산층"의 지위에 도달하기 위해 모든 규칙을 따르고 있는 사람들로 구성되어 있었다. 그러나 이들은 이제 부채로 인한 재정난, 낮은 보수와 장시간의 노동, 퇴직 혹은 퇴직 가능성으로 불안에 떠는 자신을 발견하게 된다. 새로운 경제에서는 경제적 성장의 측면에서 "밀물은 모든 배를 뜨게 만든다"라는 격언은 더 이상

진실이 아니다. 거대한 부가 세계적 "엘리트들"에 의해 축적되고 있어도, 미국의 중견 노동자들의 배는 가라앉고 있다.

빈민결속을 위한 노력에서 빈민의 경제적 인권 캠페인은 현재 "공식적" 빈곤으로 생활하고 있는 사람들뿐만 아니라 기본적 욕구충족을 위해 힘들게 투쟁하고 있는 취업자 및 실업자의 "신빈곤층"을 함께 포함하고 있다. 전략적으로 이것은 노동조합, 퇴출된 노동자들, 그리고 사회복지 수혜자들과 함께 노력하면서 이끌어가고 있다. 그래서 빈민의 경제적 인권 캠페인은 공장 폐쇄로 인해 전체 지역사회가 황폐해진 소도시에서 조직화 사업을 강조하고 있다. 이러한 상황은 "사회적 신분class lines"을 넘어서 가난과 노동자 사이의 결속을 만드는 데 도움이 되며, 수백만 명의 재정적 안정을 위협하는 의료의 고비용과 성실한 노동 촉진을 목적으로 하는 아메리칸 드림의 약속을 지키기 위한 정부와 기업의 무능력이 드러나는 의료보험의 부당함을 강조하는 것이다. 이런 노력을 통해서, 사람들은 현재의 객관적 상태, 즉 효과적인 정치적 투쟁을 가능하게 하는 의식과 일치하는 주관적 인식의 발전을 조장한다.

흑백 인종차별을 넘어서 빈민을 조직화하고 결속하는 것은 킹 박사가 이해한 것처럼 전략적으로 반드시 계속되어야 한다. 결속에 관한 주목할 만한 몇 가지 사례에도 불구하고 인종차별주의와 민족에 기반을 둔 "우월성"은 미국의 역사를 통하여 흑백을 넘어선 조직화의 노력을 헛되게 하였고, 보편적 계층의 관심사를 모호하게 하였다. 어쨌든 이러한 새로운 경제는 일부에게는 풍요로움을 가져왔을 뿐만 아니라 다른 많은 사람들에게는 포기를 초래한 것처럼, 버림 받은 사람들은 새로운 평등,

즉 빈곤의 평등을 공유하고 있다는 것이 점점 더 명확하다. 우리의 교육 프로그램은 인종에 기반을 둔 고정관념 활용의 역사, 신화, 그리고 사회운동을 붕괴하려는 시도에 대한 두려움 등에 집중하고 있고, 그래서 우리는 가난한 백인 인구집단을 조직화할 것을 매우 강조한다. 티끌만한 사회복지제도와 이것을 엮어서 만든 권리와 자격부여의 구조로 국가를 준비하려는 로날드 레이건 대통령은 비만하고 지나치게 기름지고 암울한 것을 함축적으로 나타내는 "복지여왕welfare queen"[1]의 신화를 만들었다. 그러나 스스로 돌보기 위해 애쓰고 있는 다색 인종 집단, 다양한 구성의 가족, 고갈된 지역사회 등과 같은 빈곤의 모습은 여전히 유지되고 있다.

사회운동을 이끌어나가기 위해서는 현재의 상황에서 이해관계가 없는 사람들, 즉 결속되고 조직된 세력으로서의 빈민으로 구성되어야 한다는 것이 전제조건이다. 전문적 옹호자들, 특히 사회복지체계에서 직업을 가지고 있는 사람들은 빈곤을 종식시키지 않고, 감소시키고, 관리하고, 조절하는 데 이해관계를 가지고 있다. 경제에서 노동을 포함해서 투자를 잘하는 사람들에게 있어서 빈곤이란 생산 산업에서 원자재이다. 빈곤을 종식시키고자 한다면, 빈민의 경험, 즉 정치적 의식을 발전시키기 위해 집단적으로 검증된 경험과 모든 사람의 기본적 욕구를 충족시킬 수 있는 헌신으로부터 만들어진 비전과 프로그램을 추구해야 한다. 현재의

1 역자 주: 필요에 의한 복지수혜를 받는 것이 아니라 게으름으로 복지수혜를 받는 여성을 비속으로 표시하는 의미임.

상황에서 이해관계가 없는 사람들로 리더가 구성되어야 하며, 킹 목사가 말했던 "동요하게 만드는 세력unsettling force"이 핵심이 되어야 한다.

이는 사회운동에서의 모든 리더들이 빈곤하게 살아야 한다는 것을 의미하는 것은 아니다. 그러나 빈민의 경제적 인권 캠페인의 리더들은 빈민 프로그램, 즉 모든 사람의 경제적 인권을 보호하고 증진하는 노력과 동질감을 가져야 한다. 빈민의 경제적 인권 캠페인 전략의 기본적 가정은 사회운동을 구축하는 데 있어서 초기단계에 있다. 그러므로 "사금을 채취하고panning for gold", 빈민 프로그램을 연구하고 발전시킬 수 있는 모든 영역에 대한 사람을 찾고, 발전시키는 데 초점을 두고 있다. 이 장의 시작 부분에서 언급된 로빈의 이야기는 이러한 리더십이 어떻게 길러질 수 있는지를 보여주는 것이다.

전술한 바와 같이 경제적 인권의 발전은 빈민의 경제적 인권 캠페인의 직무상 개념적인 기초뿐만 아니라 주요한 조직적 기반 양쪽 다 포함한다. 로빈의 이야기는 이것을 실제로 보여주는 것이다. 인권의 "개인적 결핍"에서 "집단적 부정"에 이르기까지 사회조건을 재정립하는 것은 인권의 제도적 부인을 정당화하는 "비난과 수치"의 역동성에 도전하는 것이며, 그리고 인권을 앗아가는 행동을 멈추게 하는 것이다. 사람들에게 자신들의 이야기를 재구성하도록 권장하고, 사람들에게 인권에 관한 이야기를 들려주는 것은 "당신은 중요한 사람이고 당신에게 일어난 모든 일은 비난 받지 않습니다. 비슷한 이야기와 꿈을 다른 사람과 함께 나눌 수 있도록 참여해 주세요"라는 메시지를 전달해 주는 것이다.

"빈곤"이란 언어는 너무 오염되어 있고 독성이 있기 때문에 특히 이 언어를 자기 자신과 관련하여 사용하는 사람들은 가난한 사람들을 가치 있는 자로서 생각하기 어렵고, 결속되었을 때 완전히 자신들의 삶을 형성하는 결정에 참여하는 것이 어렵다. 반면에 권리란 언어는 보편적 갈망, 즉 존엄한 삶을 위한 필수조건으로 인간성의 합법적인 집단적 주장을 나타내는 것이다. 권리란 언어는 미국에서 특별한 효능을 가지고 있다. 물론 미국에서는 권리가 거절되는 경우 역사적으로 사람들이 행동으로 옮겼다. 그래서 빈민의 경제적 인권 캠페인의 교육적 노력과 자료는 UN협약에서 규정된 다른 인권과 경제적 인권의 불가분성을 강조하기 위해 경제적 인권이란 언어를 사용한다.

인권 체계 사용의 또 다른 전략적 함의는 안전하고 적절한 주거, 건강, 먹고 살 정도가 되는 임금, 식수 그리고 기타 등등과 같은 경제적 권리를 주장하는 행동이 정부와 기업에 의한 인권 부정이라는 구조적 본질뿐만 아니라 소위 빈민, 즉 근로자 계층과 중산계층 사이의 타고난 관심의 일치성에서 드러날 수 있다는 것이다. 이것은 오늘날 의료(정신건강뿐만 아니라 육체건강)를 위한 투쟁에서 보다 더 분명한 것이 없다. 그래서 예를 들면 빈민의 경제적 인권 캠페인은 전략적으로 건강권을 매우 강조한다.

빈민의 경제적 인권 캠페인의 100여 개 회원 단체들이 모두 동일한 구조나 프로그램 유형을 갖고 있는 것은 아니며, 그들 모두가 절대적으로나 심지어 우선적으로 경제적 인권에 초점을 두고 있지도 않다. 그러나 그들 모두는 자원이 허락하는 한 캠페인의 집단적 노력을 지지하고 참여하는 데 동의한다. 점차적으로 그리고 전략적으로 인권의 언어와 개념은 풀뿌리 수준에서 오늘날 미국에서 조건의 담론을 스며들게 하고 있다.

경제적 인권을 위한 사회운동에서 사회복지사들의 역할

경제적 인권의 사회운동이 시작된 이후 사회복지사들은 빈곤을 없애는 일련의 움직임들 중에서도 활동적이었다. 사회복지사들은 켄싱턴복지권연합과 다른 빈민의 경제적 인권 캠페인 조직의 업무에서 협력자, 연합 파트너, 수련생, 회원, 지도자로서 일을 했는데, 이러한 스펙트럼에 따라 움직이는 많은 사회복지사들은 "단순한 지원자supporter"에서 켄싱턴복지권연합과 다른 빈민의 경제적 인권 캠페인 조직의 업무에 몰입자로 변모했다.

협력자로서 사회복지사들은 빈민의 경제적 인권 캠페인 조직에 의뢰를 하였고, 돈과 물품을 기부했고, 기금을 마련했고, 연구를 수행했고, 동료와 학생들에게 빈민의 경제적 인권 캠페인 조직의 문헌들을 소개했고, 경제적 인권과 사회복지에 관한 강의와 수련을 조직하여 참여했다. 빈민의 경제적 인권 캠페인 조직과 회원들이 비하되고, 무시를 당하고, 심지어 공격을 받게 될 때 자신들의 기관과 지역사회에 공개적으로 알렸다.

연합 파트너로서 사회복지사들과 조직들은 합법적 행동, 행진과 시위, 자원과 권리를 보장받기 위한 다른 노력으로 빈민의 경제적 인권 캠페인에 가입했다. 예를 들면, 뉴저지에서 노동조합, 사회복지사, 그리고 빈민의 경제적 인권 캠페인 조직은(약자목소리연합은 사회복지사에 의해 공동 창설됨) 빈민대학의 미디어단과대학의 도움으로 다큐멘터리 영화를 제작하여 의료를 위해 함께 일했다. 연합 파트너와 협력자들은 회원들이 사회운동에 대해 배울 수 있도록 자신들의 조직, 학교, 소식지, 회의 등을 통해 기회를 만들었다.

많은 사회복지학과 학생들이 사례옹호에서 중요한 행사준비에 이르기까지 모든 일에 참여하여 빈민의 경제적 인권 캠페인 조직에서 배우고 현장실습을 하였다. 2명의 학생이 경제적 인권침해를 서류로 입증하는 것을 배웠고, 이런 사실에 근거하여 펜실베이니아에서 통과된 입법부의 결의안을 작성하였다. 이들과 동참했던 학생들이 청문회를 준비했고, 그리고 마침내 펜실베이니아 주 전체에 걸친 빈민의 경제적 인권 캠페인 조직을 만들었다. 많은 학생들이 켄싱턴복지권연합의 협력자로서 템플대학교의 사회사업대학원에서 1995년에 설립된 지하철도조직과 같은 조직에 참여하기 시작했다. 지하철도조직 회원들은 빈민들을 급격하게 범죄자로 만들고 있는 체제에서 자신들도 "범죄의 파트너"였다고 선언하였다.

많은 학생들과 수련생들은 미국에서 켄싱턴복지권연합과 빈민의 경제적 인권 캠페인 조직의 회원이 되었다. 교수와 기관에 근무하는 사회복지사들도 켄싱턴복지권연합과 빈민의 경제적 인권 캠페인 조직에 점점 더 많은 책임을 가지면서 참여했다.

위원회를 담당하고, 워크숍과 강의를 진행하고, "실질적인 현장방문

reality tour"을 제공하고, 위기에 처한 가족들을 위해 일하고, 행정 및 연구 과업을 수행하고, 연구회를 주관하고, 가끔 교도소를 방문하는 등의 모든 책임은 조직화된 빈민의 프로그램을 발전시키는 데 기여한 사회복지사들에 의해 빈민의 경제적 인권 캠페인 조직 내에서 수행된다. 전국사회복지행동연합회SWAA는 빈민의 경제적 인권 캠페인을 회원 조직으로서 수락하여 협력 이사회가 되었다.

일부 사회복지사들은 주요 책임을 수행하는 데 헌신하면서 사회운동에서 지도자가 되었다. 몇몇 조직은 사회복지사들과 공동으로 설립되었다. 켄터키에 있는 과도기여성Women in Transition과 같은 단체는 아동의 부당한 이송을 막기 위해 빈곤가족을 예방하는 일을 했으며, 가정법원에서 효과적으로 의사표현을 할 수 있도록 지원했고, 적절한 재통합 서비스의 촉구를 시작으로 우리의 권리 주장/아동 권리의 재주장을 위한 모임Claiming our Rights/Reclaiming our Children, CORROC을 이끌었다. 사회복지사들은 빈민대학의 사회사업 및 사회민주화 대학원the University of the Poor School of Social Work and Social Transformation, SSW&ST의 구성원들의 도움을 받기도 했다. 사회사업 및 사회민주화 대학원은 전국에 걸쳐 나타나는 빈곤을 종식시키기 위해 경제적 인권과 사회운동에 관한 워크숍과 강의를 개발하고 실시하였다. 사회사업 및 사회민주화 대학원의 구성원들은 전문문헌과 소식지를 출판하면서 사회운동을 지지하는 연구를 수행했다. 마지막으로 사회사업 및 사회민주화 대학원의 구성원들은 임상현장, 아동복지기관, 청소년 현장, 그리고 그 밖의 다른 곳에서 사용되는 경제적 인권 체제에서 기반을 둔 사회복지 실천에 초기접근법을 연계하기 위해 노력하는 중이다. 분명히 사회복지를 위한 경제적 인권 틀은 사회적 및 경제적 정의를 위해 일하는 윤리적 권한을 실현할 수 있도록 해주었기 때문에 몇몇 다른 접근들이 가지고 있었던 잠재력을 가지고 있다.

7

경제적 · 사회적 권리

무시된 인권

실비아 스타웁-버나스코니 *Silvia Staub-Bernasconi*

실비아 스타웁–버나스코니 *Silvia Staub-Bernasconi*

취리히 사회사업학교와 베를린 공과대학에서 사회사업과 인권문제에 관심을 두며 교수를 역임했다. 2002년부터는 베를린에서 인권 전문가로서 사회사업 석사과정의 책임자로 활동하며, 독일 사회사업학회의 부회장직을 역임한 바 있다. 빈곤, 성, 이민문제, 문화 간 갈등, 그리고 인종차별 등과 같은 사회문제와 이를 위한 사회사업의 이론에 특별한 관심을 갖고 있다.

주요 저서

- Systemtheorie, Soziale Probleme und Soziale Arbeit: lokal, national, international (체계이론, 사회문제와 사회복지: 지역, 국내, 국제)
- Systemtheorien Im Vergleich (체계이론 비교)

권리는 분리될 수 없고, 상호의존적이다. 이것이 인권의 기본 개념이다. 다시 말하면, 어떤 인권도 다른 인권보다 더 중요하지 않으며, 덜 중요하지도 않다는 뜻이다. 하지만 현실은 전혀 그렇지 않다. 경제적 · 사회적 권리는 여전히 이류 권리로 인식되고 있으며, 정치적 · 시민적 인권에 비해 한 단계 아래의 권리라는 취급을 받고 있다. 이와 관련하여 스타이너와 앨스톤(Steiner & Alston, 2000, p. 238)은 다음과 같이 지적한 바 있다.

> 참으로 충격적인 현실이라 아니할 수 없다. 미국을 비롯한 전 세계 모든 국가들은 경제적 · 사회적 · 문화적 권리의 침해에 대해서는 아주 관대한 반면, 시민적 · 정치적 권리가 침해를 당하면 끔찍하고 극악무도한 행위로 규정하면서 즉각적인 조처를 취해야 한다고 주장하고 나선다. 실제로 시민적 · 정치적 권리의 침해는 대규모의 직접적인 경제적 · 사회적 · 문

> 화적 권리가 부인되는 것보다 훨씬 더 심각하고, 용납할 수 없는 것으로 여겨지고 있다. 경제적 · 사회적 · 문화적 권리의 박탈과 위반의 정도에 대한 통계만 보더라도 이들 권리가 더 이상 아무런 영향을 미치지 못하고 있음을 알 수 있다. 그런 박탈의 규모, 심각성과 지속성은 무관심과 무기력을 가져오고, 열정을 식게 만들고 있다. 경제적 · 사회적 · 문화적 권리의 부인에 대한 광범위한 무반응은 그 자체를 문제로 받아들이는 데 대한 거부감 때문이다. 그러나 이런 상황을 어떻게 다른 방식으로 다룰 수 있을까 하는 것도 현실적으로 쉬운 일은 아니다.(UN Doc, E/199/22, 부록 III, 5문단, 7문단)

세계 각국의 정부뿐만 아니라 대다수의 국제 NGO단체들도 경제적 · 문화적 인권을 무시해왔으며, 주로 고문, 무작위 감금, 사형에만 관심을 보여 왔다. "의지와 적절한 규제를 통해 충분히 예방이 가능함에도 불구하고 기아와 질병으로 죽어가는 사람들은 방치하면서 고문으로부터 인명을 구하는 것이 궁극적으로 무엇을 성취할 수 있는가?"라는 질문은 시민적 · 정치적 권리의 중요성을 비하하지 않으면서, 경제적 · 문화적 권리를 가볍게 다루는 오류에 대한 근본적인 문제점을 지적한다. 많은 경우 부정부패 역시 경제적 · 사회적 · 문화적 권리가 침해되는 원인이 되고 있다(Eide & Rosas, 2001, p.7).

경제적 · 사회적 · 문화적 권리를 심층적으로 다루기 위해서는 사회적 통합, 수익 분배, 국민총생산GNP과 같은 복잡한 문제에 대한 해결책 등을 심도 있게 검토해야 한다. 경제적 · 사회적 · 문화적 권리는 모든 사람들에게 해당되는 권리이기는 하지만, 특히 실업자, 빈곤 노동자, 아동, 장애인, 소수 문화 집단, 원주민 등과 같은 경제적 취약계층과 개인에게는 더 절실한 권리이다. 불행하게도 취약계층의 사람들은 기존의 편견으로 인해 희생양이 되는 경우가 허다한데, "문제를 겪는 개인들은 너무나 나약하여 공격을 당해도 제대로 반격을 하지 못한다. 사회는 자체적으로 제도를 통하여 이런 계층의 사람들이 희생양이 되는 것을 막아야 한다"(Saenger, 1953; Adams, Blumenfeld, Castaneda, Hackmanh, Peters, & Zuniga, 2000, p.24에서 인용). 경제적 · 사회적 · 문화적 권리가 충분히 제도화되지 않는 한, 기본권에 대한 만족은 정부의 권한에 달려 있는 것이 아니라, 정부의 정책과 프로그램에 달려 있다.

현재 선진 서구 국가의 국가적 상황이나 복지 상태의 악화뿐 아니라, 제3세계의 지속적인 경기침체를 고려해 볼 때, 경제적 · 사회적 · 문화적 권리에 대한 정부 권한의 중요성은 가중될 수밖에 없다. 향후에는 국제금융개발기구와 같은 새로운 단체들과 민간부문, 그리고 지방정부 등이 사회적 권리에 대한 정책과 프로그램의 통합을 책임질 것이다. 따라서 국제적 안건에 대해서 "전 세계가 연대 책임을 져야 한다는 생각을 유지시키고", "취약계층과 소외계층의 삶의 질을 향상시키기 위해 노력해야 한다"는 공감대를 형성하는 데에 경제적 · 사회적 · 문화적 권리가 중요한 역할을 할 것이고, 또 그래야만 한다(Eide & Rosas, 2001, p.6).

이 장에서는 경제적 · 사회적 · 문화적 권리가 전체 인권 구조에서 열등한 위치에 서게 된 역사적 배경을 살펴보고, 무시된 인권 또한 정치적 · 시민적 권리만큼이나 중요하다는 점을 강조하기 위해 정의사회의 기준과 사회복지사들이 무시된 인권의 지위를 높일 수 있는 지침을 제공하고자 한다.

경제적 · 사회적 권리의 적절한 위상에 대한 반대 의견의 역사

1947년 세계인권선언 작업을 마친 UN인권위원회는 법적 구속력 없이 영감을 주는 역할에 그친 선언과는 달리 법적 구속력을 갖는 인권 규약을 제정하고자 초안 작업에 착수했다. 하지만 위원회는 선언에 포함된 모든 항목을 반영하여 하나의 규약을 제정할지, 아니면 시민적 · 정치적 권리를 경제적 · 사회적 · 문화적 권리와 분리하여 두 개의 규약을 제정할지 결정할 수가 없었다.

1950년 UN총회는 모든 인권의 상호의존성을 강조하는 결의안을 통과시켰고, 위원회에게 단일 규약을 채택하도록 촉구했다. 그러나 미국과 서유럽 국가들은 시민적 · 정치적 권리를 위한 하나의 규약과 경제적 · 사회적 · 문화적 권리를 위한 다른 하나의 규약으로 나누어 두 개의 규약으로 초안을 작성할 것을 위원회에게 강력하게 권고했다(Eide & Rosas, 2001, p.3). 그럼에도 불구하고, 인권주의에 대한 공식적인 입장은 인권은 "보편적이고, 분리될 수 없으며, 상호의존적이고 서로 밀접하게 연관되어 있다"는 것이며, 따라서 국제 사회는 인권을 "같은 토대 위에서, 똑같은 주안점을 가지고" 공평하고 동등하게 취급해야 한다는 것이었다(비엔나선언 1993, 5문단).

이와 같은 형식적인 합의로 인해 경제적 · 사회적 · 문화적 권리의 적절한 위상에 대한 불일치는 깊이 그리고 지속적으로 감춰져 왔다. 구 소련을 비롯한 많은 개발도상국은 경제적 권리가 시민적 · 정치적 권리보다 훨씬 더 큰 사회적 가치를 지닌다고 말한다. 그리고 미국 같은 나라는 경제적 · 사회적 권리는 권리라고 할 수 없다고 말한다. 따라서 이들 권리는 개인의 자유를 해치고, 국가가 대규모로 경제에 간섭하는 것을 정당화하면서 시장경제를 교란시키고, 시민적 · 정치적 권리의 중요성을 격하시키는 구실을 만들 뿐이라고 주장한다(Steiner & Alston, 2000, p. 237).

> 초안을 단일 규약으로 작성하는 것을 선호한 부류는 인권은 여러 범주로 명확하게 나눌 수 없을 뿐 아니라, 각각 분류되어 가치에 따라 순위를 정할 수도 없다는 견해를 보인다. 모든 권리는 신장되어야 하고, 동시에 보호되어야 한다는 것이다. 두 개의 다른 규약을 선호한 부류는 시민적 · 정치적 권리는 집행이 가능하며, 재판에 회부할 수 있으며, "절대적인" 인격체 같은 면이 있지만, 경제적 · 사회적 · 문화적 권리는 그렇지 않으며, 또한 그럴 수도 없다고 반박한다. 전자는 즉시 적용이 가능한 반면 후자는 점차적으로 시행되어야 하며, 일반적으로 전자는 개인이 국가에 "대항"할 수 있는, 즉 국가의 불법적이거나 부당한 행위에 대항할 수 있는 권리이나 후자는 국가가 적극적으로 추진하여 신장시켜야 하는 권리라는 것이다 (Steiner & Alston, 2000, p.244).

다음의 내용은 경제적 · 사회적 · 문화적 권리를 전적으로 인정해야 하는가를 놓고 논의한 내용 중 몇 가지 주장을 나열한 것이다.

경제적 · 사회적 권리의 법적 지위를 반대하는 입장

- 자유란 어떤 것으로부터 속박이나 억압이 전혀 없어야 한다. 경제적 · 사회적 권리는 국가가 어떤 행위를 하는 것을 제한하는 것이 아니라, 적극적인 행동을 취하기를 요구한다.
- 경제적 · 사회적 권리는 국가가 국민들의 행복이 무엇인지를 정의해주기를 요구한다. 따라서 국가가 강압적으로 개인의 기부를 유도하기도 한다.(예: 구 소련)

경제적 · 사회적 권리의 법적 지위를 옹호하는 입장

- 삶을 영위할 수 있는 수단을 보호할 권리가 없다면 생존권은 한낱 환상에 불과하다. 사회적 · 경제적 개발이 없는 민주주의는 파시즘이나 인종차별주의, 그리고 일반적으로 자유를 부정하는 방향으로 흘러갈 위험성이 있다.
- 국가가 국민의 생활방식, 사고방식, 사회적 관습 및 표현을 결정한다면, 경제적 · 사회적 권리의 시행은 강제적이 될 수도 있다. 그러나 좀 더 이성적인 관점에서 본다면 경제적 · 사회적 권리를 촉진한다는 것은 국가가 이미 실행하고 있는 것을 추진하는 것이라고 할 수 있다. 즉 인프라를 구축하고, 경제적 투자를 부분적으로 규제하고, 교육, 의료 서비스, 그리고 다른 필요한 서비스를 차등 없이 제공하는 것은 국가가 국민을

위해 당연히 해야 할 일들이다.

그러나 위원회 내에서 여러 차례 논의를 거친 결과, 하나의 규약을 제정할지 두 개의 규약을 제정할지는 무엇보다도 실제적인 문제이며, 실행의 문제로 초점이 맞추어졌다. 시민적 · 정치적 권리는 일반적으로 실무위원회의 창설을 통해 가장 효과적으로 실행될 수 있는 "법적" 권리로 인식되어 온 반면, 경제적 · 사회적 · 문화적 권리는 주기적인 보고 체계를 구축함으로써 가장 효과적으로 실행될 수 있는 "프로그램적" 권리로 인식되어 왔다. 이와 같이 실행 방법에 따라 인권이 두 개의 큰 부류로 나뉠 수 있기 때문에, 두 개의 독자적인 규약을 제정하는 것이 논리적일 뿐 아니라, 편리하다고 할 수도 있다(국제인권규약 초안 본문 주석, UN Doc. A/2029[1955], at 7; Steiner & Alston, 2000, p. 244-245). 두 개의 규약을 제정하게 됨으로써 시민적 · 정치적 권리에 법적 집행력이 강조된 것은 당연하다고 할 수 있다. 따라서 시민적 · 정치적 인권은 일반적으로 경제적 · 사회적 · 문화적 권리보다 더 중요시되게 되었다.

경제적 · 사회적 · 문화적 권리의 현 위치

지역별로 다양한 헌장과 강령들이 지침의 원칙으로 경제적 · 사회적 · 문화적 권리를 포함하고 있다. 일례로, 유럽사회헌장, 미주인권협약 추가의정서, 아프리카인권헌장은 모두 경제적 · 사회적 · 문화적 권리를 포함하고 있다(Ishay, 1997). 그러나 유럽과 그 외 지역에서는 이들 권리에 대한 실행이 잘 이루어지지 않고 있다. 유럽회의의 회원국 신청 국가는 유럽인권보호협약을 비준해야 하지만, 유럽사회헌장에 대한 확약은 하지 않아도 된다. 미주기구Organization of American States, OAS는 1988년에 경제적 · 사회적 권리를 포함하는 추가의정서(산살바도르 의정서)를 채택했다. 그러나 회원국 전체가 지지한 것이 아니라, 총 25개국 중 11개 국가만이 찬성하였다(Steiner & Alston, 2000, p. 249).

경제적 · 사회적 권리의 중요성을 인식하고 있지만, 적어도 표면적으로는, 대부분의 국가들은 경제적 · 사회적 권리를 헌장이나 다른 강령에 포함시키는 것에 대해 대놓고 비판하지 않았다. 경제적 · 사회적 권리에 대한 적대감을 노골적으로 드러낸 것은 미국으로, 미국의 태도는 행정부에 따라 큰 차이를 보여 왔다. 현재 미국에서 경제적 · 사회적 권리의 위상은 추락할 대로 추락한 상태로 전면적으로 무시되고 있다(Steiner & Alston, 2000).

아마도 경제적 · 사회적 권리에 대한 가장 특이한 경우는 구 소련 진영이었던 동유럽 국가들이라고 할 수 있다. 이 국가들은 경제적 · 사회적 인권을 시민적 · 정치적 인권과 대등하게 여겼었다. 1989년 공산주의가 무너지면서 동유럽 국가들은 서구 국가의 시민적 · 정치적 권리와 더욱 자유민주적인 형태의 사회적 권리를 통합할 기회가 주어졌음에도 그렇게 하지 않았다. 한때 경제적 · 사회적 권리를 지지하던 사람들은 그 권리가 폄하되는 것에 다음과 같은 난해한 해석을 곁들여 동조했다.

동유럽 국가의 헌법이나 헌법 개정안을 보면, 경제적 · 사회적 권리에 대한 이상적인 내용을 포함하고 있다. 이것은 분명 잘못된 것이고, 재앙에 가깝다고 할 수 있다. 동유럽 국가들은 헌법을 통해 다음의 두 가지 목표를 달성해야 한다. ① 확실한 자유민주적인 권리, 그리고 ② 어느 정도의 시장경제를 위한 전제 조건. 내가 "긍정적인 권리"(대부분 터무니없는 것들이지만)라고 이름 붙인 권리의 끝없는 목록은 이 두 가지 중요한 목표를 방해하는 위험요소들이다. 초기 단계에서는 세 가지의 조건이 필요하다. 첫째, 이런 권리에 대한 논쟁은 공산주의에서 시장경제로 넘어가는 과도기에 있는 특수한 상황에 처한 국가들에게 해당된다. … 둘째, 제대로 된 사회가 제공해야 할 것과 훌륭한 헌법이 보장해야 할 것에는 커다란 차이가 있다. 제대로 된 사회는 시민에게 음식과 주거지를 공급해야 하고, 의료서비스를 보장할 수 있어야 하고, 양질의 교육과 일자리, 그리고 깨끗한 환경을 제공하도록 노력해야 한다. … 셋째, 모든 긍정적인 권리가 다 똑같은 것은 아니다. 교육권을 예로 들면, 깨끗한 환경에 대한 권리에 비해 훨씬 더 즉각적인 법적 집행의 적용을 받는다. 몇몇 권리는 특히 심각한 위험을 제기하는 반면, 다른 권리는 상대적으로 무해하다. 하지만, 그 중 몇 가지는 동유럽 국가의 헌법에 포함되어 있는 것으로 알고 있다. 그 이유는 다음과 같다. 정부는 자유시장경제를 교란하도록 강요받아서는 안 된다. 이는 시장경제를 구축하고자 하는 국가들에게 잘못된 것이다. 많은 긍정적인 권리는 법원에 의해 강제적으로 집행될 수 없다. 법원은 관료적인 도구가 부족하다. 법원은 정부 프로그램을 만들 수 없다. … 다수의 긍정적인 권리를 포함시키는 것은 국가의 보호 권한을 감소시키고, 개인에게 동기를 부여하고자 하는 작금의 일반적인 노력에 반하는 것이라고 할 수 있다.

이런 상황에서 미래를 위해 세 가지 방향을 제안한다. 첫째, 현재 동유럽 헌법의 초안 작성자들은 긍정적인 권리에 대한 조항을 없애든지 아니면 최소화해야 한다. 둘째, 긍정적인 권리를 구분하여 이러한 권리는 법적 집행의 대상이 아니라는 점을 명시한다면, 별도의 항목에 넣을 수도 있다. 셋째, 동유럽의 판사나 변호사들은 자유시장 운영에 대규모의 간섭을 요청하거나 법적 권한 밖의 관리 임무를 요청할 경우 이런 권리가 "재판에 회부될 수 없는", 즉 법적 집행에 해당 사항이 없는 권리라는 개념을 유념해야 한다. 하지만 그런 개념은 표현의 자유, 종교의 자유, 경찰의 학대로부터의 자유, 정당한 법 절차, 그리고 민족, 인종, 종교, 성별에 대한 무차별적 권리와 같이 공산 치하에서는 다반사로 일어났던 시민적 · 정치적 권리의 위반에 대해서는 법원이 엄중하게 집행을 할 것이라는 점을 명백히 해야 한다.

이러한 견해가 동유럽에서 압도적이었던 만큼 구 소련 진영의 국가들 중에 경제적 · 사회적 권리를 헌법에 포함시킨 나라는 하나도 없었다. 서유럽 국가들 역시 마찬가지였다. 몇몇 유럽 국가에서는 경제적 · 사회적 권리가 프로그램적 권리로 자리매김하고 있다. 하지만 대부분의 국가에서 그런 권리는 사회보장 제도와는 또 다른 복지제도의 일부에 지나지 않는다. 유럽의 모든 나라는 이제 "세계화"와 국제지향적인 경제에 대처해야만 한다. 정부와 기업, 그리고 다수의 개인들은 수준 높은 사회보험

제도, 의료서비스 그리고 사회복지를 보장하기 위해 세금을 많이 걷는 것에 대해 호의적이지 않다. 이러한 반세금적인 태도는 이제는 과도한 사회적 혜택을 감당할 수 없는 상황에 이르렀다는 주제를 탄생시켰다.

왜 경제적 · 사회적 권리는 시민적 · 정치적 권리의 "찌꺼기"로 전락했는가?: 숨겨져 있는 성 차별?

거의 모든 종교는 가난한 사람들과 억압받는 사람들에 대한 많은 관심을 나타내고 있다(Ishay, 1997, p.1-72). 종교적 가르침은 부유한 사람들이 불우한 이웃들에게 자선을 베풀어야 하는 필요성에 대해 강조한다. 칸트와 루소, 페인, 마르크스, 존 롤스와 같은 정치가나 철학자들도 그들의 저서를 통해 유사한 사상을 지지하고 있다(Ishay, 1997, p.73-232). 종교적 · 정치적 · 철학적 가르침 안에 경제적 · 사회적 권리에 대한 명백한 선례가 있음에도, 왜 경제적 · 사회적 권리는 시민적 · 정치적 권리와 대등한 위치에 서지 못한 것일까? 런던 정경대의 사회학자 겸 경제학자인 토마스 마샬 박사는 이 문제에 대한 대답을 역사적인 분석을 통하여 제시한다—미국에서 발간된 문헌에는 별로 인용된 적이 없다(Marshall, 1992/1982).

봉건사회에서는 남성이 정의와 사회참여를 규정했다. 부여된 권리는 지역에 국한된 것이었고, 종사하고 있는 일이나 직업의 사회적 위상과 규범에 종속되어 있었다. 사회 안에서의 참여에 대한 이런 기반은 모든 중요한 일자리를 장악한 남성에게 유리했다. 지주에게 종속되어 있는 개인(농노)에게는 아무런 권리도 주어지지 않았고, 여성의 경우에도 대개 마찬가지였다. 국가와 정부가 발달하기 시작하면서, 법이 미치는 영역이 전국으로 확산되었다. 18세기 후반에 일어난 프랑스 혁명은 노예제도, 강제 노역, 노예세습을 철폐하고, 근로의 자유와 자유시장에서의 자유로운 계약에 대한 개념을 이끌어내는 데에 주도적인 역할을 했다. 농노들은 도시로 몰려갔고, 자유와 평등을 선언했다. 그러나 여전히 모든 남성이 정치적 · 시민적 권리를 누린 것은 아니었다. 이런 권리는 지주와 사업가, 경제적으로 부유한 사람들, 또는 무기를 소지할 수 있는 사람들만의 전유물이었다. 여성은 계속 보호 하에 있어야 하는 사회적 구조였으며, 여성에게는 아무런 권리가 없었다. 그들은 남편에게 복종해야 했고, 부인이 무슨 일을 할지, 아니면 일을 할 것인지에 대해 결정하는 것은 모두 남편의 권한이었다.

> 남편은 부인의 법적 후견인이었다. 남편에게는 부인의 재산을 마음대로 쓸 수 있는 권한이 있었다. 부인의 재산에 대한 이자나 그밖에 수입, 그리고 부인이 노동으로 번 돈은 모두 남편의 소유였다.(Zurcher Privatgesetzbuch Paragraph 138; Joris, 1997, p.85)

따라서 남편이 근본적으로 부인의 삶을 통제했고, 또한 부인의 수입과 재산에 대한 사용 결정권을 가지고 있었다.

비록 여성이 (물론 남성도 포함되어 있었지만) 프랑스 혁명을 선도하였으나 혁명이 끝나자 남성들은 여성을 바로 집으로 돌려보냈다. 혁명 전과 마찬가지로 여성에게는 교육, 재산, 공직 참여에 대한 권리가 전혀 없었다. 남성과 여성이 평등한 권리를 가지게 되면 가정의 조화가 깨진다는 것이 그들의 논리였다. 게다가 여성과 아이들은 연약하고 취약하기 때문에 남성이 그들을 보호해야 한다는 논리로, 그들의 "권리를 가질 수 있는 권리"를 제거해 버렸다. 남성의 여성에 대한 권한에 관한 유사한 견해는 주요 종교 문헌이나 가르침에도 존재하고 있다(예: 코란에는 남성에게는 여성에 대한 권한을 행사할 수 있는 권리가 주어졌으나, 그 반대는 아니다라고 쓰여 있다)(Abdullah Ahmed An-Na'im; in Steiner & Alston, 2000, p.394). 그 중에는 좋은 의도를 가진 남성이 있을 수도 있겠으나, 어차피 힘없는 그들이 (사회적) 정의를 요구할 가능성이 전혀 없는 상황에서, 보호할 수 있는 힘이 있다는 것은 차별할 수도 있고, 착취할 수도 있는 힘을 가지고 있다는 것과 다름없다.

많은 사회가 남성 주도적이었다는 역사적인 상황으로 인해 인권이 오늘날의 형태로 발전되고 강조되게 되었다. 국가적으로 그리고 헌법으로 보호되는 남성의 정치적 · 시민적 권리의 형성과는 대조적으로 경제적 · 사회적 권리와 관련해서는 다른 역사가 존재하고 있다. 유럽에서의 사회적 권리는 지역사회의 회원제도로부터 시작되었다. 회원이 도움을 필요로 할 때 서로 도와주었고, 상호협동의 개념은 부분적으로 협력체 성격의 조직으로 제도화되었다. 기아와 국지전, 그리고 기타 사회적 붕괴로 말미암아 빈곤층의 수가 늘어나자, 소위 말하는 빈곤법이 상호협동과 자조행위를 대신하게 되었다. 빈곤법은 가족 이외의 필요한 사람들에게 최소한의 도움을 제공하지만, 사회적 권리로 여겨지지는 않았다. 빈곤법은 지역사회에 국한되어 있었다. 만약 정부가 빈곤법을 보장된 권리로 헌법에 포함시켰더라면, 지주들과 다른 자본가들은 이런 권리가 마치 정부가 간섭하지 말아야 하는 자유시장경제를 침해한 것과 같은 것으로 생각했을 것이다. 또한 빈곤법은 정치적 · 시민적 권리에 반하는 것이다. 빈곤법은 일반적인 원칙이 아니라 지역 봉건사회를 연상시키는 반목의 봉건사회에 속한 것이다. 정치적 · 시민적 권리는 깨어있는 사회에 속한 것이고, 자유와 국가적, 세계적인 진보와 부를 약속한다. 따라서 기본 교육권(그것도 남자 아이들의 교육권)을 제외한 그 어떤 경제적 · 사회적 권리도 법적 지위를 부여받지 못했다.

19세기 후반 노동계층의 고통과 괴로움이 가중되면서 정치적 · 시민적 권리가 자유로운 삶을 보장해주지 못한다는 주장이 제기되었다. 이런 주장은 정치적 · 시민적 권리의 우월한 위상에 대한 도전이었다. 개인에게 행복을 추구하거나 법률 서비스를 통한 정의 구현을 실현할 경제적 수단이 없다면, 어떤 정치적 권리도 사실상 무용지물일 수밖에 없다. 정치적 권리에 대한 이런 도전이 서서히 싹트기 시작하면서 누구나 경제적 시장 가치가 아니라 개인에 내재되어 있는 인간의 가치와 존엄성에 따른 생존권을 보장받을 권리가 있다는 주장이 제기되었다.

정치적 권리와 사회적 권리 사이에 여전히 존재하는 이 불균형의 이면에는 역사적인 성 차별이 깊이 감추어져 있다. 숨겨져 있는 성별 관계의 지배구조 논리, 즉 자유롭고 자주성이 강한 남성 대 후견인의 보호 아래에 있는 여성이라는 논리는 사회복지 정책과 종교 문헌에 감추어진 채로 여전히 존재하고 있다.

다른 사회복지 시스템에서 성을 기반으로 한 권리

사회복지에 대한 개념이 발달함에 따라 사회보험과 사회보장 정책에 성 차별이 존재한다는 사실이 명백해졌다. 이는 ① 남성적인 사회적 권리의 해석 또는 패턴, ② 여성적인 사회적 권리의 해석 또는 패턴이라는 두 가지 대조적인 모델로 진화하게 되었다.

남성적인 사회적 권리의 해석

남성적인 사회적 권리의 해석 또는 패턴은 개인을 권리가 부여된 자유롭고 자주적인 시민으로 정의한다. 개인은 자신의 수입을 어떻게 관리할 것인지에 대해 스스로 결정하는 자주적인 소비자로서의 위상을 유지한다. 남성적 성향의 사회보험은 다음과 같은 특성을 갖는다.

- 제도는 전국적으로 적용된다.
- 지급 금액은 전국적으로 동일하다.
- 보험 수령은 수입을 조사하거나 필요성에 대한 심사 없이 최소한의 관

례적 절차만을 거친다.

- 개인에게 지급된다.
- 보험 수령인이 수령한 금액을 어떻게 사용하는지에 대한 통제가 거의 없다.
- 이혼한 남성이 새 여자친구를 만나는 등의 사회적 관계에 대한 간섭이 거의 없다.

남성적 패턴의 사회보험을 수령하는 개인은 "소유하는 개인"으로 정의된다. 이성적인 시장 선택이 가능하고, 최선의 흥정을 할 수 있는 자유와 능력을 갖는 개체인 것이다.

여성적인 사회적 권리의 해석

여성적인 사회적 권리 패턴 혹은 여성주의 해석 하에서 이전에 논의된 젠더 편견이 경제적 · 사회적 혜택을 규정하는 데에 있어서 큰 역할을 한다. 이 패턴은 다음과 같은 특징들을 가지고 있다.

- 복지 프로그램은 대부분의 경우 지역별로 정치적 흥정의 결과로 실행된다.
- 복지 프로그램은 자금 지원 면에서 차이가 많이 난다.
- 많은 프로그램은 자격이 되는 사람의 소득이 빈곤수준 이하일 경우 자발적으로 신청이 가능하다.

- 프로그램의 혜택을 받기 위해서는 다량의 문서 작업을 해야 하고, 오래 기다려야 하고, 그리고 소득조사 등을 거쳐야 한다.
- 지출이나 생활에 대한 통제를 받는 경우가 많다. 정부가 남편의 통제 기능을 대신하여, 혹시 가정에 새로 남자가 생겼는지 알고 싶어 할 뿐 아니라, 여자의 사생활권을 침해하면서까지 신청자의 가정을 방문하여 조사하는 경우가 발생할 수도 있다.
- 원조가 금전적인 지원이 아닌 구호품인 경우도 종종 발생한다.

경제적 · 사회적 원조를 받는 개인, 주로 여성과 아이들은 "소유하는 자주적인 개인"에 반하는 개념으로 정의된다. 정부와 사회는 그들을 이성적인 시장 선택이 불가능한 부류로 취급한다. 그들은 개인적으로 무엇이 필요한 사람들이 아니라, 완전하지 않은 또는 실패한/파괴된 가정의 일원이거나, 남편이나 배우자의 통제와 보호를 받지 못하기 때문에 정부가 통제를 대신해야 하는 가족에 대한 의무가 있는 어머니이다. 전 남편/아버지는 자녀를 부양할 능력이 없는 경우에도 직접 공공원조 기관을 방문한다거나, 끝도 없는 통제 절차를 거칠 필요가 없다. 대신 원조를 받아내는 것은 여성/어머니의 몫이다. 정부의 원조가 끝나면, 어머니는 자녀들의 아동보호 원조도 받지 못하는 상황에서 일을 나가야 한다. 이 경우 어떤 방식으로든, 특히 여성을 위한 사회적 권리의 제도적 실행이 이루어져야 한다. 양육권이 없는 아버지나 배우자가 아닌 어머니는 몇 달 또는 몇 년이 지나면 더 이상 복지 혜택을 받을 수가 없다.

여성적 패턴 하에서 개발된 복지 프로그램은 인권으로부터 영감을 받은 것이 아니라, 여성의 능력에 대한 깊은 불신에 기초하며 구걸, 굴욕, 의존, 통제를 주된 개념으로 하여 정책을 도출한 것이다. 그럼에도 불구하고, 구걸한 돈으로 무엇을 할지에 대해 스스로 결정할 수 있는 걸인과는 대조적으로 복지 수급자는 정치적인 논리와 그 당시의 상황에 의존해야 한다.

사회적 권리의 남성적 패턴 대 여성적 패턴의 근본적인 메시지는 한 부류의 개인은 자주성과 자아중심적 배려로부터 혜택을 받는 반면, 다른 부류는 공감이나 배려가 배제된 상태에서 법의 지지 하에서 차별을 받고 있다는 것이다. 자신을 돌볼 수 없어서 정부에 의존해야 하는 사람은 처벌을 받아야 한다는 생각인 것이다. 문제는 원하지 않는 임신이나 빈곤 또는 실업이 아니라, 오히려 의존이다. 이런 논리는 여성뿐 아니라, 소득이 적은 남자들의 경우에도 정당성을 제공한다. 사회적 권리에 대한 현대적 사고방식은 모든 인간은 사회에 대한 공헌도와 무관하게 인간답게 살 수 있는 사회적 권리를 가지고 있다는 생각 대신에 어떻게 하면 사회적 권리의 법제화와 실행을 방해할 수 있는가에 주안점을 두고 있다. 경제적 혜택이 있는 경우에도, 그런 혜택을 줄이고 "사기꾼"을 퇴출하는 데에 힘을 쏟고 있다(2000년 8월 12일 자 뉴욕타임즈에 실린 식량배급표 시행에 대한 전국적 연구 요약 참조).

정치적 · 시민적 권리에 적용되는 더 나은 세상을 만들 수 있는 힘이 있다는 논리가 아직 경제적 · 사회적 권리에는 적용되지 않고 있다. 정부와 재력가들은 이런 긍정적인 권리가 실질적인 권력을 행사하는 데에, 특히 세계 자원에 대한 걸림돌이 된다고 여기고 있다. 이런 권리가 그저 시스템을 속이고, 정부를 전복시키려고 하는 만족할 줄 모르는 기만적인 개인들이 주장하는 위협이라고 여기고 있다. 하지만 바로 이런 권리, 즉 교육, 식량, 고용, 주거, 의료 서비스 등에 관한 권리가 이 세상을 더 안전하고 안심할 수 있는 세상으로 만드는 데에 적어도 정치적 · 시민적 권리만큼은 공헌할 것이다.

정의사회란 무엇인가?

정치적 · 시민적 인권을 경제적 · 사회적 · 문화적 인권보다 우월한 권리로 격상시킨 정부와 주요 정책 제안자들의 결정에 대한 역사적인 근원을 정책과 실용적인 관점에서 이해하는 것은 중요하다. 사회복지사들이 왜 현 정책이 주요 인권원칙을 제대로 반영하지 못하고 있는지에 대해 정확히 이해하지 못한다면 경제적 · 사회적 · 문화적 인권을 실행하기란 쉽지 않다. 하지만, 인권의 역사적 근원을 인지한다는 것은 사회복지 정책과 실행의 기초만을 수립할 수 있을 뿐이다. 그 다음 단계로 사회복지의 가치의 주요 요소인 정의사회just society와 사회정의social justice가 무엇을 의미하는지를 고찰해보는 것이 필요하다.

정의사회의 특징

정의사회에 대한 정의는 "모든 사람은 이 선언에 제시된 권리와 자유가 완전히 실현될 수 있는 사회적 질서 및 국제적 질서에 대한 권리를 갖는다"라는 내용이 담긴 세계인권선언 제29조에서 그 출발점을 찾을 수 있다.

정의사회에는 시민적 · 정치적 권리에 대한 즐거움과 기본적인 경제적 · 사회적 인권에 대한 감사 사이에 폭넓은 상호교류가 있다. 재정적 재앙의 벼랑 끝에서 항상 조마조마해 하지 않아도 된다면 개인은 오직 자유와 정치적 참여만을 인식하게 될 것이다. 반면, 정치적 · 시민적 권리 없이 경제적 · 사회적 권리를 즐기는 것은 명백히 가장 가벼운 형태의 가족주의라고 할 수 있으나, 논리적으로는 독재와 권위주의의 극단이라고 할 수 있다. 극단적인 상황은 사회가 정치적 권리를 억압하면서 우선적으로 경제적 권리를 제공해야 하는 용납할 수 없는 상태로의 전환을 뜻한다. 정치적 · 시민적 자유를 억압했던 구 소련이 이런 극단의 좋은 예라 할 수 있다. 정의사회는 또한 그들의 구성원에게만 사회정의를 제공하고픈 유혹을 떨쳐 버릴 수 있어야 한다. 이는 자민족 중심주의적 관점이다. 개개의 사회는 세계 사회의 한 부분이며, 사회정의를 외적인 요인과 내적인 요인으로 바라볼 필요가 있다.

내적으로 정의사회에서는 다음과 같은 특징을 찾아볼 수 있다 (Bunge, 1987, pp. 372).

- 사회의 구성원은 기본적으로 필요한 것을 제공받는다.
- 구성원은 사회적으로 유용한 일을 함으로써 합법적으로 자신의 포부를 만족시키는 데에 필요한 것을 얻을 수 있다.

• 구성원은 가족, 직장, 사회적 모임으로부터 주어진 임무(성인의 경우 합의가 이루어진 임무)를 준수한다.
• 구성원에게는 자신의 포부를 만족시킬 수 있는 자유가 있고, 반사회적이지 않는 성향을 추구할 수 있는 자유가 있다.

이러한 특징을 촉진시키려면, 정의사회는 내적으로 모든 구성원이 개인적으로 아니면 다른 사람과 연합하여 그러한 특징이 실현될 수 있도록 노력하는 것을 허용해야 한다.

외적으로 정의사회는 다른 사회의 발전을 가로 막지 말아야 하며, 그 사회의 발전을 위해 적극적으로 도와야 한다.

정의사회는 내적으로, 외적으로 모두 정의로워야 한다. 내적인 (또는 사회적으로) 그리고 외적인 (또는 국제적으로) 정의는 도덕적인 이유뿐만 아니라, 민중의 불화와 국제적 마찰을 방지하기 위해 신중하고, 합리적이고, 지속적인 수단으로도 바람직한 것이다(Bunge, 1987, p. 373). 정의사회는 "인종, 피부색, 성별, 언어, 연령, 종교, 사상, 국적, 빈곤, 출생 또는 기타 신분을 이유로 차별하는 것을 방지함으로써 경제적 · 사회적 · 문화적 권리를 평등하게 즐기고 누릴 수 있도록" 하는 내용을 헌법에 포함시키도록 제도화해야 한다(Eide, 2001, p. 27). 따라서 자유적 권리와 사회적 권리는 상호보완적이다. 사회는 부유층의 자원을 보호하기 위해 인류에게 필요한 기본적인 자원을 부정할 경우 반드시 비난받아야 한다. 정책에 따라 사회적 지원이 불투명해지거나 축소되어 생존 또는 기본적 욕구가 보장되지 않는다면, 언제라도 개인이나 회사의 재산이 법률, 헌법, 그리고 자유권에 따라 보호된다는 것에 목소리를 높여야 한다.

정의사회를 장려하면서, 지도자들은 때때로 정부가 경제적 · 사회적 · 문화적 권리를 제공해야 한다고 오해한다. 그렇게 하기 위해서는 재정 부담이 너무 크고, 또한 비대한 정부기구를 창설해야 한다. 정치적 · 시민적 권리는 정부가 특정 행위를 포기하기만 하면 된다. 비용도 적게 들 뿐만 아니라, 거추장스러운 공공기구를 설치하지 않아도 된다. 하지만, 그 반대도 사실이다. 자유적 권리와 정치적 권리를 실행하고 보호하기 위해서는 경찰, 법원, 법조인, 교육, 전문가, 교도소, 구치소 등에 엄청난 비용이 소요된다. 상당한 자원이 없다면 자유적 권리와 정치적 권리의 실현도 불가능한 것이다.

현실적으로는 정부가 경제적 · 사회적 인권을 보장하기 위해 제공해야 하는 자금은 자유적 권리에 영향을 주기 위해 필요한 자금에 비하면 아무 것도 아니다. 경제적 · 사회적 권리에 관한 한, 개인은 혼자서 또는 다른 사람과 협력하여 자신의 자원과 결단력을 통해 자신의 욕구를 충족시킬 수 있는 방법을 찾아야 한다(개발권선언 제2조). 하지만 이런 기대는 개인이 욕구를 충족시키기 위해 사용이 가능한 자원, 일반적으로 토지, 노동력 또는 기타 생산성 자산 그리고 자본을 가지고 있어야 가능하며, 이러한 자원이 없이는 사회적 권리는 세 가지 종류의 정부 의무에 의존할 수밖에 없다.

정부의 세 가지 의무

- 개인이 소유한 자원의 존중: 일자리를 보장하고 경제적 · 사회적 욕구를 충족시킬 수 있도록 개별 또는 집단적인 조처를 취한다.
- 적극적이고 공격적인 독립체(영향력 있는 로비 단체, 부패한 관리나 단체 또는 개인, 차별 행위를 일삼는 사람들, 사업이나 계약 관계에서 비윤리적인 행위를 일삼는 사람들)의 방해를 받지 않고 행동할 수 있도록 개인의 자원과 자유를 보장한다.
- ① 과학적이고 기술적인 지식을 활용하고, 농지제도와 세제를 개편하여 식량과 다른 생필품을 생산, 보관, 분배하는 수단을 용이하게 하거나 발전시킴으로써 권리를 충족하도록 한다. 또는 ② 자급자족할 수 있는 가능성이 없는 경우(예: 실직, 경기침체, 고령인구, 미성년자, 자연재해), 식량, 의료보호, 주거 또는 사회보장을 포함한 기본적인 욕구를 충족할 물품을 직접 공급함으로써 권리를 충족하도록 한다.

다른 의무는 인프라를 구축하기 위해 비용이 들지만, 직접적인 공급만은 정부가 개인 또는 단체에게 직접 자원을 할당함으로써 경제적 · 사회적 인권을 충족시킬 수 있다. 이 중 하나는 직접적인 비용이 발생하기는 하지만, 이런 종류의 의무 관점에서 보면 경제적 · 사회적 권리의 제공은 실용적인 측면을 넘어 필수적이라는 사실이 명백해진다.

정의사회와 우선순위 정책

경제적 · 사회적 인권의 영역 안에서 자원의 이동은 불가피하다. 여기에서 "개인, 조직 또는 국가는 다른 개인이나 조직 또는 국가를 위해 얼마나 많은 희생을 감수할 수 있는가?"라는 중대한 문제가 발생하게 된다. 이 문제에 대한 답은, 욕구need와 갈망desire의 정도에 따라 우선순위 정책을 수립하고, 그 정책에 따라 자원의 이동이 이루어져야 하는지를 결정해야 한다는 것이다(Shue, 1996). 우선순위 정책은 다음에서 보듯이(Shue, 1996, p.114), 다양한 권리와 갈망에 따라 달라진다.

- **기본 권리**: 심적 구조와 생명체계의 붕괴가 일어나지 않도록 반드시 충족되어야 하는 생물학적, 심리적 그리고 사회적 욕구를 일컫는다.
- **비기본 권리**: 타인, 단체 또는 전 국민에게 해가 되지 않는 정당한 주관적 희망사항을 일컫는다.
- **문화적 풍요**: 문화적 풍요, 창조적 활동, 혁신과 같은 희망사항을 일컫는다.
- **기호 만족**: 사치와 탐욕적인 희망사항을 일컫는다.

우선순위 정책은 다음과 같은 구조로 이루어져야 한다. "① 기본 권리는 자신의 비기본 권리를 포함하여 모든 다른 권리보다 가장 우선적으로 충족되어야 한다. ② 비기본 권리는 기본 권리를 제외한 문화적 풍요와 자신의 기호 만족을 포함하여 모든 다른 활동보다 우선적으로 충족되어야 한다. ③ 문화적 풍요는 문화의 질을 높이지 않는 활동의 기호 만족보다 우선순위가 높아야 한다"(Shue, 1996, p. 118).

우선순위 정책의 구조에서 기본적인 욕구의 충족은 가장 중요하다. 따라서 기본적인 욕구가 충족되지 않은 사람들로부터 자원을 가져가는 것은 금지된다. 이 원칙을 준수하지 않을 경우, 파시스트, 근본주의자 또는 극좌파 운동과 인종차별의 가능성이 높아진다. 기본적인 욕구가 충족된 이후 사회는 다른 범주로 자원을 할당하는 것에 대해 협상이나 홍정을 할 수 있으나 항상 우선순위 정책을 따라야 한다(Shue, 1996, p. 123).

욕구 대 희망사항

정의사회를 정의하는 것에 대한 일반적인 반대 의견은 기본적인 욕구라는 용어로 인간은 채울 수 없는 욕구를 가지고 있다는 믿음에, 그것이 아니라면 현실에 기인한다. 또한, 욕구는 주관적이며 명확하게 정의를 내릴 수 없다는 것이다. 따라서 경제적 · 사회적 권리의 한 부분으로 충족되고 보호될 수 있는 욕구의 정도가 존재한다는 데에는 의견의 일치가 이루어지지 않고 있다. 또 다른 논쟁은 욕구는 역사, 사회적 배경, 문화에 의해 결정된다는 것이다, 다시 말하면 욕구는 특정 사회에 따라 달라질 수 있다는 것이다. 이런 반대 의견이 타당성이 있어 보이긴 하지만, 그리고 더 이상 이 문제에 대해 논의할 자리는 아니지만, 여러 연구결과들은 그렇지 않다는 것을 지적한다(Doyal & Gough, 1991; Nussbaum,

1993; Sen, 1999; Ross & Miller, 2002; Grawe, 2004; Obrecht, 2005를 보라). 욕구는 객관적인 인간의 생존과 발달 조건의 일부분이며, 확인이 가능하다. 또한 유한한 것이며, 정량적인 포화 한계가 존재한다. 욕구와는 대조적으로, 바람wants 또는 희망사항wishes은 이런 한계가 없다. 바람이나 희망사항은 주관적이며, 만족이 없는 것이다. 더욱이 사회적 · 문화적 요인은 개인의 희망사항을 결정하고, 개인의 욕구와 희망사항을 만족시키기 위한 수단과 형태를 결정한다. 그런 요인은 또한 사회 내부와 사회 간에 분배를 위해 필요한 자원의 양을 결정한다. 욕구와 희망사항 간의 혼동은 주로 욕구를 충족시키기 위한 수단과의 관계에서 발생한다. 예를 들면, 주거에 관한 기본적인 욕구를 충족시키기 위해서는 비싼 테이블보나 가구는 필요치 않다. 이런 것들은 희망사항이다. 하지만, 안전한 주거를 위해 필요한 것들이 있다. 기후나 건강관리를 위해 필요한 적절한 비품이 바로 그런 것들이다. 현재 대부분의 사회의 경제적 구조는 욕구가 아니라 희망사항에 초점을 맞추고 있다.

경제적 · 사회적 권리는 일반적인 육체적, 심리적 그리고 사회적 욕구를 충족시키기 위한 참고사항과 도구를 제공한다. 사회가 어떻게 그러한 인권을 만족시킬 수 있는지는 욕구를 만족시키는 수준을 훨씬 능가하는 자원이 필요한 희망사항과 기호와 때때로 혼동이 되고 있다. 모든 인간에게 공통된 일반적인 욕구의 개념은 인권 구조를 통한 보호와 충족을 요구할 수 있는 합법적인 기반의 하나이다(Galtung, 1994; Marshall, 1992; Staub-Bernasconi, 2003).

사회복지 교육과 실천에서의 경제적 · 사회적 권리

사회복지 전문직은 그 자체로 사회정의에, 최근에는 인권에 전념하는 직업으로 정의되곤 한다. 그러나 사회복지가 인권에, 특히 경제적 · 사회적 · 문화적 권리의 향후 발전과 실행에 공헌하는 것이라면, 사회복지의 교육과 실천에 국제적 차원의 변화가 있어야 한다. "국제화는 국제적 사안이나 인권에 관한 코스를 교육과정에 추가시키거나 복지에 관한 코스에 비교정책 단원을 포함시키는 것 이상이어야 한다"(Healy, 2002, p. 181). 사회복지교육위원회CSWE는 새로운 승인 규범에 학생들은 "사회복지 실천의 세계적 맥락을 인식해야 한다"(2001, p. 6)라고 규정함으로써 국제화의 방향을 제시하고 있다. 덧붙여 교육 프로그램은 이제 "사회복지 정책과 사회 서비스 제공에 대한 국제적 사안"(CSWE, 2001, p. 6)을 분석할 수 있는 지식과 기술에 대한 내용을 포함시켜야 하고, 더불어 "정의, 인간적 · 시민적 권리, 그리고 억압의 세계적 상호연관성에 대한 이해를 바탕으로 사회적 · 경제적 정의에 대한 내용을 통합해야 한다"(CSWE, 2001, p. 10). 세계화는 "일상생활의 양상 못지않게 사회복지에도 큰 영향을 미쳤으며, 이제 모든 사회복지사는 그들의 지역 활동을 보다 큰 틀에서 짜야 하며, 어떤 경우에는 정치적 영역 밖에서 또는 정치적 영역을 가로질러 활동해야 하는 상황에 이르렀다. … 사회복지는 지역적이면서도 세계적인 직업이다"(Lyons, 2000, p. 1).

사회복지 교육이 더욱 국제화되면서, 인권에 대한 연구를 장려하게 되었다. 빈곤, 실업, 가정 내 여성 · 아동 학대와 같이 흔히 사적인 영역으로 분류되는 사회적 불행을 공론화시키는 것이 바로 인권이라는 명분이다. 사회복지 전문직은 업무 자체를 치료의 방법으로, 지원이 가능한 사적이고 은밀한 범위로 국한시켜 왔다(이는 사회복지 업무를 인권 관련 직업으로 여기지 않는 요인이기도 하다). 하지만 인권적 사안은 사적인 사안이 아니라 공적인 사안으로 보아야 한다. 그러나 많은 경우, 인권침해는 바로 이러한 사적인 공간에서 발생한다. 사회복지 교육은 사회복지 내에서 경제적 · 사회적 인권에 관련된 일반적인 사안의 설명을 돕기 위해 개인의 문제와 공적 사안의 깊은 연관성을 강조해야 한다(Ife, 2001).

하지만 지식만으로는 인권을 적용할 수 있는 충분한 수단이 제공되지 않는다. 사회복지사는 인권에 사용된 용어와 정의에 대한 지식의 습득과 더불어 인권을 사회복지에 어떻게 적용시킬 수 있는지에 대한 이해가 필요하다. 이를 위해서는 정부 산하기관, 의뢰인, 사회복지 전문직에 대한 이해가 필수적이다(Reichert, 2003, p. 224). 1980년대 후반부터 국제사회복지사연맹IFSW은 강력한 인권 프로그램을 채택했다. 인권과 사회복지 실천 간에 상호의존도가 높기 때문에 국제사회복지사연맹은 사회복지의 초점을 인권에 두고 있으며, 그 중에서도 경제적 · 사회적 인권에 중점을 맞추고 있다. 인권은 사회복지 이론, 가치, 윤리 및 실천과 불가분의 관계에 있다. 따라서 기본적인 인권이 충족되지 않는 사회에서는 사회복지를 수행하기가 어렵다(Healy, 2001, p. 58). 물론 이러한 내용은 실제 행동보다는 원칙에 가깝다. 그렇다면, 사회복지 전문직은 어떻게 인권의 발전에, 특히 경제적 · 사회적 인권의 발전에 실질적으로 더 많은 기여를 할 수 있을까?

인권과 사회정의를 위한 행동

사회복지사는 개인이 능력이 안 될 경우, 필요한 자원을 동원하여 개인이 교육, 일자리, 사회적 · 문화적 서비스 및 의료 서비스를 제공받을 수 있도록 직접적인 도움을 주어야 한다. 사회복지 관련 종사자들은 사회복지 예산 삭감으로 인해 수급자가 빈곤계층으로 전락하는 등의 인권침해가 일어날 시 이에 맞서 싸워야 할 의무가 있다. 또한 경제적 · 사회적 · 문화적 권리에 대한 정통한 지식을 바탕으로 이러한 권리의 의식화를 촉진시켜야 한다.

사회복지사는 개인, 가족, 취약계층과 억압계층에 관련된 편견과 책임전가가 박탈, 특권 그리고 차별의 구조적 통념에 기인한 것인지를 구별해야 한다. 이런 편견이 경제적 · 사회적 인권을 위반하는지를 고려해 보아야 한다. 사회복지사는 실제 사례들을 수집하고 특정 상황을 분석하여 편견과 편향이 인권침해에 미치는 영향의 정도를 결정할 필요가 있다. 또한 범세계적인 “지역경제” 운동에 참여하여 노동시장에서 배제된 계층의 사람들에게 일자리를 제공할 수 있도록 사회단체를 설립해야 한다(Elson, 1998). 사회정의를 전제로 지역사회를 조직하는 방법도 고려해볼 필요가 있다(Montana & Kals, 2001; Staub-Bernasconi, 2004a). 지역사회를 조직하게 되면, 기득권을 포기하는 것을 꺼리는 계층의 사람들로부터 실질적으로 경제적 · 사회적 권리를 얻을 수 있는 권한을 개인에게 부여할 수 있게 되며, 이 또한 사회복지를 실천할 수 있는 귀한 수단으로 사용될 수 있다(Alinsky, 1971; Simon Levy, 1994; Staub-Bernasconi, 2004b).

사회복지 전문직은 조직적, 특히 사회복지기관 차원에서는 일상생활에 인권문화를 개발하는 것도 고려해 볼 필요가 있다(Wronka, 1995a, 1995b). 사회복지사는 학교, 레저 센터, 가정, 병원, 교도소 등을 비롯하여 사회복지 기관이나 시설 등 업무 현장에서 조직 내에서의 인권을 평가하고 발전시키기 위한 목적으로 직접 업무에 관여할 수도 있다. 정치체계에 실망한 사람들은 인권과 사회정의를 촉진시킬 수 있는 대체 기능으로서, 이런 기관들을 더 쉽게 받아들이는 경향이 있다(Sheppard, Lewicki, & Minton, 1992; Sing, 1997; Gilliand, Steiner, & Garlicki, 2001). 회의론자들은 구조적인 통념과 행동, 결정이 개별적인 조직 차원에서 피해자 또는 가해자로서 어떻게 개인의 욕구와 관심의 충족을 방해하는지 또는 향상시키는지를 직접 관찰할 수 있다. 따라서 그들은 해결방안을 위한 행동, 조직적 행동 또는 정치적 행동을 취할 수 있다. 조직적인 맥락에서 해결되어야 할 주된 문제는 정치에서 제기되는 문제와 같다. 누구에게 어떤 권한이 부여되는가, 누가 누구에게 무엇을 해주어야 하는가, 왜 그리고 어떤 인권기준에 따라 이루어져야 하는가 등이다. 조직적인 개선을 위한 기반으로서의 감시 보고 체계와 조직적인 옹호의 형태를 띤 사회정책 마련이 그 해답이 될 수 있다(Taylor, 1987).

국제적 차원에서 사회복지 전문직은 특별히 경제적 · 사회적 · 문화적 권리와 이들 권리의 준수에 대한 정기 보고서 등 UN 인권 기관에서 발행하는 문건들을 참고해야 한다. 전문가 단체, 특히 인권 사안을 다루는 단체로는 국제사회복지사연맹IFSW, 국제사회복지교육협의회IASSW 인권위원회가 있다. 일반적인 사회복지 전문직은 인권에 대한 피해자 및 가해자와 밀접하게 접촉하여 업무를 수행하게 된다. 인권 사안에 대한 이런 접근을 통해 사회복지사는 가장 취약한 개인과 단체의 상황에 대한 관련 정보를 수집할 수 있다.

사회복지 전문직은 극빈과 기아를 종식시킬 수 있는 충분한 자금과 자원이 존재하며, 국가적이고 국제적인 차원에서 우선순위 정책을 실행할 수 있다는 것을 인식해야 한다. 자원의 부족과 재정 위기는 전쟁, 부유층과 기업을 위한 세금 혜택, 그리고 경제적 · 사회적 인권의 충족에 거의 도움이 되지 않는 정책을 정부가 장려함으로써 생긴 인위적 산물이다.

결론

전공과 전문직으로서의 사회복지는 모든 사회적 차원과 정부적 차원에서 인권문제가 공론화되도록 하는 것이 필요하다. 사회복지 전문직은 현재 실행되고 있는 경제적 · 사회적 권리를 보다 발전시킬 수 있는 방법을 찾아야 한다. 의뢰인, 학생, 동료들에게 그들의 권리에 대해 알리고, 교육시킬 수 있는 방법을 찾고, 인권신장을 지원할 수 있는 데이터를 수집해야 한다.

사회복지 전문직은 인권을 통해 사회복지의 애매모호한 문제와 장기적인 목표를 명확히 할 수 있다. 인권은 지역사회의 가치가 사회복지 전문직의 광범위한 원칙과 충돌하는 경우에 지역사회의 가치를 우선시 하고 싶어 하는 사회복지사들의 자기만족에 혼란을 가져올 것이다. 인권은 조직적인 전문인이 경제적 · 사회적 사안에 대해 분명한 자세를 취하도록 강요할 것이다. 수많은 문화와 가치 중에서 받아들일 수 있는 하나의 공통분모를 확인할 필요가 있다. 세계인권선언은 이러한 필요 기준과 건설적인 행동에 대한 방향을 제시한다(Gore, 1996, p.67-68). 세계인권선언에 의하면 정치적 인권과 경제적 인권은 서로 아무런 차이가 없다고 한다. 사회복지 전문직은 세계인권선언의 이러한 정신을 따라야 할 것이며, 모든 인권을 같은 열정으로 장려하고자 최선을 다해야 할 것이다.

인권과 여성

진행 중인 과제

재니스 우드 베첼*Janice Wood Wetzel*

재니스 우드 베첼*Janice Wood Wetzel*

미국 애들피대학교에서 사회사업학과 교수로 재직 중이다. 국제사회복지교육협의회를 위한 UN NGO 대표이며, UN정신건강위원회의 장을 맡고 있다. 주로 여성의 국제적 인권과 정신건강, 발전 등에 관심을 두고 있다.

주요 저서

- The World of Women: In Pursuit of Human Rights (세계의 여성들: 인권을 추구하며)
- Community Mental Health and Development (지역사회 정신건강과 개발)
- Clinical Handbook of Depression (우울에 관한 임상 핸드북)

사회정의의 역사와 인권

사회정의에 대한 관심은 바빌론, 함무라비 법전에 기록되어 있으며, 후에 고대 중국, 그리스, 로마의 특정 시기에 옹호되었다. 고대 유대인, 초기 기독교인, 이슬람교도의 종교 학술서는 모든 인간의 존엄성과 가치를 존중했다. 그리고 서양에서 영국의 대헌장, 마그나 카르타Magna Carta[1]가 1215년에 승인되었다(Falk, 1998; Lauer & Rubin, 1979; McKinney & Park-Cunningham, 1997; National Association of Social Work (NASW), 2000; Wronka, 1994, 1998).

프랑스의 인권선언, 미국의 독립선언문과 권리장전은 정치적 권리를

1 역자 주: 마그나 카르타는 국민의 자유와 권리를 지키는 투쟁의 역사 속에서 인용되는 가장 중요하고 기본적인 문서로서 영국의 헌장뿐만 아니라, 국민의 자유를 옹호하는 근대 헌법의 토대가 되었다.

발전시키는 계기가 되었다. 그러나 19세기 전까지 여성과 소수민족의 권리를 획득하기 위한 노력은 없었다(Falk, 1998; Laquer & Rubin, 1979). 이후 여성들이 세상의 많은 영역에서 인간의 권리를 진작시키는 진보를 이루었지만, 이런 권리들을 온전히 실현하기 위해서는 많은 부분이 이루어져야 한다.

세계인권선언

1948년 엘리너 루즈벨트의 지도하에 작성된 세계인권선언은 가족 구성원 고유의 존엄성과 가치, 남성과 여성 모두에게 평등하고 양도할 수 없는 권리를 공인하는 이정표적인 문서로 세계에 공포되었다. 그 당시에는 인간의 권리에 대해 주장하는 것조차 낯선 문화였기 때문에 여성에 대한 루즈벨트 여사의 관심은 예상 밖이었다. 사람들은 남자나 남성을 함축적 의미로 간주했지만, 여성들을 드러나지 않는 힘없는 상징적인 존재로 간주했다. 남자들men은 남자man라는 단어가 포괄적인 의미로 사용될 때와 오로지 남성male만을 의미할 때를 결정했다. 엘리너 루즈벨트는 남성male 대명사의 사용에 반대했지만, 남성 대명사는 선언문에 존재하게 되었다. 세계인권선언이 작성된 50주년을 맞이하여, 그 과정이 기록되었다.

인권위원회the Commission on Human Right의 노력은 세계 역사에서 타의 추종을 불허한 것이었다. 남성과 여성의 권리를 설명하는 시도는 이전에도 있었지만, 결과는 특정 사회 구성원에게만 적용되었다. 국제 사회는 그 이전에는 권리와 자유가 세계 각지의 사람들이 언제나 향유할 수 있는 것임을 확신하지 못했다(Universal Declaration of Human Rights [UDHR], 1998).

세계인권선언은 과거 국가의 내부문제로 간주되었던 주권국의 문제들을 UN이 요청할 수 있는 권리를 부여했다는 점에서 특별하다. 이제 국제법에 의해 비회원국을 자세히 조사할 수 있게 되었다. 그럼에도 불구하고 여성의 인권은 자주 무시되고, 소속된 사회에서 여성의 위치는 정치적 · 종교적 · 문화적 관습에 의해 형성된 시민적 권리로 이해되었다. 오늘날까지 세계인권선언의 원칙을 거부하는 사람들은 그런 특정 상황에 개입하는 것은 사회적 자기결정권을 침해하는 것이라고 주장한다. 이러한 이해는 국제협약과 세계인권선언의 목적에 대해 직접적으로 반기를 드는 것과 같다. 국제협약은 사람들이 살아가는 실제 생활에서 여성과 남성의 인권 모두가 명확하게 표현되어야 할 필요성을 강조한다(Evans, 1998).

국제인권규약

UN은 젠더 이슈와 상관없이 회원국 간의 집단적 이념을 구현하기 위해 법적인 힘을 가진, 세계인권선언 이상의 것이 필요했다. 그리하여 문제를 해결하기 위한 두 개의 국제규약이 1966년에 비준을 위해 제시되었다. 첫 번째는 “개인의 자유를 축소하는 것으로부터 자유를 보장하는 권리”에 관한 억압에 저항하는 방어적 입장인 시민적 · 정치적 권리에 대한 국제규약the International Covenant on Civil and Political Rights이다. 두 번째는 “사회정의, 빈곤으로부터 해방, 사회 · 경제 · 문화적 생활 참여에 목표를 두는”, 물질적 및 비물질적(정신적) 욕구의 충족에 대한 경제적 · 사회적 · 문화적 권리에 관한 국제규약the International Covenant on Economic, Social, and Cultural Rights이다(IASSW & IFSW, 1994, p.4; Tessitore & Woolfson, 1997, 1998). 이런 협정들의 파급효과는 미국의 국내 · 외 정책 및 실천에서 특히 두드러지게 나타난다(Wetzel, 2001).

인권과 미국 정부

미국은 특히 교육, 주택, 의료, 소득유지 등의 권리에 영향을 미치는 경제적 · 사회적 · 문화적 권리에 관한 국제규약을 비준하지 않고 있다. 미국 정부는 이러한 내용을 인권으로 생각하지 않으며, 이런 이유로 사회적 법률을 통과시키는 어려움과 사회복지 문제에 대한 지원의 부족을 고려하지 않고 있다. 역사적으로, 미국 정부는 보수적인 정권일 때 사회적 · 문화적 권리에 비유하는 인권의 개념에 반감을 가지고 있었다. 내부적, 문화적, 종교적 가치에 따라 수정될 수 있는 시민적 · 정치적 권리와는 달리 인권은 보편적으로 적용되고 차별적 관습을 초월한다. 국제조약에 서명하는 것이 미국의 주권에 충돌된다는 태도를 일관되게 유지하고 있다. UN국제사법재판소, 여성차별철폐협약, 아동권리협약에 대한 거부가 그런 경우들이다. 세계는 이런 반인권의 불행한 결과를 경험했다.

국제사회복지 원칙으로서의 인권

국제사회복지교육협의회IASSW와 국제사회복지사연맹IFSW은 교육과 실천을 위해 최선을 다하는 전문 국제기구이다. 두 기구는 1994년에 처음으로 인권과 전문직으로서의 사회복지 매뉴얼을 작성하는 데에 협력하였다. 이 기구들은 기본적으로 사회정의의 방향이 욕구충족에 근거해야 하고, 그 다음은 선택에 근거해야 할 것을 지적하면서, 인권은 전문적인 실천을 위한 원리 구성이 고려되어야 한다고 천명했다. 인간욕구의 근본적인 성격은 이런 권리들을 선택의 문제가 아닌 기본적인 정의의 필수로서 주장되었다. 인권의 원리를 바라보는 시각의 관점에서 변화가 필요했다(IASSW & IFSW, 1994, p.5). 인권과 사회복지 매뉴얼을 수정하기 위한 준비가 현재 진행 중이다.

1996년 국제사회복지사연맹은 "인권은 존엄을 위한 투쟁과 인간의 잠재력을 완전히 개발할 수 있도록 하는 자유의 두 단어로 응축된다"고 새로운 정책 성명서에서 입장을 표명한다. 시민적 · 정치적 자유는 경제적 · 사회적 · 문화적 권리를 동반해야만 한다.

또한, 이러한 핵심 가치들은 공인기관으로 창설된 미국사회복지교육협의회CSWE의 교육지침서에 반영되어 왔다(CSWE, 2005). 기본적인 사회복지의 원칙으로 인권을 해석하는 것은 복잡하지 않지만, 그 적용은 투명성을 요구하는 숨겨진 이슈들로 가득하다. 존엄성dignity의 의미를 간단히 살펴보는 것은 탐구를 시작하는 논리적 출발점이다. 사회복지에서 존엄은 "가치 있는 것, 명예로운 것, 존중받는 것의 상태와 질"로 정의된다. 자존감self-esteem과 자기가치self-worth는 "자신에 대한 신뢰와 만족"으로 정의된다. 이러한 신뢰와 만족은 "인간으로서 자신에 대한 적절한 존중과 자신의 처지와 입장에 대한 존중"을 요구한다(Merriam-Webster Online Dictionary, 2005). 이런 자질들을 획득하지 못한 상태에서, 사회적 조건은 이러한 자질들을 함양하도록 요구하지 않으며, 기본적 자유는 충족되지 않은 채로 남는다. 특히 이런 현실은 경제적 · 사회적 상황들을 통해 기본적인 자유가 거의 보장되지 않고 자존감을 함양하기 어려운 지역 여성들의 삶에 적용할 때 두드러진다. 사회복지사는 매일 이러한 현실에 직면하게 된다.

개발과 여성의 권리

UN인권고등판무관, 메리 로빈슨Mary Robinson은 개발의 경우 반드시 인권에 바탕을 둬야 한다고 주장했다(Robinson, 2002). 메리 로빈슨은 사회개발social development 만을 언급했으나, 그 원칙은 개인개발personal development에도 유효하다고 말하고 싶다. 여성에게 인권을 부여하는 것은 단순히 여성이 인간의 욕구를 가지고 있다는 사실을 입증한다. 그러나 인권을 옹호하는 것은 생각하는 것보다 더 많은 논란이 있다. 여성의 인권은 신성불가침의 영역이다. 여성인권은 가정, 지역사회, 법정, 강단 등 어디에서든 권력에 휘둘리는 단순한 시민적 권리가 아니다.

인권은 문화, 종교, 윤리적 관습을 초월한다. 이와 같은 입장은 종속에 근거한 종교적 주장에 상관없이 물리적, 심리적으로 여성을 억제하고 통제하는 것은 잘못된 것임을 의미한다. 의식과 같은 신념에 개의치 않고, 여성이 결혼할 때 지참금을 요구하는 것은 옳지 않다. 또한 고대 관습에 상관없이, 소녀와 여성의 생식기를 훼손하는 것이 받아들여지는 것도 옳지 않다. 일반적인 관습에 상관없이, 동일한 노동을 하는 남성에 비해 여성에게 더 적은 임금을 지불하는 것은 옳지 않다. "모든 사람들이 그렇게 한다"고 할지라도, 여성이 불평등한 임금을 받고 집밖에서 하루 종일 일하기를 기대하고, 무급으로 가사와 양육에 대한 책임을 부여하는 것은 잘못된 것이다. 그들의 임금이 최저임금보다 적고, 저렴한 주택도 이용할 수 없는 여성을 가난하다고, 집이 없다고 비난하는 것은 옳지 않다. 이렇듯 여성의 인권은 여전히 침해되고 있다.

여성인권 권한

여성인권 권한the human rights of women mandate은 1993년 비엔나에서 열린 인권에 관한 세계회의World Conference on Human Rights를 통해 최초로

통과되었고, 1995년 베이징에서 개최된 여성에 관한 네 번째 회의에서 통과된 이후, 1999년 워싱턴 D.C.에서 열린 미국사회복지사협회NASW의 대의원 총회에서 통과되었다. 권한은 현재 사회복지사협회의 공식적인 정책이다(NASW, 2000). 미국사회복지사협회 대의원들은 처벌 없이 정책을 수용하도록 설득되었지만, 메리 로빈슨은 인권옹호에 대한 대가를 치러야 했다. 미국 정부는 미국의 인권남용 사례를 방영했다는 이유로 메리 로빈슨에게 UN 근무처를 떠나도록 압력을 가했다. 메리 로빈슨은 지위에서 물러난 직후, "당신이 인권을 믿는다면, 두려움이나 호의 없이 적용되어야 한다"고 주장하였다(2002, p.22). 메리 로빈슨의 용기는 인권을 옹호하는 전 세계 사람들의 시금석이 되었다. 메리 로빈슨은 사회복지 교육자가 "두려워하지 않고 자신의 입장을 밝히는" 졸업생들을 준비시키는 것은 희망이라고 말했다.

여성의 인권에 대한 관심은 여성들 스스로 사회, 자신과 아이들의 삶을 변화시킬 수 있도록 힘을 부여한다. 인권의 측면에서 여성과 관련된 많은 것들을 사회문제로 재구성하는 것은 여성들을 더욱 잘 이해할 수 있도록 국제적인 맥락을 만든다(Reichert, 2001; Wetzel, 1993). 전 지구적 문제는 더 이상 단순히 개별 여성의 개인적인 문제, 여성들만의 고유한 문제로 볼 수 없다(Beneria, 2003).

모든 인류애의 기초로서 인권을 이해하는 것은 본질적이지 않은 가치와 윤리문제로 씨름하게 하는 사회적, 제도적 편견으로부터 우리를 자유롭게 한다. 나아가서, 사회적 규범의 내면화된 임상적 이해는 여성의 명예훼손을 자기결정권으로 간주하는 선택으로부터 우리를 자유롭게 한다. 우리는 모든 곳에서 억압받는 사람들을 대신하여 자신의 가치를 다시 생각해봐야 한다(Wetzel, 2005). 어떤 문화나 종교를 보호하기 위해 입안된 다문화 정책은 일반적으로 여성의 억압에 기여하기도 한다. 전통과 여성의 예속은 사실상 동일한 말이다(Cohen & Howard, 1999; Okin, 1999). 강력한 힘은 쉽게 소멸되지 않는다.

여성의 경제적 권리

UN은 여성이 남성과 동등한 지위를 갖는 나라는 세계 어디에도 없다는 결론을 내렸다. 뉘앙스는 다양하지만, 줄거리는 항상 동일하다. 국제연구에서 여성들은 전 세계에 걸쳐 경제적으로 박탈될 가능성이 있다고 기술된다. 이러한 국제연구의 많은 부분이 여성의 독립과 자기가치에 기여하기보다 억압에 기여한다. 이는 무급, 저임금, 노동집약적일 가능성이 크다. 여성의 이익은 거의 없으며, 때때로 작업환경은 위험하다. 여성은 가정을 유지하고 자식, 남성, 친척을 돌보며, 가정의 경제적 지원에도 기여한다. 아프리카에서 여성은 땅을 경작하여 모든 가족의 음식을 만든다. 그리고 흔히 생각하는 것과 다르게, 무슬림 세계에서 여성들은 생산의 80%를 책임지고 있다(Keshavarz, 2003; Wetzel, 2004).

지난 수십 년 동안 여성들은 명백히 부유한 국가의 "구조조정" 정책의 궁극적인 피해자가 되고 있다. 빈곤국가에 대한 부채상환 요구는 국민들을 위한 사회복지 프로그램의 축소 또는 폐지를 포함했다. 고되고 힘든 일 위에 충족되지 않은 사회적 욕구의 부담을 견디어 온 사람들이 바로 여성이다(Tsikata, 2002). 세계에서 가장 부유한 국가들이 세계에서 가장 가난한 60개의 나라를 위해, 2005년 6월에 합의한 채무를 감면하도록 한 결과를 받아들이는 것이 중요할 것이다. 이후 정부의 사회 서비스가 재개될지는 지켜볼 일이다(Becker, 2005).

1975년 멕시코시티에서 처음 열린 UN세계여성회의the first United Nations Decade of Women conference에서는 여성과 남성 간에 가족부양 책임의 평등한 분배에 관한 개념이 비동맹국가의 여성들에 의해 공식적으로 제안되었다. 이 개념은 여성의 생애주기에 걸친 권한부여에 대해 설명하며, 뉴델리 보고서에서 빈곤퇴치를 위한 변화 전략으로 포함되었다(UN, 2001). "특히 가난한 여성과 남성 모두가 고용기회와 본인들의 능력을 개발할 수 있도록", 나아가 육아지원 서비스를 제공해야 한다고 강조한다(p. 36).

건강에 관한 여성의 권리

하버드세계연구the Harvard World Study는 여성의 노동 부담이 정상적인 생활을 못하게 한다고 보고한다. 빈곤층은 보통 과도한 사회적 제약 때문인 만성피로, 영양실조, 우울증, 불안을 포함한 신체적, 정신적 건강에 취약하다. 특히 여성과 소녀는 자신의 열등한 사회적 지위 때문에 빈곤과 관련된 신체적, 정서적 고통에 취약하다. 미국과 같은 부유한 국가에서 빈곤층의 78%는 전국의 급식소에서 지원받는 미혼 여성과 굶주린 아동들이다(Wasserman, 2002). 미국에서조차 여성을 위한 신체적 · 정신적 건강 서비스, 여성의 욕구에 관한 연구는 부족하다. 여성을 위해 건강 악화의 근원을 고찰한다는 것은 문화적, 경제적 힘이 여성의 사회적 지위를 훼손하는 데 어떻게 작용하는지를 이해하는 것을 의미한다(Desjarlais, Eisenberg, Good, & Kleinman, 1995). 여성에 대한 폭력은 이런 힘들 중 하나이다.

폭력, 건강, 여성권리

폭력은 여성에게 불균형하게 영향을 미치고, 전 세계에 걸쳐 다양한 형태로 표출된다. 폭력 중에는 심리적 위협, 격리와 모욕, 구타, 외관손상, 살인, 성적 억압, 성기 손상, 강제적인 베일 씌우기, 가혹한 사회적 제약, 자기 통제 및 정체성의 부족이 있다. 우울증, 불안, 외상 후 스트레스 장애PTSD, 섭식장애 및 약물중독은 모두 직간접적으로 심리적, 신체적, 성적 학대와 관련된 것이다. 가족, 전쟁, 테러 등 그 무엇에 의해서든 폭력은 자기가치의 본질을 파괴한다(Morrow, 1999). 이러한 사실 인식은 미국사회복지사협회의 폭력 · 발전프로젝트Violence and Development Project에 따른 반 소에스트(Van Soest, 1999)의 연구에 나타났다. 인간에 가해지는 제도화되고, 조직화된 국제적 수준의 폭력은 인간에게 가해지는 개별 행위의 폭력만큼 파괴적이다. 여성에 대한 가정폭력의 피해는 모든 관점에서 보편적이다.

미국 여성에게 있어서 구타는 부상의 가장 큰 원인이다. 1년에 400만 명의 미국 여성들이 물리적으로 남성 파트너에 의해 폭행을 당한다. 그 중 60% 이상은 임신 기간 중에 발생한다(Katz, 2005). 세계 어느 나라의 구타 사진을 보더라도 충격적일만큼 유사하다. 국가별 기혼 여성에 대한 가정폭력의 비율은 20%에서 80% 이상에 이르기까지 다양한 것으로 보고되었다(Kansas coalition against Domestic Violence[KCSDV], 2005). 남성이 알코올 중독일 때 가정폭력의 비율은 급등한다(Office of the Prevention of domestic violence[OPVD], 1995).

미국에서 여성에 대한 강간은 평균적으로 2분마다 발생한다(Katz, 2005). 미국 군사시설에서 최근 몇 년 동안 드러난 강간 문화는, 제도권에서 발생하는 강간의 두드러진 확산을 보여준다(Janofsky & Schemo, 2003; Quindlen, 2003). 과거에 인권은 전통적으로 남성의 영역에서만 부각되었다. 강간, 정신적 · 신체적 폭력과 같은 인권침해는 남성에게 힘을 부여하고 여성을 종속화시키는 문화적 관습이었다. 1970년대 후반까지 남편에 의한 강간은 범죄로 인정되지 않았다. 결혼한 부부는 하나로 간주되고 그 하나는 남자이기 때문에 "남자는 자신을 강간할 수 없다"는 논리였다(Brownmiller, 1993).

전쟁 중에 일어나는 강간은 먼 옛날부터 흔한 일이었다. 강간이 전쟁범죄 행위로 간주되고 고문의 형태로 인식된 것은 1998년에 발칸반도 전쟁부터이다(Neil, 2005). "국제사면위원회Amnesty International는 전시와 전통적인 관습을 통해 여성이 세상의 어떤 집단보다도 인권침해의 고통을 받는다고 결론을 내렸다"(Behar, 1996, p.107; Wetzel, 2001).

전쟁에서 장애가 생기거나, 고문을 당하거나, 사망한 사람의 79%는 민간인 여성과 아동이다. 이런 현상을 인식하면서, 어떤 신학자는 20세기의 중반에 "민간인보다 군인이 더 안전해 보인다"고 비판하였다(Keating, 2002, p.4).

여성이 이민자이거나 난민일 때 폭력은 풍토병처럼 번진다. 세계 난민의 80%는 여성과 아동이다(Pittaway, 1999). 이런 여성들 중 많은 여성들이 남편, 공해상의 갱들, 난민캠프에서 가족구성원 중 남자, 다른 성범죄자, 여성을 보호하기 위한 경비원에 의해 성적으로 학대받는다. 강간은 여성에게 평생 낙인을 찍는다. 그 여성들의 명예는 치료할 수 없는 것이다. 그들은 "망가진 물건"으로 여겨지고 "가족의 명예를 회복하기 위해" 가족 중 남성에 의해 살해될 수 있다(Desjarlais et al., 1995, p.189). 난민 여성들이 많은 다른 이들처럼 뛰어난 대처 능력, 탄력성을 보여주거나 무거운 부담, 책임, 트라우마를 극복하는 능력을 보여주는 것은 경이로운 일이다(Ferguson, 1999; Ferguson & Pittaway, 1999). 한 난민 전문가는 이러한 여성들을 "알려지지 않은 영웅"이라고 부른다(Pittaway, 1999, p.1).

정신건강의 중요성

여성들의 인내력에도 불구하고, 여성과 소녀에게 나타나는 불안과 외상 후 스트레스 장애가 급격히 증가하고 있다. 여성과 소녀의 삶에서 우울증은 점점 더 빨리 나타나고 있으며, 세계적으로 통제할 수 없는 지경에 이르렀다. 세계보건기구WHO에 따르면, 2020년 즈음에는 단극성 우울증이 전 세계적으로 볼 때 두 번째로 많은 질병이 될 것이며, 특히 여성과 개발도상국에서는 가장 많이 발생하는 질병이 될 것으로 예측되었다(Saraceno, 2006). 알코올과 관련된 폭력은 다른 고위험 요인과 결합할 경우 수치가 현저하게 상승한다. 많은 여성과 소녀들이 점점 더 어린 나이에 알코올 및 다른 약물을 복용하고 있다. 성적 학대를 경험한 미국의 소녀는 아프리카, 남동 아시아, 피지에서 성적 학대를 경험한 소녀와 비슷하게 섭식장애를 갖는다(WHO, 2002b; UN, 2003a, 2003b).

하버드 세계정신건강연구원은 개발도상국에서 발견된 문제들이 선진국의 문제들과 분리될 수 없다는 결론을 내렸다. 그 문제들은 부유국과 빈곤국들 사이에 공유된다. 예를 들면, 학대를 받는 여성은 사는 곳과 상관없이 신체적 · 정서적 어려움, 심지어는 죽음에 직면하고 있다. 연구진은 이렇게 공유되고 있는 현실을 “심리적 장애의 전 세계적 확산”이라고 부른다(Desjarais, et al., 1995, p.261). 이와 같은 상황에 처한 여성들에게 존엄성과 기본적 자유를 달성하기 위한 목표는 달성하기 어려운 것이다.

베이징행동강령(UN, 1995)에 따르면, 전 세계적으로 많은 여성들이 건강과 행복을 누리지 못한다고 한다. 신체적, 정서적, 사회적 안녕을 언급할 때 평등하지 못하다는 것이 여성들이 겪는 고통의 뿌리이다. 1975년 멕시코시티에서 최초로 열린 세계여성회의에서 평등(가족에 대한 책임 포함), 발전과 평화는 최적의 안녕을 위해 본질적인 것으로 인정되었다. 전 세계에서 공공 건강 지출비용은 사회계약이 축소되면서 선진국과 개발도상국에서 모두 감소되어 왔다. 여성은 일반적으로 무급 또는 저임금으로 돌봄의 부담을 가지며, 과도한 노동 의무에 대해 가장 숭고한 대가를 지불하는 사람이라는 것을 기억해야 한다.

여성의 재생산 건강

여성의 재생산 건강reproductive health은 특히 사회통제에 취약한데, 성과 생식에 있어 동등한 책임을 갖거나, 여성의 자기결정을 허용하거나, 여성에 대해 존중하는 것 등을 교육받지 못한 남성들과 맺는 개인적 관계에서 여성들을 힘없는 존재로 만든다. 종교 기관은 종종 여성에 관련된 구속적인 명령에 있어 정부와 결탁한다(UN, 1995). 미국은 낙태를 가능한 일로 언급한 만큼 여성에 대한 모든 의료 서비스에 관하여 "논의 금지령gag rule"을 만들기도 했다. 비록 의료 서비스가 낙태를 실시하지 않고, 여성을 위한 교육을 시행한 경우에도 기금은 중단된다. 따라서 미국 국내법에 반대하는 국제정책은 개발도상국에 위임된다. 여성들은 강제 임신, 불법 낙태, 산전 · 후 건강관리 부재로 목숨을 잃고 있다(Darvich-Kodjouri & Bonk, 2001). UN총회에서 미국은 가족계획을 지원하는 모든 국가에 대해 반대 입장을 고수한다. 즉 가족계획을 인정하지 않는 시리아, 이란, 북한 및 수단과 같은 입장이다. 미국이 이런 적대국들과 같은 입장을 취함으로써 여성들은 그 대가를 치른다.

HIV/에이즈와 여성

오늘날 여성인권 침해의 취약점은 전 세계적으로 생물학과 이급지위 second-class status의 결과로 여성에게 불균형하게 영향을 미친 HIV/에이즈로 인해 더 심화되고 있다. 사회적 · 문화적 양상들은 노동에서의 성역할 분업 및 가정 · 직장에서의 남성 우호적인 성적 착취부터 세계적 마약거래에 버금가는 다국적 성매매에 이르기까지 차별과 성역할 고정관념으로 이어졌다. 여성들은 그들의 파트너에게 콘돔 사용을 주장할 수 없으며, 바이러스에 감염된 채로 집에 온 남편과 강제적인 성관계를 맺기 때문에 HIV/에이즈에 감염된다.

남성들의 혼외정사가 일반적으로 일어나는 사회에서 이성 간의 결혼이나 장기간 동거 관계 속에 있는 여성들은 특히 위험에 노출되어 있으며, 여성들이 파트너에게 콘돔 사용을 요구했을 때 학대를 받는다는 사실을 보여주는 증거가 있다(Human rights Watch, 2005, p. 1).

대체로 개발도상국의 여성들이 힘이 없다고 생각하는 경향이 있지만, 이는 미국에서도 별반 다르지 않다. 어느 나라에서든 여성에 대한 인권침해는 가정에서 시작된다. "국제인권단체인 휴먼라이츠워치Human Rights Watch는 수백만의 여성이 사망에 이른 후에야, 여성에 대한 권리남용과 HIV/에이즈 확산의 치명적인 연관이 천천히 인식되고 있다고 보고한다"(2005a, p. 1). 베이징행동강령(UN, 1995)은 건강, 사회, HIV/에이즈의 발달 결과들과 다른 성적으로 전파된 질병들은 젠더 관점으로 검토되어야 한다고 주장했다. 그렇게 하지 않으면 그 확산을 막을 수 없다. 그리고 이 문제는 사회복지사가 고민해야 할 또 다른 사회문제이다.

여성의 억압에 대한 심리적 분석

사회적, 경제적 억압이 여성의 정신에 큰 피해를 주지 않는다고 생각하는 것이 잘못된 것처럼, 억압이 왜 태곳적부터 어디에나 존재해왔는지 그 이유를 탐구하지 않는 것 또한 실수이다. 세계인권선언 50주년에 즈음하여, 에반스(Evans, 1998)는 인권의 이론과 실천 사이의 괴리를 지적했다. 에반스는 "많은 연구보고서들이 유토피아적 비전과 법적 해결을 말하면서도 폭력이 일어나는 사회적, 정치적 맥락에 관한 논의는 다루지 않는다"는 점을 언급했다(Evans, 1998, p. 1). 이 장의 첫 부분에 언급된 문서 내용이 에반스의 견해를 뒷받침해준다.

피터슨과 파리시(Peterson & Parisi, 1998)는 개념적 틀을 제공하고 여성의 오래된 억압을 분석하였다. 그들은 "정체성과 주체성에서 이성애heterosexuality가 아닌 모든 형태를 거부하는 내용을 돌에 새김으로써" 이성애를 정상화하려는 고대 그리스인의 노력으로부터 시작한다고 보았다(Wetzel, 2001, p. 22). 또한 중앙집권화된 권한과 노동계층의 구분을 가진 가족형태가 그 당시에는 명백했다고 보고한다. 이러한 정책들은 여성의 자기결정, 의사결정에 대하여 정부가 승인을 거부하는 것으로 이어졌으며, 남성 중심의 이해에 종속되는 것을 초래했다. 여성 자신의 이익을 위해 이루어지는 여성들 간의 유대관계의 단절은 이성애자 남성의 특권과 함께 정상적인 것으로 간주되었다.

젠더 계급 불균형은 가족과 다른 집단 사이에 똑같이 나타났다. 여성과 관련된 것이면 누구든지, 무엇이든지 폄하된다. 실제로 여성이 온전한 인간으로 간주되지 않으면, 더 나아가서는 인권의 가치가 없는 것이다(Peterson & Parisi, 1998). 그래서 가장 일반적인 남성male에 대한 모욕과 조롱은 여성female의 이름으로 남자a man를 부르는 것이다. 아동기에 불리는 "시씨Sissy"라는 말은 성적으로 노골적이며, 일반적으로 저속한 여성을 일컫는 욕설로 소년이나 성인남성을 놀리는 말이다. 이런 방식으로 여성스러운 태도나 행동은 저지된다(Wetzel, 2001).

레즈비언, 게이, 양성애자, 성전환자 운동

국제사면위원회에 따르면, "LGBT 운동Lesbian, Gay, Bisexual and Transgendered Movement은 공동투쟁의 합법적인 영역으로 성sexuality과 성 정체성sexual identity의 이슈를 확대한 여성운동에 큰 빚을 지고 있다"(1999, p.15). LGBT 운동은 이제 국제적인 영역이 되었다. 국제사면위원회 영국 지부(1997)에서 실시된 인권에 대한 국제적 연구는 전 세계적으로 게이와 레즈비언이 위험에 노출되어 있다고 밝혔다. 성 정체성에 따른 인권침해는 아직 어떤 국제법에 의해서도 명시적으로 금지되어 있지 않다 (p. 8).

동성애 증오의 심리 역학

피터슨과 피리시의 역사 연구에 따르면, 고대 그리스에 정형화된 남성에 대한 여성의 종속은 오늘날까지 지속되고 있다. 그때부터 이성애 남성heterosexual male과 남성이 가진 특권 외에 모든 것은 거부되고 억압되었다. 여성과 여성다움에 대해서도 남성중심적 관심이 지배한다. 실제로 어떤 사람이나 개체가 여성스럽다고 간주되는 것은 지배할 수 있는 적절한 대상으로 취급하고 인정할 수 없는 것으로 객관화되어진다. 게이와 레즈비언은 이러한 틀에 맞아 들어간다(Peterson & Parisi, 1998; Wetzel, 2001).

많은 이성애자 남성이 동성애자 여성에 의해 위협을 받고 있다는 것을 이해할 수 있을 것이다. 이성애자 남성들은 남성으로 거부됨을 느끼거나 여성이 남성에 의해 좌우되지 않음을 받아들이기 힘들 것이다. 그러나 왜 전통적인 이성애자 여성은 위협을 느끼는가? 의식적으로 또는 무의식적으로, 그들은 사회화의 결과에 따라 남성중심적이기 때문일 것이다. 남성에게 문제가 됐던 일은, 사회규칙과 자신에 대한 억압을 내면화한 여성에게도, 문제로 인식된다(Wetzel, 2001). 어떤 경우라도, 여성에 대한 억압과 남용은 레즈비언과 양성애자일 때 악화되며 그들의 인권은 침해되는 과정에 있다.

여성의 고령화

최근 수십 년간 전 세계적으로 일어나고 있는 노인 인구의 폭발적인 증가는 역사적으로 한 번도 없었던 일이다. 2003년 10명 중 1명은 60세 이상이며 2050년경 그 비율은 5:1가 될 것이며, 더 나아가서 3:1이 될 것이다(UN, 2003c, Population Division, Department of Economic and Social Affairs[DESA], UN). UN은 세계의 폭발적인 고령화를 "연령지진agequake"이라고 칭했다. 장애와 빈곤의 모든 심각한 파급효과와 더불어, 고령화 인구의 급격한 증가는 개발도상국과 선진국 모두에게 영향을 미치는 국제적 현상이 되었다. 다른 나라에서와 마찬가지로 미국 역시 급증하는 노인 인구의 대다수를 여성이 차지한다. 또한 여성은 노인 빈곤층의 대다수를 차지한다. 이런 점에서 고령 여성의 경제 상태는 일생동안 이급지위에 있었다는 사실과 직접적으로 연결된다. 고령 여성이 모든 연령대에서 가난하게 살 것이라는 것은 놀라운 일이 아니다. 빈곤의 여성화는 오래된 일이며 여성 노인의 취약한 상황은 갑자기 발생한 것은 아니다. UN 대사이면서 노인층을 위한 열렬한 대변자인 줄리아 타바레스 알바레즈Julia Tavares Alvarez는 "간단히 말해서, 지구상의 그 어떤 국가도 남성들에게 하듯 여성들을 잘 대우하지 않는다"고 주장한다. 우리가 말할 수 있는 최선은 일부 국가는 다른 국가처럼 그렇게 심각하지 않다는 것이다(Alvarez, 1999, p.10).

역할상실은 분명한 이유들로 지배적인 관점이 되어 왔다. 그러나 일반적인 생각과 다르게, 가치 없거나 심지어는 원하지 않는 역할을 상실함으로써 노년기의 여성은 해방을 맞이하기도 한다. 이는 어려서 사회적 역할에 자신을 더 구속시켜 온 여성에게 특히 그렇다는 것이 밝혀졌다(Wetzel, 1993, 2003). 그런 경우들은 역할상실이 전혀 부정적이지 않다. 또한 긍정적인 새로운 사회적 역할이 그 상실된 공간을 대체하기 위해 개발되어야 한다는 것이 중요하다.

태어날 때 할당된 사회적 역할은 종종 젠더, 민족, 인종, 계급, 제약, 기대, 책임으로 연결된다. 이런 역할은 대개 한 집단을 다른 집단에 보상하는 힘에 기초한다. 자신의 강점에도 불구하고, 이급지위로 강등된 피해가 피폐한 인생을 초래하고, 때때로 여성 노인을 빈곤에 취약하게 한다. 그러나 인생 후반기에는 몇 가지 놀라운 결과가 있다. 이는 전 세계에 걸쳐 성 역할과 관련하여 특별히 그러하다. 지난 25년 동안 고령 여성이 남성보다 더 탄력적이고 더 감정적으로 안전하고, 자신들을 돌볼 수 있다는 것을 밝히는 연구가 발표되었다. 본질적인 노년층에 대한 차별뿐만 아니라 옛날에 행해진 이전의 오랜 차별 때문에 노인 여성이 홀로 더 가난하게 생활하는 것은 사실이다. 여성들이 생애를 걸쳐 풍요롭고 탄력적일 필요성은 여성들을 노년에 이르러 더 강하게 하는 지위, 관계적 특성과 결부된다. 그동안 여성 노인의 가치가 폄하되어 왔다는 것이 수년간 간접적으로 회자되어 왔으며, 여성은 훗날 이러한 가치폄하가 잘못된 정보임을 깨달을 것이다. 여성 노인은 성숙하면서 때때로 자신에게 감사하는 법을 배운다. 이러한 과정이 너무 오래 걸리거나 그들의 현실이 재검토될 필요성이 있다는 것은 비극이다. 이것은 억압의 결과이다.

60세에서 72세 사이의 2만 8천 명의 간호사를 대상으로 한 연구에서는 혼자 사는 여성이 사회적으로 고립되지도 않으며, 일반적으로 믿고 있는 것처럼 건강을 해치는 위험에 노출되어 있는 것도 아니라고 보고했다. 사실 그들은 배우자들과 함께 살고 있는 여성보다 심리적으로 더 나은 상태를 보인다(Mitchell, 2001). 친구나 가족을 만나거나 사회활동을 하는 것이 혼자 살거나 배우자가 아닌 다른 사람과 동거하는 여성 노인의 정신건강을 강화하는 것처럼 보인다. 연구를 통해 그 이유가 드러나지는 않지만, 전통적인 부부역할의 부재와 다른 관계를 통한 상대적 자유가 그 차이를 만들었을 것이라고 예상할 수 있다. 어떤 경우라도 현상은 보편적일 수 있다.

노화에 대한 여성주의 생애주기적 접근

여성주의 이론은 사람과 환경 사이의 상호작용을 통해 다른 시각을 제공해준다. 어디에도 자신의 삶 전반에 걸쳐 여성의 복지에 미치는 영향보다 명확한 사회적 환경의 영향은 없다. 노화에 관한 여성주의 생애주기적 접근에 따르면 소녀와 여성에게 삶의 전 과정에 걸쳐 억압이 이루어지며, 이로 인해 여성과 사회가 높은 대가를 지불해야 함을 인식하고 있다(Browne, 1995). 여성 생애의 생물학적, 심리적, 사회적, 경제적 현실은 모두 견디도록 했다. 여성주의 관점은, 여성의 억압을 볼 수 있게 하며 숙고하는 방법을 제공해준다는 점에서 철학적이다. 그러나 여성주의 관점은 단순한 지적 운동이 아니며, 또한 여성에 대한 것만도 아니다. 오히려 여성주의는 모든 집단에서의 억압에 도전하고, 다양성 속에 통합뿐만 아니라 모든 인간의 독창성과 강점을 존중하고자 하는 실제적인 세계관이다. 여성주의 젠더 관점은 경제, 정치, 사회 세력이 노년에 이른 여성의 환경을 만들기 위해 결탁하는 것을 인정한다.

국제 여성운동

국제 여성운동은 전 세계적으로 여성의 역경을 인정한, 1975년 UN 세계여성의 해에서 시작되었다. 1년으로 기간을 정한 것은 부적절하다는 것을 곧바로 알게 되었고, 여성 10년a Decade of Women을 선포했다. 전 세계 여성들은 1975년 멕시코에서 처음 함께했고, 이후 1980년 코펜하겐, 1985년 나이로비에서 만났다. 여성 10년의 마지막 해인 1986년에 함께한 여성의 수는 총 1만 2천 명으로 증가했으며, 여성인권을 위한 대헌장인 여성차별철폐협약(the Convention on the Elimination of All Forms of Discrimination against Women, 1980)과 행동강령인 나이로비 미래전략(the Nairobi Forward-Looking startagies, 1985)이 제정되었다. 세계는 국제 여성운동의 시작으로 기록된 여성 10년의 끝을 아직 인식하지 못했다. 10년 후 베이징(UN, 1995)에서 5만 명의 여성이 함께 모였고 여성 10년의 결의안에 근거한 활동 프로그램a Program of Action을 구축했다. 다음 2000년에 개최된 회의는 모든 회원국의 진행상황을 평가하기 위해 뉴욕에 있는 UN에서 개최되었다.

수년이 지나면서, 국제 여성운동의 큰 성공이 각국 정부들을 위협했다. 여성운동은 더 이상 양성운동으로 간주되지 않았으며, 진보적인 운동 안에서 주도권을 갖기 위한 노력들이 가해졌다. 이런 현상이 과거 회의에서 어느 정도 있었지만, 2000년에는 극보수자들이 UN회의를 주도하였다. 이런 새로운 참여자들은 여성권리의 주제에 대해 참여한 적도 없었고, 배경지식도 없었다. 장벽은 진보를 막기 위해서 뿐만 아니라 시간을 되돌리도록 만들어졌다. 미국 정부와 다른 보수적 정부들은 이미 이전 회의에서 합의되었던 결정을 부정하기 위해 가능한 모든 수단을 시도했다. 미국 정부와 다른 보수적 정부들은 대개 성공하지 못했지만, 참가자들의 에너지를 분열시켜 단념시켰고 새로운 이익을 최소화하였다.

2005년의 글로벌 보고서는 지속적인 세계 여성의 노력에도 불구하고, 오늘날까지 그 결과물은 실망스러운 것으로 나타났다. 여성환경개발기구WEDO의 보고서인 베이징 비트레이드Beijing Betrayed는 다음과 같이 결론 내렸다(2005, p. 1). "세계 정부는 베이징의 약속과 비전을 강조하는 경제적, 사회적 및 경제적 변화를 성취하기 힘들게 하는 단편적이고 중분법적인 접근을 채택해왔다."

소셜워치Social Watch의 발전 보고서인 『방치된 약속*Unkept Promises*』은 빈곤과 젠더에 대한 자신들의 약속을 이행하지 않은 60개 회원국의 발전을 측정하였다. 이 우루과이 기반 국제 연구 조직은 약속들이 많이 충족되지 못했다는 것을 발견했다. 분명한 것은 젠더와 불평등은 서로 깊은 관계가 있다는 것이다(Bissio, 2005). 이슈를 명확히 파악하기 위해서는 상황을 인식하는 것이 중요하다.

여성차별철폐협약

여성차별철폐협약을 이해하는 것은 필수적이다. 2006년 5월, 183개 국가가 이 조약을 비준했다. 미국은 비준하지 않은 유일한 산업화 국가이며 서구 국가이다(Human Rights Watch, 2005c; Division for the Advancement of Women, 2006). 여성차별철폐협약은 본질적으로 여성의 동등한 권리를 달성하기 위해 국제적으로 인정된 기준을 설정하는 여성을 위한 권리장전이다. 빈곤, 성적 착취, 건강관리나 교육기회 박탈, 지속적인 굴종, 중재에 있어서 목소리를 내지 않는 평화주의자로서 역할을 강요받는 여성의 보편적인 억압, 그 중에서도 가부장 체제에 도전하기 위해 반드시 구현되어야 할 정책들을 규정하고 있다.

사회적, 문화적 양상은 여성의 무임금 노동, 가정과 직장에서의 성적 착취, 세계적 성매매 등에 뛰어들도록 강요받는 노동의 성별분업을 포함한 차별과 성역할 고정관념을 이끈다. 초등학교부터 대학원을 졸업할 때까지 여성의 배움에 대한 본질은 무시되기도 하고, 구체적으로 여성과 관련된 지식을 하찮게 여기는 경향이 있다. 많은 국가에서 여성은 교육을 받기가 힘들고, 대학에서 여성이 남성보다 더 많은 미국사회에서조차 여성이 문맹자로 남을 가능성이 높다. 여성의 교육은 향상되고 있지만, 여성의 사회화, 기회, 포부는 상황에 대한 인식 부족으로 크게 확장되지 못하였다. 여성은 남성보다 가치가 적고, 무지한 것으로 자신들을 인식했고 또 그렇게 보였다. UN에서 제시한 "성 주류화Gender-Mainstreaming" 개념은 이러한 현실을 치료하는 데 있어서 큰 도움이 될 것이다.

인권의 성 주류화

사회복지 전문직은 오랫동안 사회정의의 입장에 서 왔으며, 오늘날 전 세계적으로 인권원칙의 입장에 서 있는 교육자가 늘어나고 있다(Reichert, 2001; Reichert, 2006). 여전히 사회복지는 인권 헌신에 대한 생명을 불어 넣고 가치, 이론, 치료, 실천, 프로그램, 정책, 연구, 지역사회 활동 등 필요한 때 이 모든 것을 재사고하는 개념을 적용하는 힘든 노동을 해야 한다.

성 주류화 개념은 당장 해야 할 일에 대한 본보기를 제공한다. 1997년 UN경제사회이사회에서 승인된 아이디어는 모든 정책과 프로그램에서 성 관점을 주류화하는 것이다. 어떤 결정이 이루어지기 전에 여성과 남성에 대한 정책의 효과가 반드시 분석되어야 한다는 것이다(UN, 1997). 이 개념을 실현하기 위해 세부적인 권고조치가 1995년 제4차 세계여성회의 결과 보고서, 베이징행동강령Beijing Platform for Action에 직접적으로 반영되었다(Wetzel, 2005). 성 주류화를 지지하고 구현함으로써 연구, 정책, 프로그램, 실천 간의 연계를 보장하면서, 사회복지사는 목적의 명확성을 확보할 것이다.

여성과 법

전 세계적으로 여성은 법정에서 법률과 경험의 측면에서 불평등하였다. 따라서 법이 제정되는 경우에도 감독의 부재로 인해 법이 반드시 권리로 해석되지는 않는다. 이러한 경향은 여성의 권리가 훼손된 미국에서 최근 몇 년 동안 명백하게 나타났다(Milani & Albert, 2003). 조직화된 지지와 교육받은 의식은 여성의 권리 구현을 위해 필수적이다. 그러나 이 주장에서 법안이 중요하지 않다고 말하는 것은 아니다. 법안이 없으면, 개인적, 사회적, 경제적 발전을 실현할 기회가 거의 없을 것이다. 법 아래 남성과 여성의 평등은 여성인권에 필수적이다. 국제인권단체인 휴먼라이츠워치에 따르면(Human Rights Watch, 2005b), 많은 국가에서 여성 개인의 지위(가정에서의 자신의 법적 능력과 역할)를 지배하는 법률과 관습들이 여성인권을 부정한다. 국가마다 차별의 유형은 다르지만, 전 세계적으로 남성 친척이나 남편과의 관계가 여성의 권리를 결정한다는 것이 발견되었다. 여성운동의 정점인 1970년대 미국에서 평등권 수정안the Equal Rights Amendment이 보수 세력에 의해 파기된 것은, 오늘날 여성차별철폐협약에 대한 지원이 특별히 어려운 도전임을 증명하는 것은 놀랄 일이 아니다. 사실, 같은 편 중 일부는 저항세력의 배후이다.

여성인권 신장

"신장capacity development"이라는 용어는 능력배양capacity building 과정의 바람직한 결과물을 말하며, 모든 연령의 소녀와 여성의 권리를 보장하는 본질적인 접근이다. 모든 사회복지사가 알고 있듯이, 개발은 지리적, 경제적 또는 사회적 개념이 아니다. 그것은 정서적 안녕과 개인의 성장을 포함한 인간의 발전에 관한 것이다. 또한 사실상 인권에 관한 것이다. 내면의 자아에 대한 관심 없이, 실제적인 사회적, 경제적 발전이 있을 수 없다.

시간이 지나면서, 능력배양 및 개발의 발전과 실행은 심화되고 있다. 평생학습 분야에서 능력배양은 사회복지와 특히 관계가 있다. "능력배양은 사회변화를 촉진하는 강력한 영역들의 기득권에 효과적으로 도전하는 비판적 이해를 발전시키는 것을 포함한다"(Mayo, 2000, p. 24).

따라서 "강력한 기득권"에 도전하는 것은 여성의 진보를 위해 필수적이다. 그것이 무시된다면, 여성은 정책이나 프로그램을 "소유own"하지 못한다. 즉 여성의 사기저하로 실패한다. 나아가 정책 방향이 불분명해져 실현이 어렵게 된다. UN의 21세기 역량강화 프로그램의 수석 저자인 도비(Dobie, 2000)는 여성의 온전한 참여 없이, 개발은 지속할 수 없다고 조언한다.

건강증진의 맥락에서 말한다면, 라본트와 라버랙(Labonte & Laverack, 2001a, 2001b)은 수단과 목적이라는 측면에서, 능력배양은 동시에 개인과 지역사회 사업이라는 것을 명확히 한다. 개선된 경제력이 명예로운 목표가 될 수 있지만, 그것을 획득해가는 바로 그 과정이 본질적으로 능력배양이다.

마이크로 크레디트와 능력배양

빈곤한 사람들, 특히 빈곤한 여성의 능력을 함양하는 마이크로 크레디트Micro-Credit는 전 세계를 통해 타당한 이유로 만트라a mantra[2]가 되었다. 소규모 사업에 금전적 지원을 통해 빈곤을 완화시켜주는 인권 프로그램은 유명한 경제학 교수들과 방글라데시 노벨 평화상 수상자인 무하마드 유누스Muhammed Yunnus에 의해 1970년대 초기에 소개된 이후 성공적인 것으로 받아들여졌다(Yunus, 1987; Yunus & Jolie, 1989). 유누스는 경제 프로그램을 수행하기 전에 여성들의 낮은 자존감과 개인적인 개발에 더 많은 관심을 가져야 한다는 것을 발견했다. 여성이 집단에서 유대를 맺기 위한 기회가 주어진다면, 가족과 지역사회의 맥락 속에서 자존감은 향상될 것이며, 여성은 번영할 것이다. 더욱 놀라운 것은 여성은 남성보다 훨씬 높은 비율인 98% 이상이 대출기간 내에 빌린 돈을 상환한다는 것이다. 이러한 경향은 전 세계에 오늘날까지 지속되고 있다.

유누스의 업적에 대한 호평에도 불구하고, 반드시 고려되어야 할 비

2 역자 주: 만트라의 용도와 종류는 해당 만트라를 사용하는 종교 및 철학 학파에 따라 서로 다를 수 있다. 여기서는 기도할 때 외는 주문 만트라와 같이 마이크로 크레디트가 빈곤한 이들에게 필수적인 것이 되었다는 의미로 사용되었다.

평이 하나 있다. 유누스는 미국의회 포럼에서 "여성은 자신, 자식, 본인의 가정과 음식을 마련할 계획을 가지고 있다. 여성은 비전을 가지고 있다. 남성은 스스로 즐기기를 원한다"(Goetz & Gupta, 1996, p.55에서 인용)는 말을 통해 왜 많은 마이크로 크레디트 대출이 여성에게 돌아가야 하는지에 대해 이야기했다. 이런 현실이 전 세계의 마이크로 크레디트 프로그램에 반영되어 왔다. 자기 잇속만 차리는 남성의 행동에 의문을 던지는 것 대신에, 행동은 "남자는 남자일 것이다boys will be boys"로 받아들여진다. 이것은 잃어버린 기회의 훌륭한 예이다. 마이크로 크레디트 프로그램 덕분에 여성의 능력이 성장한 것은 사실일지라도, 남성의 능력은 그렇지 않다. 이러한 제약은 젠더 관계들gender relations, 가족들, 공동체들에 부정적인 조짐이다. 즉 이러한 비평 중 하나가 과거에 그랬던 것처럼, 여성이 대출 받는 것이 거부될 것이란 것을 의미하는 것은 아니다. 여성의 강점, 여성의 우수한 신용 리스크, 이익의 이타적인 사용은 보상받을 만한 것이다. 능력개발이 사회에 실현되는 경우라면, 오히려 소년과 남성의 심리적 발달도 다루어져야 한다.

결론

여성이 세상에서 사회적으로 가장 박탈된 사람들이므로, 사회적 박탈과 성 불평등은 경제적, 사회적 및 정치적 파급 효과를 통합하면서 병행한다(Bassuk et al., 2004). 여성의 예속과 불평등은 자신의 삶뿐만 아니라 지역사회의 모든 사람의 삶을 손상시킨다. 이러한 현실 속에서 여성의 번창할 능력이 쇠퇴될 뿐 아니라, 여성이 가족을 돌보고 지지하고 지역사회 활동에 평등하게 참여하는 것을 감소시킬 수 있다. 분명하게도 여성의 인권은 여성 자신의 행복을 넘어 가족, 지역사회, 세계로 확장되고 있다. 여성의 인권은 진정으로 진보를 보이고 있다. 필자는 가치를 내재화하고, 교육을 받고, 실천기술을 갖춘 사회복지사들이 앞으로 나아갈 수 있다고 믿는다.

여성 범죄자 및 수감자에 대한 인권침해

캐서린 반 워머 *Katherine Van Wormer*

캐서린 반 워머 *Katherine Van Wormer*

노스캐롤라이나주와 북아일랜드 등에서 영어 교사로 일하며 시민권 운동을 진행해왔다. 여성 수감자에 관한 연구로 사회학 박사를 취득했고, 범죄심리를 가르쳐 오다 후에 사회복지사로 전향했다. 현재 노던 아이오와 대학교 사회사업학과 교수로 재직 중이며, 알코올중독 상담도 진행하고 있다. 사회사업 분야 및 범죄학 분야 등 10여 권의 책을 꾸준히 집필해오고 있다.

주요 저서

- Death by Domestic Violence (가정폭력에 의한 죽음)
- Women and the Criminal Justice System (여성과 형사법 체계)
- Working with Female Offenders (여성 범죄자와 일하기)
- Human Behavior and the Social Environment, Micro Level (인간행동과 사회환경, 미시적 실천)
- Human Behavior and the Social Environment, Macro Level (인간행동과 사회환경, 거시적 실천)
- Social Welfare: A World View (사회복지: 세계적 관점)

미국 형무소 제도의 현상에 관심 있는 사람들은 이라크의 아부 그라이브 수용소와 쿠바의 관타나모 수용소에서 발생한 재소자 학대에 관한 충격적인 폭로를 잘 알고 있을 것이다. 이들 수용소에서 재소자들을 정신적으로 고문하는 장면이 찍힌 교도관들은 미국 형무소에서 교도관으로 일한 경험이 있다.

여성 수감자들을 기사화하는 캘리포니아 연합 정기간행물인 〈더파이어인사이드*The Fire Inside*〉에 따르면, 캘리포니아의 차우칠라 형무소 내에서 정신적, 신체적으로 생존을 위해 몸부림치는 여성들은 아부 그라이브 사진을 보고 별로 놀라지 않았다고 전했다. 한 재소자는 "뭐 별거 아니네. 저 정도는 우리에게 매일 일어나는 일이지. 나는 취조실에서 굴욕적으로 몸수색을 당하고 감방으로 돌아오지"라고 빈정대며 말했다.

독자들은 차우칠라의 재소자들이 남성 재소자들에 대한 공인된 잔학성에 왜 놀라지 않는지, 그리고 아부 그라이브에 있는 여성 재소자들에게 그들의 남편에 대한 정보를 취재하는 수단으로 엄청난 성학대가 이루어지는 것에 대해 그리 놀라지 않는지 곧 그 이유를 알게 될 것이다.

독자들은 집 근처에서 일어나는 소름끼치는 사건들과 인권의 준거틀에 의해 설명될 수 있는 사건들을 어렴풋이 알게 될 것이다. 형무소에 있는 여성과 관련된 대부분의 기사는 인권에 대한 보편적인 성명서에 수록된 기사에서 발췌하였다(UN, 1948). 즉 비인도적이고 잔인한 치료에 대한 보호, 노동자의 인권, 그리고 건강보호와 모성에 관한 것이다. 1990년 제정된 수감자 처우에 관한 최저기준 규칙 제9조는 재소자들에게 건강 서비스에 대한 접근성이 마련되어야 하고, 이는 여성 수감자들의 상황에도 적용될 수 있어야 한다는 것이다.

이 장에서는 수감자에 대한 학대를 범죄정의의 문제로 보기보다 인권의 문제로 명명하면서 정부가 가지고 있는 형태가 무엇인지, 정부의 범죄정의 체계에 대한 가정이나 정책이 무엇인지, 정부가 감금되어 있는 사람들의 존엄성 침해에 있어 간과하지 말아야 할 것에 대해 논하고자 한다. 이렇게 범죄자에 대한 처우를 생각하는 것은 특별한 범죄정의 체계의 영역에서 국제적인 인권기준으로 의제를 이동하는 것이다.

여성 수감자 급증에 대한 사회적, 정치적 맥락을 알기 위해서는 반여권주의의 반발과 약물과의 전쟁을 먼저 설명하는 것이 중요하다. 여기에서는 여성 수감자들이 감금되는 전형적인 경로와 만성적으로 희생자가 되는 경로의 윤곽을 살펴볼 것이다. 그리고 나서 세금뿐 아니라 가족의 해체와 관련하여 여성 감금이 사회에 미치는 심각한 비용을 검토할 것이다.

감금되어 있는 여성의 인권에 대한 범죄정의 체계의 영향에 대해서는 이 장의 후반부에 소개하는데, 건강보호, 수감노동자, 개인적 안전 등 세 가지 중요한 인권문제를 강조하였다. “현대 교정관리”의 지시 아래 악화되는 여성 수감자에 대한 성학대 문제가 이 장에서 다루는 중요한 논쟁거리이다. 교정국이 직원고용과 치료자원의 비용을 삭감하게 만드는 경제적 유인책으로 인해 상대적으로 힘을 가진 남성 포식자들에 의해 여성이 침해당할 위험에 처해 있다. 이 장에서는 감금 상태에 있는 이민 여성들에 대한 특별한 보호에 관한 문제를 논하면서 끝을 맺는다. 이 장에서 강조하는 것은 여성 수감자들의 고유한 욕구를 충족시키기 위해서는 특별한 보호를 받을 필요가 있다는 것이다.

교정 분야의 추세

미국 교정국에서는 매년 교도소 및 구치소 수감자들에 관한 통계보고서를 발표한다. 최근 보고서(Bureau of Justice Statistics, 2005)를 통해 다음과 같은 사실을 알 수 있다.

- 200만 명이 넘는 사람들이 구치소와 교도소에 수감되어 있다.
- 평균적으로 20대 후반의 남자 중 흑인 12.6%, 히스패닉 3.6%, 백인 1.7%가 구치소나 교도소에 수감된다.
- 전체 주 및 연방 수감자 중 6.6%가 민간 시설에 수감되어 있으며, 점점

더 민영화가 진행되고 있는 추세이다.

- 1995년부터 남성 수감자가 평균 3.3% 증가하는 반면, 여성 수감자는 5% 증가하고 있고 그 증가율은 더 커지고 있다.
- 전체 수감자 중 여성 수감자의 비율은 6.6%이다.
- 흑인 여성이 히스패닉 여성보다 2.5배 많으며, 백인 여성보다 거의 4.5배 정도 많다.

최근 몇 년 사이에 여성의 범죄율이 감소하면 살인율이 현저하게 감소하는 경향이 나타나고 있다. FBI의 『범죄 총계 보고서*Uniform Crime Reports*』(2005)에 따르면, 1995년에서 2003년 사이에 여성 범죄자의 살인율이 1,400명에서 1,123명으로 감소하면서 8년 만에 19.8%가 감소하였다. 교정국 통계에 의하면, 1994년에서 2003년 사이에 폭력 범죄가 33% 이상 감소하였고, 재산형 범죄도 23% 정도 감소하였다(Elsner, 2005).

폭력적인 여성 가해자의 신화와는 정반대로 수감된 여성들에 대한 자료들은 법적 선고 지침의 해로운 영향을 확인시켜주고 있다. 도시 내에서 가장 빈번하게 사용되는 약물인 코카인 복용이 단 한 차례 적발되었다고 해서 엄한 벌칙을 가하는 것은 흑인 여성과 라틴계 여성들에게 치명적인 결과를 초래한다. 그들의 배우자나 동거자가 약물 배달 때문에 체포되고, 이 여성들이 종종 그들과 같이 투옥된다. 그래서 법 아래에서의 평등이라는 이름하에 이들 남성/여성의 관계의 불평등함을 적합하게 고려하지 않을 수도 있다. 어떤 경우에, 새롭게 선고되는 지침에 따라 자녀를 둔 젊은 유색 여성들로 하여금 교도소에서 시간을 보내게 함으로써 과도한 짐을 지우고 있다. 차별시정 조치에 대한 반발과 법정에서 소위 "강력한 평등"이라는 용어를 끝까지 활용하여 여성의 "만연한 평등"에 대한 반발이 교도소 내에서도 확실히 나타나고 있는데, 이는 여성들에 대해 부적절한 남성 기준을 전적으로 따르게 만든다.

차별시정 조치로 인해 여성들이 판사나 검사와 같이 높은 사회계층을 획득하는 것에 대한 반발은 낮은 계층에 있는 취약한 여성들을 힘들게 한다(van Wormer, 2001). 예를 들어, 여성의 재생산에 관한 자유를 방해하는 시도, 억압적이고 고도로 응징적인 사회복지 정책, 불법 약물을 전달하면서 죄를 짓거나 범죄를 은폐하려는 아내와 동거자들의 처벌을 위한 융통성 없는 법 집행, 여성들이 남성과 비슷하게 자기 파트너에게 폭력을 행하는 것을 보여줄 의도로 가정 내 폭력 통계에 대한 광범위한 기사 자료를 제시하는 것, 그리고 이전에 도외시했던 "새로운 여성 범죄자the new female criminal"에 대한 얘기를 시작하는 것 등을 들 수 있다.

애석하게도 최근 들어 민사법원 및 형사법원에서 새로운 여성 범죄자에 대한 가혹한 처우를 정당화하고 부합시키려는 작업이 일어나고 있다. 『학대 받는 남자*Abused Men*』(Cook, 1997)와 『그녀의 기분이 불쾌할 때: 여성이 살인을 교묘히 피하는 방법과 이유*When She Was Bad: How and Why Women Get Away with Murder*』(Pearson, 1998)와 같은 책은 여성 범죄자가 특별한 해명의 특권을 가지고 있다는 사례를 아주 태연하게 보여주고 있다. 오늘날 「나쁜 소녀들Bad girls」이라는 심리학 글에서조차도 "여성해방"을 폭력 범죄와 연관시키고 있다. 흥미롭게도 캐나다 대중매체에서는 여성 폭력의 새로운 흐름에 대해 이와 비슷한 주장을 하고 있다. 그러나 캐나다 신문 〈토론토 스타Toronto Star〉에 기고하고 있는 미셸 랜스버그(Michele Landsberg, 1999)는 범죄학자들이 제시한 소녀와 폭력에 대한 자료가 다른 뉴스 보도기사에서 왜곡되고 있다며 범죄학자들과의 면담 내용을 정확하게 기록하였다. 더욱 최근에는 학교에서 문제를 일으키는 "버릇이 나쁜 소녀들"과 여성들에게로 초점이 이동하고 있다(Simmons, 2003; Wiseman, 2003). 최근 〈뉴스위크*Newsweek*〉의 "나쁜 소녀들이 험악해지고 있다"(Scelfo, 2005)라는 제하의 기사는 저널리즘이 아닌 대중매체의 선정주의가 드러나는 좋은 예이다. 감금된 여성에게 실제로 발생하는 일을 이해하기 위해 전형적인 여성 범죄자에 대한 이야기로 다시 돌아가기로 한다.

교도소에 있는 여성들은 주로 가난하고 교육 수준이 낮은 계층들이다(Shaw, 1994; van Wormer, 2001). 주립 교도소에 있는 10명의 여성 중 단지 4명만이 이전에 종일제 고용 상태였는데, 이는 남성 수감자의 60% 정도에 해당한다. 게다가 여성 수감자의 30%가 투옥되기 전에 복지수당을 받고 있었다(Bureau of Justice Statistics, 1999). 적어도 사회계층적 요소는 여타 사회제도와 마찬가지로 범죄정의 체계에서 매우 중요하다.

흑인 여성들이 백인 여성들보다 거의 8배 정도 많이 투옥되고, 라틴계 여성들보다 2배 정도 많이 투옥된다는 것은 범죄와 처벌에 있어서의 인종적 측면을 말해주는 것이다(Amnesty International, 1999). 여성 수감자 대부분은 도심 내에 범죄와 관련된 약물인 코카인 사용으로 적발되었는데, 약물과의 전쟁은 주로 소수인종과 여성에 대한 전쟁이었다. 전국적으로 주립 교도소에 있는 여성의 65% 이상이 어린 자녀가 있는 어머니이다(Bureau of Justice Statistics, 1999). 엄격한 판결에 따라 의도하지 않은 결과로 인해 투옥된 여성의 자녀들은 스스로 범죄와 처벌의 악순환에 가담하게 되는 위험성이 높아진다(van Wormer, 2001). 많은 여성 교도소가 도심 외곽에 있어 수감된 어머니들은 자녀들과 거의 만나지 못한다.

체포 당시 남성들은 주로 알코올을 섭취한 반면에, 여성들(약 40%)은 약물복용이 더 많은 것으로 보고되었다. 주립 교도소에 있는 여성의 57%가 약물남용과 간접적으로 관련되어 종종 신체적, 성적 폭행을 당했는데, 대부분이 18세 이전에 이런 일을 경험했다고 보고하였다(Bureau of Justice Statistics, 1999).

메다 체스니-린드(Meda Chesney-Lind, 1997)는 남성 범죄자와는 다르게 나타나는 여성 범죄자의 다양한 희생 비율을 설명하면서, 소녀들이 가정 내에서 발생하는 성적, 신체적 학대를 결사적으로 피하기 위해 가출하여 약물과 갱 단원에게서 위안을 찾고 거리의 매춘부로 살아가게 되는 경로를 보여주었다. 이러한 패턴은 도심 내에 있는 여성들에게서 더욱 심각하게 나타나는데, 이들은 극심한 경제적 어려움에 직면하여 생존수단으로 성매매를 선택한다. 롤리슨(Rolison, 1993)은 경제적 압박 때문에 범죄를 저지르는 남성을 돕게 되는 여성들의 성적, 신체적 역할을 강조하였다. 즉 성별 관계에서 여전히 계층이 존재하고 같은 인종 내에서도 여성들이 남성에게 예속되고, 나쁜 남자에게 예속된 것 때문에 공적인 가부장제에 의한 훈육의 대상이 된다. 동시에 이들은 여성을 나쁘게 또는 가치가 없다고 생각하거나 여성들에게 자신들의 공격성을 가하는 나쁜 남자들에 의해 훈육의 대상이 된다. 주정부와 그들 파트너에 의한 학대의 악순환 고리에 엮인 여성들의 인생은 극한 상황에 놓여 있다고 할 수 있다.

교도소 민영화의 영향

특히 교도소 민영화로 인한 교도소 산업은 범죄정의의 개혁을 방해하는 중요한 요인이다. 민영 교도소가 더 많이 생길수록 교도소 건축을 위한 정치인들의 로비활동은 더욱 많아질 것이다. 미국에서 교도소 산업은 매년 300억 달러가 발생한다(Mundon, 2001). 교도소를 민영화로 운영하는 것이 정부에게 주는 중요한 이점은 잘못된 처우와 부당한 죽음이 발생할 때 정부가 소송으로부터 자유롭다는 것이다(Coyle et al., 2003). 1995년에서 2000년 사이에 CCACorrections Corporation of America, 와켄허트Wackenhut, 코넬Cornell 등 3개의 주요 교도소 회사는 연방선거 기부금으로 52만 8,000달러 이상을 지원하였는데, 그 대부분은 정당에 직접 기부한 것이다. 주정부와의 영리사업 계약과 관련된 스캔들과 소송의 측면에서 보면, 정치인들에게 영향을 미치는 이런 시도가 이해될 것이다. 이에 따른 소기의 성과가 나타나고 있다. 2001년 월스트리트 저널이 "연방정부는 주립 교도소의 수감자 수를 낮추기 위해 민영 교도소를 채택하고 있다"는 머리기사를 낸 것이 모든 것을 말해주고 있다. 이 글에 따르면, CCA가 연방 교도국과 계약한 것은 행운이라는 것이다(Hallinan, 2001). 교도국의 초기 저항에도 불구하고 결국 협정이 이루어졌고, 전례 없이 침상에 대한 비용의 95%를 지불한다는 계약이 성사되었다.

한편으로, 테러와의 전쟁에 따른 이민자들의 수감 증가는 CCA를 비롯한 민영 교도소에 더 큰 수익을 안겨주었다. 새로운 반테러법이 의회에서 통과되었을 때조차도 민영 교도소의 주가는 300%나 치솟았다(Moorehead, 2001). 이러한 최근의 현상을 볼 때, 교도소 산업의 폐기에 대한 초기 소문은 너무 이른 감이 있다(Cheung, 2004).

주정부 및 연방정부의 교정시설에 대한 2000년도 센서스 조사에 따르면, 민간이 운영하는 120개의 시설이 여성들을 수용하도록 권한을 위임받았다(Bureau of Justice Statistics, 1999). 이 중에서 37개 시설이 여성들을 받지 않았다. 2000년도 센서스 목록에 등록된 명단은 성별에 특별히 초점을 둔 프로그램으로 정평이 나 있는 아이오와 주의 디모인여성수감센터Des Moines Women's Residential Center를 비롯해서 애리조나 주 플로렌스 지역의 유명한 교정시설까지 목록화되어 있다. CCA가 운영하고 있는 이 시설은 성폭력을 당한 여성들을 위해 여러 번의 성공적인 소송을 제기한 바 있다.

교도소 민영화 운동은 여성 범죄자들에 관하여 여러 함의를 가지고 있다. 첫째, 투옥되는 여성의 수가 증가하고 있다는 점이다. 둘째, 민영 교도소 내에서 남성 교도관에 의한 성학대가 발생한다는 점이다. 만약 상업적 기업들이 교정 직원을 모집하고 지도 · 감독한다면, 그 기준은 더욱 낮아지게 될 것이다. 동시에 주정부가 교도소 운영을 위한 책임을 포기할 때, 여성 수감자에게 가해지는 학대에 대한 공적인 책무성은 그만큼 감소될 것이다.

이런 문제에 대한 국제적 전례가 이미 있다. 요즘 같은 세계화 시대에 회사는 쉽게 해외 시장으로 확대된다. 예를 들어, 와켄허트와 CCA는 교도소의 해외 매각을 처음으로 성공시켰으며, 호주, 뉴질랜드, 영국에서 여성들을 위한 민영 교도소가 폭증하였다. 여성 교도소 활동가들은 여성들을 가족으로부터 분리시켜 큰 규모의 중앙집권적인 교도소로 이동시키는 것, 상업적인 비밀유지라는 이유로 민영 교도소를 정보의 자유에서 면제해주는 것, 호주의 판결에 대한 다국적 기업의 경제적 · 정치적 영향, 그리고 값싼 노동력의 사용 등 다양한 문제에 관심을 두었다. 2000년 10월, 호주 빅토리아 주의 정부는 계약의 이면에 대해 고소하면서 디어파크Deer Park에 있는 여성 교도소 센터의 운영권을 압수하였다(People's Justice Alliance, 1999).

영리적 동기는 적은 비용으로 질과 보호를 제공할 뿐 아니라 처벌이 민간 사업의 수단이 될 때 교도소 점유율에 해당하는 영리적인 면과 서비스 제공을 위한 비용 절감 사이에 명백한 갈등을 초래한다. 케이트 크레펠(Kate Krepel, 2000)은 그 상황을 다음과 같이 설명하고 있다.

> 민영 교도소는 수감자들에 대해 비용을 절감시키는 사업이다. 더 많은 사람들이 수감될수록 더 많은 돈이 소요된다. 우리 정부는 이런 범죄자들을 수감하기 위해 필요한 엄청난 경비를 이 회사에 지불하고, 이 회사들은 이

> 돈을 어떻게 쓸 것인지를 선택한다. 이들이 교도소에서 재활 프로그램, 교도관 훈련, 그리고 기타 영역에서 돈을 적게 쓸수록 영리적인 이윤이 그만큼 증가한다. 게다가 민영 교도소는 수감자들에게 일반적인 노동비보다 적은 노동비를 지급하고, 다른 민영 회사에 값싼 노동력을 제공함으로써 돈을 벌 수 있다. 이러한 교도소는 범죄자들의 갱생을 시도함으로써 우리 모두를 위해 더욱 안전한 사회를 만드는 회사가 아니다. 영리적 이윤 추구는 언제나 이러한 민영 회사의 핵심 사항이다.

직업훈련과 질 높은 교육을 위해 제공되는 보조금 프로그램들은 재정적 보수주의와는 상극이며, 가난한 여성과 아이들은 패자로 남게 된다(Danner, 2000). 복지와 건강보호 기금을 삭감하여 마련된 돈들이 시설의 확장과 보다 견고한 안전장치를 위해 범죄정의 체계로 집중된다.

새로운 교도산업 회사는 정치인들과 회사를 배불리면서 지역사회를 황폐화시킬 것이다. 대너(Danner, 2000)는 이와 관련하여 "비록 여성들이 논의 과정에서 벗어나 있다 할지라도, 여성들은 범죄를 위한 비용에서 말없는 패배자들이다. 이와 같은 범죄정의 개혁은 정치적 색채가 강하고, 불필요한 것이며, 비효과적이고 너무 많은 비용이 든다"고 말했다.

대부분이 어머니인 여성들이 교도소에 수감되면, 그 자녀들도 똑같이 처벌되는 것이다. 이 여성들은 한부모인 경우가 많아 아이들은 친척에게 보내지거나 과부하된 위탁보호시설로 보내진다. 이 아이들은 분노와 흥분이 극에 달하여 정서적인 문제나 법적인 문제를 발생시킬 가능성이 그만큼 커진다. 1999년 미국 〈뉴스앤드월드리포트*News and World Report*〉에서 실시한 여론조사에 따르면, 소년보다 소녀들의 어머니가 이전에 체포된 경우가 더욱 많았다. 아이오와 주의 정부는 범죄에 관련된 소녀들의 64%가 어머니가 범죄 기록이 있었다고 보고하였다(Locy, 1999). 다른 여러 주의 경우도 이와 별반 다르지 않았다. 교도소에 있는 대부분의 어머니들은 약물 관련 범죄자로 선고 받았다. 그러므로 법에 따라 엄격하게 사후 점검을 하는 약물 치료가 지역사회를 위해 엄청난 비용 절감을 가져왔고, 이로 인해 어머니들이 범죄로 빠져들지 않게끔 함으로써 성공적으로 비용을 아낄 수 있었다(van Wormer & Davis, 2003). 그러나 한 가지 분명한 것은, 교도소를 많이 짓는 것이 세대 간의 범죄율을 감소시키지 못한다는 것이다.

인권과 여성 수감자들

미국은 1948년에 제정된 세계인권선언문 작성에 크게 기여하였다. 여전히 미국은 강력한 도덕적 힘을 가지고 국제적인 인권학대를 점검하는 일을 계속 해오고 있다. 그러나 미국 내에서 인권학대는 어떠한가? 제5조에서는 "그 누구도 비참하고 비인격적으로 고문을 당하거나 또는 불명예스러운 처우나 처벌을 받지 않아야 한다"고 명시하고 있다(UN, 1948). 미국의 기본적인 인권선언과 일치하는 이 기준의 수준은 높다. 그 이유는 "또는" 이라는 단어를 포함하고 있기 때문이다. 〈하버드환경법리뷰*Harvard Environmental Law Review*〉(Geer, 2000)에 수록된 글에 나타난 것처럼 미국 수정헌법 제8조의 "잔인하고 비인간적인" 처벌은 잔인하고 비인간적이라는 두 가지 요소가 동시에 고려되어야 한다. 최근 대법원은 학대가 흔히 있는 일이라면 그것은 구조적인 문제라고 판결하였다. 1994년 미국은 비참하고 비인격적인 고문이나 불명예스러운 처우 및 처벌에 반대하는 조항을 비준하였다. 미국 정부는 헌법에서 제공하는 것보다 더 많은 권리가 개인에게 주어지지 않는다는 조항에 서명하였다(Amnesty International, 1999). 이러한 제한은 주립 시설에서 학대받는 수감자들에게 중요한 함의를 갖는다.

특히 감금된 여성과 관련된 것 중 하나는, 국제 인권조약에 대한 미국의 저항은 여성차별철폐협약의 비준에 대한 의회의 실패에서 뚜렷하게 알 수 있다. 적합한 건강보호 서비스와 성별에 따른 폭력으로부터 보호받을 권리에 관한 조항은 특히 여성들과 관련이 있다(Human Rights Watch, 1996).

UN의 문서는 조약에 비해 법적인 힘이 적지만 도덕적인 힘을 지닌 기준이 된다. 여성 수감자와 관련된 기준으로 UN의 수감자 처우에 관한 최저기준 규칙이 있다. 이 규칙의 제53조 제3항에서는 여성 수감자에 대해서는 반드시 여성 교도관이 참관하고 지도 · 감독해야 함을 규정하고 있다(UN, 1948). 그러나 미국에서는 비차별 지침에 따라 남성 교도소에서 일하는 여성에 대해 이를 적용하지 않는다. 따라서 미국 교도소에 투옥된 여성들은 남성에 의해 감시를 받으며, 종종 여성 수감자를 감시하기 위해 남성 교도관을 가까운 곳에 두기도 한다(van Wormer, 2001). 이로 인해 매년 성추행의 한 형태인 강간이 모든 주에서 보고되고 있다

(Amnesty International, 1999). 가장 질 나쁜 강간은 민영 교도소에서 발생하는데, 이곳은 교도관 훈련이 안 되어 있고, 급여가 낮은 교도관을 채용하고 있다.

성학대와 여성 수감자들

남성이 경호하는 폐쇄된 공간 내에서 발생하는 강간, 복수, 강요된 나체 감금, 임신에 관한 소문이 무성한데, 남성 교도관들은 유산을 강요하고, 7~8년 전에 알려진 학대에 대한 고발인과 목격자를 독방에 감금하였다. 국제사면위원회Amnesty International와 미국의 국제인권단체인 휴먼라이츠워치Human Rights Watch와 같은 조직이 소송을 제기하여 증거 확보 및 자체 조사를 위해 법원 기록에 접근하는 과정에서 이러한 사실이 드러난 것은 그나마 다행스러운 일이다.

남성 교도관이 여성 수감자를 밀착 감시하고 이에 따른 불가피한 스캔들과 소송이 이어지는 것은 북미에서 유일하다. 이런 사실은 텔레비전과 수감들의 증언에서 뿐 아니라 휴먼라이츠워치와 국제사면위원회의 소송에서 밝혀진 이야기에 관한 보고서들로 주춤하고 있다(Human Rights Watch, 1996; Amnesty International, 1999).

만약 소송지원 법률가와 전국 여성법률센터와 같은 여성주의 조직의 결정이 없었다면, 이러한 이야기들이 결코 노출되지 않았을 것이다. 전국에 걸쳐, 벌을 받지 않고 수감자들을 성적으로 괴롭히는 구치소 및 교도소의 교도관에 대한 놀라운 사건들이 보고되었다(Siegal, 1998). 국제사면위원회(Amnesty International, 2005)는 미국의 구치소 및 교도소 내에서의 비효과적인 공식 절차, 규정, 보고 지위 등이 여성에 대한 지속적인 성학대를 발생시킨다고 보고했다. 만약 어떤 교도관이 죄가 있다고 판명되면, 그를 해고하지 않고 단지 다른 시설로 전근("단지 뜰을 벗어나기")시킨다. 민영 교도소의 교도관은 급여가 적고 훈련이 안 되어 있으며, 책무성이 적기 때문에 가장 형편없는 상태에 놓여 있다. 뛰어난 남성 교도관을 배치했다고 하는 애리조나 플로렌스에 있는 CCA 운영시설에서 무슨 일이 일어나고 있는지 생각해봐야 한다.

배니스터(Bannister, 1998)는 나에게 개인적으로 편지를 보냈고, 이후 애리조나중앙교도소Central Arizona Detention Center에서 일어난 사건과 관련하여 공식적인 인터뷰를 진행했다. 오리건 주에 있던 여러 명의 여성 수감자들이 시설의 과부하로 인해 영리를 목적으로 운영되는 애리조나의 민영 교도소로 이관되었을 때, 이들은 비전문적인 처우를 받았다. 배니스터는 애리조나로 이관된 것에 대해 불만을 표했고 다시 오리건의 시설로 돌아오게 되었는데, 한 교도관 책임자가 6명의 여성에게 마리화나 담배를 주고는 남성 교도관들로 하여금 여성 수감자들의 방을 수색하게 했다고 말했다. 만약 여성 수감자들이 남성 교도관들을 위해 스트립쇼를 한다면 약물 소지죄를 피할 수 있었다고 말했다. 그리고 여성들이 이를 받아들이자 남성 교도관들은 그녀들에게 성폭행을 가하였다. 배니스터가 교도관에게 항의하자 3명의 교도관이 그녀를 구타했다.

휴먼라이츠워치의 보고서에 따르면, 사법부가 제출한 고소장의 결정은 무효 처리되었고, 별 효력이 없었다(Human Rights Watch, 2000). 교정국은 성학대에 대한 불만을 제기한 여성들이 지속적으로 독방에 감금되도록 허용하였다. 여성들로서는 보복에 대한 두려움 없이 안전하게 불만을 제기할 만한 어떤 장치도 없었다. 보복에 대한 두려움은 수감자들이 향후 일어날 학대에 대해 침묵하게 만들었다. 국제사면위원회(Amnesty International, 2005)를 통해 알려진 바와 같이, 여러 주에서 교도관들은 수감자의 개인정보를 볼 수 있게 되어 있는데 이 정보에는 교도관이나 교도소의 권위에 대한 불만사항이 모두 포함되어 있다. 심지어 교도소의 행정가들은 수감자들의 개인정보를 검토하도록 권고한다. 더욱이 교도관들은 여성들이 침묵하도록 하기 위해 자녀의 접근권을 가지고 위협한다. 또한 교도관들은 "규칙 위반" 티켓을 발부하여 만약 여성이 발설하면 복역을 연장하거나 불만을 제기한 수감자들을 행정적으로 따로 분류해둔다.

텍사스에서는 형편없는 직원으로 운영되는 구치소와 교도소에서 만연하게 일어나는 성폭력에 대한 주장이 제기되어 감사를 실시한 후 여성들을 다른 시설로 이관함에 따라 와켄허트가 운영하는 교도소 중 한 곳이 폐쇄된 적이 있었다. 수많은 여성들이 성폭력을 당했다. 이와 유사한 이야기들이 와켄허트가 운영하는 텍사스 여성 교도소와 청소년 사법센터에서 발생하였다(McNair, 2000). 그러나 이러한 사례들이 공식적으로 보고된 예는 많지 않다. 수감자들의 시민권에 대한 현저한 퇴보는 1995년에 제정된 교도소 소송 개혁법에서 비롯되었는데, 이는 교도소에 대한 사법적인 지도 · 감독을 제한함으로써 수감자들의 시민권을 감소시키고 있다. 소송의 어려움에도 불구하고, 알래스카 주의 앵커리지에 있는 민영 사회복귀시설halfway house에서 교도관으로부터 성적 피해를 입은 5명의 여성 수감자들에게 내실 있는 다른 장소가 제공되었다(Prison Legal News, 2001).

〈더파이어인사이드〉에는 여성 교도소에서 매일 발생하는 굴욕적인 상황에 대한 익명의 글이 실렸다(California Coalition of Women Prisoner, 2004).

> 여기에서는 고문이 다반사이고 매일 발생한다. 나는 그동안 고문을 받아왔고 이제는 더 고문이 심한 곳으로 왔다. 여기는 도망갈 수가 없어서 더욱 열악하다. 만약 내가 문제를 제기하거나 어떤 사항을 불평하기 위해 602 양식을 작성하면 즉각적으로 보복을 당한다. 항상 굴욕적인 상황이 일어난다. 악명 높은 인간 닭싸움human cockfight이 있은 후에 교도관들은 코코란Corcoran에서 이곳으로 재배치되었다. 그 누가 여기에서 그들의 임무가 우리들의 유익을 위해서라고 생각하겠는가? 그들은 여기에서 더욱 위험할 뿐이다.(p.3)
>
> 아부 그레이브Abu Ghraib에서 있었던 성학대가 이곳에서도 여전히 발생하고 있다. 예를 들어, 의사를 만나기 위해 부속 진료소로 갔는데 그곳에는 욕실이 딸린 방이 없다. 그래서 남성 교도관들이 다 볼 수 있는 화장실을 이용할 수밖에 없다. 남성 산부인과 의사는 산부인과 검사 후에 우리에 대한 경멸스러운 말들을 남성 교도관들에게 한다.(p.6)

> 약물치료를 받는 수감자가 강간을 당하면 겨우 털이 묻은 콘돔 하나만 채취한다. 그들이 하는 일은 단지 이러한 증거를 모으는 것뿐이다. 그래서 그녀는 몸이 아파도 교도관이 그렇게 할까봐 두려워 치료를 받으러 가지 않는다.(p.6)

또 다른 시설에 있는 여성 수감자는 다음과 같이 말했다. "교도소에 들어가는 순간에 굴욕을 당한다. 남성 교도관들이 당신의 옷을 벗기고, 당신의 가랑이를 벌리고, 당신의 가슴을 들춘다. … 어떤 교도관들은 잘 보살펴주지만, 어떤 교도관들은 우리를 고깃덩어리 취급을 하고 야만인처럼 대한다"(Awilda Gonzalez; Heather Haddon, 2001, p.1에서 인용).

인권과 교도소 노동자들

1979년 의회는 값싼 노동자를 확보하기 위하여, 수감자들의 노동력을 영리 목적으로 이용하려는 민간 기업에 대한 규정을 다시 만들기 시작했다. 레빈(Levin, 1999)이 주장한 바와 같이, 오늘날 수감 노동자는 시간당 11센트보다 낮은 임금을 받을 정도로 마치 노예와 같은 고통을 당하고 있다. 자신의 선한 행위와 일했던 날을 공제하는 "선한 시간" 정책이 있기 때문에, 수감자들은 저임금의 일을 하거나 장문의 반성문을 쓰는 것 중 한 가지를 선택해야만 한다. 캘리포니아에서는 일을 거부하는 수감자들을 징계소로 보내기 때문에 이들은 반성문을 작성할 "선한 시간" 확보뿐 아니라 매점이용 특권을 상실하게 된다(Overbeck, 1997). 실제적으로, 미국 헌법 하에서는 범죄에 대한 처벌 수단으로 비자발적인 노역이 합법적이라 할지라도, UN의 인권법에서는 어떤 형태로든 노예 취급하는 것을 금지하고 있다.

교도소 제품들이 처음에는 주립 기관을 위해서만 생산되다가, 지금은 외부의 회사와 경쟁하면서 모든 경제 분야로 확산되고 있다는 것을 생각해봐야 한다. 〈아이오와 커머스매거진*Iowa Commerce Magazine*〉 1997년 여름호에는 비자발적 노동착취에 관한 기사가 "고용자들은 오직 시간당 임금만 지불한다. 노동자에 대한 아무런 보상이 없다. 그리고 실직도 없고, 건강보험도 없으며, 아무런 혜택도 없다"라는 제목으로 실렸다(Basu, 1998). 수감자들을 고용한 어떤 회사들은 교도소 기준에 맞게 그들에게 제대로 된 임금을 지불하지만, JC페니JC Penney(미국 대규모 소매업 회사)와 빅토리아 시크릿Victoria's Secret(미국 최대의 란제리 회사)을 비롯하여 IBM(미국의 컴퓨터 · 정보기기 제조업체)과 TWA(미국의 민간 항공사)는 비용을 절감하고 이윤을 증가시키기 위해 교도소의 노동력을 이용하고 있다(Livin, 1999). 이 회사들은 값싼 교도소 노동력을 이용하여 경비를 절감하고 있으며, 교도소 노동력을 활용하는 회사들의 이윤은 전국적으로 수십억 달러에 이른다(Overbeck, 1997). 이와 비교하여 스웨덴이나 노르웨이와 같이 복지제도가 잘 되어 있는 나라의 수감 노동자들은 제대로 된 임금을 받으며, 노동조합이 이루어져 있고, 유급 휴가도 갖는다. 또한 캐나다에서는 생활임금과 학비까지 받는다(van Wormer, 2001). 여성 시설의 원만한 관리를 위해, 일과 교육에 대한 이러한 형태의 성과급제는 교정기관에 엄청난 도움을 준다.

민영 교도소 회사들은 값싼 수감 노동력 시장이 확대되는 것에 대해 예상대로 열광적인 반응을 보였다. 이를 테면, 민영 교도소의 수감 노동자들은 어떤 일을 하든지 주립이나 연방 교도소에 있는 수감 노동자들보다 적은 임금을 받는다(Silverstein, 1997). 대체로 여성은 시간당 15~30센트의 임금을 받으며, 여성 청소년들은 주당 40시간을 일한다(Jordan, 1996).

값싼 외국 노동자에게 일자리를 잃는 것에 대한 공포로 인한 영향이 수감자들의 노예 노동을 허용하는 쪽으로 압력이 가해져 왔다. 1995년 주립 수감자 100%를 일하도록 한 제도적 법안이 오리건 주 유권자들의 압도적 찬성으로 통과되었다(Overbeck, 1997). 2000년에는 36개 주에서 영리회사가 수감자들의 노동력을 활용하도록 허용했고, 그 결과 8만 명의 수감자들이 영리적 활동에 고용되었다(Whyte & Baker, 2000). 게다가 최근에는 여러 주에서 수감자들에게 의료적 치료뿐 아니라 화장지나 도서관 사용에 이르기까지 기본적인 필수품 사용에 대한 비용을 지불할 것을 요구하고 있다. 또한 많은 주에서는 “방과 식사” 제공에 대한 비용을 받고 있다. 예를 들어, 펜실베니아 주 버크스 카운티Berks County 교도소는 수감자들에게 수감생활에 대한 비용을 받고 있으며, 다른 주에서도 이와 비슷한 규정이 있다(Goldberg & Evans, 1997). 정부가 수감자들로 하여금 최소임금으로 민간기업의 일을 하도록 강요하지 않는다 해도 결국 수감자들은 필요에 의해서 그 노동을 선택하게끔 강요받고 있는 것이다.

이 분야의 발전을 위해서는 변화가 필요하다. 연방정부와의 계약을 원하는 기업과 회사들로 인해 자극이 되고 있다(Arnold, 2005). 이 회사들의 입김이 세지면서 수감자들의 노동력으로 정부에서 필요한 상품을 만들도록 한 연방 프로그램에 대한 예산은 점점 줄어들기 시작했다. 비록 이미 언급된 목적 중의 하나가 교육과 직업훈련 프로그램을 수행하는 것이라 할지라도, 이것이 수감자들을 위한 긍정적인 발전이라는 것이 어느 정도인지 검토할 필요가 있다.

건강보호와 인권

최근 "미시시피 주 터트윌러에서 2개월 동안 3번의 사망사건이 발생했다는 것에 여러 의문이 제기된다"라는 제목의 머리기사는 앨라배마 주 웹툼카에 위치한 줄리아 터트윌러Julia Tutwiler 교도소에서 행해진 부적절한 의료적 처치와 관련된 사건을 보도한 것이다(Associated Press, 2005). 민영화되어 있는 교도소에서 건강 서비스가 이루어지는 동안 3명의 수감자가 사망하였다. 보호가 소홀했음이 의심되어 연방정부는 의료진의 치료가 부족한 교도소에 대해 소송을 걸었다. 법정에서는 교도소가 불필요한 사망을 방지해야 할 치료계획이 부족했고, 심하게 아픈 수감자들의 치명적인 징후를 파악하는 것에 실패했다고 판결했다.

남성 수감자와 여성 수감자에 대한 건강보호가 모두 기대수준에 미치지 못하지만, 젊고 건강한 남성에게나 적합한 치료 모델을 설정한 군대식 설계로 인해 여성들은 상대적으로 더 큰 어려움을 겪는다(Cooper, 2002). 여성 수감자들의 특별한 욕구에 맞는 적합한 의료적 보호 제공에 대한 주정부의 실패는 미국 회계청의 보고서인 『교도소의 여성들: 미국 교정체계에 직면한 문제와 도전거리들*Women in Prison: Issues and Challenges Confronting U.S. Correctional Systems*』에 잘 나와 있다. 전국 여성 수감자 중 1/3가량이 수용되어 있는 전국에서 가장 규모가 큰 교정시설 3곳(연방 교도국, 캘리포니아 교정국, 텍사스 교정국)을 중심으로 살펴보면, 약물남용, 정신건강, HIV 감염 등을 위한 치료가 매우 취약함을 알 수 있다. 여성 수감자들은 남성들과 비교할 때 이 3가지 영역 모두에서 더 높은 질병률을 보인다. 예를 들어, 연방 교도소에 있는 여성 수감자들의 13%가 정신질환이 있으며, 주립 교도소는 24%의 여성이 정신질환이 있거나 정신병원에 수감되어 있다(남성의 경우 각각 7%, 16%이다). 1999년 정부 보고서에서는 조사에 참여한 수감자들에게 여성 관련 건강보호 서비스가 제공되었고, 일차적인 신체검사와 골반검사, 유방암검사, 정기적인 임신검사가 이루어졌다고 하였다. 과거의 방관적인 건강보호에 대한 소송이 제기되면서 이제는 수많은 수감자들에 대한 건강보호가 외부의 긴밀한 감시를 받게 되었다.

약물남용에 대한 치료는 매우 취약한 영역으로 여성 수감자 중 70~80%가 약물남용 문제가 있음에도 불구하고 단지 이들 중 1/4만 필요한 치료를 받고 있다. 수감자에 대한 조사를 통해 금주동맹과 같은 자조집단 모임에 참석하는 "치료"가 필요함을 명심해야 한다.

여성 수감자 수가 급증하면서 교도관 수가 부족함에도 불구하고 수감자들의 신체적, 정신적 욕구를 어느 정도는 충족시켜야 하기 때문에 의학적 남용과 유기에 대한 법적인 사례가 많이 발생한다. 교도소 행정가들은 자신들이 일을 제대로 하고 있다고는 하지만, 여성 수감자와 법적 대리인들은 건강보호와 관련하여 많은 불만을 제기하고 있다. 만성질환에 대한 적절한 치료가 이루어지지 않은 것, 적절한 시기에 암을 치료하지 못하는 것, 폐와 흉부질환에 대한 치료를 연기하는 것 등이 진술되었다(Talvi, 1999). 캘리포니아 주 차우칠라에 위치한 여성 교도소에서는 정신질환이 있는 여성이 더러운 감방에서 벌거벗은 채로 자신의 배설물을 먹었다는 소송 관련 보고서가 있다. 또 다른 수감자는 약을 주지 않아서 췌장염을 치료하지 못해 사망에 이르렀다는 보고가 있으며, HIV 양성 환자들이 새로운 교도소 정책에 따라 약을 타기 위해 하루에 세 번씩 긴 줄을 서야 했다는 보고도 있다(Clarkson, 1998). 이 시설에 있는 수감자들의 가장 큰 불만사항은 건강보호와 관련된 것이다. 심지어 교도관들도 5명의 의사가 4천 명의 수감자를 돌보기 때문에 수감자가 의사를 만나려면 3개월을 기다려야 한다는 사실을 잘 알고 있다. 차우칠라에서 의료보호를 위한 책무성은 실질적으로 존재하지 않는다(Cooper, 2002).

네바다 주에서도 비슷한 상황이 보고되고 있는데, 라스베이거스에 있는 여성 교도소에서는 CCA에 의해 의료서비스가 제공되지만, 이는 여성의 욕구를 충족시키기에 너무나도 부적합하다. 계약자들은 면허가 있는 간호사보다 간호조무사를 채용하고, 질이 낮은 서비스를 제공함으로써 비용을 절약한다(Dornan, 1999). 교도소에 있는 여성들의 경우, 만성질환이 말기의 상태가 되는 것처럼, 10년 또는 20년의 선고가 곧 사망 선고가 된다(Talvi, 1999). 세이어(Thayer, 2005, p. 2)는 여성의 건강에 필요한 경비를 지속적으로 삭감하는 상황을 다음과 같이 요약하였다.

> 윤리적 동기가 문제를 더욱 악화시킨다. 교도소의 민영화에 저항하기 위해 지역사회를 조직해온 풀뿌리 대표지도자인 시 칸Si Kahn이 말한 것처럼, 수감된 여성들은 이 사회에서 가장 비참한 상태에 있는 사람들이다. 아무도 여성 수감자를 보호하지 않으며, 심지어 정부마저도 여성의 건강보호를 위해 많은 재정을 투입하지 않는다. 그러나 재정은 삭감해도 될 만큼 풍족하지 않다. 정부는 민간회사의 주주나 관리자들이 좋아할 만큼의 재정을 지원한다고 말하지만, 교도소와 건강 관련 계약을 하는 민간회사는 정부가 적은 돈으로 많은 서비스를 제공하려고 한다고 말한다. 민영 교도소 CCA의 연간보고서에 따르면, 최대 소유주이자 관리자인 대표는 2003년 주식 배당을 제외하고도 100만 달러 이상 벌었다.

시설에 있는 여성의 인권침해에 대한 국제사면위원회(Amnesty International, 1999)의 보고서에서는 수많은 주에서 의료적 방임의 죄가 일어났음을 강조하였다. 플로리다 주, 버지니아 주 그리고 워싱턴 D. C.에서 여성 수감자들에 대한 관행적인 의료적 방임이 있었다. 국제사면위원회는 다음과 같은 의료적 보호의 실패에 대한 관심을 불러 일으켰다.

- 신체적, 정신적 욕구를 충족시키지 못하는 부적합한 직원들

- 의료 서비스에 대한 장기간의 무관심, 암과 같이 만성적이고 치명적인 질환을 가진 수감자들의 신체를 망가뜨리는 파행적이고 형편없는 치료, 수감자에 대한 정신약물의 과용
- 치료를 위한 탐색 과정에 비전문 의료인력 투입
- 정신건강 전문가의 태부족
- 정신건강 서비스를 원하는 여성들에게 정기적으로 약물을 제공할 뿐 필요한 정신치료를 받을 기회를 제공하지 않는 것
- 여성을 22~24시간동안 안전이라는 목적으로 독방에 감금시켰으나 이들 중 많은 사람들이 나중에 정신건강의 문제가 있는 것으로 진단되었다(캘리포니아의 한 정신과의사는 국제사면위원회에서 그러한 혹독한 상황이 정신증을 유발시키거나 기존의 정신질환을 악화시킬 수 있다고 하였다).
- 임신한 사람을 포함해서 모든 수감자들에게 수갑을 채우는 것은 미국 마샬 서비스(미연방 법 집행 보안관서비스) 및 연방 교도소의 정책이어서 모든 주립 교도소에서 대부분 그렇게 하고 있다. 수갑을 찬 채로 노동을 하는 것은 뇌출혈 발생의 원인이 될 수 있으며, 심장박동수를 치명적으로 감소시킨다. 그리고 제왕절개의 시기를 늦추는 것은 신생아에게 영구적인 뇌손상을 초래한다.
- 천식, 당뇨, 빈혈증, 암, 만기 유산, 발작 등과 같은 치료 가능한 질병이 있는 여성 수감자들이 의료적 서비스를 받지 못할 경우 사망이나 영구적인 장애가 발생한다.
- HIV/에이즈가 있는 수감자들에게 적절한 약물을 처방하지 않는 것
- 수감자들이 일을 하지 않으려고 꾀병을 부리는 것이라거나 별것 아닌

것이라며 의료적 관심을 갖지 않게 해야 한다는 주장을 하면서, 의료적 관심에 대한 국제기준을 위반하는 것

국제사면위원회는 다음과 같이 권고하고 있다.

- 지방, 주, 연방 정부는 시설에 입소해 있는 모든 수감자들의 신체적, 정신적 건강에 대한 욕구를 보장하기 위해서 자원을 제공해야 하며, 필요한 서비스와 치료를 제공해야 한다.
- 신체적 보호는 무료로 제공되어야 한다.
- 여성에 대한 건강보호 서비스는 지역사회 기준에 맞게 전문적으로 실시되어야 한다.
- 정부는 구치소와 교도소의 건강 서비스를 위한 적합하고 적절한 기준을 마련해야 하고, 서비스에 대해 정기적이고 독립적인 외부 평가를 실시해야 한다.
- 정신질환이 있는 사람은 구치소나 교도소가 아닌 정신보건시설에서 보호해야 한다.
- 연방정부는 정신약물의 과용을 포함하여, 수치소와 교도소에 있는 여성들을 위한 정신건강 서비스에 대한 조사를 실시해야 한다.

미국의 열악한 교도소 건강기준은 국제법을 위반하고 있다. 세계인권선언 제25조에서는 "모든 사람은 음식, 의복, 주거, 의료, 필요한 사회서비스를 포함하여 자신과 가족의 건강과 안녕을 위해 적절한 생활수준

을 누릴 권리를 가지며, 실업, 질병, 장애, 배우자와의 사별, 노령, 그밖에 자신이 통제할 수 없는 상황에 따른 생계곤란을 겪을 경우 사회보장을 누릴 권리를 가진다"고 규정하고 있다.

불행하게도 미국은 UN 서약에 서명하지 않았고, 이 조약에 무게를 두지 않고 있다. 시민적 · 정치적 권리에 관한 국제규약(B규약)은 1976년에 시행되었다. 휴먼라이츠워치(Human Right Watch, 2003)에 따르면, B규약은 미국이 인정하는 가장 보편적인 국제인권규약으로 고문과 학대, 비인간적이고 저질스러운 대우나 처벌로부터 수감자들을 보호해야 할 것을 명백하게 제시하고 있다.

임산부 보호, HIV, 결핵

교도소가 민간에 의해 운영되든, 주정부에 의해 운영되든 상관없이 의료 서비스는 계약을 통해 민영화되는 경향이 있다. 민영 교도소를 운영하는 회사는 수감자들에 대한 의료적 치료를 제공하여 고정된 비율을 받기 때문에, 치료비로 지원되는 모든 돈이 그 회사의 이윤 수익이 되지 않는다.

단기적인 비용 절감에 초점을 두기 때문에, 의료적 치료의 민영화는 잘못될 가능성이 많다. 예를 들어, 캘리포니아의 경우 의료적 치료를 위한 매출에 대한 조사에서 임신 여성을 위한 출산 전 치료가 부족함을 알 수 있었다. 출산과정에서 유산 및 신생아 사망 비율이 높을 뿐 아니라,

병원과 계약함에 있어서 서비스와 의료정보의 조정이 매우 부족하다는 체계적인 문제가 있다.

구치소에 있는 약 6%의 여성과 교도소에 있는 5%의 여성이 임신 중이었는데, 단지 1/2정도만 산전 보호를 받았다(Greenfield & Snell, 1999). 노동 중에도 족쇄와 같이 위험한 결박 도구를 사용함에 따라 산모와 아이의 건강상 위험은 증가하였다. 대부분의 구치소와 교도소에서는 지역 내 병원에서 출산한 후 산모와 신생아를 떨어뜨려 놓는다(Miles, 2004). 간혹 HIV에 감염된 산모의 신생아에게 약물의존이 발생할 경우 문제는 더욱 복잡하고 심각해진다. 또한 여성 수감자들의 약물 사용률이 남성들보다 높고, 연방 교도소 수감자의 70%, 주립 및 지방 교도소 수감자의 80%가 약물을 사용한다는 보고가 있으며, 이에 따라 수감된 여성의 약물의존 신생아 비율이 증가하고 있다(U. S. Department of Justice, 2000).

남성 수감자들에 비해서 여성 수감자들은 약물남용, 정신건강, HIV 감염 등에 있어 상당히 높은 이환율이 나타나고 있으며, 이 세 영역은 상호연관성이 있다. 2002년 말 통계에 의하면, 주립 교도소 남성 수감자의 1.9%가 HIV 양성 반응을 보인 것에 비해, 여성은 3.0%로 나타났다(Bureau of Justice Statistics, 2004). 여성 약물 범죄자 집단은 접촉을 통해 HIV를 옮길 위험성이 높기 때문에, 에이즈는 여성 수감자들의 주요 사망 원인이 되고 있다(Brewer & Derrickson, 1992). HIV와 결핵은 상관관계가 매우 높은데, 남성 수감자들의 결핵 비율은 낮아지고 있지만, 여성들의 경우 증가하고 있다. 결핵은 일반 인구군에서는 1만 명 중 1명

이하가 감염될 뿐이지만, 교도소에서는 4명 중 1명이 감염된다(Bureau of Justice Statistics, 2000).

여성 수감자들의 다른 건강문제와 같이, HIV는 교도소로 전달되는 문화적 수화물의 하나이다. 보편적인 건강보호 서비스의 부족과 실패로 인해, 여성 수감자들은 입소 전 지역사회에서의 쓸모없는 건강보호 서비스를 구치소와 교도소에서 제공받고 있는 모순된 상황에 처해있다. 고위험 상태에 있는 여성 수감자들에게 제공되어야 하는 유용한 개입으로는 고위험 환경에서 바늘을 소독하는 것, 출소 후 콘돔 사용에 대한 교육, 지역사회 공중보건 자원에 대한 교육뿐 아니라 HIV와 성병의 위험에 대한 교육, 인지행동 기술 등이 있다.

정신건강 보호

한 연구에 의하면, 여성 수감자의 48~88% 정도가 교도소로 오기 전에 성폭행이나 신체적 폭행을 경험하여 외상 후 스트레스 장애로 고통스러워하고 있다고 한다(Amnesty International, 2005). 여성 수감자들은 남성에 비해 2배의 정신질환을 가지고 있으며, 약 3/4 정도가 살면서 자살을 시도한 적이 있다(Brennan & Austin, 1997). 그러나 상담을 제공하는 교도소는 극소수이고, 여성에게 제공되는 정신건강 서비스는 정신치료가 아닌 약물치료이다. 미국 법무국 산하 통계국(Bureau of Justice Statistics, 2000)은 5명의 여성 수감자 중 1명 정도가 교도소에 입소한 후

심리적 문제나 정서적 문제로 약물치료를 받고 있다고 보고했다.

정신질환을 가진 가해자의 치료에 대한 보고서 중 가장 권위 있는 보고서인 휴먼라이츠워치(Human Rights Watch, 2003)는 교도소가 정신질환이 있는 사람들을 위한 시설로서 전혀 기능하지 못하며 의료적 기준을 총체적으로 위반하고 있다는 점을 발견하였다. 이 보고서는 취약하고 병이 있는 사람들의 죽음을 방치하고 소홀히 하는 뿌리 깊은 관행을 기록하기 위해 교도관, 정신건강 전문가, 수감자들과 그들의 변호사와의 인터뷰 내용을 제시하였다. 극단적인 사례로, 냉랭한 감시방에서 목을 매 자살한 수감자를 며칠 동안 방치한 사례, 교도관들이 수감자들을 제압하는 과정에서 우발적으로 사망에 이른 사례, 더럽고 더운 감방에 장시간 감금한 사례, 교도관들의 고의적인 학대 등을 보고하였다. 복종하지 않는 것처럼 보이는 정신질환 증상을 가진 수감자에 대한 처벌은 대부분의 교도소에서 일어나는 문제이다. 1960년대 공공 정신병원의 해체와 지난 10년간 감금의 급증과 함께 교도소는 놀랄만한 수의 정신질환자들을 위한 집으로 변했다. 오늘날 교도소는 가난한 사람의 정신병원이 되고 있고, 괴상한 행동을 하는 사람들을 내버리는 장소가 되고 있으며, 이들을 아무런 치료도 하지 않은 채 방치하고 있다. 〈프리즌리걸뉴스*Prison Legal News*〉에서 허리벨(Herivel, 1999)은 워싱턴 교정시설에서 여성에 대해 행해지는 조잡한 의료적, 치과적 치료에 대해 "정신적 상해"라고 말했다. 단지 8명의 정신건강 전문가가 730명의 여성 수감자를 위해 일한다고 지적했다. 자살이나 자해행동을 한 여성 수감자들은 필요한 정신건강 치료를 받는 것이 아니라 격리실에 수용될 뿐이다.

사회복지사들은 교정시설에서 행해지는 정신건강 서비스의 부적합성에 대해 오랫동안 문제를 제기해왔다(Alexander, 1999). 구치소와 교도소에서 실시되는 정신건강 서비스가 심각하게 부족하다는 문제가 제기되자 미국정신건강협회의 테스크포스팀은 적합한 치료를 위한 4가지 핵심요소를 제시하였다. 이는 정신건강의 검색과 평가, 위기개입, 치료, 퇴원계획과 의뢰이다.

정신질환이 있는 여성의 수가 적다는 이유로 일반 수감자들과 한 공간에 지내게 되면서 문제가 발생한다. 그 결과, 믿지 못할 정도로 장기간 복역을 한다. 내가 루이빌louisville 언론사의 기자 두 명과 함께 여러 명의 가족들과 인터뷰를 진행하면서 개인적으로 잘 알게 된 한 수감자는 결국 교도소에서 사망하였다. 나는 다른 곳에 그 상황을 자세하게 기록하였다(van Wormer, 2001). 켄터키 주 볼링그린에서 살았던 셰리 슬론Sherry Sloan은 지적장애와 정신질환을 앓고 있었다. 그녀는 싸움에 연루되어 유죄 판결을 받았다. 교도소에서 규칙을 잘 따르지 못한다는 이유로, 제 역할을 못한다는 이유로 수년 동안 거의 대부분 독방에 감금되어 지냈다. 그녀는 감금 당시에 항정신병 약물로 인해 몸무게가 180kg이 되었고 27세의 나이로 사망하였다.

슬론이 이러한 모호한 상황에서 사망하자 지역 신문에서 이 사례를 최초 보도하였다. 그녀의 친척들은 그녀를 구금한 교도관에 의해 죽임을 당했다고 주장했다. 교도관은 처음에는 그녀가 침대에서 떨어졌다고 주장하다가(사실 바닥은 매트리스임), 나중에는 그녀가 간질발작을 일으켰다고 주장했다. 나는 부검 보고서를 통해 그녀의 온몸에 타박상이 있었음을 확인했다. 그녀의 가족들은 이 사건을 공론화하기 위해 투쟁하고 소송을 제기하면서 연방정부에 조사를 의뢰하였다. 변호사들은 금전적인 보상이 없다는 이유로 이 사례를 맡으려고 하지 않았다. 신문사에서도 이 사실을 철저히 감추려고 했지만, 나는 이 이야기를 최초로 보도하였다.

이와 유사한 사례가 〈뉴욕타임즈*New York Times*〉에 보도되었는데, 정신질환을 가진 여성이 250일 동안 독방에 갇혀 있었고, 소위 "통"이라고 불리는 콘크리트 바닥으로 된 처참한 방에서 160일을 보내다 자살한 사례이다(Pfeiffer, 2004). 이 글에서 설명한 바와 같이, 만약 수감자가 이전에 정신질환이 없었다고 하더라도 수감 중에 정신적인 붕괴의 위험이 있다는 것은 어디에서든 나타날 수 있는 문제이다. 전쟁 수감자, 움직이지 못하는 척수장애 환자, 독신자, 장거리 운항 조종사, 남극 거주자, 교도소 수감자에 대한 최근의 연구에서는 이들 모두가 장기간의 격리와 감각박탈을 경험하면서 정신증이 나타날 위험성이 있다는 것이다(Pfeiffer, 2004).

수감 중인 이민자에 대한 처우

수감 중인 난민을 포함하여 여성 이민자들은 심각한 인권침해로 고통 받는 또 다른 집단이다. 테러와의 전쟁이 공포되기 전에도, 수감 중인 정치적 난민들에 대한 비인도적인 처우에 대한 기준이 있었다. 이들은 자

국민이 아니기 때문에 미국의 제도적 보호의 관할 밖에 있다고 간주되지만, 그렇다고 이들이 국제법의 영역 밖에 있는 것은 아니다.

국제사면위원회(Amnesty International, 1999)는 수감 중인 이민자들에 대해 "여성 수용소에 있는 사람들이 종종 가혹한 취급을 당하고 있다. 이민자귀화서비스Immigration and Naturalization Service, INS 권리에 대한 법이 엄연히 있지만, 교도시설 안에서 이들은 모든 여성 수감자들이 겪는 것과 동일한 인권침해에 시달리고 있다. 이들은 흉악범들과 같은 감방에 투옥되는 경우가 많다"고 보고했다. 파우지야 카신자(Fauziya Kassindja, 1999)는 자신의 가슴 아픈 회고록, 『당신이 울 때 그들은 당신의 소리를 듣는가?*Do They Hear When You Cry?*』를 통해 그녀가 감금되어 있는 동안 이민자귀화서비스에 의해 압박받은 공포를 자세하게 말하고 있다. 카신자는 아프리카 토고에서 행해지는 할례를 피하기 위해 난민으로 미국에 왔으며, 그녀의 이야기가 언론을 통해 전국적으로 보도되면서 성공적으로 석방될 수 있었다(van Wormer & Bartollas, 2000).

이민 수감자들에 대한 새로운 가혹한 선고법이 만들어지고 있는데, 이들은 연방정부가 교도소를 민영 회사로 전환하는 과정에서 분리된 사람들이다(Greene, 2001). 미국이 9.11 테러사건 이후 국가의 안전을 최우선 과제로 제시하고 새로운 테러방지법을 내세우면서 이민자 수감자들의 수가 증가하였다. 뉴저지 주 엘리자베스에서 일하는 한 사회복지사와의 개인적인 인터뷰를 통해, 정치 수용소를 필요로 하는 난민을 포함한 이민자들이 수용되어 있는 민영 엘리자베스 수용센터에서 "잔인하고 비인간적인" 조건들이 더욱 명확하게 적용되고 있다는 사실을 알게 되었다. 수용센터에 있는 여성들은 모두 하나의 방에 있고, 어떠한 활동도 제공되지 않으며, 전화사용을 위해 1분당 1달러를 지불한다. 한 여성은 5년 동안 이렇게 감금되어 있었다. 미국의 권리장전에 따라 미국인들에게 제공되는 일반적인 보호들이 이들에게도 제공되어야 하지만, 여전히 시행되지 않고 있다(Levy, 2002; Physicians for Human Rights, 2005). 인터넷 조사에서는 인권착취에 대한 수많은 보고들이 제기되었는데, 어떤 것은 소송 과정에서 발생하는 것으로 나타났다(Star-Ledger, 2004). 9.11 테러사건 이후로 수많은 테러 용의자들이 엘리자베스 수용센터에 감금되어 있다.

결론

인권에 대한 침해는 체계의 문제이기 때문에, 이를 해결하기 위해서는 약물중독과 정신질환을 적합하게 다루지 못하는 개별 구치소와 교도소의 전반적인 체계를 변화시켜야 한다. 이러한 문제를 범죄 관리적 차원이 아니라 건강보호의 문제로 규정하는 것에 실패한다면 최근의 상황처럼 수감자들이 넘쳐나지만 전문적인 직원들의 수는 감소할 수밖에 없다.

미국의 형사제도에서는 범죄와 관련된 여성들(예를 들어, 약물판매 자녀를 보호하는 어머니, 또는 약물을 사용한 남성의 아내나 여자친구)을 동정하기보다 가혹한 처벌을 가한다. 여성들은 종종 자신의 남자에 의해 고발된다. 약물공모법과 성별중립 정책으로 인해 여성의 수감 증가율은 남성의 수감 증가율보다 더 높게 나타나고 있다. 여성 교도소는 대체로 남성 교도소와 동일한 디자인으로 건축되고, 남성 교도관이 운영하며, 새로 생기는 여성 교도소는 민간 소유로 운영되고 있다. 여성 수감자들을 남성과 동일하게 처우하는 것은 매우 파멸적인 결과를 낳는다. 이는 여성, 특히 모성을 해치는 것이다.

이 장에서는 교도소의 민영화가 특히 여성 수감자들의 인권을 말살하는 것과 관련되어 있다는 것을 살펴보았다. 건강보호, 정신건강과 중독 치료, 직업훈련, 노동에 있어서 인도주의적인 관심사를 염두에 두지 않는다면, 그 기준은 더욱 극단적으로 퇴보할 것이다.

이제는 형사제도 내에서 여성과 관련하여 긍정적인 발전이 조금씩 이루어지고 있다. 법정에서는 약물중독 여성을 교도소로 보내는 대신 치료를 명령하고, 처벌보다 회복에 초점을 둔 갱생 프로그램들도 생겨났다. 여성 교도소 교도관에 대한 조사(van Wormer, 2001)에 따르면, 남성 교도관들이 여성 수감자들에 대해 엄격한 통제를 하기보다 지도 · 감독에 초점을 두도록 빠르게 변화되고 있다.

그러나 미국 정부가 헌법상의 시민권을 더욱 진지하게 고려하고, 국제법의 권위를 인정하기 전까지는 인권과 인간 존엄성에 대한 침해는 계속될 것이다.

10

사회복지 실천의 원형으로서의 아동인권

로즈마리 링크 *Rosemary J. Link*

로즈마리 링크 *Rosemary J. Link*

미국 미네아폴리스에 위치한 아우구스버그대학 사회사업학과 교수이며, 사우스우드 가족 양육센터 위원회 위원장이다. 아동의 권리와 가족복지에 관심을 두고, 아동 및 빈곤자에 대한 미국의 복지의 영향과 관련하여 미국과 영국에서 연구를 하였다. 미국 사회복지교육협의회 국제위원으로서 교과목 및 교수법 개발에 참여하여 국제협력과 상호간 이해증진, 사회복지사와 교육자들을 위한 국제적 교류를 위해 노력하고 있다. 또한 슬로베니아와 싱가포르에 인터넷 화상강좌 개발을 위한 주정부 인가부서에서 활동하고 있다.

UN아동권리협약은 아동의 복리와 관련된 문제를 강조하는 동시에 사회복지 실천과도 매우 밀접하게 관련되어 있다. 세계 아동에 대한 2003년 연두교시에서 당시 UN사무총장이었던 코피 아난Kofi Annan은 UN총회에 아동의 목소리를 전달하였고, 어른들에게 아동의 생각과 경험을 위한 공간을 만들 것을 요청하였다. 여기에는 18세 이하, 심지어 10세 이하의 아동들이 아동권리협약을 논의하는 여러 사진을 함께 보여 주었다.

> 우리들은 너무 많은 것을 바라지 않습니다! 집행부는 나름대로 행동을 취하고 있다고 말했습니다! 우리는 "잘 하고 있다"라는 말이나 박수 그 이상의 것을 원합니다. 우리는 행동을 원합니다. 아동을 생각해 보세요. 아동들을 위해 어떤 세상이 되길 원하십니까? 제발 우리들의 말을 들어주세요. 그것을 알기 위해서는 시간이 필요합니다.(UNICEF, 2003, p.1)

아동들은 교육, 정체성의 보호, 건강 서비스, 군사적 갈등, 위험한 노동으로부터의 보호 등을 포함한 54개 협약 내용의 모든 요소들을 강조하였다(UNICEF, 2003). 지난 25년 동안, 여러 국가들은 이 협약이 사회개발 및 사회사업의 영역에서 축적된 문서들을 다양한 방법으로 활용할 수 있다는 것을 알게 되면서 하나둘 비준하고 있다.

아동권리협약 및 그 간략한 역사는 사회복지 정책에 대한 기사를 활용하고 있는 방법으로 독자들에게 소개되고 그들을 일깨웠다. 그리고 휴먼 서비스human service와 향후 작업의 맥락에서 협약에 대한 보다 구체적인 발표와 분석이 뒤따랐다. 협약은 8가지 범주로 구분할 수 있으며, 이를 통해 다음과 같은 질문을 제기할 수 있다.

- 미국의 휴먼 서비스는 아동의 권리에 얼마나 공헌하는가?
- 아동의 권리와 가족의 권리 사이에 왜 긴장이 발생하는가?
- 사형수 감방에서 계속 신음하고 있는 청소년들이 은닉무기를 소지할 때, 사회복지 실천에 주는 함의가 무엇인가?

국제적 정책의 수단인 이 협약은 비교적 새로운 것이다. 이는 1989년에 통과되었고, 지금은 약간의 기대 속에서 미국과 소말리아를 포함한 대부분의 국가들이 비준하고 있다. 많은 국가가 가족 및 아동 서비스의 원형으로 이 협약을 사용하기 때문에, 최근 들어 조항들이 실천되고 있으며 탄력을 받고 있다. UN에 보고되고 있는 실천 조항들(제42조~제54조)과 기구들이 계획과 실천의 지속성을 보장하고 있다. 이 협약은 아동의 인권을 유지하기 위해 다양한 준거틀과 지지형태를 제공하고 있지만, 이러한 것들이 휴먼 서비스 문헌에서 종종 간과되고 있다는 것은 이미 알려진 사실이다. 비록 어른들이 아동을 어떻게 훈육하는 것이 최상의 것인지 알기 위한 부모의 권리를 주장하고 있다 할지라도, 협약은 혐오스러운 처벌로부터 아동의 보호에 주의를 기울여야 함을 언급하고 있다.

> 이 세상 모든 나라에는 매우 힘든 상황 속에서 살고 있는 아동들이 있고, 이들에 대한 특별한 관심이 필요하며, … "당사국은 아동이 부모, 법정후견인, 다른 보호자로부터 양육되는 동안 어떠한 형태의 신체적 · 정신적 폭력, 상해나 학대, 방임, 부당한 대우, 혹사나 성 학대를 포함한 착취로부터 아동을 보호하기 위해 모든 적절한 입법적, 행정적, 사회적, 교육적 조치를 강구해야 한다"는 아동권리협약 제19조에 동의한다.(Human Rights Resource Center, 2003)

아동권리협약의 역사

슬로베니아의 코페르Koper에서 여름학교에 참여한 한 학생은 사람들과 함께한 저녁모임에 대한 잊지 못할 인상을 말했다(Link & Cacinovic Vogrincic, 2002). 부모들이 방문학생들과 노인들과 함께 음식을 먹으면서 얘기를 나누는 동안, 한 아이가 아코디언을 연주했고 다른 아이들은 춤을 추었다. 그곳에 참여한 모든 가족들은 약물중독으로부터 회복

중에 있었고, 모든 아이들은 가정과 학교, 지역사회에서 그로 인한 스트레스를 경험했었다. 나이 지긋한 지역사회 멘토들은 가족들의 이야기를 공감하며 그들을 격려했다. 그날 저녁 미국에서 온 방문자들은 아이, 부모, 노인들 사이에 서로에 대한 존중이 있다는 것을 느꼈다. 중독과 관련된 사회 서비스는 국가가 처한 상황에 따라 매우 다양하다. "의료적 모델"에 초점을 둔다면, 서비스는 "치료"를 위주로 하고, 전문가들이 클라이언트를 통제하며, 개입도 클라이언트의 욕구와 분리된다. 이 저녁모임에서는 의료적 모델로부터 벗어나 모든 사람들이 서로 존중하며 평등한 힘을 공유하였다. 슬로베니아에서는 가족과 아이들이 멘토와 기관과 함께 회복과정에 참여하며, 모두가 동등한 지위와 가치를 가지고 있다. 교통 · 친교 · 음식 등을 지원하는 멘토들과 가족들을 연계하였고, 멘토들은 가족을 위한 "대부"가 되어 회복 과정을 격려했다. 수많은 집단 성원들은 장기간의 운영을 위해 조직되었고, 지역사회 전체는 이 목적을 달성하도록 돕는 것에 초점을 두었다(Link & Cacinovic Vogrincic, 2002). 비록 슬로베니아가 1991년에 유고슬로비아로부터 독립된 신생국가이지만, 아동권리협약을 원형으로 사용하는 사회 서비스에 대한 열정은 대단하다(Slovenian Committee for UNICEF, 1995).

사회복지사들은 UN의 창설과 더불어 지구촌 모든 사람들 간의 협동에 대한 관심을 증폭시킨 2차 세계대전 상황을 잘 알아야 할 필요가 있다. 2차 세계대전은 이전의 전쟁들과는 달리, 군인보다 민간인들의 삶에 더 많은 영향을 주었고, 아이들은 희생자들이었다(영국 중부도시인 드레스덴과 컨벤트리에서의 폭격, "런던 작전"으로 인해 밤새 죽은 2천 명의 사람들,

히로시마와 나가사키에 투하된 핵폭탄으로 인해 죽은 수십만 명의 사람들) (Stearns, 1998, p.732). 이처럼 무시무시한 삶의 파괴는 곧바로 1948년 세계인권선언으로 이어졌고 이후 아동권리협약이 만들어졌다.

그러나 아동권리협약을 통해 아동에게 특별히 강조점을 둔 것은 오랜 시간이 지나서였다. 1970년대부터 10년 동안 수차례의 변화가 있었고 1989년에야 승인되었다. 이 협약은 비록 18세 이하의 아동일지라도 정체성, 목소리, 자신을 표현할 능력을 가지고 있다는 것을 강조하고 있다.

틀림없이 아동권리협약은 우리 모두의 삶에 영향을 주지만, 미국 기관의 문서에는 잘 나타나 있지 않다. 이는 단지 무관심으로 인한 실수가 아니며, 자국의 일에 대한 국제적 "간섭"이라고 여기는 뿌리 깊은 혐오감의 반영일 수 있다. 국제적 조약과 촉진에 대한 관심이 연방기관들에 의해 차단될 때, 이러한 실수가 윤리적인 전문적 실천에 대한 위협이 된다는 것은 최근 시애틀 국제입양기관이 겪은 고충을 통해 확인할 수 있다(Shukovsky, 2003). 다음의 개념들은 협약의 기본적인 요소에 대한 설명과 더불어 사회복지의 윤리적 실천을 지지하기 위한 준거틀로 사용될 수 있으며, 국제입양을 포함한 다양한 분야에서의 실천을 위해 적용할 수 있을 것이다.

서비스와 조사를 위한 조항, 목적, 준거틀

아동권리협약은 사회복지 서비스와 조사를 위해 자연스러운 준거틀로 활용될 수 있는 54개의 조항을 규정하였다. 이 조항들은 8가지의 범주로 나눌 수 있는데, 각 기준과 지침은 사회복지의 실천을 위한 준거틀로 활용된다. 이 협약을 무시하고 있는 미국은 아동의 발달을 위한 협소한 시각에 따른 불이익으로 인해 위험한 상태에 놓여 있다. 또한 협약은 이러한 권리들이 단지 아동보호 그 이상으로 적용이 가능하다는 사실에 관심을 두고 있으며, 의사결정 과정에서 아동에 대한 존중과 참여를 내포하고 있다. 한편 다른 나라들은 협약의 유용성을 점점 더 알아가고 있다. 8가지의 범주는 다음과 같다(International Federation of Social Workers[IFSW], 2007).

① 아동에 대한 정의

② 지도 원리(비차별, 아동에 대한 최상의 관심, 생존, 발달, 참여 등을 포함)

③ 시민권과 자유

④ 가정환경 및 대안적 보호

⑤ 기본적인 건강과 복지

⑥ 교육, 여가, 문화

⑦ 특별한 보호

⑧ 실천을 위한 일반적인 기준

이 범주들은 아동의 건강발달을 위한 중요한 의제들을 광범위하게 정리하고 있다. 여기에는 아이들을 군인으로서 싸우고 죽게 만드는 양상, 가난의 압박으로 인해 아이를 입양시키는 젊은 엄마의 착취, 아동노동의 착취가 포함되어 있다. 모든 수준의 실천에 8가지의 범주를 포함시키는 것에 대해서는 별도의 논의가 필요하지만, 우리의 목적을 위해서 적어도 각 범주와 관련하여 한 가지 수준의 사회복지 실천에 대한 협약 조항들의 함의를 살펴봐야 한다. 다음의 목록은 모든 개인이 주변의 체계, 국가, 세계와 상호작용하는 가족과 지역사회 체계의 한 부분이라는 것을 인식하는 사회복지 실천의 체계이론 수준을 정리한 것이다.

- 미시적 실천 / 개인 대 개인 / 처벌과 훈육
- 중도적 실천 / 개인 대 집단 / 면제
- 중도적 실천 / 지역사회 대 지역사회 / 국제입양
- 거시적 실천 / 기관 대 국가 대 세계 / 부정거래, 아동노동

협약의 주된 목적은 보편적인 언어를 사용하는 것이다. 이 목적을 위한 조사에서는 협약이 시장 협상을 위한 국소적인 용어이든지, 보다 추상적인 생각이든지 간에 많은 용어들이 오해되고 있다는 사실을 강조하고 있다. 예를 들어, "아동기"라는 개념은 나라마다 나이와 문화적 기대에 따라 매우 다양하다. 특히 약혼이나 결혼과 관련해서 더욱 그렇다. 이를테면, 자메이카에서는 아동노동에 관한 관점이 조금 다르다. 자메이카에서는 학교 내에서 학생들 사이에 "흥정하는 일higgling"이 종종 발생하는데, 이는 가족농장에서 수확한 과일과 채소를 교환하는 것이 가족들이 생존하기 위한 한 방법으로 받아들여지기 때문이다. 협약에 따르면, "아동"은 18세 이하를 말한다. 이와 유사하게 광범위한 의미에서

"안녕well-being"을 뜻하는 "복지welfare"라는 용어는 유럽, 아시아, 아프리카, 태평양 연안 국가에서 다양한 의미를 가지고 있다. 주간보호에 대한 접근이 가능하고 공공 교통과 주택의 유용성을 강조하는 건강 서비스를 갖춘 국가에서의 "복지 개혁"은 미국에 비해서 덜 힘들다(Scott & Ward, 2005).

8가지 범주 조항의 준거틀 적용하기

미국이 협약 비준에 실패한 것은 정책 입안자들이 협약이 아무런 관련성이 없다거나 미국은 이미 만족스런 체계를 가지고 있다는 잘못된 가정 때문이다. 이것은 지식을 공유하고 참여와 연구 과정을 수립한 국가들의 유익한 경험을 통하여 기구를 만드는 것에 심각한 방해가 된다. 또한 깨끗한 물의 공급처럼 국경이 없다고 알려진 아동 문제에 대한 휴먼 서비스의 관심이 부족하다는 것을 의미한다.

그래서 조항 속에 있는 중요한 요소들이 출생하자마자 가난으로 고통 받는 아이에 대한 사회적, 경제적 안녕과 관련이 있다 할지라도, 아동의 권리에 대한 어떤 측면들은 정체성, 건강, 입양, 성적 착취 등을 포함한 모든 사회경제적 집단과 문화에 걸쳐 있다. 아마도 넬슨 만델라가 2000년 5월에 요하네스버그에서 있었던 아동을 위한 회의석상에서 "삶의 존엄과 자기 성취에 대한 아동의 권리를 소중히 여기는 문서인 아동권리협약에 의해 세계적인 동반자 관계가 가능해질 것입니다"(Mandela, 2000)라고 연설한 바대로, 협약을 위한 전 세계적인 협력이라는 주제가 가장 중요한 것이다.

다음의 내용들은 이러한 독창적인 문서에 대한 사회복지 전문직의 반응과 실천 분야와의 관련성을 설명하는 방법으로 이 조항들을 제시하고 있다.

아동에 대한 정의

조항의 8가지 범주는 사회복지에 대한 정책적 사고를 연결시켜주는 준거틀을 보여주고 있다. 예를 들어, 제1조에서 "아동"을 18세 이하로 규정하는 것과 관련된다. 이는 유죄, 군입대, 결혼, 고용보호 등을 논의하는 데 매우 중요하다. 여러 서구 국가들은 아동이 경제적 생존에 있어 성인의 압력 없이 아동기와 청소년기를 평화롭게 보내야 한다는 사실만 인정하고 있다. 국제개발 · 구호단체인 옥스팜Oxfam이 제시한 아동선언은 깨끗한 물에 대한 접근성과 형제로서의 책임감 등에 관심을 두고 있다. 방글라데시에서 영국으로 이주한 수르마 베굼Surma Begum은 우물을 만들 돈이 없고 공중보건에 무지한 사람들에 대해 "어떤 사람들은 아무도 보지 않을 때 그 물에 오줌을 눈다. … 이로 인해 사람들이 병에 걸린다"라고 말했다(Oxpam, 1996). 아동에 대한 정의는 "협약 당사국들은 아동이나 그 부모의 인종, 피부색, 성별, 언어, 출신, 장애, 출생을 비롯한 그 어떤 것에 따른 차별 없이 이 협약에 규정된 권리를 존중하고, 모든 아동에게 이를 보장해야 한다"는 기대를 따른다(아동권리협약 제2조).

모든 아동이 주어진 지위와 이름을 가질 권리가 있다는 것은 사회복지 실천에 있어서 매우 중요하다. 1980년대에 런던에서 학교사회복지사로 일한 필자의 경험상, 장애를 가지고서 "아동 M"이나 "아동 P"로 불리며 입양되는 아동이 많았다. 이름이 없다는 것은 입양부모가 이름을 지어주기 전까지 아동은 자신의 권리를 가지지 못한다는 의미이며, 이는 자신의 독립적인 지위를 상실시킬 뿐만 아니라 행동과 관련된 자세에도 영향을 미친다. 미네소타와 위스콘신에서는 최근에 신생아를 보호하는 법이 통과되었다. 이로 인해 절망에 빠진 산모가 자신의 아이를 유기하지 않고 병원에 보낼 수 있고, 주정부가 이를 조사하지 않는다는 사실을 알게 되었다. 아이는 출생과 동시에 지위를 가진다. 이 법은 아이에 대한 보호와 탄생 직후 이름이 부여되는 권리를 지지하고 보장한다는 측면에서 사회복지 실천에 영향을 미친다. "어떤 아동도 이름이 아닌 숫자 혹은 어떤 범주로 취급되지 않아야 한다."

지도 원리

두 번째 범주는 "생존과 건강한 발달에 대한 권리를 포함한 아동에 대한 최상의 관심과 지도 원리"와 관련이 있다(IFSW, 2007). 북이탈리아에 "아동에게 우호적인 도시"로 불리는 마을이 있다. 이 도시는 아동권리협약을 준수하여, 시장과 행정부처가 지역사회에서 아동의 욕구를 최우선 순위에 두는 "아동에게 우호적인" 도시를 규정하고 있다. 교육부서는 "학령 전 보금자리nests"를 개발하였는데, 여러 전문가팀이 아동에게 서비스를 제공하기 위한 최상의 방법을 논의하고, 일정 정도 이상의 자원을 "최일선"에 투입하였다(GPN media, 2002). 우리는 아동 서비스에 적용하는 용어들을 점검하면서, 얼마나 오랫동안 그 용어들을 중심부에 두어왔는지를 알기 시작했고, 그 용어들이 우리의 미래를 표현한다는 것을 알게 되었다. 이 마을에서 어른들이 안전하고 보호적인 도시 환경을 만들어가는 모습은 아동권리협약을 토대로 한 다양한 실천방법을 생각해 볼 수 있는 시사점을 제공해주고 있다.

보스턴, 미네아폴리스, 메디슨 등의 도시에서 "아동에게 우호적인" 정책과 실천(신체적 처벌 금지를 포함)을 수립한다는 생각은 시장, 교사, 학교사회복지사, 경찰, 부모, 아동들이 함께 열정적으로 일한다는 것을 보고듣기 전에는 불가능한 것처럼 보일 수 있다. 아동을 위한 유럽옴부즈맨연대European Network of Ombudsmen for Children, ENOC의 보고서는 훈육이라는 이름으로 행해지는 신체적 폭력이 중단되어야 함을 분명히 하고 있다.

> 우리 단체는 아동에 대한 모든 체벌은 인간의 존엄성과 신체적 온전함에 대한 기본적인 권리를 침해하는 것이라고 생각한다. 체벌이 여전히 합법화되어 있는 회원국이 있다면, 그것은 아동이 성인과 동일한 법적 보호를 받아야 한다는 기본적인 권리를 침해하는 것이다. 유럽 사회에서는 인간을 공격하는 것이 금지되어 있으며, 아동도 인간이다. … 따라서 우리 단체는 아동체벌의 전면 폐지를 위해 모든 회원국에서 협력적인 캠페인을 시작하고 가능한 한 신속하게 유럽을 체벌 금지구역을 만들어야 함을 유럽각료위원회Council of Europe's Committee of Minister에 요청한다(European Network of Ombudsmen for Children[ENOC], 2005).

사회복지 실천은 아동발달을 증진시키기 위한 다양한 방법을 가지고 있다. 협약의 조항들은 실천가들에게 아동들이 부모의 방해나 위기로부터 벗어나 건강하게 배우고 성장할 자유를 보장할 책임이 있음을 상기시켜준다. 남부가족양육센터를 비롯하여 미네소타에 위치한 기관에서 사회복지사들이 수행하는 음식지원 프로그램은 아동이 배가 고프면 놀거나 학습하기가 더욱 힘들다는 사실을 강조한다. 안전과 배고픔의 문제는 아동발달에서 매우 중요하며 사회복지 실천에서 최우선적인 것이다(Scott & Ward, 2005).

시민권과 자유

세 번째 범주는 아동을 착취하려는 성인들로부터 보호되어야 할 시민권과 자유에 관한 것이다. 노르웨이, 스웨덴 그리고 미시간 주 등 미국의 몇몇 주에서 활동하고 있는 옴부즈맨 단체는 아동의 권리와 보호에 대한 윤곽을 잡아주고 있다. 여기에는 아동이 성인과 같이 수감되지 않을 권리와 사형수 감방에 수감되지 않을 권리가 포함되어 있다.

1999년 영국에서 소년들이 곤봉으로 유아를 때려 죽게 해 시민들이 경악한 사건이 있었는데, 이후 진행과정, 재활치료, 익명성 등 소년들에게 주어진 아동의 권리에 대한 논의가 증폭되었다. 영국 법정이 아동의 권리를 보장하지 않자 이 이야기가 유럽연합에 알려졌고, 소년들은 협약에 따른 충분한 보호에 따라 신상을 감출 수 있었다(Financial Times, 2005; Waldmeir, 2005). 이와 유사하게 미국 대법원은 앤서니 케네디 Anthony Kennedy 판사가 소년에 대한 사형은 위헌이라고 규정한 것에 따른 최근의 법적 조치를 비판해왔다. 케네디 판사는 판결문을 작성하면서 사형에 대한 국제적 접근방법과 아동권리협약을 언급하였다(Waldmeir, 2005, p. 2). 왈드메이르Waldmeir는 그 판결문과 관련하여 다음과 같이 서술하였다.

> 미국 대법원은 판사들이 세계 여론에 따라 미국 헌법을 해석할 때 다른 나라의 견해를 참고할 것인지를 즉각 논의하도록 하여 아동에 대한 사형제도를 폐지하였다. … 국제사면위원회는 미국 법정이 사형제도라는 의도적인 잔혹행위로부터 아동 가해자들을 보호하는 판결을 했다고 말하면서 그 판결을 환영했다.(Waldmeir, 2005, p.2)

케네디 판사는 "응징이나 제지는 가해소년에 대한 사형을 선고할 만한 정당성의 근거가 되지 못한다"고 하였다(Waldmeir, 2005, p. 2). 그러나 이 의견에 반대하는 판사들은 미국이 헌법을 해석함에 있어서 세계 여론을 살피거나 그렇게 실행해야 한다는 견해를 거부했다. 2005년 여름, 법정에서는 이러한 결정이 지속되는 것에 대한 염려가 계속 일어났다.

그러나 사회사업 연구가인 가르바리노Garbarino의 견해에 따르면, 이러한 시민권에 대한 대중의 관심은 그리 오래 걸리지 않는다. 부시 행정부의 분노에도 불구하고 미국의 관심과 의문이 증가하고 있는데, 이는 "UN으로부터의 허가서를 요청할" 위치에 있지 않은 미국의 몫으로 남겨져 있다(State of the Union Address, 2003). 한편 소년에 대한 사형제도 폐지는 사형수 감방에 있는 소년들에 대한 오프라 윈프리Oprah Winfrey의 최근 다큐멘터리를 포함하여 국가적인 관심사가 되고 있다. 70명이 넘는 어린 수감자들이 영구적인 형벌로 감금되어 고통을 당하고 있다는 기사가 발표되었다(Goodwin, 2005). 가르바리노(Garbarino, 1999)는 공식적이고 학술적인 수준에서 사형수 감방 및 성인 교도소에 있는 소년들과의 면담 내용을 기사화했는데, 그는 그들의 정신과 "눈에서 나오는 빛"을 통해 느낄 수 있는 파멸에 대해 강력하게 말했다. 가르바리노는 모든 소년들에게 폭력의 역할모델이 있었고, 어떤 소년들은 협박과 조종 등을 포함해 가족들에게 행해진 엄청난 범죄를 지켜보았다고 말했다. 많은 나라에서 아이들은 죄 없이 태어나서 그들 주변에 있는 어른들과 지역사회로부터 사랑과 양육을 받으면서 성장한다. PBS 다큐멘터리 〈아동기*childhood*〉는 일본문화에서 자란 아이들은 7세가 될 때까지 신과 함께 산다고 생각하며, 이 아이들의 긍정적인 결과를 보여 주었다. 이는 아이들이 존중되어야 하며 가족의 안녕에 중심이 되어야 한다는 의미이다(Public Broadcasting System[PBS], 1998).

가정환경 및 대안적 보호

네 번째 범주는 가정환경 및 대안적 보호와 관련이 있는데, 여기에는 국제입양이 포함되어 있다. 아동권리협약 제18조는 부모의 책임에 대한 인식에, 제20조는 "가족이 없는" 아이에, 제21조는 입양에 초점을 두고 있다.

대부분의 국제입양기관은 가족에 관한 세계적인 이슈에 관련되어 있지만, 만약 어떤 기관의 직원이 아동권리협약을 비롯한 국제정책기관에 대해 잘 모르고 이를 활용하는 것을 교육받지 않는다면 매우 큰 위험을 초래할 수 있다. 앞서 언급했듯이 2003년 시애틀 국제입양기관이 문을 닫았는데, 그 이유는 협력기관들과의 협약, 돈세탁, 착취적 교환 때문이었다. 만약 그 기관이 난민 · 이민 아동들에게 정체감에 대한 권리를 부여하고 집을 찾는 과정에 원가족을 참여시키는 것과 관련된 조항을 알았다면 큰 도움이 되었을 것이다. 슈코브스키Shukovsky가 보고한 바와 같이, "고아"로 입양된 어떤 유아들은 신분을 확인할 정보가 부족했고, 어떤 경우는 경제적 이민economic migrant으로 아이들이 살아남을 수 있는 방법을 찾지 못할 만큼 비참하고 극심한 가난을 겪는 부모와 함께 살았다.

어떤 미국인들은 입양기관이 입양을 보내는 국가의 사회 · 경제적 발전에 대한 지식이 부족하다는 것을 비판한다(Trenka, 2003, p. 138; Traylor, 2002). 또 다른 문제는 기관이 동반자 국가를 선택하는 의사결정 과정이 사회적 욕구에 근거하기보다는 정치적인 측면과 시장의 유용성에 근거한다는 것이다. 즉, 인간에 대한 관심보다 편의에 따라 한국에서 콜롬비아, 중국으로 옮겨가는 것이다. 미국인 부부가 입양할 유아에 대한 대가를 계산하는 것은 착취라는 좋지 않은 인상을 남기고 있다. 제인 정 트렌카(Jane Jeong Trenka, 2003, p. 188, 199)는 미니애폴리스에 있는 아우구스버그대학 학생들에게 감동적인 강연을 진행하면서 유럽 출신 미국가정과 지역사회에서 한국인 입양아로 자란 자신의 여정에 대해 "오늘날 나 자신에 대해 생각해보면 "유랑인exile"이라는 표현이 가장 적당합니다. 나는 운이 좋은 입양아가 되기 전까지 나 자신을 유랑인이나 이민자라고 생각하지 않았습니다. 그러나 지금은 유랑인이라는 단어가 맞습니다"라고 말했다. 그리고 입양 업무를 하는 사회복지사들에 대해 다음의 질문을 제기했다.

① 1970년대에 미네소타 지역에서 한국인 입양을 위해 광고를 하였습니까?
② 광고의 성격은 무엇이었습니까?
③ 입양을 알선하는 입양기관의 사회복지사들에게는 어떤 훈련이 제공되었습니까?
④ 입양기관은 입양부모에게 국제입양과 인종 간 입양에 대해 어떤 정보를 제공하였습니까?
⑤ 예비 부모를 위한 의무적인 학습과정이 있었습니까?
⑥ 입양이 완료된 후에 어떤 후속 조치가 이루어졌습니까?
⑦ 기관 기록을 어떻게 활용했습니까?
⑧ 만약 그 기록을 필요로 하는 사람들에게 제공하지 않았다면 그 기록을 보관해야 하는 합법적 근거는 무엇입니까?

생애 초기에 애착관계 형성이 중요하기 때문에, 아기의 입양이 빨리 이루어져야 한다는 전통적인 압력은 복잡한 현실을 더욱 어렵게 한다. 수년 동안 입양기관과 교정기관들은 철저한 조사와 더불어 부모의 권리라는 측면에서 유아의 빠른 입양에 역점을 두었다. 최근 한 수습인턴은 미네소타 주 섀코피Shakopee 여성교정시설에 수감 중인 여성이 낳은 아이가 빠르게 입양되는 것을 보고 놀랐다. 그녀는 만약 당장에 유아를 보호해줄 가정이 없다면, 여성이 1년 이상 아이를 양육하도록 하는 것이 합법적인 정책이라는 것을 발견했다(Samar, 2005). 전문가들은 친부모의 양육을 방해하는 요소에 대한 충분한 해결책 없이 아이를 입양하는 것이 어떤 영향이 있을 것인지에 대한 질문을 피하고 있다. 트렌카는 자신의 회고록을 통해 태생이 확실하지 않은 아이들이 느끼는 소외, 자기 회의, 외로움에 대해 말했다. 여기에는 "왜 나를 버렸을까? 엄마들은 자기 자식을 사랑한다고 하는데, 왜 나는 그렇지 않은가?"라는 부정적인 감정의 질문들이 저변에 깔려 있다(Trenka, 2003). 아이들은 어른이 되어가면서 자신의 목소리를 찾고, 자신의 정체성을 찾을 수 있는 증거를 많이 기대한다.

모든 사람은 가족과 자신의 문화를 이해하고 정체성을 가지려는 공통적인 욕구가 있으며, 인권선언은 우리가 각자를 존중하는 방법을 상기시킨다. 이것은 특히 위기나 전환기에 있거나 지위의 변화나 감금 상태에 있는 사람들에게도 해당된다. 사회복지를 공부하는 학생들은 이주노동자들처럼 취약한 인권을 가진 사람들을 선별하여 그들의 권리와 현실 사이에 있는 긴장을 구체화할 수 있다. 또한 이런 상황에 처해 있는 아동에 대해 특별한 관심을 가질 수 있다. 그들의 권리가 보호받고 있는가, 아니면 무시되고 있는가? 다섯 번째 범주는 건강과 복지에 대한 이러한 기본적인 질문과 관련된다.

기본적인 건강과 복지

비록 어떤 국가에서는 아동권리협약의 실행이 더디게 진행되고 있지만, 어떤 국가에서는 이미 빠르게 진행되어 어떻게 아동을 위한 조건을 개선할 수 있는지에 대한 사례를 제공해주고 있다. 앞에서 언급했던 "아동에게 우호적인" 포스토니아Postania 시가 그 예로, 자메이카 정부는 협약을 토대로 포스토니아 시를 본보기로 삼아 아동복지 서비스를 도입했고, 노르웨이 정부는 부모의 훈육을 포함한 모든 상황에서 행해지는 아동에 대한 신체적 처벌을 불법으로 규정하였다. 이는 미국을 포함한 여러 국가에서 논쟁거리가 되고 있는데, 부모들은 자신의 자녀에 대해 우월하고 현저한 자유가 있다고 생각한다(Germain, 1995).

아동권리협약은 폭넓은 세계적 시각에서 "복지 개혁"과 같은 중요한 사회정책의 법제화를 숙고하게 만드는 자극제가 된다. 예를 들어, 비부스 등(Bibus, Link & O'Neal, 2005)은 슬로베니아, 인도, 멕시코, 미국에서 학생과 교사들 사이의 관계에 대한 연구를 하였는데, 아동의 현재 상황과 무관하게 가족 및 보호자와 함께하는 아동들은 어떻게 서비스가 자신들에게 영향을 주는지, 서비스들이 어떻게 개선될 수 있는지를 알아볼 권리가 있다는 생각을 키우고 있었다. 분명히 아동들은 미국에서 복지 혜택을 받는 수많은 사람들 속에 포함되어 있기 때문에 복지 개혁은 아동들에게도 영향을 미친다. 초점집단에 대한 질문에서도 이러한 생각이 밝혀졌는데, 비록 조사자들은 부모들이 엄격한 처벌의 영향으로부터 자녀들을 보호할 수 있었음을 뒤늦게 알았지만, 여전히 부모들은 자녀들에게 언제나 "보호장치"가 될 수 없다는 것을 알게 되었다. 아동의 생활기준에 관한 제27조를 소개함에 있어서 사회복지와 아동의 권리를 위한 국제사회복지사연맹IFSW 편람은 다음과 같이 말하고 있다.

> 사회복지사들이 일하면서 만나는 많은 사람들은 가난에 따른 사회적 배제로 인해 고통을 받고 있다. 이들은 유급고용을 보장받을 만한 현실적인 희망이 없으며, 이들의 삶은 영양실조, 형편없는 교육, 극심한 빈곤 등으로 인해 시들고 있다. 빈곤의 악순환에서 벗어나기 위해서는 협력 등을 통해 자조적인 주도권을 가진 사람들의 자원을 활용하여 국제적, 국가적, 지역적 차원에서 공동의 행동이 필요하다. 이를 위해서 정부의 자원 공약이 필요하며, 인간에 대한 관심이 적은 정책의 구조를 전환할 필요가 있다(IFSW, 2007).

이 협약의 실행을 둘러싼 논쟁의 결과, 국제통화기금IMF의 정책은 음식보다 수출에, 학교건축보다 국가의 부채상환에, 그리고 특히 미국의 경우 사회복지 기금의 확대보다 제한에 초점을 두어 이미 가난한 국가들을 더욱 압박하는 것으로 인식되고 있다. 미국의 복지 개혁은 사회 프로그램과 건강보장 비용으로 국방비를 엄청나게 증가시키는 술수를 부린다는 면에서 또 다른 형태의 구조적 조정이다.

태어난 모든 신생아에게 건강보호를 제공하는 영국의 법은 보편적 복지의 한 예이다. 가족들은 자신들의 욕구를 확인하지 않아도 되고, 건강보호 대상자가 되기 위해 장기간의 입원절차를 밟지 않아도 된다. 이렇게 쉬운 접근성은 높은 면역률을 결정짓는 요소 중 하나로 여겨진다. 유동성과 인구밀도가 높은 지역에서조차 아동의 안녕은 건강보호 및 사회서비스와 관련된 예산 편성에서 핵심적인 사항이다.

"안녕권"은 2003년 세계아동보고서에서 더욱 강화되어 권장되고 있으며, 이는 모든 UN회원국들을 위해 2015년 UNICEF 발전목적으로 번역되었다.

> UN회원국들은 극도의 빈곤 및 배고픔 근절, 보편적 기본교육, 성평등, 여성의 역량강화, 정신건강 개선, 아동 사망률 감소, HIV/에이즈 및 기타 질병 퇴치, 환경보존 등을 비롯하여 개발을 위한 세계적 동반자 관계 구축 등을 서약해왔다(UNICEF, 2003).

비부스 등(Bibus et al., 2005)은 "이러한 목적들은 미국과 관련이 적은 것처럼 보이기도 하지만, 미니애폴리스에 있는 필립스phillips 마을에 사는 가족들은 건강보험률이 낮고, 최근 이민자 아동의 생명을 위협하는 홍역을 치르기도 했으며, 사우스사이드 가족양육센터Southside Family Nurturing Center 등의 기관을 통해 정기적으로 저녁식사를 제공받기도 한다"고 말했다.

교육, 여가, 문화

아동권리협약은 제31조에서 "협약 당사국은 아동이 휴식과 여가를 즐기고, 자신의 나이에 맞는 놀이와 오락 활동에 참여하며, 문화생활과 예술 활동에 자유롭게 참여할 수 있는 권리를 인정한다"라는 아동의 휴식에 대한 권리를 규정하고 있다. 21세기에 가장 두드러진 문제 중 하나는 자원이 풍족한 국가들과 자원이 부족하고, 기근에 시달리며, 아동노동이 이루어지고 있는 국가들 간의 뚜렷한 차이다.

캐나다에서 아동노동 활동가이자 작가로 활동하는 크레이그 키엘버거Craig Kielburger는 학생들에게 스스로 "두 가지 세상two world"에 대해 알아야 한다고 말했는데, 한 가지는 호화로운 물품과 낭비로 이루어진 세상이고, 또 한 가지는 음식을 구하기 위해 지속적으로 고군분투하는 세상이다(Kielburger & Kielburger, 2004). 키엘버거는 파키스탄에서 저항을 위해 버텼던 12명의 소년들이 암살되었다는 소식을 접한 뒤 아동노동에 대해 관심을 갖게 되었다. 소년들의 저항은 착취적인 고용주에 대한 것이었는데, 아동들은 직조기에 묶여 휴식이나 식사, 교육을 제공받지 못한 채 장시간 동안 일하도록 강요받았다. 그는 고무, 커피, 차가 북미에서 생산되지 않음에도 불구하고 전 세계에서 일상적으로 사용되고 있다는 사실을 부유한 국가의 사람들도 알아야 한다는 것에 초점을 두었다. 그는 어느 누구도 집합적인 행동과 협력 없이는 생존할 수 없다고 말하며, 어떻게 생동감 있는 세계적인 상호의존을 이룰 것인지를 인식하는 과정을 돕는 작업을 하고 있다.

특별한 보호

일곱 번째 범주는 특별한 보호와 관련이 있는데, 여기에는 긴급한 가난으로부터의 보호 외에도 모든 지형적 파괴, 기근, 구조적 실업 등으로 발생한 함정으로부터의 특별한 보호를 포함하고 있다. 국가 간의 불균형에 더하여, 이 범주에서는 아이들이 국경을 초월하여 정치적, 사회적 대변동과 전쟁에 노출되는 위험성에 초점을 두고 있다. 앞서 살펴본 사회적 배제에 대한 논의에 이어서 여기에서는 아이들의 개인적인 자산이나 결핍보다 아이들을 둘러싸고 있는 공통적인 인간적 상태와 지형적인 현실에 초점을 두고 있다.

지형에 관심을 둔 실천의 한 예는 1970년대 시봄Seebohm 보고서를 통해 마련된 영국의 "작은 땅 체계patch system"이다. 이 체계 내에서 사회사업팀은 동네에 배치되어 지역을 연구함으로써 그 지역을 더욱 잘 알게 된다. 이들은 거리를 걸으면서 자원지도를 만들고, 지역 경찰과 지도자들을 만나고, 가족집단을 알게 되며, 개별적인 사례에 따라 작업할 뿐 아니라 지역사회의 역량강화를 위해 일했다. 이러한 "작은 땅" 개념은 호주와 아이오와에서도 도입되고 있다(Adams & Nelson, 1992). 북런던에서 학교사회복지사로 일했던 필자는 "작은 땅" 체계가 실시된 그때, 학교에 가지 않고 거리를 배회하는 아이들, 가출한 아이들, 노동을 하는 아이들에게 그들이 받을 수 있는 지원을 안내하고, 아이들의 안전과 가족 지원에 대해 논의할 수 있었다. 경찰서의 "청소년부서"와 관계를 맺고 매달 문제가 있는 아이들에 대해 이야기했다. 회상해보면, 사회복지가 해결과 참여에 초점을 두면서 그 실천을 더욱 강화하였고, 가끔 이러한 만남이 온정적인 것 같았다. 협약이 비준되기 전에 이러한 서비스는 유용했다. 1980년대 영국은 아동권리협약을 비준했고, 아동을 위한 권리를 옹호한 블레어의 행정부가 수립된 후 "사회적 배제부서"는 빈곤에 처한 아동과 가족의 복지에 초점을 두었다. 이러한 목적은 현재 가족센터를 확대하여 지역사회의 발전과 의사결정의 과정에 아동과 가족의 "참여"를 보증하는 영국 정책의 한 부분이 되고 있다.

지형적인 면에서 아동에 대한 인식은 특히 국경을 통한 미성년자 인신매매에 대한 의문과 관련되어 있다. 아동권리협약 제35조는 "협약 당사국은 어떤 목적과 형태이든지 간에 아동의 유괴, 매매 또는 거래를 방지하기 위해 적절한 국내적, 양국 간, 다국가 간 조치를 모두 취해야 한다(UN, 1989)"고 규정하고 있다. 유럽의 일부 국가들은 인신매매, 특히 아동의 매매를 방지하기 위해 진원장소, 중간장소, 종착장소 등을 분류한다.

> 예를 들어, 슬로베니아는 이 세 가지 범주에 모두 해당된다. 슬로베니아는 최종 종착국가로서, 동유럽 국가와 발칸반도에서 온 성인 여성들과 법적으로 여전히 미성년자인 여성들의 거래장소가 되고 있다(Kljuc, 2007).

이제 협약이 생기고, 국가들은 미성년자들의 취약성과 유괴 방지를 위한 방법을 찾고, 이러한 문제가 보편적으로 나타날 수 있다는 인식을 하고 있다. 인신매매는 일부 국가에서만 제한적으로 일어나는 것이 아니라 전 세계에서 일어나고 있으며, 그것이 인간의 성장을 방해할 수 있다는 인식을 널리 보급할 필요가 있다(Free the Children, 2007). 클류크Kljuc 조직은 국제적인 협력을 촉진하고, 위험에 처해 있는 사람들에 대한 인식을 제기하고, 능숙한 공동체와 일반대중에 대한 지식을 향상시키고, 취약집단과 함께 일하는 창조성을 증진시키기 위해 포함되는 작업 수준에 대해 말하고 있다. 이들의 혁신적인 프로젝트 중 하나가 2005년 여름 슬로베니아의 수도, 류블랴나Ljubljana에서 발표되었다. 이 프로젝트는 술집과 열악한 상황에 있는 희생자들과 어린 아이들에게 작은 "책자"를 보급하는 것이다. 영어로 번역한 이 책자의 15쪽에서는 다음과 같이 언급하고 있다.

> 만약 귀하가 인신매매의 희생자라면, 지금 당장 도움과 보호를 받을 수 있습니다. … 인신매매자는 여러 국가에서 운영되는 범죄집단일 뿐입니다. 이들은 귀하가 고국을 떠나기 전이나 떠난 후에 당신의 신뢰를 얻고자 하지만 귀하가 일단 외국에 체류하게 되면 그들은 당신을 협박하고 학대하기 시작하고 당신은 더 이상 선택을 할 수 없다고 느낄 정도로 놀라고 혼란스럽게 됩니다.… 귀하가 어떻게 도움을 받을 수 있는지 그 방법이 여기에 있습니다(United Nations Human Rights Commission[UNHCR], 2004).

UN인권위원회는 아동권리협약을 실천하기 위한 작업을 조정해오고 있으며, 아프가니스탄을 포함한 여러 국가들에서 발생하고 있는 인신매매에 대한 인쇄물을 지원하고 있다(Samar, 2005).

실천

실천과 관련된 여덟 번째 범주는 어떠한 사회도 해결을 위한 독점권을 가지고 있지 않으며, 모두가 협약에 제시된 도전과 목적을 공유하고 있다는 것을 인식시켜 준다. 제42조와 제43조에는 각 국가와 행정단위에서 수행할 거시적 수준의 접근방법이 잘 나타나 있다.

> 협약 당사국들은 협약의 원칙과 규정을 성인과 아동 모두에게 적극적인 방법으로 널리 알릴 의무를 가진다. 현재의 협약에서 약속하고 있는 의무를 달성함에 있어서 각 당사국들이 만든 프로그램을 점검하기 위해 아동권리위원회를 설치해야 하며, 이는 다음에 규정된 기능을 수행한다.

여러 국가에서 협약 이행의 진전사항을 알아본 바와 같이, 우리는 유니세프 세계아동보고서를 통해 아동지원이 매우 중요하게 널리 알려지고 있음을 알 수 있다(UNICEF, 2004). 예방접종을 제공한 국가에서의 유아 사망률이 감소하고 있으며, 국민보건 · 아동 권리옹호 서비스를 통해 노르웨이에서 코스타리카에 이르기까지 매우 방대하고 다양한 욕구들이 반영되도록 하고 있다(IFSW, 2007; Human Rights Ombudsman's Report, 2007). 실행위원회는 아동에게 영향을 주는 협약의 법적 효력을 위해 총체적인 접근을 격려하고 있는데, 한 예로 자메이카와 슬로베니아에서 모든 아동복지 서비스를 위한 모형으로 협약을 활용하기 위한 정책이 있다(Human Rights Ombudsman's Report, 2005). 첼리예Celije에 있는 아동위기센터의 한 직원은 센터를 방문한 미국 사회복지사들에게 역량강화와 젊은이의 참여에 대한 생각을 말했다. 한 미국인 학생이 "일을 할 때 아동권리협약을 활용하나요?"라고 질문하자 즉각 "물론입니다"라고 대답해 청중들을 놀라게 했는데, 센터의 직원들은 장래를 계획하는 과정에 아동들을 참여시키는 접근방법을 자세하게 설명하였고, 부모가 참여할 때는 아동들의 허락을 구한다고 했다(Human Rights Ombudsman's Report, 2007).

뉴질랜드에서는 중앙조정기관이 아동위원을 배치하여 고유한 마오리 문화를 유지시키는 과정을 감독하였다. 1999년 영국에서 살인에 가담한 두 명의 10세 소년을 치료하는 것에 대한 적대적인 국제적 반응에 따라 영국도 아동을 위한 권리옹호 사무실을 설치하였다. 또한 블레어 행정부는 경제적 박탈에 대한 전반적인 영역을 파악하는 사회적 배제부서를 설치하였는데, 여기에서는 빈곤의 악순환 속에 있는 가족들, 학교 중퇴로 기회를 얻기 힘든 아이들, 높은 10대 임신율 등을 다룬다. 지역사회를 중심으로 아동과 그 가족에 대한 도움이 제공될 수 있도록 추가적인 정부기금이 지원되었는데, 이는 주로 포괄적인 가족센터 연계망과 부모유아 연계New Parent Infant Network, NEWPIN 서비스를 통해 제공되었다(Stone, 1999).

ILO(국제노동기구)는 정책을 이행하는 과정을 "다차원적"이라고 언급하면서 배타적인 힘(누가 그리고 무엇이 빈곤과 주변화의 과정을 야기하는지)에 초점을 두어 사회적 배제라는 개념에 대해 지속적으로 숙고하고 있다(Figueiredo & de Haan, 1998). 빈곤을 경험하는 수많은 아동들은 스스로 낙오를 선택하는 것이 아니라 사회가 그들을 배제한다는 생각이 생존하고자 하는 그들의 노력을 괴롭히고 있다(Face-to-Face, 1999). 이러한 사회적 배제는 아동들을 어떻게 포함시키는지, 그리고 그들의 참여를 어떻게 추구하는지에 대한 논의를 필요로 한다. 지금 유럽에 널리 퍼져있고 미국에서도 환영받고 있는 "아동의회"의 실천이 참여의 한 예가 된다(Slovenian Association of Friends of Youth, 2007).

확실히, 여러 나라에서 빈곤에 대한 비처벌적인 접근의 자연스러운 확산을 통하여 아이들을 양육하고, 보호하며, 그들에게 참여기회를 제공하는 정책을 확장해오고 있다. 노르웨이, 자메이카, 뉴질랜드, 슬로베니아는 이 장에서 언급한 협약에 대해 구체적인 관심을 기울이는 나라들이다. 최근에 나타나고 있는 참여기회의 확대는 여러 면에서 사회복지 실천에 영향을 주고 있다.

이 장은 거시적 수준(국제관계에 관해 가장 큰 규모의 체계), 외부 수준(국가 조직), 중도적 수준(지역사회 행동), 미시적 수준(보다 큰 이상을 실현하는 개인적 관계)에 이르기까지 모든 체계수준에서 사회개발과 사회복지를 이끄는 도구로서 아동권리협약을 실천으로 구체화하는 방법을 모색하고자 했다. 협약에서 구체화하고 있는 실천기제는 전문가 위원회, 조사연구 지원, 지역사회 격려 그리고 국가적 · 국제적 대화를 포함한 채널을 통하여 개념들에 대한 실질적인 실천을 지원하고 있다. 포이스토이아 Poistoia의 예는 아동권리에 대한 지역사회나 중도적 접근과 거시적 접근의 결합을 설명하고 있다(GPN media, 2002). 뉴질랜드에서는 전국적으로 학교와 지역사회에서 "둥지" 언어의 개발을 통해 마오리 부족 언어를 육성하고 강화하고 있다. 언어와 문화를 보존하기 위해 "둥지를 짓는 것"에 대한 생각은 미국 원주민 지역사회, 웨일즈, 이탈리아 등 전 세계에 있는 여러 나라에 반향을 불러일으키고 있다. 이와 유사하게 슬로베니아에서는 이웃해있는 나라들과의 대화를 통하여 아동 서비스를 점검하고, 협약에 대한 국제적 조사 기준을 충족시키는 "아동과 가족 정책을 위한 새로운 기초를 설치"하기 위한 것에 관심을 두고 있다(Slovenian Committee for UNICEF, 1995). 이러한 실천의 예들은 사회복지사들이 전 세계에 걸쳐 아동에 대한 우리들의 헌신을 실질적으로 만들고자 하는 협약에 대한 밝은 전망을 수행할 수 있는 기회가 된다.

요약 및 결론

최근 들어 아동권리협약은 전 지구적으로 실천되고 있으며, 아동의 복합적인 욕구에 대처함에 있어서 역동적인 도구로 인식되고 있다. 캐롤 벨라미(Carol Bellamy, 1998)는 이를 "거대한 걸음"이라고 언급하고 있는데, 그 이유는 20세기 초에 어린 아이들에 대한 혹독한 노동과 착취적인 상황이 있었고, 아이들이 자라기 위해 필요한 일련의 권리를 승인하고 문서화하였기 때문이다. 만약 이러한 문서에 대해 가치를 부여하지 않는다면 휴먼 서비스의 지원에 대한 여러 층이 형성된다는 사실을 알아야 할 것이다. 다음에 제시한 목록은 2005년 봄에 미니애폴리스에 있는 아우구스버그 대학Augsburg College 학부 과정 내용에서 발췌한 것이다(list generated in SWK 230 undergraduate course Augsburg College, spring 2005).

- 국가는 서비스와 복지정책을 위해 노력해야 한다.
- 관심이 필요한 아동의 복리에 대한 다양한 요소들을 구체화한다.
- 서비스 발전을 위한 준거틀과 점검표를 위해 광범위한 요소들을 제공한다.

- 법제화를 위해 정보와 사례를 제공함으로써 자신의 나라에서 변화를 위한 논쟁과 로비가 이루어지도록 한다.
- 기준과 기대를 제시하면서 국가들 간에 대화를 촉발시킨다.
- 특히 미국의 "복지 개혁"과 관련하여, 프로그램과 서비스 전달에서 점차 시장을 강조하는 서비스의 제한점을 상기시킨다.
- 경제적 지원이 제한될 때 누가 가장 위험에 처할지에 대한 의문을 제기한다. 성인들이 빈곤을 경험할 때 제일 먼저 아동이 고통을 받는다는 점을 명확히 한다.
- 아동들로 하여금 아동기를 잘 보낼 수 있게 하고, 노동자, 군인 또는 성인 수감자와 같은 역할을 강요하지 않아야 한다.
- 특히 미국과 영국의 모든 빈곤통계에서 아동에 대한 설명을 강조하고 유색 아동에 대한 관심을 증진시킨다.

그러므로 아동권리협약은 18세 이하 아동의 인권을 충족시키기 위한 모형이 되고 있다. 비록 국가들이 협약에서 언급된 대로 아동에 대한 최선의 관심사를 충족시키기 위해 논의하고 개선하기 위한 정책을 가지고 있다고 공개적으로 알리더라도 그 진행상황을 분명하게 확인해야 한다. 미국의 경우, 이러한 진행과정이 연방대법원으로 하여금 어떤 아동도 죄를 지었다는 이유로 죽음에 처하게 할 수 없으며, 미국의 정책과 집행에 있어 아동이 사회로 복귀하기 위한 재활에 초점을 두어야 한다는 규정을 만들도록 이끌었다. 여러 국가에서 아동의 정체성에 대한 관심과 입양과정, 그리고 임산모의 수감과 관련하여 사회복지사들 사이에 새로운 경각심이 일어나고 있다(IFSW, 2007). UN은 아동이 자신의 미래에 참여하도록 돕는 방법을 제시하고 있으며, 아동들의 표현능력을 경청하고 있다. 국제사회복지사연맹은 전 세계 사회복지사들에게 만약 자신의 나라가 여전히 협약을 비준하는 과정에 있다 하더라도 우리는 지구촌 시민이며 지구촌 실천가들이라는 사실을 이해하도록 해야 한다. 즉, "만약 시민들이 자신들이 소유해야 할 것을 모르고 있다면 권리는 의미가 없다. 제42조는 협약의 당사국들이 아동과 성인에 대한 정보를 널리 알리도록 요청하고 있다"(IFSW, 2007). 193개 국가가 이 협약을 비준하였으며, "단지 미국과 소말리아 등 두 나라가 비준을 하지 않고 있지만, 공식적으로 협약에 서명하여 비준하도록 촉구하고 있다"(United Nations Children's Fund, 2007).

아동에 대한 권리는 더 이상 허황된 생각이 아니다. 멕시코에서 쓰레기를 줍는 아이들, 캘리포니아 및 인도에서 직조기 앞에 땀을 흘리는 아이들은 오늘도 내일도 여전히 존재한다. 하지만, 소프트볼을 만들다 잠든 6, 7세 아이들의 1997년 사진 대신에 이제는 교육 현장에서, 동네에서, 건강 프로젝트에서 자신들의 이야기를 하는 어린 소녀들의 사진을 볼 수 있다(UNICEF, 1997; 2004). 사회복지사들은 아동의 권리를 지지하고 굶주리고 고통 받는 아동들에게 사회가 관심을 유지하도록 하는 중요한 역할을 한다. 아동권리협약은 아동들이 차별 없는 평화로운 환경에서 생존하고 자라나도록 모든 아동들의 인생 여정에 실천의 초점을 유지해야 할 필요가 있다. 이것이 실질적인 목적이며, 향후 10년 내에 그것을 달성하려는 것이 유니세프UNICEF의 사명이다.

그러나 사람들이 법에서 중시하고 있는 권리를 가지는 즉시 이러한 권리는 사회의 조직 속으로 흡수되는 것 같다(이는 마치 18세 이상의 사람들에게 투표권을 부여하는 것과 같다). 어떤 권리는 항상 존재하는 것처럼 보이기 때문에, 특히 아동에게 참정권을 부여할 것인지 그렇지 않을 것인지는 위험성이 있다. 아동의 목소리가 어른들에게 받아들여질 때조차도, 사회복지사들은 아동들의 위치를 유지하고 그들의 의견을 표현하고 참여기회를 확대할 수 있도록 보장하는 특별한 위치에 있다. 그러므로 아동권리협약과 관련하여 사회복지 실천의 역할은 다차원적이어서 다음과 같은 책임을 수행해야 한다.

- 국제적인 정책 수단의 목적과 기대에 대해 스스로 공부한다.
- 사회복지 조직과 기관이 이러한 정책의 요구사항을 실행하도록 상기시킨다.
- 아동권리협약에 있는 원칙들을 충족시키지 않는 실행에 대해 의문을 제기한다.
- IFSW와 IASSW의 동의에 따른 사회복지 전문성 내에서 협약의 규정을 우선적으로 수립한다.

우리 모두는 절대빈곤을 근절하기 위해 마련된 2015년 UN헌장을 이행할 책임이 있다. 급속한 기술발전과 경제성장 속에서, 인터넷의 발달은 정보에 대한 접근기회를 평준화하고 있다. 그러나 아이들에게는 충분한 음식이 제공되어야 하고, 어른들의 사랑이 필요하며, 그들이 학교에 다니고, 그들의 미래가 보장되어야 한다는 단순한 과업은 여전하다. 아동권리협약은 사회복지사들이 이러한 과업을 강조하도록 돕는다.

11

세계화, 민주화, 인권

인재人災와 보편적 사회정의를 위한 요청

브리즈 모한*Brij Mohan*

브리즈 모한 *Brij Mohan*

루이지애나주립대학교의 교수이며, 사회사업대학 학장을 역임한 바 있다. 그는 학술지인 『비교사회복지Journal of Social Welfare』를 창간하고 편집장을 맡고 있다. 그의 연구는 복잡한 사회체계들, 문제들, 그리고 비판적인 추론, 초인간적인 분석적 사고와 정열적인 인본주의를 띤 현상 이해에 기여해왔다.

주요 저서

- Fallacies of Development (개발의 오류)
- Reinventing Social Work (사회사업의 이면)
- Practice of Hope (희망의 실제)
- Social Work Revisited (사회사업에 대한 재고)
- Unification of Social Work (사회사업의 통일)
- Eclipse of Freedom (자유의 쇠퇴)

지구적 공동체Global community의 조직, 구조, 기능은 베다Veda 사상의 기조가 되는 "우주는 가족이다Vasudhaiva kutambh kun"라는 말에 담겨 있다. 그리고 실제로 그 사상을 받아들인 마을 공동체에 인간 동물화human animal 현실이 나타났다. 이러한 비유적인 언급은 공동체의 인간관계에서 마을과 어린이들 사이에 "이 아이의 아버지는 누군가"라는 문제와 연관된다. 어린이 공동체의 막연한 언급은 공동체와 인간관계를 세계적 수준에서 판단한다면 그들 스스로의 성공은 문명 자체의 희생으로부터 왔다고 말할 수 있다. 나의 전제는 인간발달과 사회발전은 불가분의 관계라는 것이다. 다시 말해 인간발달이 전무한 사회발전과 그 반대로 사회발전이 없는 인간발달은 마치 영혼이 없는 몸과 같다고 본다(Mohan, 2005a).

살만 루시디(Salman Rushdie, 2005, p.31)는 "냉전 시대는 끝났다. 하지만 이상한 전쟁이 시작되고 있다. 소외현상은 널리 퍼졌고, 작가들이 신부들을 만드는 데에는 보다 많은 이유가 있다"라고 썼다. 9.11 사태, 이라크와 아프가니스탄의 전쟁, 아부 그라이브Abu Ghraib의 고문사건, 다르푸르Darfur의 대학살 등 21세기에 계속된 재난적 사건들은 인류의 미래를 어둡게 하였다. 하지만 여전히 우리가 희망을 갖는 것은, 두려워하면서도 자유를 열망한다는 것이다. 분명한 것은 세계화와 문명화를 위해 자유시장, 세계화 경제, 새로운 민주정치, 공산주의 세력의 쇠퇴는 좋은 징조를 보여주고 있다. 낡고 미성숙한 민주정치체제에 있어 새로운 자유 세계화는 자유와 평등, 정의를 진작시키고 있다. 21세기는 인권의 시대라고 말한다.

인간 해방의 전략적 지렛대로서 보편적 인권은 단일한 통전적 과정, 대체로 독재정권의 세계에서 세계화와 민주주의로, 그리고 인권침해에 반대하는 삼차원적 방패로서 인권, 사회정의, 사회발전을 말하며, 인간 발달과 사회발전을 포괄하는 통일된 주제가 된다.

인권은 생존과 안전, 그리고 존엄성이 요구되는 만민의 소외 없는 권리로서 개념화된다. 이 존귀함은 개인과 그룹, 편견이나 차별이 없는 공동체를 말한다. 현대 국가의 유일한 정의는 보편적이고 민주적인 체제를 말하며, 이 체제는 평등과 정의를 증진시키고 정당화하기 위해 투쟁하는 민주주의이다. 이러한 민주주의의 형성은 자유 진영의 가치와 원칙이 조화를 잘 이룬 것이다. 그러나 이념과 현실과의 차이는 자유세계의 시민이 용기와 신념을 가지고 대면해야 할 도전의 문제이기도 하다.

우리는 정말로 자유세계의 시민인가? 이러한 질문은 자기충족적 예언으로 가득 차게 된다. 사회적, 정치적 억압이 현대 세계에서 넘치고 있다는 사실을 주장하는 것은 그리 어렵지 않다. 유럽 25개국에서는 국가적 정체성을 훼손하는 억압에 맞서고 있으며, 아프리카 52개국에서는 독재자에 대항하며 한길을 걷고 있다. 이와 관련하여 로버트 사무엘슨Robert Samuelson은 다음과 같이 지적한다.

> 1498년 바스코 다 가마Vasco da Gama가 희망봉에 도착한 후, 근동지역으로 무역 길을 연 이래로 유럽은 세계 역사를 형성하였다. 왜냐하면 착한 일이든 나쁜 일이든 세계화를 만든 것이기 때문이다. 그것은 현대 과학에서는 발명의 길이였고, 산업혁명을 이끈 것이며, 노예무역을 위한 해상교통을 열었고, 거대한 식민 제국을 만들었으며, 세계적으로 가장 큰 파괴적인 세계전쟁을 촉발하였다(Robert Samuelson, 2005, p.7B).

인권에 대하여 보편적으로 수용된 이론은 없다. 그러나 세계인권선언(UN, 1948)은 대선언의 형성과 보완을 위한 구체적인 원칙을 도울 수 있다. 여기서 자세한 토론을 위해 다음의 5가지 요소를 포함하고자 한다.

① 인권을 위한 분명한 정의와 근거
② 이미 설립된 근거들로부터 이어지는 합법적인 권리를 요청하는 판정 조건
③ 자명한 헌법적 근거에 기반한 분류학
④ 권리보호를 보장하는 법적 장치
⑤ 인권문화를 유지하고 증진하는 체계

우리는 복합적인 민주정치가 인권을 위한 절대적이고 분명한 평가기준이라고 규정할 수는 없다고 본다. 다른 말로 하면, 비록 인권이 그 성격에 있어서 "무조건적"일 수 있다고 할지라도 회의주의로 인한 도덕적 가치로 갈등하면서 파열되고 있는 분위기에서는 대처할 수 없는 어려움이 있다고 본다. 그러면 우리는 인권의 희망과 절망의 현 요소들을 파악하기 위해 인권에 대한 토론을 다시 구성할 수 있는가? 강조되고 있는 전제는 인권문화가 포괄적인 사회변화를 위해 결정적이라는 것이다. 다음 사실은 세 가지 다른 맥락에서 인권의 세계적 측면에 대한 비평이다.

세계화와 민주주의

> 세계화는 본질적으로 서구 문명화로서 유래한 원칙들로 세계적으로 광범위하게 확장되었다. 즉 르네상스에서 비롯되어 유래한 과학이다. 민주주의와 인권의 이상은 문예부흥에서 발전되었고, 기술은 산업혁명을 이끌었다. 인도와 중국은 이러한 본보기에 맞는 토착산업을 적용한 예들이다 (Wald, 2005, p.3).

이 인용문은 「서구의 것이 최고다West Is Best」(Wald, 2005, p.3)라는 제목의 글인데, 이는 아마도 점증적으로 복잡해지는 세계에서 세계화와 민주주의가 갖는 힘과 한계를 설명한 것이다. 정말 "많은 세계화"(Berger & Huntington, 2002)가 있다. 피터 버거Peter berger는 세계화의 문화적 역동성에 관한 자신의 분석을 통해 "우리는 지금 세계의 모든 부분에 실제로 영향을 미치는 문화지진cultural earthquake의 모습을 볼 수 있다"(Berger & Huntington, 2002, p.9)고 말했다.

문화적 다원성과 헤게모니적 세계 경제가 세계화 과정을 지배하는 단 두 개의 엘리트 학파의 영역으로만 남는다면 문화적 쓰나미가 발생할지도 모른다. 새뮤얼 헌팅턴Samuel Huntington이 국제 정재계 지도자들의 문화라고 말한 "다보스 문화Davos culture"와 함께 서구의 "교수클럽 문화faculty club culture"는 위험하게도 점점 더해가는 전 지구적 세계에서 문화 용해culture meltdown의 양상을 감지하지 못하고 있다. 헌팅턴(Huntington, 1996)이 제창한 "문명충돌론" 이후, 인권과 평등성이 보편적 사회정의를 만드는 데 결정적이라는 점을 고려한다면, 세계화의 신화와 현실을 다시 생각할 충분한 이유가 있다(Khor, 2001; Shipman, 2002; Mohan, 2005b).

민주화는 서구화를 돌려 말한 것이자 같은 말이기 때문에 비서구 이데올로기나 변화의 모델에 대한 다양한 해석이나 모형은 대부분 간과되었다. 한편으로는 현대 서구적 가치와 문화를 거부하는 뉴에이지의 흐름이 있고, 또 한편으로는 모든 현대 (서구) 모델에 극히 적대적이고 미국의 동기, 주제, 운동을 매우 의심하기도 한다. 자기패배적인 외교 정책(이라크)에 의해 증대된 음모와 개입(아프가니스탄)으로 비롯된 전쟁은 완벽한 폭풍perfect storm[1]의 전형적인 예라고 할 수 있다. 일반적으로 민중의

---

1 역자 주: 본래는 둘 이상의 태풍이 충돌하여 그 영향력이 폭발적으로 커지는 현상을 말하

무기력과 묵인, 차별은 똑같은 폭풍의 다른 측면을 보여준다. 다음 설명은 소위 말하는 민주주의에 대한 세계적인 환상이 가진 한계, 위험, 허점을 푸는 데 도움이 될 수 있다. 세계적인 의식과 인권에 대한 존엄의 편재된 결핍성은 인간적 현실에 대한 이러한 방대한 다른 견해들이 넘쳐나고 있음을 보여준다.

• 세계화의 한계점은 보통 과소평가되고 있다. "프랜시스 후쿠야마Francis Fukuyama와 그 수하들 그리고 세계를 움츠리게 하는 증가되고 있는 기술적 혁신에 따르면, 냉전시대와 역사의 종말은 민족국가 쇠퇴에서 기인하는 근거들 사이에 있다. 또한 모든 종류의 경계들이 보다 더 유연해지고 있다. 월터 리스턴Walter Wriston의 책, 『주권의 여명*The Twilight of Sovereignty*』(1992)과 케니치 오마에Kenichi Ohmae의 영향력 있는 책, 『민족국가의 종말: 지역적 경제의 부흥*The End of the Nation State: The Rise of Regional Economies*』(1995)에서는 세계의 나머지 지역은 곧 유럽의 본보기를 따를 것이라고 주장했다. 마치 브뤼셀에게 보다 많은 통치권을 양보하는 유럽의 지위에 대해 저항의 증가가 민족국가로 회귀되는 것처럼 설명하기도 한다. 미국에서도 똑같은 세계화에 반대하는 운동이 일어나고 있고 이민 정책을 자유화하는 노력들을 저지하고 있다. 그리고 자유무역협정을 보다 많이 법제화하고 있다. 9.11 사태는 세계화의 약속에 궁극적인 타격

며, 경제 · 사회적 측면에서 두 가지 이상의 악재가 동시에 발생해 그 영향력이 더욱 커지는 현상을 의미한다.

을 주었고…, 미국은 완전히 일류 모드의 국가 이기주의를 후퇴시키게 되었다."

- 미국의 국경지대 협력에 대한 회담에서 테러리즘에 반대하는 전쟁의 맥락에서만 가능하다(Martinez, 2005, p.B13).
- 국제사면위원회Amnesty International는 최근 "이 시대의 굴라크Gulag"라 할 수 있는 관타나모 만에서의 구금 상태에 대해 비교하고 특징을 정리했다. 이와 같은 뜻이 한 미국 상원에 의해 반향을 일으켰고, 후에 기득권층으로부터 많은 비판을 받아, 사과했다(*The Advocate*, 2005. 6. 22.).
- 인도 상공부 장관인 카말 나쓰Kamal Nath는 "중국은 (공산주의 정부에서 가격을 통제하여) 생산할 수 있는 것을 판다. … 인도는 장사할 수 있는 것을 생산한다. … 중국은 육상경기에서 승리할 수 있지만 인도는 마라톤에서 승리할 것이다"라고 말했다(Hogland, 2005b, p.7B에서 인용).
- 새로운 중국은 평등주의적 관점에서 황당한 역설을 보인다. 중국은 인권을 경시하는 국가이면서도, 세계에서 유일하게 독자적인 생존이 가능한 공산국가이며, 매우 가난한 동시에 또 떠오르고 있는 두 가지 모습을 만들며 군사적, 경제적 성장에 사로잡혀 있다. 상하이에 있는 바빌론풍의 빛나는 건물들은 "인근에 있는 낡아 쓰러져가는 건물의 돌무더기 속에 앉아있는" 소외된 노동자의 눈에서 아무런 희망도 볼 수 없게 한다(*Time*, 2005, pp.28-29).
- "성과 인종차별"은 수세기동안 존재해왔다. 본토인 사회와 이민자 사회 사이에 갈등 요소들이 계속되고, 인종적 정체성에 따라 사회통합은 어려워지고 있으며, 두 사회의 갈등적인 평행 문화parallel culture는 젊은 세

대의 인권을 침해하는 경향이 있다. 특히 무슬림 국가에서 여성의 경우에는 더 심하다. 한 가지 사례로 아이얀 히르시 알리Ayaan Hirsi Ali는 여성에 대한 이슬람주의자의 학대에 반대하는 열정적 투쟁을 하고 있다. 자유연설과 인권의 챔피언인, 소말리아 태생의 이 법률가는 네덜란드 정보국에 대해 무슬림 소녀의 명예 자살(테러) 사건을 조사해달라고 요구했다. 인권서비스Human Rights Service에 몸담고 있는 『인간 비자*Human Visas*』의 저자, 헤게 스토르하우그Hege Storhaug는 유럽의 벨웨더Bellwether상을 수상했다. 히르시 알리는 "나는 헤게 스토르하우그가 민주주의와 미래를 위해 커다란 기여를 하고 있다고 생각한다. 왜냐하면 이슬람주의는 민주주의와 유럽에 가장 큰 위협이기 때문이다"(Scroggins, 2005, p.25)라고 말했다.

- 전쟁의 무기라 할 수 있는 강간은 아마도 가장 혐오스런 인권 폭력 중에 하나이다.[2] 아직도 어떤 국가들에서는 종교와 전통의 이름으로 여성혐오적 야만행위가 지속되고 있다. 다르푸르와 콩고를 민간 대학살의 대표적인 예로 생각할 수 있지만, 파키스탄에서는 강간 희생자가 가족의 명예를 위해 살해되는 일이 벌어지고 있으며 이것이 학살이 아니라고 말할 수는 없다.[345] 이 "강간 정책"은 정치적 관습이면서도 국가의 매우

---

2 "16세 소녀가 2년 전 낙태를 하였다. 옴베니Ombeni는 동부 콩고의 삼림지역에서 첩으로 살았다. 그녀는 임신했고 출산했지만 누군가가 큰 칼로 그녀의 질을 자르고 아이를 죽인 채 떠났다. … '나는 일주일 동안 곤충이 내 몸에 다가올 때까지 거기에 누워있었다'"(Mealer, 2005: 13A).

3 크리스토프의 글(Kristof, 2005a)을 보라. 2002년 6월 마이Mai는 4명에게 강간을 당했다. 그녀는 "명예훼손"의 문제로 가족들에 의해 살해당할 뻔했다. 그러나 마이는 법정으로 갔고 강간범들의 혐의를 확보하였다(Hogland, 2005a, p.9B 참조).

끔찍한 사회적 폐단이다.[6]

- 세계에서 가장 인구가 많은 민주주의 국가인 인도에서 계속되는 아동 결혼은 어린 여성들을 비인간화하고 있다. 변화에 대한 저항은 폭력을 포함한 봉건적 제도와 부딪치게 된다. 이는 3명의 소녀가 합동 결혼식으로 결혼하게 되는 것을 막으려고 했던 마디야 프라데쉬Madhya Pradesh에 있는 앙간와디anganwadi 복지센터의 슈퍼바이저가 공격을 받은 사건을 통해 확인할 수 있다. 공무원인 샤쿤타라 베르마Shakuntala Verma는 5월 11일, 한 가족으로부터 그녀의 어린 딸들을 시집보내라는 얘기를 듣고 다르 지역의 방가르 마을로 갔다. 그녀는 지역 치안판사의 규정에 따라 딸들의 나이 증명을 요청했지만, 그 가족들은 그녀를 위협하고 떠나도

---

4 파키스탄에는 후두드hodood 법(정숙한지가 의심스러울 때 가족이 고소할 수 있는 법)이 있다. 강간을 당했다고 보도된 수천 명의 여성들이 투옥되곤 하였다. 강간으로 희생된 여성이 남성 4명을 증인으로 세울 수 없을 경우에는 간음죄로 채찍을 맞아야 할 위험에 처했다. 불법적인 성관계를 당했음에도 강간을 입증할 수 없기 때문이다. 파키스탄의 중산층 여성들은 라호르에서 평등권을 위한 시위를 수개월 동안 진행했다. 경찰은 이 여성들을 곤봉으로 때리고 경찰서로 끌고 갔다. 경찰들은 특히 아스마 야항기르Asma Jahangir를 목표로 삼았다. 그녀는 한때 파키스탄 인권위원회 회장으로서 UN특별보도관이었다. 야항기르는 무사라프Musharaff 장관의 측근인 정보국에서 온 경찰들에게 주어진 지시사항들을 밝혔다. 그것은 "교훈으로 가르칠 수 있다. 대중 앞에서 야항기르의 옷을 벗겨라"라는 것이었다. 충분히 그러고도 남았다. 경찰은 그녀의 셔츠를 벗기고 바지를 벗기려고 하였다. 만일 무사라프 장관의 정권이 가장 유능한 변호사를 활용한다면 부정의에 도전하는 한 농민에게 무슨 일이 발생할지를 상상해보라. 파키스탄의 인권위반에 대한 크리스토프의 보고서는 교훈적이다(Kristof, 2005a). 하지만 미국은 인도를 공격할 수 있는 핵무기 탑재가 가능한 F-16 폭격기를 파키스탄에 주었다.

5 인권은 인간의 가능성이 있는 사람들의 권리에 도움이 되는 사회적 분위기를 정당화한다.

6 "강간범은 어느 곳에서든 테러를 하고 있다는 것이다. 하지만 특별히 여기서, 게다가 다르푸르에 있는 대다수 소녀들은 극단적인 형태로 성기를 제거당하기도 한다. 때때로 여성들은 갑자기 사라지기도 한다. 때때로 여성들은 강간으로 굴욕을 겪기도 한다. 일부 여성들은 자궁 내부가 찢겨지는 강간을 당하고 심각한 상태로 버려진다. 유럽의 구호단체에서 일하는 한 수단 여성은 총검으로 강간당했다"(Kristof, 2005b, p. 14).

록 강요했다. 그날 저녁 한 사람이 칼을 들고 샤쿤타라를 찾아와 마구 베기 시작했다. 샤쿤타라는 자신을 보호하려고 애를 썼지만 한 손은 심한 상처를 입었고, 다른 한 손은 절단되었다. 샤쿤타라가 인도르 병원에서 9시간에 걸쳐 절단된 손을 봉합하는 수술을 받으며 생사의 갈림길에 있던 그때에, 마디야 프라데쉬 주의 장관인 바불랄 가우르Babulal Gaur는 심지어 아동결혼을 행하는 사람들을 반대하는 "어떠한 행동도 취해서는 안 된다"고 선포했다. 가우르는 "사회적 관습은 법보다 강하다"고 말했다(Krishnakumar & Rajlakshami, 2005; Sagade, 2005).

- 공산주의의 쇠퇴는 기능적인 자유시장에 어떠한 위안도 되지 못했다. 자유시장 체제에서의 아이들은 자유롭게 먹을 수 없을 것이다. "경직된 이데올로기는 자산이 아니라 위협이다"(Garson, 2005, p.B17). 그러한 시장경제 정책의 실패는 전 세계에 걸쳐 가난한 생명들에게 큰 혼란을 가져올 것이다. "콜레라는 개발 도식의 극단적인 결과이다. 하지만 또, 아프리카는 세계은행World Bank의 민간투자 이론을 따라 식수 민영화를 단행했다. … 심지어 이는 선진국에서 "개발"하는 것보다 더 수익성이 높다. … 국제통화기금IMF과 세계은행의 원조를 받아 25년간 매일 자산을 소비하는 것은 수백만의 가난한 사람들을 더 가난하게 만드는 것이다. 워싱턴 컨센서스Washington consensus[7]와 같은 아무 규제도 없는 자본의 이동은 수백만의 사람들을 "하루 1달러"의 가난 속에 빠지게 만드는 통화

---

7 역자 주: 1990년대 미국이 중남미 개발도상국에 제시했던 미국식 자유시장경제 체제의 확산 전략이다.

폭락과 투기 열풍을 이끌었다(Garson, 2005, p.B17).

- 뉴욕에서 매독 전염률은 지난 5년 사이 400% 이상 증가하고 있다. 동성애(게이)는 사실상 전반적으로 증가하는 추세이고, … 지난 몇 해 동안 게이 사회에서 위험한 성행위와 관련된 모든 지표가 상승하고 있다. 중국, 러시아, 인도 등에서 그랬던 것처럼, 매해 유행성 전염병으로 더 피폐해지고 있는 아프리카 국가들은 2,000만 명의 사람들이 에이즈로 목숨을 잃었다(Specter, 2005, pp.38-45).
- "런던, 7월 7일: 오늘 런던 지하철 3개 노선과 빨간색 2층 버스에 폭탄테러가 발생했다. 붐비는 시간에 일어나 최소 37명의 목숨을 앗아간 이 대학살은 도시를 피로 물들였고, 경악하게 했다"(Cowell, 2005).

이러한 인용문들은 어려운 문제들을 더 깊고 넓게 생각할 수 있도록 한다. 종교적 원리주의fundamentalism에는 치명적인 이데올로기의 폐단들이 담겨있다. 그러나 세계적 불평등에 대한 고고학적 접근과 인권에 대한 개념 정의는 서구 정치사상의 윤리학에 깊게 연관되어 있다. 아프리카의 정치적 자유와 민주주의는 입헌주의에서 시작하는 탈식민을 통한 합헌적 해체를 요청하고 있다(Ihonvbere & Mbaku, 2003). 이는 아마도 많은 비서구 세계의 한 모델이 될 것이다. 신부 화장火葬은 단순히 지참금을 위한 탐욕이 아니다. 다시 말해, 그것은 "상처 난 문명"을 계속 몹시 괴롭히도록 하는 극악무도한 악의 사슬이다. 위에서 열거한 내용들은 인간이 만든 비극이 얼마나 광범위한지 그리고 진부하게 이어지고 있는지를 생생하게 묘사한 것이다. 파키스탄의 강간범들이나 갱들에게 당한 불행한 희생자들과 뉴욕시내의 동성애자들 사이에 놀라울 만큼 증가하고 있는 매독 감염률은 상호소외감과 절망에서 비롯되어 합류된 한 대양에서 유일하게 분리된 두 개의 빙산들의 끝이다.

인권에 대한 위반은 전 세계에 만연하고 있는 현실이며, 특히 세계 각 지역은 탈식민의 타락이라는 불행에 휩싸여있다. 그러나 역사적 사회운동은 돌이킬 수 없는 것이다. 다시 말해 우리는 과거로 돌아갈 수도 없고 현실을 수정할 수도 없다. 현재의 의무감과 필요성에 무신경하면서까지 바꿀 수 없는 과거의 모든 문제들을 비난하는 것은 신중하지 못한 것이다. 희망(아일랜드, 중국, 인도, 칠레 등의 경제적 성장)과 절망(중국의 인권 위반과 공산주의 국가통제주의, 인도의 지방분권주의rampant communalism, 러시아의 새로운 과두제 정치, 미국의 불평등 확산)이라는 탈이데올로기의 이중성은 세계적인 안녕을 어렵게 만든다.

G8 정상은 세계의 가난, 특히 아프리카의 가난에 반응하고 있으며, 이는 다소 늦은 감은 있지만 무척 고무적인 것이다.[8] 아프리카를 비인간화하는 잔인함과 식민지의 폭력은 오랜 역사를 따라 축적된 것이다. 세

---

8 사하라 이남 국가의 빚은 탕감될 수 있으며 선진국들이 세계은행에 기부한 기금을 이용하여 부채상환에 대한 손실을 보충할 수 있다는 것에 동의했다. 그리고 토요일, G8의 재무장관들은 부채탕감에 대한 광범위한 협정에 도달했음을 발표했다. 이 협약에 따르면, 세계은행과 IMF 그리고 아프리카개발기금은 즉시 18개국에 달하는 국가의 채무액을 변제해줄 것이며 이 금액은 약 400억달러에 이른다. 영국의 고든 브라운 재무장관에 따르면, 만약 올바른 정치와 부패척결에 노력한다면 이 외에도 20개 국가가 부채탕감의 자격을 얻게 될 것이라고 한다. 이 협약은 총 550억 달러 이상의 부채탕감을 거론하고 있다. 원조기관들은 20개국들이 매년 건강관리, 교육, 기반시설 개발로 진 부채를 매년 총 1억 5천만 달러를 상환받게 되어 이러한 협약을 환영했다(Associated Press, 2005).

계에서 가장 개탄스러운 상태에 놓여있는 아프리카 국민들의 모습에는 오래된 억압과 부족 분쟁이라는 참혹한 경험이 고스란히 배어있다. 아프리카에 제대로 된 정부가 없다면 아무리 많은 돈이 있어도 평화, 안전, 인권이 보장될 수 없다. 억압을 받아온 사람들이 도리어 최악의 압제자가 된 것은 아프리카 사람들이 스스로 해결할 수 있는 역설적 상황이다. 좋은 거버넌스good governance는 인권을 확보함으로써 정의의 모습을 갖추도록 하는 잠재력이 있어야 한다.

사람과 시민의 문제에서 국가 역할의 진보와 퇴보에 따라 사람들, 특히 소외된 지역 사람들이 권위체제에 의해 다뤄지는 방식도 변화한다고 말하는 것은 과장이 아니다. 사회와 문화는 정치 이데올로기의 갑작스런 변화에 대해 다르게 반응한다. 우리는 20세기의 공포와 환희의 모양을 한 신조와 정책에서 이미 균형을 잃은 문명이다.

인권과 인간의 비자유

"인간억압과 사회발전은 상반된 서로 다른 뜻을 의미한다. 불행의 결과는 세계적 복지 낙후와 계속되는 비인간화이다. 사회발전은 억압세력에 의해 좌절되는 사회적 재구조화를 통해 인간의 자유를 향상하도록 노력한다"(Mohan & Sharma, 1985, p. 12).[9]

9 이 부분은 2005년 7월 18~24일에 브라질 헤시피에서 국제사회개발ISCISD을 위해 대학들

20년도 전에 비자유unfreedom라는 "어둠"의 영역에 따라, 세계적 압력에 대항하는 수단으로서 인간의 자유를 강조하는 주장이 일었다. 뒤이어 나타난 자유와 억압(탄압)이라는 두 가지 비교분석틀은 사회체계의 측면에서 국가를 넘어 세계를 가르는 전 지구적 연계를 재사고하는 방법으로서 개념화되었다. 보다 분명하고 경험적으로 입증된 이 논제는 후에 아마르티아 센Amartya Sen에 의해 변형되었는데, 아마르티아 센은 보다 인간적이고 합리적인 관점에서 경제적 발전을 생각하는 세계를 추진하는 자유로서의 발전development as freedom이라는 패러다임의 변화를 이끌었다. 개인적 발전과 사회적 발전의 변증법은 본래적으로 세계적 사회복지와 관련되어 있다(Gil, 1985, p. 15). 현대 허무주의와 시민성의 실추는 자유롭고 적절한 국제사회의 설립을 위한 새로운 구성과 전략을 요청하고 있다(Mohan, 1993, 2002b, 2004, 2005c). 그러나 무감각한 분석과 더해가는 정치적 붕괴는 세계적 자유에 대한 보다 분명한 이해를 방해하고 있다.

"계급의 윤곽이 희미해졌지만, … 미국 사회에서 계급은 여전히 강력한 세력이 된다"(Scott& Leonhardt, 2005, pp. 1-16). 우리의 세계는 또다시 "후퇴flat"한다(Friedman, 2005). "제국의 자만imperial hubris"(Scheuer, 2004)은 헤게모니를 쥔 다국적 회사를 확장하는 데 도움이 될 수 있지만 "맥도널드화"의 결과에 대한 일부 국제화 문제를 풀 수는 없다. 발전적 접근—"유럽 국가의 역사적 복지 국가주의를 넘어서는 사회복지의 복수

이 연합하여 주최한 14차 국제 심포지엄에서 발표한 것에 근거한 것이다.

적이고 합의적 접근, 이 접근 방법은 국가와 시장, 공동체 일체의 통합을 옹호한다"(Midgley & Tang, 2003, p.21)—은 인간과 사회의 공생적 발전 과정을 무시한다. 모든 유사 유물론자들이 주장하듯이, 소득과 자산에 대한 접근가능성이 최소한으로 떨어질 경우 사람들은 예상한대로 행동하게 될 것이다. 유사 유물론자들이 주장하는 전제는 글로벌 경제에서 쉽게 수용되기 위한 지극히 단순한 특징이다. 그러나 "발전"의 특징에 영향을 주는 권력을 교묘하게 회피한다. 이는 복지국가가 복지사회로 이행하는 것처럼 보이기 때문에 특히 중요하다. 잔여적residual 모델과 제도적institutional 모델의 단순한 혼합모델은 후기산업사회에 있어 사회진화 과정의 역사적 중요성을 탐구하기에는 부족하다.

우리는 보편적 정의와 인권의 기본적 교리를 일반화하는 새로운 사회발전이 필요하다. 인간-사회 발전의 보편적 모델universal model of human-social development은 인간다운 삶을 위한 최소한의 기준을 고취하기 위해 필요한 것이다. 총체적 접근은 시민사회와 자유사회를 성취하는 데 실패한 20세기 환원론적 결정론적 이데올로기의 기념비적인 실패에 근거한다. 우리는 자유에 대한 희망 없이 불분명한 문화 속에서 비자유의 세계를 이루고 있다(Mohan, 2005a).

세계화와 민주주의가 법이라는 시민규칙을 요구할 때에 국가의 변천은 우리의 관심을 끌만한 주요 세계적 관심 영역 3가지, 즉 개인의 자유, 사회 민주주의, 세계적 경제를 제시한다. 각각의 요소는 이념적 해석에 종속되어 있다. 민주주의와 자유는 개인과 사회의 보편적이고 근본적인 권리이다. 그러나 지배적 권력과 기업 이익, 민주주의 가치에 대한 무시가 얽히고설키면서 수많은 역효과를 낳았다. 이러한 사실은 다음과 같은 사건들에서 확인할 수 있다. 거대기업에 대한 감세정책 및 거대기업의 적자는 경제적 안정성을 위협하고[10], 9.11 사태 이후 테러에 대한 전쟁 선포는 집안팎에서의 인권과 시민권을 심각하게 축소시켰으며[11], 부시의 선제공격은 "이라크의 살바도르화"라는 결과를 초래했다[12](Maass, 2005, p.38). 국내 · 외 정책의 상호의존은 우리 시대의 부인할 수 없는 현실이다. 베트남에서부터 이라크까지 우리는 국내적, 국제적 관계의 함수에 영향을 주는 이러한 접점을 발견하게 된다.

자유시장 기업의 세계화는 짐작컨대 민주주의와 자유, 이 둘 모두에 도움이 된다. 중국과 인도, 아일랜드, 태국, 대만 등은 경이로운 경제성장을 이루었다. 다국적 기업은 다양한 산업을 외부에 위탁하면서 수백만 미국인들의 일자리를 앗아가고, 노동조합, 토착기업을 희생시키면서 기업의 이익을 추구한다. 또 한편, 미국 자본주의는 다수 정당의 민주체제를 발전시키려는 의도가 없는 중국을 부유하게 했다. 그러는 동안, 인

---

10 산업화된 모든 국가 중에서도 미국의 부유한 사람들과 가난한 사람들 사이의 수입 격차는 엄청나다. "미국 전역에 부유한 사람들이 손을 뻗었다. … 미국의 가장 큰 복지여왕welfare queen은 부유한 사람들이다." ABC의 소비자권리통신원과 TV 시리즈 20/20의 협력 앵커 존 스트로슬John Strossle이 이것은 "너무나 충격적이다"라고 부언하며 보도하였다(*Reader's Digest*, 4월 2002, pp.37-39).

11 미국정부에 대해 당혹케 하는 예들은 카리브 해 군도와 관타나모 만에 죄수들과 억류자들에 대한 처우와 애국법Patriot Act에 대한 비판이다. 그 반박은 선천적인 쿠바 테러리스트 루이스 포사다 케릴Luis Posada Carriles을 향한 미국의 태도에 의해서 더욱 강조되었다. 그 당시 조지 부시George W. Bush대통령은 포사다Posada가 좋은 테러리스트라고 하면 테러리즘이 미국의 이익에 맞으면 묵인되는 것이라고 넌지시 말했다(Anderson, 2005, p.2A 참조).

12 이 또한 "이라크 민주화Iraqification"를 넌지시 언급한다.

도에서의 중산층 성장과 소비지상주의는 규제되지 않는 계급 전쟁을 일으켰을 뿐이다.

보통 학문적 정책 논의에서는 정부 행동의 본질에 관심을 두지 않는다. 그 결과, 발전은 공공복지와 기본적인 인권에 대한 어떤 약속도 없이 새로운 과두정부를 보호하기 위한 가식처럼 보인다. 공적 신뢰의 감소에 대응하여, 모든 정부는 국가가 고문, 학대, 무시를 행하는 상위구조가 아니라는 것을 증명하기 위해 투명성, 책임성, 시민성을 드러내야 한다. 절대지배의 수단으로서 폭력을 사용하는 국가의 특권적 독점은 기본적인 인권에 대한 비용에 있어 비인간화를 정당화한다.

보편적으로 만연한 폐해인 인권에 대한 부정은 모든 사회적 배제의 출발점이다. 사회적 배제 속에는 다양한 차원에서 실행되고 있는 문화적, 경제적, 정치적, 종교적, 윤리적 부정의가 복합적으로 내포되어 있다. 카스트 제도 및 노예제도와 같이 실제적으로 이루어지고 있는 사회적 계급구조는 사회적 배제를 더 심화시킨다.

우리는 지속적으로 파괴되고 악화되는 거대한 배제의 세계에 살고 있다. 오해가 사실이 되고 거짓이 교훈처럼 가르쳐지기도 한다. 힘없는 국가에 대한 침략과 점령은 사람들로 하여금 해방운동liberation을 일으키게 했다. 인권의 원리에는 모두를 위한 권리들이 성취되도록 하는 수단이 명확하고 뚜렷하게 나타나지 않는다. 인권은 사람들의 욕구를 나타내는 윤리적, 철학적, 역사적 산물인 것이다. 물론, 우리는 사회가 인권을 보장하지는 못할망정 제공하지도 않는다는 것을 이미 알고 있다. 로저 코헨(Roger Cohen, 2005, p. 16)은 "공산주의와 나치즘이라는 20세기의 끔찍한 사상"이 역대 최악의 살인자들을 낳았다고 말했다. 스탈린주의자들의 테러 및 히틀러의 강제수용소와 학살정책 등은 9천만 명 이상의 목숨을 앗아갔다. 동유럽, 르완다, 수단 등에서 진행된 인종청소ethnic cleansing는 국가주의적 폐해의 잔재가 여전히 살아있음을 상기시켜준다.

사회 계급구조, 경제적 지위, 인종적 뿌리, 정치 이데올로기적 차이, 역사적 · 종교적 논쟁은 계속 고조되었고, 위험하게도 억압의 역기능적 문화를 지속되게 하였다. 우리는 풀리지 않는 역설의 시대, 즉 한편으론 두려움과 공포, 또 다른 한편으론 오만과 독선에 따른 노이로제 속에 살고 있다. 이렇게 조화롭지 못한 상황은 보편적인 인간의 욕구를 채우는 데에 거의 도움이 되지 않는다. 우리가 "악의 축"인 테러, 전쟁, 불평등, 빈곤의 본질을 다시 정의하지 않는다면, 또한 탄압되어온 인간의 존엄성을 본래의 색깔로 되찾지 않는다면, 인권증진을 위한 풍조가 만들어질 수 없다. 토니 블레어Tony Blair는 인권증진을 위한 풍조를 양성하는 것은 "우리 세대의 근본적인 도덕적 도전"이라고 간략히 말했다(*New York Times*, 2005, 9wk).[13]

---

13 토니 블레어 수상이 구성한 아프리카위원회는 그의 굳건한 지지를 강조했다. "현재 아프리카의 수백만 동료들이 겪는 역경에 대해서는 어떠한 변명과 어떠한 변호, 어떠한 정당화도 있을 수 없다. 그래서 아프리카를 변화시키려는 우리의 길을 막는 것은 없어야 한다"(*New York Times*, 2005, p.9).

인간-사회 발달:
인권에 이르는 전인적 사회복지 접근

> 미국의 재정적 혼란 상황에 대해서 기술하는 것은 다르푸르의 분쟁 상황을 기술하는 것보다 더 어려울 수 있다. 왜냐하면 국가의 재정적 무모함에 따른 희생자들은 과부의 아이들을 불구덩이 속에 올려 넣는 것(부모를 잃은 다르푸르의 아이들이 소년병이 되는 것)을 슬퍼하지 않기 때문이다. 그러나 만일 희생자들을 생생하게 마음에 그릴 필요가 있다면, 자녀의 얼굴이나 손자의 얼굴을 떠올려보라. 부시 대통령은 상속세를 "사망세"라고 하는 것을 비판했다. 그러나 그의 잘못된 생각은 미국의 모든 아이들을 약 15만 달러의 "출생세"에 직면하게 만들 것이다(Kristof, 2005c).

사회복지와 같은 전문적인 문화에는 사회적 변화, 제도, 정책 등이 반영된다. 레이건 정부 말기에는 사회복지의 고귀한 전문성을 적절한 내용이나 세부사항 없는 생존주의적 치료에 사로잡힌 그저 그런 내용들로 변질시켰다. 이런 흐름에 따라 사회정의와 인권은 발전하지 못했다.

이상적으로 말하자면, 사회복지는 인권 전문분야가 되어야 한다. 한나 아렌트Hannah Arendt가 말한 "악의 평범성The banality of evil"은 아이들에 대한 성적 착취가 이루어지는 전쟁 지역뿐만 아니라 비인간화가 처벌 없이 진행되는 거대한 세계에 이르기까지 방대하게 나타난다. 이는 사회복지 속에서 다루어져야 하는 영역이다. 하지만 그러기 위해서는 더 많은 논의가 있어야 하고, 좀 더 열린 접근이 필요하다. 조지 부시의 정치고문이었던, 칼 로브Karl Rove는 9.11 테러 이후 나타난 비애국적 "테라피즘 therapism"인 자유주의를 비난했고, 인권에 헌신하는 수많은 사람들을 악랄하게 모욕했다.[14] 테라피즘(Sommer & Satel, 2005)과 인간의 고통에 대한 "슬픔 전문가grief gurus"라는 상업화는 기본적으로 사회복지가 재창조되어야 함을 입증하는 것이다(Mohan, 2005d). 현대 사회복지로부터 뻗어 나온 사회발전주의social developmentalism는 완전무결한 이상을 추구한 잘못된 시도이다. 이와 관련하여 샨티 킨두카Shanti Khinduka는 다음과 같이 말했다.

> 인간독립과 국제협력을 고양하는 높은 수사修辭에도 불구하고 미국의 사회복지가 지극히 미국 중심적인 전문성을 유지해온 것은 불행이다. 사회복지 교육 역시 세계의 다른 지역에서 배우고 가르치려는 진지한 진보를 하는 데에는 실패하고 있다(Khinduka, 2004, p.4).

종교적 구실에 따라 대량 살상이 이루어진다는 것은 우리가 사는 현대 사회의 불행이다. 인류는 수세기에 걸쳐 이어온 편협성과 증오의 편견과 교리라는 굴레 아래 마비된 채로 남아있다. 우리는 여전히 불명확한 구실 아래 우리의 적들에 대항하여 개혁운동을 진행하고 있다(Sunkind, 2004). 그러므로 사회재건 프로그램은 전략적 계획보다 선행되어야 한

---

14 칼 로브는 백악관 고문으로서 맨해튼의 공화당 기금모금 연설에서 "보수주의자들은 9.11의 만행을 공격으로 보았고 전쟁을 준비했다. 자유주의자들은 9.11의 만행을 보았고 기소 준비와 치료 제공을 원했고 공격의 주체를 알고 싶어 했다"고 말했다.

다. 다각도로 세계화가 진행되고 있는 세상에서, 사회변화와 사회변혁은 반드시 보편적인 접근 속에서 구상되고, 달성되어야 한다. 복지국가의 종말은 아직 시기상조이며, 복지국가가 끝났다고 해도 복지의 발달이 끝난 것은 아니다. "인간-사회" 발달이 적절한 과정에 따라 이루어지는 것처럼, 전국에 걸친 사회적 합의는 개별 자산에 대한 최소주의, 탈맥락화된 미시적 전략, 잘못된 계획에 따른 "클라이언트화clientization" 등에 의해 재구분되지 않고 새로운 발전전략을 조정하고 적용할 것이다. 언젠가 인권은 보편적으로 시행될 것이며, 일, 생산, 분배에 대한 새로운 문화는 치료 중심 국가의 개별화된 방식보다 더 나은 대안들을 보증할 것이다.

진보적인 사회복지는 인간행동과 공동행동의 전체적 성장을 위한 풍부한 기초를 제공한다. 그러나 오늘날의 이념적 제한과 모순은 "인간-사회" 발달의 공생을 어렵게 한다. 무감각한 사회공학이 동반되지 않은 채 인간의 기본적인 상태를 자유롭게 한다는 것은 인간의 존엄과 창조적 발달에 입각한 글로벌 문화의 해체를 필요로 한다. 인간 사회의 구조를 만들어온 사회계약은 시민운동이 시작된 이래로 주춤하는 듯 보인다. 상징적인 인간의 가족은 제대로 기능하지 못하고 있다. 그러한 가족의 모든 구성원들이 위엄있는 지위를 갖기 위해서 인권은 보편화되어야 한다.

새로워진 사회계약의 이념은 우리를 둘러싼 현실들에서 보면 낭만적인 환상이다. 관타나모 만에서 다르푸르에 이르기까지, 노골적인 인권 남용의 사례들이 일어나고 있다. 시민 생활에서 인권은 일상적으로 더럽

혀진다. 교회에서 일어난 아동 성학대에 대한 침묵에서 노예집단에서 적나라하게 일어나는 잔인함까지, 인권위반에 대한 증거는 전 세계에 걸쳐 일어난다.[15]

인간에 의해 만들어진 비극의 대부분에 대해 인권의 측면에서 접근하는 사회복지는 실용적이든, 인식론적이든 그 자체로 잘 재정비될 수 있으며, 그러기 위해서 사회복지의 다양성은 인권이 보편적이고, 분할 · 양도될 수 없는 영역이라는 것에 초점을 두어야 한다. 에이즈, 가난, 기아에서 인종청소, 전쟁에 이르기까지, 인간이 짐승같은 사회는 기본권의 정신이 너무 먼 곳에 있기 때문이다. 이제 단편적인 사설을 넘어 전문적인 담론으로 논의의 지평을 확장해야 할 때이며(Witkin, 1998), 정책과 실천 사이의 상호작용을 통해 발전되어야 한다(Reichert, 2003). 그러나 전문가로서 우리는 여전히 기능적 환원주의의 이중성이 넘쳐나는 전통적 모델에서 벗어나지 못한 채 우리 직업 내에 있는 난제를 더 엉망진창으로 만들고 있다(Mohan, 1999; 2002a; 2004; 2005c).

근본적인 민주화와 결합되지 않는다면, 세계화는 거짓 메시아가 존재하도록 할 것이다. 로버트 메리(Robert Merry, 2005)는 자신의 저서, 『모래의 제국Sands of Empire』을 통해 로마의 부흥과 몰락을 상기시켰다. 세계는 "평평flattening"해질 수 있지만, 평등 격차는, 특히 북반구와 남반구의 평등 격차는 더 넓어지고 있다. 휴고 베도Hugo Bedau의 말처럼, "권

---

15 미국 국무부는 몇 개 포럼에서 10개국에 대해 사실상 '인간노예국가'라고 규정했다(2005년 6월 4일). 이 10개국에는 세계에서 가장 가난한 국가인 수단을 비롯해 부유한 국가로 알려진 사우디아라비아와 쿠웨이트도 포함되었다.

리가 부족한 사회가 권리를 가지고 있는 사회보다 열등하다는 것을 주장하는 것은 자연스러워 보인다"(1982, p. 289). 우리는 부정의를 완화하지 않은 채 불평등의 윤곽만을 변화시키려 하는 새로운 사회적 계층의 등장을 목격하고 있다. 인권과 사회적 배제는 인간-사회 발달에서 어느 하나도 놓칠 수 없는 두 가지 차원으로서 자유와 억압(탄압)의 변증법을 푸는 비교분석틀에 논리적으로 적합하다(Mohan, 1985, 1986). 만일 자유, 민주, 사회정의의 성취에 대한 열망이 전국적으로 퍼져있는 사회라면, 프로그램, 정책, 사람들에 대한 종합적인 발달의 토대로서 인권을 받아들여야 할 것이다. 혹은 또한 희망과 망상이 불가능하다는 생각은 인간 본래의 공포를 낳는 불필요한 말과 의도 속에 있는 자원과 에너지를 계속적으로 약화시킬 것이다.

세계는 아브라함Abraham의 세 아들들이 서로를 더 잘 이해하게 만들 수 있는, 더 평화롭고 비폭력적인, 더 좋은 곳이 되어야 한다. 문화적, 심리적, 경제적 요소들의 종합은 도움이 되지만, 발전과정의 결과를 만드는 것은 인간과 사회의 공생적 관계이다. 넬슨 만델라Nelson Mandela는 오늘날의 세계 지도자들에게 "당신에게는 집단학살을 막을 수 있는 능력이 있다"고 힘주어 말했다.[16] 그리고 음악가들과 팬들이 수많은 도시에 모여서 자선 음악 콘서트를 열며 세계 지도자들에게 "모든 약속은 9개의 도시, 4개의 대륙, 한 문화, (그리고 천 명에 가까운) 예술가들 속에서 구체화

16 넬슨 만델라가 "역사와 세대는 오는 시대에 그들이 행했던 결정들에 따라 우리의 지도자들을 심판할 것이다"라고 말했다(Lawless, 1A).

될 것이다. 이 모두는 많은 사람들이 하나의 대륙에 있기 때문이다"라고 말하며 행동을 촉구했다.[17]

---

17 우레 같은 라이브 자선 공연Live Aid Concert이 런던을 비롯한 세계의 다른 8개의 도시에서 열렸다. 음악가들과 팬들이 아프리카의 빈곤에 대한 경각심을 높이기 위해서 또한 그 아프리카 빈곤에 대해 스코틀랜드의 G-8 정상회의에 참석한 세계의 가장 영향력 있는 지도자들에게 압력을 주기위해서 세계적인 음악 마라톤을 열기 위해 열 개의 도시에 모여들었다(*New York Times*, July 3, 2005).

12

법과 사회복지

인권증진을 위해 함께해야 할 두 영역

로버트 맥코믹 *Robert J. McCormick*

로버트 맥코믹 *Robert J. McCormick*

변호사이며, 가족법을 비롯한 여러 분야의 법률 활동을 통해 사회복지의 부족한 부분을 직접 체험해왔다. 그는 전에 엘리자베스 라이커트와 함께 이민자의 인권, 아동에 대한 성범죄 등과 관련된 사회복지사의 역할에 대해 다룬 책을 출간한 바 있으며, 미국 및 독일에서의 아동복지에 대한 글을 발표한 바 있다.

많은 법률가들은 아동 학대 혹은 유기에 관한 재판이나 양육권 공판 과정 등을 진행함에 있어서 사회복지사와 함께 수사를 하기도 하고 사회복지사의 의견을 듣기도 하면서 사회복시와 협력을 하게 된다. 이런 경우에 있어 법률가들은 대개 사회복지사들의 전문적 지식을 따르기도 하며, 사회복지사들의 기여의 중요성을 인식하고 있다.

비록, 법정에서 많은 사건들이 부모와 아이의 인권문제와 관련되어 있지만, 적어도 미국 내에서 "인권" 그 자체가 법적 절차에 포함되는 일은 거의 없다. 일리노이 주의 1976년 가족관계법(Illinois Domestic Relations Act, 1976)을 통해 볼 수 있듯 "아동에 대한 최대의 관심"이라는 애매모호한 법적 정의가 일반적으로 쓰이고 있고, 법률가와 사회복지사들은 이러한 정의내리기 힘든 목표를 달성하기 위해 노력한다. 그러나 법률가들이나 사회복지사들도 많은 경우, 모르는 채로 인권문제에 함께 달려들고 있다. 법률가들은 사회복지사들의 조언에 항상 동의하지 않을 수 있으며, 사회복지사들은 법률 용어와 절차들이 아무 효력이 없고 오히려 성가시다고 생각할 수 있다. 그럼에도 법정은 법과 사회복지가 인권 활동을 함께 추진하기 위해 모이는 포럼의 장소이기도 하다.

하지만 법정 밖에서는, 법률가들과 사회복지사들이 인권을 추진함에 있어 분리된 것처럼 보인다. 비록 인권이 사회복지 그 자체의 근간이 됨에도 불구하고, 종종 법률가들이 인권 의제를 결정하는 것으로 나타난다. 법률가들과 사회복지사들이 대부분의 다른 모든 부분은 분리되어 있는 채 아동보호라는 인권의 한 부분에서만 더 나은 인권을 위해 각자의 전문 지식을 협력한다는 것이 가능한 것인가? 이것이 어떤 의미가 있는지는 모르겠지만, 아마도 몇몇의 분석가들은 이 물음에 대답하는 것을 도와줄 수 있다.

만약 인권이 순전히 정치적이고 시민의 권리를 포함하는 개념으로만 이루어졌다면, 이 영역은 자연스럽게 법률가들의 영역이 되었을 것이다. 어쨌든 자유로운 연설, 정당한 법 절차, 종교의 자유 등에 대한 보장은 법률가들의 일로서 법의 해석과 준수를 요구한다. 인권을 더 많이 수용하는 것에 대한 사회복지사들의 머뭇거림은 인권에 대한 법적인 시각과 관련된 것일 수 있다(Reichert, 2003). 사회복지사들은 법률가가 아니기 때문에 인권의 토대가 되는 법적 기준을 만들 수는 없다. 권리라는 단어는 사회복지의 개념이 아니다. 어떤 한 사람이 이것을 할 권리 혹은 저것을 할 권리를 갖는다는 것은 법적 개념인 것이다. 그러나 현실은 꽤 다르다.

인권운동은 단순히 권리 획득을 위해 법정에 서는 사람들과 정부 사이의 충돌이라고만 말할 수는 없다. 인권에는 특히 경제 · 사회 · 문화적 영역에서 사회복지 정책과 윤리적 기준에 직접적으로 관련되어 있는 많은 요소들이 망라되어 있다(UN, 1948, 1976). 예를 들어, 왜 미국에서는 적절한 의료행위에 대한 인권이 사회복지사에게 보다는 법률가에게 있어서 더 중요한 화제가 되는 것일까? 법률 전문가들은 경제적 · 사회적 인권의 규칙이 너무 엉망이라는 것과 정치적 · 시민적 권리만큼 중요하지 않다는 것과 관련하여 경제적 · 사회적 인권의 추진을 위해 노력한다. 또한, 만약 법이 인권을 법으로서 인정하지 않는다면 그것은 법률가들의 잘못인 것이다. 법률가들은 법이 인권을 인정해야 한다고 주장할 수 있지만, 그러한 주장을 위해서는 중요한 판례가 근거되어야 한다.

한편, 사회복지는 모든 개인들의 경제적 · 사회적 안녕과 밀접한 관련이 있다(NASW, 1999, 2003). 경제적 인권을 강제할 법이 없기 때문에 법률가들이 손대지 못한 영역에서, 사회복지사들은 경제적 인권 강화를 위해 법의 존재 여부와 상관없이 그 권리를 추진하기 위해 나설 수 있다. 이런 의미에서 보면, 사회복지사들은 인권의 증진을 위해 법률가보다 훨씬 더 좋은 위치에 있다.

법률가들과 사회복지사들은 인권에 대해 다른 접근 방식을 취하고 있는 것처럼 보이지만, 결국 인권을 도모하기 위해서는 적극적으로 함께 일해야 한다. 사회복지사와 법률가의 사회적 역할은 다를 수 있지만, 그들은 공통의 목표인 인권의 추진을 공유할 수 있으며, 실제로도 그렇다.

인권에 대한 법적 접근

법률가들이 인권문제를 다룰 때에는 자연히 그들이 나아갈 방향에 대해 교육받은 것을 토대로 하게 된다. 법률가들은 전형적으로 기존에 있는 법률과 판례 그리고 법적 구속력이 있는 다른 규칙들을 통해 특정 상황과 사례에 접근한다. 이런 분석 방법은 법적 효력이 있는 문서를 따르도록 하는 것이다. 법률가들은 일반 대중들이 옳다고 믿는 것을 따르기보다는 법적 원칙에 따라 일련의 상황을 본다. 만약 법원과 입법부가 어떤 문제에 대해 공표하면, 일반적으로 그 공표된 내용에 따른다는 것이 전제된다.

그럼에도 분명 어떤 법률가들은 충분한 자료를 토대로 이전의 선례에 도전할지도 모른다. 그러한 도전은 대체로 현재의 법과 법원 결정에 반하는 것이기에 성공하지 못할 가능성이 높다. 그러나 확고한 이전의 선례들, 특히 본질적으로 옳지 못하다고 보이는 선례들에 대한 도전은 더 나은, 더 공정한 사회정책을 이끌 수 있다. 예를 들어, 미국 내에서 인종차별과 관련된 지독한 인권탄압에 대한 법적 도전들은 비록 그 도전이 결실을 맺기까지 많은 세월이 걸렸을지라도 계속 이어져왔다. 법률가들이 미국의 법체계 내에서 인종차별 문제를 공략해온 방법들에 관한 짧은 역사는 사회복지사들이 불필요한 법적 절차라고 보거나 심지어 비논리적이거나 역효과를 낳는다고 보기도 하는 접근 방식을 강조한다.

사회복지사들은 아마도 강압적인 인종차별의 문제를 문제해결을 위한 정교한 적법절차가 없어도 되는 총체적인 인권탄압의 문제라고 믿어

왔을지도 모른다. 이는 법적인 관점은 아닌 것이다. 법률가가 법적 구속력이 있는 선례 없이 인권탄압 문제를 제기하는 것은 힘든 싸움일 수밖에 없다. 법률가가 인권침해를 드러내기 위해서는 반드시 현행법에 대항하여 주장할 수 있는 판례 및 관련 법률문서들을 찾아야 한다.

미국 내에서 인종차별과 관련된 역사적 사건들은 대개 신념을 부정하는데, 특히 대부분의 사람들이 끔찍하다고 표현할 수 있는 것들을 번복하기 위해 요구되는 긴 법적 절차에 있어서 그러하다. 과연 어떤 멀쩡한 사람이 학교, 식수대, 버스와 열차 등에서 행해지는 인종차별적 구분을 합법적인 것이라고 믿을 수 있겠는가. 슬프게도 이러한 상황은 미국 대법원의 가호아래 미국 내에서 1세기 이상 지속되어 왔다. 법정과 법들이 이러한 태도를 바로 바꿀 수 없는 동안에, 법적 선례는 단단히 그 자리를 잡을 수 있었고, 사회의 병폐는 더욱 더 악화될 뿐이었다. 인종차별의 맥락에서 보았을 때, 대법원은 최근까지 끔찍한 관습을 허용하는 데 있어서 중요한 역할을 했다.

인종차별에 대한 미국 대법원의 시각

1865년 남북전쟁이 끝난 뒤 미국 헌법은 인종차별과 관련하여 두 번의 주요 개정이 이루어졌다(1787년 미국 수정헌법). 1865년 의회는 수정 제13조를 비준하였고, 이 조항에는 범죄에 대한 처벌 외에 노예 및 실질적인 노예 상태를 폐지하는 내용을 담았다. 3년 후 의회는 인종차별 및 그밖에 다른 차별에 대항하는 중대한 보호에 관한 내용이 포함된 수정

제14조를 비준하였데, 그 속에는 다음과 같이 현재 인권문서들에서 다루고 있는 많은 개념들이 포함되어 있었다.

- 시민권은 미국에서 출생하거나 미국으로 귀화한 모든 사람에게 부여된다. 시민권 획득의 의의는 미국에서 태어났다 하더라도 노예들에게는 미국 시민권을 부여하지 않았던, 대법원의 악명 높은 드레드 스콧 판결(Scott v. Sandford, 1857)[1]을 통해 뚜렷하게 알 수 있다.
- 어떠한 주에서도 미국 시민의 특권이나 면책권을 박탈하는 법률을 제정하거나 시행할 수 없다. 이 규정의 명백한 목적은 각 주가 미국 시민의 자유를 막지 못하도록 하는 것에 있다.
- 어떠한 주도 정당한 법적 절차에 의하지 아니하고는 어떠한 사람으로부터 생명, 자유 또는 재산을 박탈할 수 없다. 이 규정은 말할 권리를 포함하여 공정하지 않게 각 주가 독단적으로 과거의 노예를 비롯한 다른 사람들을 처벌하지 못하도록 하는 것이다.
- 어떠한 주도 그 관할권 내에 있는 모든 사람에 대한 법률에 의한 동등한 보호를 거부하지 못한다. 즉 각 주는 특정 집단에게 손해가 되거나 이익이 되는 법을 제정할 수 없으며, 그렇게 해석할 수도 없다. 오늘날 동등한 보호라는 법적 개념은 정치적 · 시민적 인권의 가장 중요한 요소 중 하나이다.

1 역자 주: 미국의 모든 준주準州에서 노예제도를 합법화함으로써 지역 간의 분쟁이 가열되게 하고 미국을 내란의 길로 치닫게 한 미국 연방대법원의 판결

이러한 두 번의 개정을 거치면서, 별 관심 없는 사람들은 미국이 과거의 지독했던 노예제를 잘 극복하고 있다고 믿었을지도 모르겠다. 하지만 사건이 전개됨에 따라, 특히 미국 대법원의 판결을 통해 법적 절차가 단단히 자리하고 있는 인권침해를 전복시키는 것이 얼마나 어려운지를 보여주었다.

미국 수정헌법 제13조 및 제14조를 법제화한 직후, 대법원은 이 규정들을 해석하기 시작했고, 어떻게 각 주에 적용할지를 논의하기 시작했다. 1873년 법원은 각 주의 관할로 남아 있던 시민의 기본적인 시민권과 자유에 대해 규정했다(Slaughthouse Cases, 1873). 비록 이러한 특별한 결정 속에 직접적으로 흑인의 시민권을 포함한 것은 아니지만, 그 결정은 각 주에 의한 차별적 실례들을 제거함으로써 효과적으로 진보를 방해할 수 있었을 것이다(Hall, 1992). 만일 수정 제14조 하에서, 각 주가 연방의 개입 없이 차별적인 법안을 제정할 수 있었다면, 미국 흑인들은 그 법안에 반대할 수 없었을 것이다. 법원은 연방정부가 각 주의 권리에 영향을 주는 것을 원하지 않았으며, 이는 오늘날까지도 논쟁이 되고 있다.

도살장Slaughter House 판결이 나고 10년 뒤, 법원은 수정 제14조는 순수한 개인의 활동이 아닌 주의 활동만을 금지한다면서, 공공시설들을 개인이 사적으로 운영하는 것은 다양한 개인들에 대한 차별일 수 있다고 보았다(Civil Rights Cases, 1883). 법원에서는 다음 같이 선고하였다.

> 우리가 이미 알고 있는 것처럼 여관 주인들이나 공공 운송업자들은 선량하게 그 시설을 이용하는 모든 사람들을 위한 적절한 시설을 갖추기 위해

각 주에서 정한 법에 따라 시설설치에 제한을 받는다. 만약 법 자체에 수정 제14조에서 금지하는 내용들이 규정되어 있다면, 의회는 수정 제14조의 규정에 따르는, 그리고 수정 14조의 규정에 합치되는 해결책을 만들기 위해 최선의 노력을 할 것이다(p.25).

이러한 법 체계는 각 주가 불공평하게 차별하는 법을 통과하지 못하도록 만든다. 그럼에도 주가 그러한 법을 통과시킨다면 수정 제14조를 토대로 중재에 나설 수 있다. 연방의회가 갖는 이런 선의의 권력은 남북전쟁과 같은 역사적 사건을 고려할 때 믿을 수 없는 것처럼 보이기도 한다.

인종차별을 금지하는 수정 제14조의 권한을 제한하는 것에 덧붙여, 시민권Civil Rights 판례 결정은 분명히 법원이 노예 문제를 어떻게 바라보았는지 보여준다.

한 남자가 노예신분에서 해방될 때, 그 이로운 법률은 떼려야 뗄 수 없었던 주종관계에서 그를 벗어나게 했다. 그가 법률의 특별한 행운아가 되어 겨우 시민의 지위를 갖게 되었고, 다른 사람의 권리가 보호되는 것처럼 시민, 혹은 사람으로서 그의 권리 역시 당연하게 보호되면서, 그 법률은 그의 신분 상승을 위한 무대가 되었다. 노예제가 폐지되기 전, 이 나라에는 백인 시민과 마찬가지로 인생, 자유, 번영과 같은 모든 본질적인 권리를 누릴 수 있는 자유로운 수천의 유색인종이 있었다. 하지만 그 당시에는 어느 누구도 자유인으로서 자신의 개인적 신분을 변화시킬 수 있으리라고

> 생각하지 못했다. 왜냐하면 그는 백인 시민이 향유하고 있는 모든 권한을 인정받지 못했기 때문이다. 혹은 그가 여관 같은 숙박시설이나 공공 운송 시설이나 위락시설 등을 이용하는 데 있어 차별을 받아야만 했기 때문이다. 인종이나 유색인이라는 이유에 따른 단순한 차별은 노예 신분의 문제로 간주되지 않았다(p.25).

의심의 여지없이 이러한 사법적 권위에 대면하여 어떤 흑인은 단단히 자리한 차별적인 실제를 극복하는 기회를 가지지 못했다. 이러한 진술 속에 있는 중요한 감정은 피부 색깔에 근거한 인종차별이 수용될 수 있다는 것이다.

그러나 아마도 인종분리와 관련하여, "백인과 유색인종"을 위해 다른 열차를 마련하라는 루지아나 주의 법을 옹호한 1896년 법원 판결은 대부분의 백인 사회가 흑인에 대한 동등한 보호를 단호하게 거부한 사례였다(플레시 대 퍼거슨 소송, 1896년). 또한 두 인종은 같은 차에 함께 탈 수 없었다. 원고인 플레시Plessy는 1/8만 혼혈이었지만 그 법에 문제를 제기하고 나섰다. 루지아나 법에 따라 플레시는 "유색인"으로 분류되어 "유색인" 인종에 할당된 열차만을 이용해야 했다.

법원은 수정 제13조는 오직 노예제의 재도입을 막기 위한 것이기 때문에 이 경우에 적용할 수 없다고 했다. 법원은 다수의 의견에 따라 그 조항에는 유색인 차별에 관한 내용이 없다고 보았다. 게다가 법원은 인종분리가 어떤 인종의 열등함을 주장하는 것은 아니라는 점에서 수정 제14조의 동등한 보호 규정 역시 적용될 수 없다고 했다. 열등함의 문제는 어떤 인종이 법을 다음과 같은 방식으로 인식하여 선택함으로써 발생한다.

> 우리는 두 인종에 대한 강제적인 분리가 유색인종에게 열등한 인종이라는 낙인을 찍는 것이라는 고소인의 잘못된 주장에 대해 말하고자 한다. 만일 그렇다면, 그것은 그 법에 문제가 있는 것이 아니라, 단지 유색인종이 그렇게 해석했기 때문이다. … 또한 사회적 편견은 법률에 의해 극복될 수 있을 것이고, 동등한 권리는 두 인종의 강제적인 융합에서 흑인을 제외한 채 확보될 수 없다고 본다. 우리는 이 주장을 받아들일 수 없다. 만약 두 인종이 사회적으로 평등해질 수 있다면, 그것은 서로 다른 가치에 대한 상호공감, 개인들의 자발적 합의, 자연적인 어울림을 통해 이루어져야 할 것이다(p.551).

법원은 또한 대중교통시설의 분리와 마찬가지로 피부색에 따른 교육시설의 분리가 인정될 수 있다고 보았다. 법원은 이러한 시설들의 "합헌성"이 문제될 것이 없다면서 교육시설의 분리를 간접적으로 인정했다(p. 551). 교육시설의 분리에 대한 인정은 본질적으로 "분리하지만 평등하다"라는 구호 아래 보다 폭넓은 인종차별 정책이 시작되었다. 각 주가 평등한 시설이라는 명백한 허구 아래 백인과 흑인을 분리하는 동안, 연방정부는 그러한 판결들을 뒤집으려는 시도를 하지 않았다.

거의 60년 간 계속된 이 분리하지만 평등하다라는 신조는 미 대법원의 인종차별에 관한 정의를 형성하는 토대가 되었다. 마침내, 전미유색

인종지위향상협회National Association for the Advancement of Colored People, NAACP가 오랫동안 설득력 있게 주장해온 법적 도전이 있은 후에야 1954년 대법원은 분리하지만 평등하다는 정책이 더 이상 교육에 적용되어서는 안 됨을 규정했다(브라운 대 교육위원회 소송, 1954년). 만장일치로 통과된 법원의 선고문에 따르면 다음과 같다.

> "유색인종에 따른 교육시설의 분리"라는 문제에 접근함에 있어 우리는 수정 제14조가 채택된 1868년이나 플레시 대 퍼거슨 소송의 판결이 있었던 1896년으로 다시 회귀해서는 안 된다. 우리는 전국의 미국 생활에서 교육의 온전한 발달과 현재 상태를 감안할 때 공교육을 고려해야만 한다. 오직 이러한 관점에서 공교육의 분리가 법의 동등한 보호에 대한 원고들의 권리 행사를 막는 것인지를 판단할 수 있다.
> 오늘날 교육은 아마도 주정부와 지방정부의 가장 중요한 기능일 것이다. 의무교육법과 교육비 과다지출은 모두 우리가 민주사회에서 교육을 얼마나 중요히 여기는지를 보여주는 것이다. 이는 군대의 활동을 포함한 가장 기본적인 공적 책임의 수행을 요구하는 것이다. 이는 시민권의 매우 기본적인 토대이다. 이는 어린이에게 문화적 가치를 인식하게 하고, 후에 전문적인 훈련을 받도록 하고, 환경에 정상적으로 적응하도록 돕는 원칙적인 도구가 된다. 이제 어떤 어린이에게 교육의 기회가 없이는 성공한 삶을 기대할 수 없다. 기회의 제공이 약속된 주에서의 기회는 모든 사람을 평등하게 하는 권리가 된다(p.493).

교육의 중요성을 역설한 그때, 법원은 비록 신체적이고 다른 편의 시설들이 평등하다고 할지라도 공립학교에서의 오직 인종에 근거한 어린이의 차별은 "본래부터 불평"하였다고 결정하였다(p. 495). 그러므로 원고들과 이와 같은 고소인들은 "수정 제14조에 의해 보장된 동등한 보호"가 박탈당했다(p. 495). 주정부들은 학교에서 일어나는 터무니없는 인종차별적 관행을 종식시키기 위한 단계들을 취해야만 했다.

후속의 법원 결정과 연방법(예: 1964년 시민권법)은 마침내 법에 남아있는 인종분리의 흔적을 조금씩 폐기하기 시작하였다. 비록 남부 주들은 인종분리 정책을 공공연하게 추진했을지라도, 다른 주들은 흑백의 통합된 사회를 막았던 정책들을 중단하였다. 백인들이 흑인이 많은 저소득층 밀집지역이라는 부정적인 시각에서 벗어나기 위해 도심에서 시골로 이사하는 단순한 사실은 법적으로는 아니지만 비공식적으로는 인종분리라고 말할 수 있다. 미국의 인종분리에서 얻을 수 있는 중요한 교훈은 인권을 추진하거나 인권위반을 개선하기 위한 법적 접근이 극히 어렵고 까다로운 문제일 수 있다는 것이다. 그리고 법적 절차가 인권위반을 눈감아주는 공적 태도는 그 위반을 개선하기 위한 조처를 취하는 것을 어렵게 할 수 있다.

인종분리 문제를 해결하려는 미국 대법원의 결정을 재고해보면, 사회복지사들은 법률가와 법원의 주장들이 과거의 결정에 기인하고 있음을 알 수 있다. 만약 각 주에서 흑백을 분리하는 법을 통과시키는 것을 법원이 미리 막았다면, 그 결정을 뒤집는 것은 대단히 어려울 것이다. 인권위반을 극복하기 위한 법적 행동을 기다리는 것은 헛된 것일 수 있다. 그러나 인권을 강화하는 법률이 없다면, 인권위반은 어떠한 처벌도 없이 지속될 수 있다.

인권에 대한 사회복지 접근

법정에서 사회복지사들이 만나게 되는 많은 법률가들은 전문적인 영역에 있어 사회복지와 협력하지 않을지도 모른다. 사회복지사들은 인권을 강화하는 법적 과정에서 결정적인 정보와 실제적인 권고를 제공할 수 있다는 점에서 인권 영역에서 이러한 협력이 부족하다는 것은 매우 불행한 일이다.

윤리, 정책성명, 교육적 기준 등 다양한 관례에 따라 사회복지 전문직의 정체성을 정의하게 된다. 미국사회복지사협회(NASW, 1999)는 사회복지 정책의 선두에서 사회복지사들이 지켜야 하는 윤리강령Code of Ethics을 제시하였다. 예를 들면 다음의 윤리원칙은 사회복지 전문직의 핵심 가치를 반영한다.

- 사회복지사들의 주요 목표는 필요한 사람들을 돕고 사회문제를 해결하는 데에 있다. 사회복지사들은 사회문제를 해결함에 있어 그들의 지식과 기술을 활용할 수 있어야 한다(p.5).
- 사회복지사들은 사회불평등에 대해 도전한다. 사회복지사들은 특히 취약하고 억압받고 있는 개인이나 집단과 함께, 그리고 그들을 위하여 사

회변화를 추구한다. 이런 관점에서 사회복지사들의 노력은 가난과 실업, 인종차별, 사회불평등의 다른 형태 등에 주로 초점을 맞춘다(p.5).

- 사회복지사들은 인간의 타고난 존엄성과 가치를 존중한다. 사회복지사들은 각각의 사람을 개인적 차이와 문화적 인종적 다양성에 따라 돌보고, 공손하고 사려 깊게 대한다(p.5).

이러한 윤리원칙들은 사회복지 전문직의 사명에서 확장되어 직접적으로 인권의 영역으로 이어진다.

미국사회복지사협회(NASW, 2003)는 또한 인권을 옹호하는 많은 정책성명을 출판하였다. 하나의 특별한 정책성명은 인권과 사회복지 사이의 강한 연관성에 대해 다루고 있다(pp. 209-217). 미국 내에서 사회복지학교를 승인하는 조직은 또한 사회복지 교육이 인권과 사회정의의 연구를 포함하도록 한다(Council on Social Work Education, 2003).

2004년 국제사회복지사연맹International Federation of Social Workers , IFSW의 윤리강령에서는 또한 사회복지 정책과 실천에 인권을 통합할 필요성을 강조하였다. 여기에서는 특별히 인권을 사회복지 사명의 근본으로서 언급하였다.

법률가들은 인권문제를 종종 먼 관점에서 다루지만, 사회복지사는 적어도 윤리적, 교육적 차원에서 최전선에서 인권문제를 다루어야 한다. 인권에 대한 사회복지 접근은 인권문제에의 옹호 혹은 직접적인 관여 중 하나가 될 것이다. 법률가, 특히 법정은 일반적으로 그들에게 인권문제가 올 때까지 기다려야 한다. 그들은 인권위반이 나타나는 거리를 활동적으로 활보하지 않는다. 이러한 측면에서 사회복지사들은 인권위반 사실을 확인하고 해결하는 독특한 능력을 가지고 있다.

남북전쟁 이후 나타난 인종분리라는 엄청난 현상을 사회복지사들이 어떻게 해결할 것인가? 이런 질문은 대답하기 어렵다. 왜냐하면 1865년에는 사회복지가 분명히 규정된 전문분야로서 실재하지 않았기 때문이다. 미국에서는 1920년에서야 최초로 사회복지 윤리강령이 만들어지면서 20세기가 되어서야 전문분야로서 사회복지의 특징이 나타나게 되었다(Reichert, 2003).

그러나 제인 애덤스Jane Addams와 같은 초기 사회복지사들의 활동을 연구해보면, 인종차별주의는 "분리하지만 평등하다"는 신조가 있었던 시대에 싹 튼 사회복지 전문분야를 불쾌해했다. 아마 어떤 사회복지사들은 분리라는 분명하게 불공평한 실제들에 대해 단순하게 못 본 척했을 것이다. 그러나 많은 사회복지사들은 그들 스스로를 사회의 "더 나은 요소better element"라고 여기며 남부 지역에서 있었던 합법적인 흑백 인종분리에 이의를 제기했다.

> 한 가지 사실은 남부에서 뿐만 아니라 미국 전역에서 무법적이고 버릇없는 표현의 다양한 방식을 가진 강한 인종 적대감이 단호하게 주장되고 있음을 우리 모두 분명히 알고 있다는 것이다. 소위 열등한 사람들에 대해 우수한 인종이라는 오만한 태도는 개별 인종에 대한 사회적 분리라는 결과를 낳았다. 그리고 한 인종 집단을 타인에 의해 대표된 사회통제의 영향력 밖으로 아주 분리하게 했다. 물려 내려온 인종의 자원이 관습과 법률

제정 그 자체보다도 사회적 제한을 위하여 훨씬 더 많이 만든 관대한 교류 속에 구체화되었고 결국엔 그들에게 상속하였던 그룹에게만 작용하여 이뤄진다. 그리고 그들에게 가장 많이 필요로 한 새로운 집단은 실제적으로 물려받은 것 없이 떠나버린다.(Addams, 1911, pp.22-23, p.22에서 인용)

1911년 가장 대표적인 사회복지사에 의해 일어난 인종분리에 대한 이러한 거부는 사회 상류층의 껍데기가 될 것인가 혹은 "더 나은 요소"가 될 것인가라는 애덤스의 말에 따라 인종분리에 대한 반대를 내비쳤다.

"더 나은 요소"는 대다수가 중산층 이상인, 교육받고 개화된 집단을 말한다. 이러한 엘리트층은 상류층과 하류층 사이를 중재할 시민적, 인도주의적, 도덕적 책임이 있다고 느끼며, 상호이해와 공감을 창출하고, 사회개혁을 통해 사회질서가 필요로 하는 안정성과 진보를 확보하려 한다. (Lissak, 1989, p.17)

비록 현대의 문화적, 사회적 기준에 기초하고 있는 "더 나은 요소"라는 개념을 비판하는 것이 쉽다고 할지라도, 이 운동은 인종분리주의의 폐지에 있어 미국 대법원의 결정보다 더 좋은 추진력과 지지를 제공했다. 애덤스(Addams, 1911, p.23)는 또한 "법률을 위반한 모든 극악한 사례를 진지하게 모으기 시작했다. 그리고 만일 도전하지 않은 채 지나간 헌법적 권리들을 되찾지 못한다면, 미국에서, 그리고 모든 시민들의 진보를 위해서 가장 유용한 서비스를 실시할 것이다"라며 전미유색인종지위

향상협회NAACP를 격려했다.

인종분리주의나 다른 인권문제에 대한 사회적 접근은 법적 선례나 미국 대법원이 결정했던 것에 의존하지 않는다. 사회복지사들은 전문가로서 그들의 사명에서 보다 많은 이슈들을 보려고 한다. 사회복지 전문직의 주요 사명은 인간적인 안녕well-being을 고양할 수 있고 취약하고 억압받는 가난하게 살아가는 모든 사람의 욕구와 역량강화에 대한 특별한 관심을 가지고 인간의 기본적인 욕구를 충족시키도록 돕는 것이다 (NASW, 1999, p.1).

인권문제에 대한 법적 접근과 사회복지 접근을 비교하기에 가장 좋은 최근의 사례로 2005년 뉴올리언스 시를 휩쓸었던 허리케인 카트리나로 인한 참사를 들 수 있다. 사회복지사들의 목표는 도움을 필요로 하는 사람들에게 상담을 비롯한 직접적인 도움을 즉시 제공하는 것이 될 수 있다. 법적 접근으로는 희생자들과의 면담을 통해 법이 그들을 도울 수 있는지를 결정하도록 할 수 있을 것이다. 예를 들어, 보험회사가 보장을 거절하면, 변호사는 정책지침을 확인하고, 보험회사가 주장하는 거절이 일리가 있는지를 판단하기 위해 정황들을 살펴볼 것이다. 본질적으로 사회복지사들은 더 많은 기술적 지지 역할을 수행하는 법률가들과 함께 첫 번째 반응자가 된다.

유리한 점과 불리한 점

법률 전문가도 사회복지 전문가도 둘 다 인권문제를 해결하는 데 뛰어난 역할을 한다고 주장할 수 있다. 접근방식은 단순하게 다르다. 그러나 두 전문가들이 인권을 어떻게 해결하는지에 대한 더 나은 이해는 공동목표에 이르기 위한 보다 협력적인 노력을 낳을 수 있다.

법적 접근

인권문제를 추진하는 법적 접근에 있어 중요한 유리한 점은 만약 인권위반을 금지하거나 인권을 인정하는 법률이 존재한다면, 그것은 법률가들이 관련 문제를 밝히는 구체적인 도구가 될 것이다. 만약에 필요하다면 법률가들은 그들의 인권에 접근하여 개인을 돕기 위해 법정에서 조처를 취할 수 있다.

법률적 집행 없는 권리의 실제적 향유는 문화적이고 사회적인 규범차원에만 너무 많이 의존하게 된다. 문화 상대주의는 확실히 인권이라는 개념 안에서 중요한 역할을 한다(Reichert, 2003, 2006a, 2006b). 그러나 어떤 경우에는 정립된 인권이 문화적 전통을 넘어 우선적으로 적용되어야 한다. 그래서 문화적 규범은 인종분리나 가정폭력에 대하여 변명해서는 안 된다. 비록 성가시고 골치 아픈 일이더라도, 법적 접근은 사회복지사들이 불완전하거나 비효율적인 점을 발견하게 할 수 있다. 그러나 법적 집행이 이루어지지 않는다면 인권은 결코 실현될 수 없다. 그러한 경우에 인권을 추진하는 법은 법적인 과정이 아무리 다루기 힘들더라도 중요한 도구가 된다.

다른 한편, 인권에 대한 법적 접근에 있어 중요한 불리한 점은 실정법에 대한 초점에 있다. 법이나 법정의 견해는 특별한 인권문제가 나타나지 않는 이상 존재하지 않으며, 법률가는 아무 것도 할 수 없게 된다. 분명 잘못된 것처럼 보이는 이러한 현상은 미국에서 인종분리에 반대하는 법정투쟁의 사례를 통해 알 수 있다. 미국 대법원의 판결이 인종분리가 계속되도록 허용했기 때문에 법률가들은 이러한 큰 인권위반의 문제를 극복하기 어렵다는 것을 알게 되었다. 판결이 일어난 시기에 사회적으로 수용될 수 있었겠지만 현재 상황에서 더 이상 적용할 수 없는, 대법원의 판례를 따르는 것은 사회정체를 낳을 수 있다. 만일 1954년 법원이 "분리하지만 평등하다"는 원칙을 기각하지 않았다면 어땠을까? 남부에서 흑백의 학생들이 같은 학교에 다니도록 허용하는 데 얼마나 오랜 기간이 더 걸렸을까? 만일 대법원의 판결이 이전에 많은 재판들이 그랬던 것처럼 인종분리를 수용했다면 인종분리는 오늘날에도 여전히 일어나고 있을까? 슬프게도 이 사실은 매우 가능성이 있다.

분명히 법적 접근에서 나타나는 불리한 점은 법이 가진 유리한 점과 반대이다. 다시 말해 법은 마치 법이 인권을 추진할 수 있는 것처럼 인권을 실현하는 것과는 또 다른 반대의 작용을 할 수 있다. 인권을 법정에서 이슈화하는 것은 또한 많은 개인들을 법적 절차 밖에 내버려두게 하기도 하고 비싼 대가를 치르게 하기도 한다.

사회복지 접근

인권에 대한 사회복지 접근이 갖는 중요한 유리한 점은 인권문제에 직접적으로 개입한다는 것이다. 사회복지사들은 인권문제에 대해 법이 해결하도록 기다려서는 안 된다. 사회복지사들은 상황을 직접 경험한다는 측면에서 특히 유리하며, 대다수의 사회복지사는 사회의 안녕에 대한 특별한 의무를 갖는다.

위기상황에 있어, 사회복지사들은 음식, 의료보호, 정신건강 상담, 쉼터 등이 제공되지 않는 사람들의 욕구를 충족하는 데 중요한 역할을 한다. 법률가들의 역할은 지원하는 기관을 알아보는 데에 그치지만, 사회복지사는 직접적으로 도움을 위해 개입할 수 있다.

그러나 인권에 대한 법적 접근과 비교해볼 때 불리한 점은 사회복지는 법이 허락하는 한도 내에서만 가능하다는 것이다. 사회복지사들이 욕구가 있는 사람들을 지원하기 위해 실정법을 위반한다는 것은 분명 바람직하지 못한 것이다. 그래서 비록 사회복지사들이 욕구가 있는 사람들을 좀 더 기꺼이 많이 지원하고자 하더라도, 법률이 정한 바에 따라 지원은 한정된다. 예를 들면, 정부의 의료지원, 주거지원, 식량 보조금 등을 신청한 사람들을 조사하기 위해 고용된 사회복지사는 법적 기준에 해당하지 않는 사람들에 대한 조사 내용을 조작하지 말아야 한다. 사회복지사가 지원에 대한 욕구가 분명한 사람들에 대해 아무리 지원을 해주고 싶다고 할지라도, 법이 그러한 행동을 가로막는다.

이렇듯 사회복지 접근이 갖는 불리한 점은 법적 승인 없이 변화를 이끌 수 없다는 것이다. 이런 의미에서, 사회복지사들은 인권법의 시행을 원하는 클라이언트를 대변할 수 있는 법률가들을 지원할 수 있을 뿐이다.

인권추진을 위한 법과 사회복지의 통합

법률가와 사회복지사는 인권을 강화하기 위한 그들의 노력을 합심해야 한다. 이러한 협력은 소년법원의 상황과 유사하다. 사회복지사들은 실제 상태에 대한 정보를 법률가에게 제공하는데, 법적 절차를 고려하지 않은 채 추천하기도 한다. 법률가들은 그 정보를 가지고 실정법에 따라 적용하거나 필요한 경우 법을 바꾸기 위한 행동을 취한다.

"제2권리장전second Bill of Rights"은 어떻게 법률가와 사회복지사가 함께 일할 수 있는지에 관한 좋은 본보기가 된다. 제2차 세계대전이 끝나기 직전인 1944년 1월 11일 프랭클린 루즈벨트 대통령은 의회에서 모든 시민에게 자격을 준 많은 권리를 열거함에 앞서 다음과 같이 말했다 (Sunstein, 2004, p. 243).

- 국가의 산업기관과 상점, 농장이나 탄광소에서 유용하거나 보수가 있는 직종에서 일할 권리
- 적절한 음식과 의류, 여가가 충분히 이루어질 수 있도록 돈을 벌 권리
- 모든 농부가 자신과 가족에게 알맞은 생활을 제공할 수 있게 자신의 생

산물을 기르고, 대가를 받고 팔 권리

- 모든 상인이 가정이나 해외에서 독점에 따른 불공정 경쟁이나 지배로부터 자유롭게 크고 작은 무역을 할 권리
- 모든 가족이 버젓한 가정에서 살 권리
- 적절한 의료적 치료와 좋은 건강한 생활을 하고 즐길 기회를 가질 권리
- 노령, 질병, 사고, 실업에 따른 경제적 두려움에 대해 적절한 보장을 받을 권리
- 좋은 교육을 받을 권리

현대적 수준과 다를 바 없는 이 권리들의 대부분은 여전히 모든 개인들이 공유할 만큼 바람직한 것처럼 보인다. 이 권리들의 대부분은 몇 년 후 UN이 채택한 세계인권선언에 적용되었다. 미국을 제외한 대부분의 국가들이 경제적 · 사회적 · 문화적 권리에 관한 국제규약을 채택하면서 유사한 권리를 추진하였는데, 이 규약은 각국이 적어도 그들의 자원에 따라 이러한 권리들의 추진을 위해 노력할 것을 요청하는 것이다(UN, 1976). 분명하게도 제2권리장전의 초점은 모든 사람에게 유익한 경제적, 사회적 구조를 확보하는 것에 있다.

제2권리장전의 입법 추진을 위해 위와 같은 법적 선례를 제시하여도, 현행법과 법원의 입장은 미국이 이러한 인권을 추진하지 못하도록 막는다. 이미 언급한 것처럼, 유럽 국가들과 달리 미국은 경제적 · 사회적 · 문화적 권리에 관한 국제규약을 채택하지 않았다. 이 규약을 채택한다는 것은 한 국가가 "모든 사람이 적당한 식량, 의복 및 주택을 포함

하여 자기자신과 가정을 위한 적당한 생활수준을 누릴 권리와 생활조건을 지속적으로 개선할 권리를 가지는 것을 인정한다"(제11조)는 것에 동의하는 것이다. 또한 이 규약을 통해 국가로 하여금 "모든 사람이 도달 가능한 최고 수준의 신체적 · 정신적 건강을 향유할 권리를 인정"하고, "질병 발생시 모든 사람에게 의료와 간호를 확보할 여건을 조성"(제12조) 하도록 하는 것이다. 이처럼 이 규약에는 루즈벨트 대통령이 제시했던 권리장전과 유사한 규정들이 많이 포함되어 있다.

무엇이 잘못된 것일까? 왜 미국은 경제적 · 사회적 인권을 추진하는 데 있어서 이렇게 뒤떨어져 있는 것인가? 경제적 권리를 반대하는 것은 문화적인 이유일 수 있다. "미국의 저변에 깔려 있는 개인주의에 따라, 가난은 노력을 통해 피할 수 있다는 믿음과 부유한 사람들로부터 가난한 사람들에게 자원을 재분배하려는 강력한 노력에 대한 경고"(Sunstein, 2004, p.134)는 아마도 문화적인 이유를 가장 잘 반영한 듯하다. 미국 인구의 70%는 국민의 가난이 개인의 잘못이지 사회의 잘못이 아니라고 말한다. 반면, 서독 인구의 70%는 국민의 가난이 개인의 잘못이 아닌 사회의 잘못이라고 말한다(앞의 책). 그러나 덧붙여 말하면, 주목할 만한 점은 인종분리주의에 대한 초기 논의에서 기인한다. "미국에서 인종문제는 재분배 프로그램의 특징과 성격을 결정하는 데 있어 큰 역할을 했다"(앞의 책). 유럽 사람들과 비교할 때 미국 사람들은 특히 다른 인종집단에서 발생한 것처럼 가난한 사람을 고려할 가능성이 있다. 미국에서 유럽식의 사회복지가 없는 것은 백인 주류 사이에 관련 프로그램이 아프리카 미국인(그리고 최근에는 히스패닉계 미국인)에게 불균형적으로 혜택을 준다는 인식이 퍼져있는 것과 연결된다(앞의 책).

비록 미국이 경제적 · 사회적 인권을 수용하지 않았다 하더라도 그것이 곧 수입의 재분배가 부재하다는 것을 의미하지는 않는다. 사실상, 미국에서는 세금 삭감을 통해 대기업 및 부유층, 중산층의 개인들에게 수입을 재분배하게 하는 대규모 정부 프로그램을 비롯한 다른 혜택들이 존재한다(Reichert, 2003). 경제적 인권증진이 미흡한 것은 자원의 부족보다는 역사적이고 문화적인 동기의 부족에 따른 것으로 보인다.

미국에서 이러한 지독한 관습에 따른 인종분리와 사회적 병폐에 대해 얘기하는 것을 과거에 이어 지금까지 망설인다면, 어떤 권리가 인권으로서 주어질 수 있겠는가? 선도적인 인권 저술가인 마이클 이그나티에프는 "미국인들이 자유는 그들의 것이라는 생각을 확산시키는 것은 누구인가?Who Are Americans to Think That Freedom Is Theirs to Spread?"라는 제목의 글을 통해 이러한 문제를 비꼬아 제기했다. 토마스 제퍼슨을 비롯한 미국의 건국에 기여한 사람들은 미국의 자유실험이 전 세계로 확산된 것이라고 믿는다. 비록 이그나티에프가 노예의 주인인 제퍼슨의 사상적 모순을 놓치지 않았지만, 그는 미국의 예외주의라는 사상에 너무 많은 재량을 준다. 그러나 이그나티에프는 이에 더 나아가 미국인들은 자유가 다른 곳으로 확산되길 바라는 욕망을 가지고 있기에 특별하다고 주장한다. 그는 미국인들이, 마치 초기 미 건국 선구자들의 사상이 발생했던 것처럼 미국인들은

자유를 확산시킬 권리를 갖고자 한다는 주장에 이 예외주의를 사용한다. 이그나티에프의 주장에 있는 문제는 자유가 너무 많은 의미와 회색 그림자를 가지고 있다는 것이다. 자유는 미국인 스타일로 포장되고 수출될 수 있는 단순한 어떤 것이 아니라는 것이다. 미국인들은 다른 사람들이 혐오스러워하는 것을 발견하며 미국 내에서 경제적, 사회적 조건과 투쟁한다. 인종분리에 대한 미 대법원의 결정보다 더 분명한 것은 어디에도 없다.

미국을 전 지구적 인권의 집행자나 선전자로 보는 것은 특히 미국이 수많은 국제적인 인권 조약과 지침을 인식하지 못하고 있다는 점에서 막대한 문제를 낳을 수 있다. 법적 관점에서 미국을 위한 최상의 접근은 인권 자체의 영역에서 인권을 증진하는 것이나 인권을 현실화하고 있는 다른 국가와 함께 일하는 것이다. 인권의 영역에서 미국식 예외주의를 주장하는 것은 위선의 위험이 있으며, 그리고 이러한 영역에서 건국된 미국을 사실상 가치절하시키는 것이다.

경제적 · 사회적 · 문화적 인권 추진: 사회복지사와 법률가의 역할

2005년 허리케인 카트리나가 뉴올리언스를 강타한 후 전 세계 뉴스 미디어는 단순히 허리케인으로 인한 물리적 피해만을 이야기한 것이 아니라 미국의 사회 상황에 있어 명백한 문제들을 야기한 인종적, 경제적 차이를 제기했다. 가난은 미국 내에서 모든 인종과 지역 공동체를 괴롭히지만 카트리나 이후에 뉴올리언스의 경제적 · 사회적 상황의 삭막함은 국민들이 현실을 직시할 수밖에 없게 만들었다.

경제적 · 사회적 · 문화적 인권의 목적은 뉴올리언스와 미국의 다른 지역 그리고 세계 어디에서든 일어난 상황에 반응하고 문제를 완화하는 데에 있다. 정치적 · 시민적 권리를 자랑스럽게 알리면서 이러한 인권을 경시하는 것은 비이성적이고 가혹적일 정도로 비상식적이다.

사회복지사들은 경제적 · 사회적 · 문화적 인권을 추진할 수 있는 위치에 특별하게 있다. 많은 사회복지사들은 업무 특성상 카트리나 태풍 이후 뚜렷하게 나타난 경제적, 사회적 박탈을 직접적으로 보게 된다. 만일 사회복지의 사명이 "인간의 안녕을 고양시키고, 모든 사람들의 기본적인 인간의 욕구를 성취하도록 돕는 것이라면, 특히나 취약하고, 억압받고, 가난 속에 생활하는 모든 사람들의 욕구와 역량강화에 주의를 기울이는 것이라면", 사회복지사들은 경제적 인권을 촉진하는 데 앞장서야 한다. 사회복지사들의 역할은 이러한 상황들을 대중들에게 알리고, 빈곤한 사람들을 위한 교육적, 경제적 기회를 추진하는 법을 지지하면서 도움이 필요한 사람들을 도울 수 있어야 한다. 이러한 역할을 수행할 만한 상당한 직접적인 지식을 갖고 있는 집단은 또 없다.

법률가 역시 경제적 · 사회적 · 문화적 인권을 증진할 수 있는 역할을 갖는다. 법률 전문가들은 너무 자주 욕구를 가진 사람들을 지원하는 자신의 역할을 무시한 채 탐욕에 굴복하기도 한다. 1960년대 시민권 운동이 진행되는 동안 법률가들은 보다 정의로운 사회를 만들기 위해 시간과 노력을 아끼지 않았다. 법률구조협회legal aid society는 불공평한 사회조건을 변화시키려는 노력으로 종종 저소득층 사람들을 대변한다. 그러나 경제적 · 사회적 인권을 추진하려는 문제들을 착수하려는 법률 전문가들의 열정을 멈추려는 반발이 불가피하게 일어나기도 한다. 카트리나를 비롯한 다른 세계적 사건들을 통해 드러났음에도, 아직 이러한 인권의 세계적 확산에 대한 욕구는 절대 더 커지지 않았다.

사회복지사들의 경험과 인권에 관련된 그들의 지식은 다시 한 번 이러한 권리를 증진시키도록 하는 대의명분을 가지는 법적 전문성을 불러일으킬 수 있다. 소년법원 체계에서처럼, 사회복지사들은 정보와 권고사항을 제공하고, 법률가들은 인권증진을 위한 법적 주장 속에서 관련 정보를 더함으로써 결과를 이끌 수 있다. 사례연구와 인권법에 기초한 법률 이론을 통해 법률가들의 변호를 지지하면서 두 전문가들이 함께 법안에서 변화를 위한 옹호활동을 할 수 있다. 비록 법원이 처음에는 이러한 사건 유형들을 기각할지 몰라도, 이 문제의 중요성은 결국 그러한 저항을 극복하게 될 것이다. 교육, 의료보호, 생계비, 주거 등 인권문제의 목록은 수없이 많다. 사회복지사와 법률가는 이러한 가치 있는 대의大義를 추진하는 데에 있어 적어도 자신들의 일부 시간을 할애함으로써 훨씬 더 많은 도움이 될 수 있다.

결론

법률 전문가들과 사회복지 전문직들은 인권옹호에 있어서 별개의 영역인 듯 보일 수 있다. 인권의 법적 측면만을 지나치게 강조하는 것은 이러한 욕구의 영역을 더 깊게 포괄하는 것에서 멀어지게 할 수도 있다.

인권에 대해서 법적 측면만을 지나치게 강조하다 보면, 사회복지사들이 이러한 욕구의 영역을 다루기가 어려워질 수 있다. 그러나 법률가들과 사회복지사들이 함께 일함으로써 인권의 증진을 보다 더 많이 촉진시킬 수 있게 된다. 다시 말해 두 전문가의 협력으로 인권에 대한 현대적인 접근방식에 있어 근본적인 전이가 일어날 수 있다. 더 이상 인권이 정치가들의 필요에 따라 선택되는 것으로 남아서는 안 된다. 그 대신 인권은 참으로 일상적인, 사회의 중요한 구성요소가 되어야 한다.

참고문헌

1장

An-Nai'im, A. (1995). Conclusion. In *Human rights in cross-cultural perspectives: A quest for consensus* (pp. 427-428). Philadelphia: University of Pennsylvania Press.

Beijing Declaration and the Platform for Action. (1995, September 4-15). Fourth World Conference on Women, Beijing, China. New York: UN Department of Public Information.

Blau, J., & Abramovitz, M (2004). *The dynamics of social welfare policy.* New York: Oxford University Press.

Bunch, C. (1991). Women's rights as human rights: Toward a re-vision of human rights (pp.3-18). In C. Bunch & R. Carrillo (Eds.), *Gender violence: A development and human rights issue.* New Brunswick, NJ: Center for Women's Global Leadership.

Child Health USA. (2004a). Retrieved February 15, 2006, from http://www.mchb.hrsa.gov/mchirc/chusa_04/page/0405iimr.htm.

_______________ (2004b). Retrieved February 15, 2006, from http://www.mchb.hrsa.gov/mchirc/chusa_04/page/0406im.htm.

Council on Social Work Education (CSWE). (2003). *Handbook of accreditation standards and procedures* (5th ed.). Alexandria, VA: CSWE Press.

Ife, J. (2001). *Human rights and social work: Towards rights based practice.* Cambridge: Cambridge University Press.

International Federation of Social Workers (IFSW). (2005). Policy Paper.

Retrieved February 15, 2006, from http://www.ifsw.org/en/p38000212.html.

Lawson, S. (1998), Democracy and the problem of cultural relativism: Normative issue for international politics. *Global Society: Journal of Interdisciplinary International Relations*, 12(2), 251-271.

National Association of Social Workers (NASW). (1999). *Code of ethics* (rev. ed.). Washington, DC: NASW Press.

________________________________ (2003). *Social work speaks: National Association of Social Workers policy statements,* 2003-2006 (6th ed.). Washington, DC: NASW Press.

National Coordinating Committee for UDHR50. (1998). Franklin and Eleanor Roosevelt Institute. Website: http://www.unhr50.org/history timeline.htm.

Pasamonik, B. (2004). The paradoxes of tolerance. *Social Studies*, 95(5), 206-211.

Reichert, E. (1998). Women's rights are human rights: A platform for action. I*nternational Social Work*, 15(3), 177-185.

________ (2001). Move form social justice to human rights provides new perspective. *Professional Development: The International Journal of Continuing Social Work Educational*, 4(1), 5-13.

________ (2003). *Social work and human rights: A foundation for policy and practice.* New York: Columbia University Press

________ (2006a). *Understanding human rights: An exercise book.* Thousand Oaks, CA: sage.

________ (2006b). *Human rights: An examination of universalism and cultural relativism.* Journal of Comparative Social Welfare, 22(1), 23-36.

Reichert, E., & McCormick, R. (1997). Different approaches to child welfare: United States and Germany. *Journal of Law and Social Work*, 7(10), 17-33.

__________________ (1998). U.S. welfare law violates human

rights of immigrants. *Migration Word*, 26(3), 15-18.

Staub Bernasconi, S. (1998). Soziale Arbeit als Menschenrectsprofession. in A. Woehrel (Ed.), *Profession und Wissenschaft Sozialer Arbeit: Positionen in einer phase der generellen neuverortnung und Spezifika* (pp. 305-332). Pfaffenweiler, Germany: Cenaurus.

Sunstein, C (2004). *The second Bill of Rights: FDR's unfinished revolution and why we need it more then ever*. New York: Basic Books.

Swenson, C (1998). Clinical social work's contribution to a social justice perspective. *Social Work*, 43(6), 527-537.

United Nations (UN). (1948). Universal Declaration of human Rights. Adopted December 10, 1948. GA. Res. 217 AIII. United Nations Document a/810, New York: United Nations.

United Nations. (1662). International Covenant on Economic, Social, and Cultural Rights. Adopted December16, 1996, GA. Res. 2200 AXXI, New York: United Nations.

_______________ (1981). Convention on the Elimination of All forms of Discrimination against Women (CEDAW). G.A. Res, 34/180. U.N. GAOR, 34th Sess. Supp. No. 46 at 193 U.N. Doc. A/34-46; adopted September 3, 1981. New York: United Nations.

_______________ (1987). *human rights: Questions and answers*. New York: Author.

U.S. Department of Health and Human Services, Center for Disease Contorl. (2000). Fact Sheet. Website: http://www.cdc.gov.nchs/releases/oofact/infantmo.htm.

Van Wormer, K. (2004). *Confronting oppression, restoring justice: From policy analysis to social action. Alexandria*, VA: Council on Social Work Education.

Witkin, S. (1993). A human rights approach to social work research and evaluation. *Journal of Teaching in Social Work*, 8, 239-253.

________ (1998). Human rights and social work. *Social Work*, 43, 197-201

Wronka, J. (1998). *Human rights and social policy in the 21st century: A history of the idea oh human rights and comparison of the United Nations Universal Declaration of Human Rights with United States Federal and state Constitutions* (rev. ed.). Lanham, MD: University Press of America.

2장

IASSW & IFSW. (1994). *Human rights and social work: A manual for schools of social work and the social work profession*. Professional Training series, no. 1. New York: United Nations.

Brah, A. (1996). *Cartographies of diaspora*. London: Routledge.

Briskman, L. (2006). Pushing ethical boundaries for children and families: Confidentiality, transparency and transformation. In R. Adams, L. Dominelli, & M. Payne, M. (Eds.), *Social work futures: Crossing boundaries, transforming practice*. London: Palgrave.

Cheles, L., Ferguson, R., & Vaunghan, M. (1991). *Neo-fascism in Europe*. Harlow: Longman.

Chomsky, N. (2003). Recovering right: A crooked path. In M. J. Gibney (Ed.), *Globalizing rights*. Oxford University Press

Coates, J. (2003). *Ecology and social work: Toward a new paradigm*. Halifax: Fernwood.

Dominelli, L. (2000). Tacking racism in everyday realities: A task for social workers. In M. Callahan & S. Hessle (Eds.), *Valuing the field: Child welfare in an international context*. Aldershot: Ashgate.

__________ (2002). *Anti-oppressive social work theory and practice*. London: Palgrave.

__________ (2004). *Social work: Theory and practice for a changing profession*. Cambridge: Polity.

Donnelly, J. (2003). *Universal human rights in theory and practice* (2nd ed.). Ithaca, NY: Cornell University Press.

Evans, T, (Ed.). (1998). *Human rights fifty years on: A reappraisal.* Manchester, England: Manchester University Press.

Freeman, M, (2002), *Human rights: An interdisciplinary approach.* Cambridge: Polity.

General Social Care Council (2007). http://www.gscc.org.uk/Home/. Retrieved, January 10, 2007

George, S. (2003). Globalizing rights? in M. J. Gibney (Ed.). *Globalizing rights.* Oxford: Oxford University Press.

Gibney, M. J. (ed). (2003). *Globalizing rights.* Oxford: Oxford University Press.

Gutierrez, G. (1983). *The power of the poor in history.* Maryknoll, NY: Orbis.

Hacking, I. (1986). Making up people. In T. C. Heller, M. Sosna, & D. E. Wellby (Eds.), *Reconstructing individualism.* Stanford: Stanford University Press.

Hall, C. (1997). *Social work as narratives: Storytelling and persuasion in professional texts.* Aldershot: Ashgate.

Hayes, D. (2006). Social work with asylum seekers and others subject to immigration control, In R. Adams, L. Dominelli, & M. Payne (Eds.), *Social work futures: Crossing boundaries, transforming practice.* London: Palgrave.

Ife, J. (2001). *Human rights and social work: Towards rights-based practice.* Cambridge: Cambridge University Press.

Jubilee. (2000). Supporting economic justice campaigns worldwide. Website: www.jubilee2000uk.org.

Kohli, A. S. (2004). *Human rights and social work: Issues, challenges and response.* New Delhi: Kanishka.

Lorenz, W. (1994). *Social work in a changing Europe.* London: Routledge.

Martin, B. (2003). *Illusions of whistleblower protection.* University of Technology, Sydney, Law Review, 5, 119-130.

McGrew, A, (1998). Human rights in a global age: Coming to teams with globalization. In T. Evans (Ed.), *Human rights fifty years on: A reappraisal.* Manchester, england: Manchester University Press.

Murray, C. (1990). *The emerging British underclass.* London: Institute for Economic Affairs.

Parekh, B. (2000), *Rethinking multiculturalism.* London: Macmillan

Pyles, L. (2006). Toward a post-Katrina Framework: Social work as human rights and capabilities. *Journal of Comparative Social Welfare*, 22(1), 79-88.

Reichert, E. (2003). *Social work and human rights: A foundation for policy and practice.* New York: Columbia University Press.

_________ (2006). *Understanding human rights: An exercise book.* Sage, CA: Thousand Oaks.

Shiva, V. (2003). Food rights, free trade and fascism. In M. J. Gibney (Ed.), *Globalizing rights.* Oxford: Oxford University Press.

Singh, J. A. (2003). American physicians and dual obligations in the "War on Terror." *BMCBio Medical Ethics Medical Ethics* 4(4), 1-10. Website:www.biomendcentral.com/content/pdf/1472-6939-4-4.pdf.

Stephen, S. (2003, June 29). Mistrust of asylum continues. *Green Left Weekly*, 8. Website: www.greenleft.org.au/back/2003/523/523/p8b.htm.

Taylor, C. (1994). The politics of recognition. In A. Gutmann (Ed.). *Multiculturalism: Examininig the politics of recognition.* Princeton, NJ: Princeton University press

UDHR. (2005). *Universal Declaration of Human Rights.* New York: United Nations. Website: www.un.org/rights/50/decla.htm.

Ungar, M. (2002). A deeper, more social ecological social work practice. *Social Services Review*, 76, 480-497.

United Nations (1994). *Human rights and social work: A manual for school of social work and the social work profession.* Professional Training Services 4. New York and Geneva: United Nations.

Wichterich, C. (2000). *Globalized woman: Report from a future of inequality.* London: Zed Books.

3장

Abram, M. (1991, February 11). Forty-seventh Session of the UN Commission on Human Rights by the United States Representative to the United Nations in Geneva on Item B, The Rights to Development. Geneva: United Nations Mission Office of Public Affairs.

American Sociological Association (2005). Statement on human rights on the occasion of the American Sociological Association's Centenary. Retrieved September 27, 2005, from www.asanet.org/page.ww?-section=Issue+Statements&name=Statement+on+Human.

Brown, L., & Flavin, C. (1999). A new economy for a new century. In Worldwatch Institute, *State of the world millennial edition* (pp. 4-21). New York: W. W. Norton.

Buergenthal, T., Shelton, D., & Stewartm, D. (2002). *International human rights in a nutshell* (3rd ed.). St. Paul, MN: West.

Carter, J. (2002). *The Nobel Peace Prize Lecture: Delivered in Oslo on the 10th of December 2002*. New York: Simon & Schuster.

Curtis, M. (1981). *The great political theories* (Vol. 1). New York: Avon

Daes, E. (2001). Striving for self-determination for indigenous people. In Y. Kly & D. Kly (Eds.), *In pursuit of the right to self-determination* (pp. 50-62). Atlanta, GA: Clarity.

Danaher, K. (1996). *Corporations are gonna get your Mama: Globalization and the downsizing of the American dream*. Monroe, Me: Common Courage.

__________ (2001). *Ten reasons to abolish the IMF & the World Bank*. New York: Seven Stories.

Daughters of St. Paul. (1979). *USA: The message of justice, peace and love: John Paul II*. Boston: St. Paul Editions.

Davis, G. (1992). *Passport to freedom: A guide for world citizens.* Cabin John, MD: Seven Locks.

Day, D. (2005). The Catholic Worker movement. Retrieved July 9,2005, from www.catholicworker.org/dorothday/index.cfm.

Despouy, L. (1996). *Final report on human rights and extreme poverty* (E/CN.4/Sub.2/1996/13). New York: United Nations.

Drop the Debt. (2006, summer). Jubilee supporters convince World Bank to change policy as plans advance for 2007 Sabbath year. News and Action from Jubilee Network, 1-4.

Economic and Social Council. (2005). *Concluding observations of the Committee on Economic, Social, and Cultural Rights: Norway* (E/C.12/1Add.109). New York: United Nations.

____________________ (2004). *Concluding observations of the Committee on Economic, Social, and Cultural Rights: Italy* (E/C.12/1Add.103). New York: United Nations.

Economic and Social Council. (2001). Concluding observations of the Committee on the Elimination All Forms of Racial Discrimination. New York: United Nations.

Eide, A. (1987). UN Commission on Human Rights. *Report on the right to adequate food as a human right* (E/CN.4/Sub.2/1987/23). New York: United Nations.

Falk, D. (1999, March). International policy on human rights. *NASW News*, 44 (3), 17.

Fast, H. (1946). *The selected works of Tom Paine and citizen Tom Paine.* New York: Random House.

Fialrtiga v. Pena-Irala. 630 F. 2d 876 (1980).

4 Countries Delay in Pursuing New UN Role. (2005, July 18). *New York Times*, p. A6.

Geocities (2006). In the Spirit of Craze Horse. Retrieved: July 18, 2006, from www.geocities.com/CapitlHill/2638/?200618.

Gill, D. (1992). *Unraveling social policy* (5th rev. ed.). Rochester, VT: Schenkman.

_______ (1995). Preventing violence in a structurally violent society: Mission impossible. *American Journal of Orthopsychiatry*, 44(1), 77-84.

_______ (1998). *Confronting injustice and oppression: Concepts and strategies for social workers*. New York: Columbia University Press.

Gore, A. (2006). *An inconvenient truth*. New York: Rodale.

Hassan, R. (1982). On human rights and the Qur'anic perspective. In A. Swindler (Ed.), *Human rights in religious traditions* (pp., 51-65). New York: Pilgrim.

Healy, L. (2001). *International social work: Professional action in an interdependent world*. New York: Oxford University Press.

Human rights. (2006). *Encyclopedia Britannica Online*. Retrieved July 18, 2006, from http://search.eb.com.article-9106289.

Human rights Committee on the International Covenant on Civil and political Rights. (1994). Consideration of reports submitted by states parties under article 40 of the Covenant: The United States of America. New York: United Nations.

Human rights Committee on the International Convention on the Elimination of Racial Discrimination. (2000). Consideration of reports submitted by states parties under Article 9 of the Covenant. New York: United Nations.

Human rights Education Associates. (2005). Available: www.hrea.org. Retrieved: June 20, 2005.

Ife, J. (2001). *Human rights and social work: Towards rights-based practice*. New York: Cambridge University Press.

Indigenous People Literature. (2006). Retrieved: July 12, 2006, from www.indians.org/welker/crazyhor.htm.

Kaplan, A. (1980). Human relations and human rights in Judaism. In A. Rosenbaum (Ed.), *The philosophy of human rights*(pp. 53-85). Westport,

CT: Greenwood.

Kivel, p. (2004). *You call this democracy? Who benefits, who pays, and who really decides.* New York: Apex.

Kolakowski, P. (1983). Marxism and human rights. *Daedalus*, 112(4), 81-92.

Lappe, F., Collins, J., Rosset, P. (1998). *World hunger: 12 Myths* (2nd rev. ed.). New York: Grove.

Montanari, S (2005, September/October). Global climate change linked to increasing world hunger. *Worldwatch: Vision for a sustainable world*, 18(5), 6.

Morenoson, G. (2004, January 25). Explaining why the boss is paid so much. *New York Times*, sec. 3, p.1.

New York Times Almanac. (2005). *Global military expenditures.* New York: World Almanac Books.

Prokosch, M., & Raymond, L. (2002). *The global activist's manual: Local ways to change the world.* New York: Thunder's Mouth.

Reichert, E. (2003). *Social work and human rights: A foundation for policy and practice.* New York: Columbia University Press.

_________ (2006). *Understanding human rights: An exercise book.* Thousand Oaks, CA: Sage.

Roosevelt, F. D. (1941). "Four Freedoms" Speech, 87-1 Cong. Rec 4. 46-47.

Rotblatt, J. (Ed).(1997). *World citizenship: Allegiance to humanity.* New York: St. Martin's

Roy, a., & Vecchoilla, F.(Eds.)(2004). *Thoughts on advanced generalist education: Models, readings and essays.* Peosta, JO: Eddie Bowers.

Sachs, J. (2005). *The end of poverty: Economic possibilities for our time.* New York: Penguin.

Safransky, S.(Ed.) (1990). *Sunbeams: A book of quotations.* Berkeley, CA: North Atlantic books.

Steiner, h., & Alston, P. (2000). *International human rights in context: Law, politics, and morals* (2nd ed.). New York: Oxford University Press.

Stoesen, L. (2002, October). *Human rights measure passes in Pennsylvania House.* NASW News, 1.

Szabo, I. (1982). Historical foundations of human rights and subsequent developments. In K. Vasak (Ed). *The international dimensions of human rights.*(Vol.1) (pp.11-41). Westport, CT: Greenwood.

Tonme, J. (2005, July 15). All rock, no action. *New York Times*, p.A21.

United Nations(UN). (1948). The final debates. *United Nations Weekly Bulletin* 1-50.

__________________ (1994). *Human rights and social work: A manual for schools of social work and the social work profession.* New York: Author.

United Nations Department of Public Information. (1950). *These rights and freedoms*. New York: Author.

United Nations Development Program. (2005). *Human development report: International cooperation at the crossroads: Aid, trade, and security in an unequal world.* New York: United Nations.

United States of America. (2005). Consideration of reports submitted by states parties to the International Covenant on Civil and Political Rights (ICCPR). New York: UN Human Rights Committee.

University of Pennsylvania African Studies Center. (2006). Letter from a Birmingham Jail. April 16. 1963. Retrieved: July 18.2006. from www.africa.upenm.edu/Articles_GEN/Letter_Birmingham.html.

Worldwatch Institute. (2003). *Vital signs: The trends that are shaping our future.* New York: Norton.

Weissbrodt, D., Fitzpatrick, j.,& Newman, F. (2001). *International human rights: Law, policy, and process*(3rd ed,). Cincinnati: Anderson.

Wronka, J. (2008). *Human rights and social justice: Action and service for the helping and health professions.* Thousand Oaks, CA: Sage.

__________ (2006). *Toward the creation of a human rights culture.* Retrieved: July

10. 2006. from www.humanrightsculture.org.

Wronka, J. (2004). Human rights and advanced generalist practice. In A. Roy& F. Vecchiolla (Eds.). *Thoughts on advanced generalist practice* (pp.223-241). Peosta, IO: Eddie Bowers.

________ (2002). *The Dr. Ambedkar lectures on the theme: Creating a Human Rights Culture*. Bhubanaswar, India: National Institute of Social Work and the Social Sciences.

________ (1998a, summer). A little humility, please: Human rights and social policy in the United States. *Harvard International Review*, 72-75.

________ (1998b). *Human rights and social policy in the 21st century: A history of the idea of human rights and comparison of the United Nations Universal Declaration of Human Rights with United States federal and state constitutions* (rev ed.). Lanham, MD: University Press of America.

________ (1995a). Human rights. In R. Edwards (Ed), *Encyclopedia of social work* (pp.1404-1418). Washington, DC: National Association of Social Work.

________ (1995b). On the human rights committee's consideration of the initial report of the USA on the International Covenant on Civil and Political Rights. *Human rights interest group newsletter of the American Society of International Law*, 3. 14-16

________ (1992). *Human rights and social policy in the 21st century: A history of the idea of human rights and comparison of the United Nations Universal Declaration of Human Rights with United States federal and states constitutions*. Lanham, MD: University Press of America.

4장

Bauer, J., & Bell, D. (Eds.). (1999). *The East Asian challenge for human rights*. Cambridge: Cambridge University Press.

Bell, L., Nathan, A., & Peleg, I. (Eds.). (2001). *Negotiating culture and human rights*. New York: Columbia University Press.

Booth, K. (1999). Three tyrannies. In T. Dunne & N. Wheeler (Eds.), *Human rights in global politics* (pp. 31-70). Cambridge: Cambridge University Press.

Campbell, T., Ewing, K. D., & Tomkins, A. (Eds.). (2001). *Sceptical essays on human rights*. Oxford: Oxford University Press.

Caney, S., Jones, P. (Eds.). (2001). *Human rights and global diversity*. London: Frank Cass.

Caroll, J. (2004). *The wreck of Western culture: Humanism revisited*. Victoria, Australia: Scribe.

Davis, M. (Ed.). (1995). *Human rights and Chinese valuse: Legal, philosophical and political perspectives*. Hong Kong: Oxford University Press.

Douzinas, C. (2000). *The end of human rights: Critical legal, thought at the turn of the century*. Oxford: Hart.

Fay, B. (1975). *Social theory and political practice*. London: Allen & Unwin.

Gaita, R. (1999). *A common humanity: Thinking about love, truth and justice*. Melbourne: Text Publishing.

Gewirth, A. (1996). *The community of rights*. Chicago: University of Chicago Press.

Gibney, M. (Ed.). (2003). *Globalizing rights*. Oxford: Oxford University Press.

Hayden, P. (Ed.). (2001). *The philosophy of human rights*. St Paul, MJ: Paragon.

Herbert, G. (2002). *A philosophical history of rights*. New Brunswick, NJ: Transaction.

Ife, J. (2002). *Community development: Community-based alternatives in an age of globalisation* (2nd ed.). Sydney: Person.

_____ (2001). *Human rights and social work: Towards rights-based practice*. Cambridge: Cambridge University Press.

Ishay, M. (2004). *The history of human rights: Form ancient times to the globalization*

era. Berkeley: University of California Press.
Lyons, G., & Mayall, J. (Eds.). 2003. *International human rights in the 21st century: Protecting the rights of groups*. Lanham, MD: Rowman & Littlefield.
Meijer, M. (Ed.). (2001). *Dealing with human rights: Asian and Western views on the value of human rights*. Utrecht: HOM.
Moussalli, A. (2001). *The Islamic quest for democracy, pluralism and human rights*. Gainesville: University Press of Florida.
Nirmal, C. (2000). *Human rights in India: Historical social and political perspectives*. New Delhi: Oxford University Press.
Pereira, W. (1997). *Inhuman rights: The Western system and global human rights abuse*. Mapusa: The Other India Press.
Rendell, M. (1997). *Whose human rights?* Staffordshire, UK: Trentham Books.
Van ness, P. (Ed.). (1999). *Debating human rights: Critical essays from the United States and Asia*. London: Routledge.

5장

Arndt, H. W. (1978). *The rise and fall of economic growth: A study in contemporary thought*. Chicago, IL: University of Chicago press.
Boeke, J. H. (1953). *Economics and economic policy of dual societies*. Haarlem, Nether-lands: Willink.
Bromley, R., & Gerry, C., (Eds.). (1979). *Casual work and poverty in Third World cities*. Chichester: Wiley.
Centre for Development and Human Rights. (2004). *The right to development: A primer*. Thousand Oaks, CA: sage.
Chenery, H., Ahluwalia, M., Bell, C., Duloy, J. H., and Jolly, R. (1974). *Redistribution with Growth*. Oxford: Oxford University press.
Cook. R. J. (2001). Advancing safe motherhood through human rights. In I. Merali & V. Oosterveld (Eds.), *Giving meaning to economic, social and*

cultural rights (pp-109-123). Philadelphia: University of Pennsylvania press.

Farha, L. (2001). Bringing economic, social and cultural rights home: Palestinians in occupied East Jerusalem and Israel. In I. Merali & V. Oosterveld (Eds.), *Giving meaning to economic, social and cultural rights* (pp. 160-179). Philadelphia: University of Pennsylvania Press.

Freenman, M. (2002). *Human rights.* Malden, MA: Polity.

Green, M. (2002). Social development: Issues and approaches. In U. Kothari & M. Minongue (Eds.), *Development theory and practice* (pp. 52-70). New York: Palgrave.

Higgins, B. (1956). The dualistic theory of underdeveloped areas. *Economic Development and Cultural Change*, 4, 22-115.

Independent Commission on International Development Issues (Brandt Commission). (1980). *North south: A programme for survival.* London: Pan Books.

International Labour Office. (1972). *Employment, incomes and equality: A strategy for increasing productive employment in kenya.* Geneva: International Labour Office.

______________________ (1976). *Employment, growth and basic needs: A one world problem.* Geneva: International Labour Office.

Ishay, M.R. (2004). *The history of human rights: From ancient times to the globalization era.* Berkeley: University of California Press.

Lewis, W. A. (1955). *The theory of economic growth.* London: Allen & Unwin.

Lloyd, G. A. (1982). Social development as a political philosophy. In D.S. Sanders (Ed.), *The development perspective in social work* (pp. 43-50). Manoa: University of Hawaii press.

Merali, I., & Oosterveld, V. (Eds.). (2001). *Giving meaning to economic, social and cultural rights.* Philadelphia: University of Pennsylvania Press.

Midgley, J. (1995). *Social development: The developmental perspective in social welfare.* Thousand Oaks, CA, and London: Sage.

Midgley, j. (2003). Social development: The intellectual heritage. *Journal of International Development*, 15(7), 831-844.

Molyneux, M., & Lazar, S. (2003). *Doing the rights thing: Rights-based development and Latin American NGOs*. London: ITDC.

Moser, C., & Norton, A. (2001). *To claim our rights: Livelihood, security, human rights and sustainable development*. London: Overseas Development Institute.

Overseas Development Institute. (1999). *What can we do with a rights based approach to development? ODI Briefing Paper*. London: Overseas Development Institute.

Puta-Checkwe, C.. & Flood, N. (2001). From division to integration: Economic, social and cultural rights as basic human rights. In I. Merali & V. Oosterveld (Eds.), *Giving meaning to economic, social and cultural rights* (pp. 39-51). Philadelphia: University of Pennsylvania Press.

Streeten, P., & Burki, S. J. (1978). Basic needs: Some issues, *World Development*, 6, 411-421.

United Nations. (1971). social policy and planning in national development, *International Social Development Review*, 3, 4-15.

______________ (1975). *Popular participation in decision making for development*. New York: United Nations.

______________ (1996). *Report of the World Summit for Social Development: Copenhagen*, March 6-12, 1995. New York: United Nations.

______________ (2005). *Investing in development: A practical plan to achieve the millennium development goals*. New York: United Nations.

United Nations Development Program[UNDP]. (2000). *Human development report 2000: Human rights and human development*. New York: United Nations.

____ (2003). *Human development report 2003: Millennium development goals-A contract among nations to end human poverty*. New York: United Nations.

World Commission on Environment and Development (Brundtland Commission). (1987). *Our common future: From one earth to one world.* Geneva.

6장

Bricker-Jenkins, M. (2004). Legislative tactics in a movement strategy: The Economic Human Rights-Pennsylvania Campaign. *Meridians,* 4(1), 108-113.

Bricker-Jenkins, M., & Baptist, W. (2006). The movement ti end poverty in the United States. In Howard-Hassman, R.E., & Welch, C.E., Jr. (Eds.) *Economic rights in Canada and the United States* (pp. 103-117). Philadelphia: University of Pennsylvania Press.

King Jr., M. L. (1967). Speech at the staff retreat [of the Southern Christian Leadership Conference (SCLC)] at Penn Center, Frogmore, SC. Mimeographed transcript (p.2). Available at the Rev. Marin Luther King Jr. Archives, Atlanta, GA.

____________ (1968, May). *The trumpet of conscience.* New York: Harper & Row.

United Nations. (1948). *Universal declaration of human rights.* Adopted December 10, 1948, GA Res. 217 AIII (Un Doc. a/810).

____________ (1966). *International covenant on economic, social, and cultural rights.* Adopted December 16, 1966. GA Res 2200A XXI. Retrieved January 14, 2004, from www.unhchr.ch/html/menu3/b/a_cescr.htm.

7장

Adams, M. Blumenfeld, W. J., Castaneda, R., Hackmanh, H. W., Peters,

M. L., & Zuniga, X. (Eds.). (2000). *Readings for diversity and social justice: An anthology on racism, anti-Semitism, sexism, heterosexism, ableism, and classism*. New York and London: Routledge.

Addams, J. (1902). *Democracy and social ethics*. New York: Macmillan.

Alinsky, S. D. (1971). *Rules for radicals*. New York: Random House.

Bielefeldt, H. (1998). *Philosophie der Menschenrechte. Grundlagen eines weltweiten Freiheitsethzos*. Darmstadt: Primus

Blumenfeld, W. J., & Raymond, D. (2001). Prejudice and discrimination. In M. Adams et al., *Reading for diversity and social justice: An anthology on racism, anti-Semitism, sexism, heterosexism, ableism, and classism* (pp. 3-30). New York and London: Routledge.

Bunge, M. (1989). *Ethics: The good and the right*. Vol. 8, Treatise in basic philosophy. Dordrecht: Reidel.

Chesnais, F. (2001/1998). *Tobin or not Tobin*. Konstanz: Universitatsverlag Konstanz.

Coote, A. (Ed.) (1992). *The welfare of citizens: Developing new social rights*. London: IPPR/Rivers Oram press.

Copranzano, R., Kacmar, S., & Michele, K. (Eds.). (1995). *Organizational politics, justice, and support: Managing the social climate of the workplace*. Westport, CT: Quorum Books.

Doyal, L., & Gough, I. (1991). *A theory of human need*. London: Macmillan.

Eide, A. (2001). Economic, social and cultural rights as human rights. In A. Eide, C. Krause, & A. Rosas (Eds.), *Economic, social and cultural rights: A textbook* (2nd ed., pp.9-28).Dordrecht,Boston,andLondon:MartinusNijhoff.

Eide, A., Krause, C., & Rosas, A. (Eds.), (2001). *Economic, social and cultural rights: A textbook* (2nd ed.). Dordrecht, Boston, and London: Martinus Nijhoff.

Eide, A., & Rosas, A. (2001). Economic, social and cultural rights: A universial challenge. In A. Eide, C. Krause, & A. Rosas (Eds.), *Economic, social and cultural rights: A textbook* (2nd ed., pp.3-7). Dordrecht, Boston, and London: Martinus Nijhoff.

Else, S. (1998). *Gemeinwesenokonomie – eine Antwort auf Arbeitslosigkeit, Armut und soziale Ausgrtenzung?* Neuwied: Luchterhand.

Fox-Genovese, E. (1989). Freiheitskampfe: Frauen, Sklaverei und Gleichheit in der Vereinigten Staaten, In H. Olwen (Ed.), *Menschenrechte in der Geschichte* (pp. 194-235). Frankfurt am Main: Fischer. (Originalausgabe, Historical change and human rights. Oxford Amnesty Lectures. New York: Basic Books.)

Fraser, N. (1994/1989). *Widerspenstige Praktiken. Macht, Diskurs, Geschlecht.* Frankfurt am Main: Suhrkamp.

Frei, B. S., & Stutzer, A. (2002). *Happiness and economics. How economy and institutions affect human well-being.* Princeton, NJ, and Oxford: Princeton University Press.

Galtung, J. (1994). *Human rights in another key.* Oxford: Blackwell.

Cilliland, S., Steiner, D., & Skarlicki, D. (2001). *Theoretical and cultural perspectives on organizational justice.* Greenwich, CN: Information Age.

Gore, M. S. (1969). Social work and its human rights aspects. In International Council on Social Welfare (Ed.), *Social welfare and human rights* (pp. 56-68). Proceedings of the Fourteenth International Conference on Social Welfare, Helsinki, Finland, August 1968.

Grawe, K. (2004). *Newropsychiatrie.* Göttingen/Bern/Oxford/Toronto: Hogrefe.

Healy, L. M. (2001). *International social work: Professional action in an interdependent world.* New York: Oxford University Press.

__________ (2002). Internationalizing social work curriculum in the 21st century. In N-T. Tan & I. Dodds (Eds.), *Social work around the world* (2nd ed., pp.179-194). Berne: IFSW.

Hufton, O. (Ed.) (1998). *Menschenrechte in der Geschichte.* Frankfurt am Main: Fischer. (Originalausgabe, *Historical change and human rights.* Oxford Amnesty Lectures. New York: Basic Books.)

Hussbaum, M. C. (1993). Menschliches tun und soziale Gerechtigkeit. In M. Brumlik & H. Brunkhorst (Eds.), *Gemeinschaft und Gerechtigkeit* (pp. 323-361). Frankfurt am Main: Fischer.

Ife, J. (2001). *Human rights and social work: Towards rights-based practice.* Cambridge: Cambridge Unversity Press.

Ishay, M. R. (Ed.). (1997). *The human rights reader: Major political essays, speeches, and documents from the Bible to the present.* London: Routledge.

Kalin, W. (2000). Soziale Menschenrechte Ernst genommen. In Soialalmanack. *Sozialrechte und Chancengleichheit in der Schweiz* (pp. 69-82). Luzern: Caritas.

Laqueur, W., Rubin, B. (Eds.) (1989). *Human rights reader.* New York: Penguin.

Lyons, K. (2000/1999). *International social work. Themes and perspectives.* Ashgate, Aldershot: Ashgate.

Marshall, T. H. (1992/1982). *Burgerrechte und soziale Klassen* [Civil rights and the welfare state]. Frankfurt am Main: Campus.

Montada, L., & Kals, E. (2001). *Mediation.* Weinheim: Beltz.

Mullaly, B. (1997). *Structural social work: Ideology, theory, and practice* (2nd ed.). Oxford and New York: Oxford University Press.

Obrecht, W. (2005). Umrisse einer biopsychosozialen Theorie menschlicher Bedurfnisse. Interdisziplinarer Universitatslehrgang fur Sozialwirtschaft, Management und Organisation. Sozialer Dienste (IS-MOS) der Wirtschaftsuniversitat, typescript. Vienna.

Rawls, J. (1999/1971). *A theory of justice.* Cambridge, MA: Harvard University Press.

Reichert, E. (2003). *Social work and human rights: A foundation for policy and practice.* New York: Columbia University Press.

Rosenfeld, J. M., & Tardieu, B. (Eds.) (2000). *Artisans of democracy: How ordinary people, families in extreme poverty, and social institutions become allies to overcome social exclusion*. New York and Oxford: University Press of America.

Ross, M., & Miller, D. T. (Eds.) (2002). *The justice motive in everyday life*. Cambridge: Cambridge University Press.

Satka, M. (1995). *Making social citizenship: Conceptual practices from the Rinnish Poor Law to professional social work*. Jyvaskyla, Finland: University of Jyvaskyla.

Sen, A. (1999). *Development as freedom*. New York: Knopf.

Sheppard, B. H., Lewicki, R. J., & Minton, J. W. (1992). *Organizational justice: The search for fairness in the workplace*. New York: Macmillan.

Shue, H. (1996). *Basic rights: Subsistence, affluence, and U.S. foreign policy* (2nd ed.). Princeton, NJ: Princeton University Press.

Simon Levy, B. (1994). *The empowerment tradition in America social work: A history*. New York: Columbia University Press.

Singer, M. S. (1997). *Ethics and justice in organizations: A normative – empirical dialogue*. Aldershot: Ashgate.

Staud-Bernasconi, S. (2000). Sozialrechte – Restgrosse der Menschenrechte? In U. Wilken (Ed.), *Soziale Arbeit Zwischen Ehik und Okonomie* (pp. 151-174). Freiburg and Berlin: Lambertus.

__________________ (2003). Sociale Arbeit als (eine) Menschenrechtsprofession. In R. Sorg (Ed.), *Soziale Argeit zwischen Poliltik und Wissenschaft* (pp. 17-54). Munster: LIT – Verlag.

__________________ (2004a). Mediation and empowerment: Two complementary approaches to social justice and to a human rights practice. Presentation at the 2004 Congress of IASSW/IFSW, typescript. Adelaide.

__________________ (2004b). Menschenrechtsbildung in der Sozialen Arbeit-Ein Master of Social Work als Beitrag zur Thematisierung von Sozialrechten. In C. Mahler & A. Mihr (Eds.), *Menschenrechtsbildrung. Blianz und Perspektiven* (pp. 233-244). Wiesbaden: VS Verlag fur SoZialwissenschaften.

________________ (2005). Die wurdigen und unwurdigen Armen von heute. Menschenwurdige Existenz und Sozialarbeitswissenschaft. In W. Schmid & U. Tecklenburg (Eds.), *Menschenwurdig leben? Fragen anf die Schweizer Sozialhilfe* (pp. 113-132). Luzern: Caritas.

________________ (2006). Soziale Arbeit als Dienstleistung oder Menschenrechtsprofession? Zum Selbstverstandnis Sozialer Arbeit in Deutschland mit einem Seitenblick auf die international Diskussionslandschaft, In Lesch, W. & Lob-Hudepohl, A. (Eds.), *Einfahrung in die Ethik der Sozialen Arbeit.* Schoningh-Verlag: UTB.

Steiner, H. J., & Alston, P. (2000). *International human rights in context: law, politics, morals* (2nd ed.). New York: Oxford University Press.

Taylor, E. D. (1987). *From issue to action; An advocacy program model.* Lancaster, PA: Family and Children's Services.

United Nations/IASSW/IFSW. (1994/1992). *Social work and human rights: A manual for schools of social work and the social work profession.* Professional Training Series no. 4. New York and Geneva: Ventre of Human Rights.

Wahl, P., & Waldow, P. (2001). *Devisenumsatzsteuer – Ein Konzept fur die Zukunft. Moglichkeiten und Grenzen der Stabilisierung der Finanzmarkte durch die Tobin Steuer.* Bonn.

Wronka, J. (1995a). Creating a human rights culture. *Brandeis Review*, 28-31.

________ (1995b). Human right. In R. Edwards (Ed.), *Encyclopedia of social work* (19th ed., pp.1405-1418). Washington, DC: NASW Press

8장

Alston, P. (1990). U.S. ratification of the covenant on economic, social and cultural rights: The need for an entirely new strategy. *American journal of international Law*, 84. 365-393.

Alvarez, J. T. (1990). *Reflections on an agequake*. New York: NGO Committee on aging. United Nations.

Amnesty International United Kingdom. (1997). *Breaking the silence: Human rights violations based on sexual orientation*. London: Amnesty International-United Kingdom.

Bassuk, E.; Salomon, A.; Browne, A.; Bassuk, S.; Dawson, R.; Huntington, N. (2004 Secondary Data analysis on the etiology, course, and consequences of intimate partner violence Violence against extremely poor women. NCJ 199714, http://www.ccmc.org/global.htm, retrieved jan 13, 07)

Becker, E. (2005,June 11). Odd alliance brings about debt relief: Leading rich to help poor. *New York Times*, p.C1.

Belser, J. W. (2003,February). Fostering women's health around the world. *Response: The Voice of women in misiion* 33-35.

beneria l.(2003). *Gender, development and globalizaion: Economics as if all people mattered*. New York; Routledge.

Bissio, R. (ed.). (2005). Gender and poverty: A case of entwined inequalities. Unkept promises: What the numbers say about poverty and gender. In *Advance social watch report 2005* (pp.19-21). Montevideo, Uruguay: Instituto del Tercer Mundo.

Brownmiller, S. (1993). *Against our will: Men, women and rape*. New York: Ballantine Books.

Coben, J., & Howard, M. (eds.). (1999). *Is multiculturalism bad for women*. Princeton, NJ: Princeton University Press.

Council on Solcial Work Education (CSWE). (2005). Educational policy statement. Alexandirs, VA: Council on Social Work Education. Retrieved June 27. 2005. from http://www.cswe.org.

Darvich-kodjouri. K., & Bonk. k. (2001). *Global population media analysis. Communication Media Center*. Washington, DC. http://www.ccmc.org/gobal.htm.

Desjarlais, R., Eisenberg, L., Good, B., & Kleinman, A. (eds.). (1995). *World mental health.* New York: Oxford: Oxford University Press.

Division for the Advancement of Women. (2006). Convention on the elimination of all forms of discrimination against women. Department of Economic and Social Affairs, United Nations. CEDAW. Retrieved June 6. 2006. http://www.un.org/womenwatch/daw/cedaw/.

Dobie. P. (2000, June). Approaches to sustainability: Models for national strategies: Building capacity for sustainable development. IN J.McCullough (Ed.), *Building copacity of a sustainable future* (pp.22-35). Geneva: United Nations Development Program.

Elden. M., & Chisholm. R. F. (1993). Emerging varieties of action research. *Human Relations* 46(2), 121-141.

Evans, T. (1998). Introduction: Power, hegemony and the universalization of human rights. In T. Evans (Ed.). *Human rights fifty years on: A reappraisal* (pp. 1-23). Manchester and New York: Manchester University Press.

Flak, D. (1998). *Human rights in global perspective.* Unpublished monograph, Pomona, NJ:Richard Stockton College of New Jersey.

Ferguson, B. (1999). The shadow hanging over you: Refugee trauma and Vietnamese women in Australia. In B. Ferguson & E. Pittaway (Eds.), *Nobody wants to talk about it; Refugee women's mental health* (pp. 21-30). Transcultural Mental Health Centre. Parramuta, BC: Australia.

Ferguson. B., & Pittaway, E. (Eds.) (1999). *Nobody wants to talk about it; Refugee women's mental health.* Transcultural Mental Health Centre. Parramuta, BC: Australia.

Goetz, A. M., & Fischer, D. (1998). Who takes the credit? Gender, power and control over loan use in rural credit programs in bangladesh. *World Development* 24, 45-63.

Hannum, H., & Fischer, D. (1993). *Guide to international human rights practice.* Philadelphia: University of Pennsylvania Press.

Human Rights Watch. (2005a). Women and HIV/AIDS. Retrieved June 15. 2005. from http://www.hrw.org/women/aids.html.

__________________ (2005b). Women's rights under attack. Retrieved June 15. 2005. from http://www.hrw.org/englich/dos/06/06/global602.htm.

__________________ (2005c). CEDAW: The women's treaty. Retrieved June 21. 2005. from http://www.hrw.org/women/legal.html.

International Association of schools of Social Work (IASSW) & International Federation of Social Workers (IFSW). (2004, October). *Global qualifying standards for social work education and training. Global social work congress: Reclaiming Civil society.* Adelaide, South Australia: IASSW & IFSW.

International Association of Schools of Social WorkÐ&ÐInternational Federation of Social Workers. (1994). Human Rights& Social Work: A manual for Schools of social Work and the Social Work Profession. Genva: Centre of Human Rights.

International Federation of Social Workers (IFSW). (1996). *Policy paper on human rights* (rev. ed.), Hong kong: IFSW.

Janofsky, M., & Schemo, D. J. (2003, March 16). Women recount life as cadets: Forced sex, fear and silent rage. *New York Times*, p.A1.

Katz, N. (2005). Women's issues: Rape statistics. About: News & Issues. Retrieved June 27. 2005. from http://www.womensissues.abou.com/od/repestats.htm.

Kansas Coalition against Domestic Violence (KCSDV)(2005). Statistics Retrieved June 27. 2005. from www.kcsdv.org/stats/html.

Keshavarz, F. (2003, April 2). Arriving at the 21st century: Muslim women at home and at work. Presentation to Washington University at St. Louis alumnae conference, New York City.

Labonte, R., & Laverack, G. (2001a). Capacity building in health promotion. Part 1: for whom? And for what purpose? *Critical Public Health*, 11(2) 111-127.

Labonte, R., & Laverack, G. (2001b). Capacity building in health promotion. Part 2: Whose use? And for with what measurement? *Critical Public Health*, 11(2) 129-138.

Laguer, W., & Rubin, B.(Eds.) (1979). *The human rights reader*. Philadelphia: Temple University Press.

Mckinney, C. M., & Park-Cunnigham, R. (1997). Evolution of the social work profession: An historical review of the U. S. and selected countries, 1995. In *Proceedings of the Twentieth-eighth Annual Conference* (pp. 3-9). New York State Social Work Education Association. Syracuse, NY: New York State Social Work Education Association.

Merriam-Webster Online Dictionary,(2005). Retrieved June 20,2005, from http://www.m-w.com/cgi-bin/dictionary.

Milani, L., & Albert, S. C, (2003. May 11). Open letter to President George W. Bush from the Working Group on Ratification of the UN Convention on the Elimination of All Forms of Discrimination against Women. Washington, D. C.

Morrow M. H. (1999). Feminist anti-violence activism. In A. Brodribb (Ed.). *Reclaiming the future: Women's startegies for the 21st century* (pp.237-257). Charlottetown, Canada: Ragweed Press.

National Association of Social Work (NASW). (2000). International policy on human rights. In *Social work speaks 2000-2003* (5th ed, pp 178-186). Washington, DC: NASW Press.

Neil, K. G. (2005). Duty, honnor, rape: Sexual assult against women during war. *Journal of International Women's Studies*. Retrieved June 21, 2005, from http://www.bridgew.edu/SOAS/JIWS/.

Okin, S. M.(1999). Is multiculturalism bad for women? *Boston Review: A Political and Literary Forum*. Retrieved June 15, 2005 from http://www.bostonreivew.net/BR22.5/okin.html.

Office of the Prevention of Domestic Violence (OPVD). (1995). *Domestic violence: The alcohol and other drug connection*. New York: OPVD.

Orr, R. (2002, fall). Governing when chaos rules: Enhancing governance and participation. *Washington Quarterly*, 25(4), 137-152.

Peterson, V. S., & Parisi, L. (1998). Are women human? It's not an academic question. In T. Evans (Ed.), *Human rights fifty years on: A reappraisal* (pp. 132-160). Manchester and New York: Manchester University Press.

Pittaway, E. (1999). Refugee women: The unsung heroes, In B. Ferguson & E. Pittaway (Eds.), *Nobody wants to talk about it: Refugee women's mental health* (pp.1-20). Transcultural Mental Health Centre. Parramuta, BC: Australia.

Prigoff, A. (2003, April 7). Not so safe back home. *Newsweek*, p.72.

Reichert, E. (2001, spring). *Placing human Rights: An Exercise Book*. Sage, Thousand Oaks.

Robinson, M. (2002, December). Quoted in I. Williams, Reflection: Mary Robinson on rights-based development. Choices.

Saraceno, B. (2006, January 31). Presentation on the integration of mental health and social development, World Health Organization and NGO Committee on Mental Health. New York: United Nations.

Tessitor. J,. & Woolfson, S. (Eds.) (1997). *A global agenda: Issues before the Fifty second UN General Assembly*. New York: Rowman & Littlefield.

Tropman J. E., Erlich J. L., & Rothman, J. (Eds.) (1995). *Tactics and techniques of community intervention* (3rd ed). Itasca IL: Peacock.

Tsikata, D. (2002). Effects of structural adjustment on women and the poor. Position Paper. Commission on Social Development Women's Caucus. Retrieved June 21, 2005, from http://www.earthsummit2002.org/wcaucus/Caucus%20Position%20Papers/finance%20%20trde/sap.htm.

United Nations. (1948). Universal Declaration of Human Rights. New

York: United Nations.

United Nations. (1985). Convention on the Elimination of All Forms of Discrimination against WomenÐ(CEDAW). New York: United Nations.

_____________ (1989). Convention on the Rights of the Child. New York: United Nation.

_____________ (1995). Vienna Declaration and Programme of Action. World Conference on Human Rights. Vienna, Austria.

_____________ (1997). The 1997 Report of the Economic and Social Council (ECOCOC). New York: United Nations.

_____________ (2001, November 26-29). Empowerment of women throughout the life cycle as a transformative strategy for poverty eradication. Report of the Expert Group Meeting. Division for the Advancement of Women. New Deli India.

_____________ (2003a). Commission on the Status of Women. (March 3-14). Forty-seventh Session of the Commission on the Status of Women. New York United Nations.

_____________ (2003b). Committee on Mental Health, (March 13). a mental health perspective: Violence against women and human rights and the role of the media. Forty-seventh Session of the Commission on the Status of Women New York: United Nations.

_____________ (2003c). Development Fund for Women (UNIFEM). (March). Voices of HIV women of Africa. MaryKnoll presentation at the Forty-seventh Session on the Commission on the Status of Women. New York: United Nations.

United Nations Development Programme. (2000). *Human Development report*. New York: Oxford University Press.

Universal Declaration of Human Rights. (UDHR). (1998). Fiftieth anniversary. History of the Universal Declaration of Human Rights. Retrieved: June 20 2005 from http://www.udhr.org/history/default.htm.

Van Soest, D. (1997, May). The Violence and Development Project. Washington DC: NASW Press.

Wasserman, J. (2002, October 28). Hunger has a younger face. *Daily news*. p.A1.

Women's Environment and Development Organization (WEDO) (2005). *Beijing betrayed: Women's worldwide report*. New York: WEDO.

Weil, M. (Ed.). (1997). *Community practice: Models in action*. New York: Haworth.

Wetzel, J. W. (1993). *World of women: In pursuit of human rights*. New York and London: New York University Press.

___________ (1995). Global feminist zeitgeist practice. In N. Van den bergh (Ed). *Feminist practice in the 21st century* (pp.175-192). Washington, DC: NASW Press.

___________ (1996, summer). On the read to Beijing: The evolution of the international women's movement. *Affilia: Journal of Women and Social Work*, 11(2) 221-232.

___________ (2001). Human rights in the 20th century: Weren't gays and lesbians human? In M. E. Swigonski & R. Mama (Eds.). *Hate crimes to human rights: Matthew Shepard*. Special Edition. *Journal of Gay and Lesbian Social Services*. Copublished as monograph by Harrington Park Press.

___________ (2002). The evolution of theories of aging in the United States.:In V. Fokine (Ed). *Social work with the elderly in the USA*. Ministry of Education of Russia Tula, Russia: National Association of Social Work [Russian translation].

___________ (2004). Mental health lessons from abroad. In J. Midgely & M. C. Hokenstad Jr (Eds.). *Lessons from abroad: Adapting international social welfare innovations*. Washington , DC: NASW Press.

___________ (2005). *Mental health consequences of the globalization of violence against women. Proceedings of the Fourteenth Annual Conference*, Global Awareness Society International, Begni di Tivoli Italy.

World Health Organization (WHO). (1975). *Report on World Mental Health.* Geneva: United Nations.

World Health Organization (1992). *Women's Health across Age and Frontier.* Genva: United Nations.

__________________________ (2002a). Mhgap (Mental Health Global Action Programme). Geneva, Switzerland: United Nations.

__________________________ (2002b). *Report on Mental Health.* Geneva: United Nations.

__________________________ (2002c). *WHO Atlas.* Geneva: United Nations.

Williams, I. (2002, December). Reflections: Mary Robinson on rights-based development. *Choices.*

Wronka. J. (1994). *Human rights. Encylopedia of social work* (18th ed). Washington, DC: NASW Press.

_________ (1998). *Human Rights and Social Policy in the 21st Century* (rev ed.) New York: University Press of America.

Yunus, M. (1987). *Credit for self-employment: A fundamental human right. Grameen Bank*. Dhaka, Bangladesh: Al-Flash Printing Press.

Yunus, M., & Jolie, A. (1989). *Banker to the poor: Micro-lending and the battle against world poverty.* New York: Public Affairs.

9장

Alexander, R. (1999). Social work and mental health services in jail. *Arete*, 23(3), 68-75.

Amnesty International. (1999). *Not part of my sentence: Violations of the human rights of women in custody.* New York: Author.

Amnesty International. (2005). *Women's human rights: Women in prison*. Retrieved June 6, 2005, from http://www.amnestyusa.org/women/womeninprison.html.

Arnold, L., (2005, May 30). Prison labor has its critics. *Asbury Park Press*. Retrieved from www.app.com.

Associated Press, (2005, May 7). Third death in two months at Tutwiler raises more questions. Tuscaloosa News. Retrieved from http://www.tuscaloodannews.com.

Basu, R. (1998, March 15). What's at work in lowa prisons? *Des Moines Register*, p. A6.

Brennan, T., & Austin J. (1997). *Women in jail: Classification issues*. Washington, DC: National Institute of Corrections.

Brewer, T., & Derrickson, J. (1992). AIDS in prison: A psychosocial approach supports women and their children. *Women in Therapy*, 21(1), 103-125.

Bureau of Justice Statistics. (1999). *DWI offenders under correctional supervision*. Washington, DC: U.S. Department of Justice.

Bureau of Justice Statistics. (2001). *2000 census of state and federal correctional facilities*. Washington, DC; U. S. Department of Justice.

____________________ (2000). *Cited in Incarcerated women in the United States: Facts and figures*. Curry School of Education. Retrieved from http://curry.ed-school.virginia.edu/prisonstudy.

____________________ (2004). *HIV in prisons, 2001*. U.S. Department of Jus-tice Report; December 2004, NCJ 205333. Washington, DC: U.S. Department of Justice. Retrieved from http:///www.ojp.usdoj.gov/bjs/abstract/hivpo1.htm.

____________________ (2005, April). *Prison and jail inmates at midyear 2004*. Office of Justice Programs, U.S. Department of Justice. Retrieved from http://www.ojp.usdoj.gov/bjs.

Bannister, B. (1998). Correspondence with B. Bannister on June 21 and

July 5, 1998.

California Coalition for Women Prisoners. (2004, summer). *The Fire Inside*, 28, 1-9.

Chesney-Lind, M. (2005, May 12). Gender and justice: What about girls? Keynote Presentation at the Whispers and Screams Conference, Ames, Iowa.

________________ (1997). *The female offender: Girls, women, and crime*. Thousand Oaks, CA: Sage.

Chesney-Lind, M., & Pollock, J. (1995) Women's prisons: Equality with a vengeance. In A. Merlo & J. Pollock (Eds.), *Women, law and social control* (pp.155-177). Bos-ton: Allyn & Bacon.

Cheung, A. (2004, September). Prison Privatization and the use of incarceration: The sentencing project. Retrieved from www.sentencingproject.org.

Clarkson, W. (1998). *Caged heat*. New York: St. Martin's.

Cook, P. W. (1997). *Abused men: The hidden side of domestic violence*. New York: Praeger.

Cooper, C. (2002, May 6). A cancer grows: Medical treatment in women's pris-ons ranges from brutal tto nonexistent. *The Nation*. Retrieved from www.indybay.org.

Coyle, E. A., Campbell, A., & Newfeld, R. (Eds.). (2003). *Capitalist punishment: prison privatization and human rights*. London: Zed Books.

Danner, M. (2000). Three strikes and it's women who are out. In S. Miller (Ed.), *Crime control and women* (pp.215-224). Thousand Oaks, CA: Sage.

Dornan, G. (1999, January 29). Privatization of prison medical services challenged, Retrieved from www.taho.com/bonanza/stories.

Elsner, A. (2005, April 24). U.S. prison population, world's highest, up again. Reuter's. Retrieved from http://www.reuters.com.

Federal Bureau of Investigation. (2005). *Uniform crime reports*. Retrieved from http://www.fbi.gov/ucr/ucr.htm.

Geer, N. (2000). Human rights and wrongs in our own backyard: A case study of women in U.S. prisons. *Harvard Environmental Law Review*, 13. Retrieved from www.lexis-nexis.com/universe/doc.

Goldberg, E., & Evans, L,, (1997). The Prison industrial complex and the global economy. Prison Activist Resource Center. Retrieved from http://www.prisonactivist.org/crisis/evans-goldberg.html.

Greene, J. (2001, September). Bailing out private jails. *The American Prospect*, 23-25.

Greenfield, L. A., & Snell, T. L., (1999). Women offenders. Bureau of Justice Statistics Report, NCJ 175688. Washington, DC: U.S. Department of Justice. Massaschusetts Public Health Association. Retrieved from www.mphaweb.rog.

Haddon, H. (2001, Mrch 20). Women suffering "extreme" sex abuse in U.S. prisons. AlterNet.Org. Retrieved from www.alternet.org.

Hallinan, J. T. (2001, November 6). Federal government saves private prisons as state convict population levels off. *Wall Street Journal*, pp. A1, A16.

Harding. T. W. (1997). *Do prisons need special health policies and programs?* University Institute of Legal Medicine, Geneva, Switzerland. Retrieved from http://www.drugtxet.org/library/articles/97813.htm.

Herive, T. (1999, September). Wreaking medical mayhem in Washington prisons. *Prison Legal News*, 1-4.

Human Rights Watch. (1996). *All too familiar Sexual abuse of women in U.S. prisons*. New York: Author.

____________________ (2000). *Nowhere to hide: Retaliation against women in Michigan state prisons*. New York: Human Rights Watch.

____________________ (2003). *Ill-equipped: U.S. prisons and offenders with mental illness*. New york: Author.

Jordan, L. (1996). Drugs, minority women, and the U.S. prison economy. *Saxakali Maganzine*, 2(2). Retrieved from http://saxakali.com.

Kassindja, F. (1999). *Do they hear you when you cry?* Los Alamitos, CA: Delta.

Krepel, K. (2000, November). No more prisons. In *The protest: Ideas and activism*. Retrieved from http://groups.northwestern.edu/protest/nov2000/krepel.html.

Landsberg, M. (1999, November 13). Feminism and the link between girls and violence. *Toronto star*, p. L1.

Levin, J. (1999, February). Uncle Tom's cell: Prison labor gives a market face to an old idea: Slavery. *Perspective Magazine*. Retrieved from http://www.digitas.harvard.edu./perspy/issues/1999/feb/unclean.shtml.

Levy, P. (2002). Personal communication with patricia Levy, Elizabeth, New Jersey.

Locy, T. (1999, October 4). Like mother, like daughter? U.S. *News and World Report*, pp.18-21.

Marshall, M. (1999, March). *Health care for incarcerated pregnant women*. American Society for Bioethics and Humanities. Retrieved from www.asbh.org/exchange/1999/w99mar.htm.

McNair, J. (2000, April 16). Wackenhut prisons mired in abuse scandal. Miami Her-old. Retrieved from www.oregonafscme.com/corrections.private/pri.1196.htm.

Miles, J. (2004). The Public health burden in correctional facilities. Massachusetts Public Health Association. Retrieved from www.mpha-web.org.

Moorehead, M. (2001, October 25). Ominous growth industry, mass detention push up prison stocks. *Workers World Newspaper*. Retrieved from www.resist@best.com.

Mundon, A. (2001, May 12). The business of prison. *New York Times*. Retrieved from http://www.greaterdiversity.com.

Overbeck, C. (1997). Prison factories: Slave labor for the new world order? Para-scope. Retrieved from http://parascope.com/articles/

0197/prison.htm.

Pearson, P. (1998). *When she was bad: Violence, women, and the myth of innocence.* New York: Viking.

People's Justice Alliance (1999, January). Overseas news. Newsletter, p. 16. Retrieved from http://home.vicnet.net.au.

Physicians for Human Rights (2005) Examining asylum seekers. Retrieved July 1, 2005, from http://physiciansforhumanrights.org/library.

Prison Legal News (2001, July). $1.4 million awarded to raped Alaska women prisoners, Prison Legal News, p. 21.

Pfeiffer, M. (2004). A death in the box. *New York Times Magazine*, sec. 6,p. 48.

Rolison, G. (1993). Toward an integrated theory of female criminality and incarceration. In B. Fletcher, L. D. Shaer, & D.G. Moon (Eds.), *Women prisoners: A forgotten population* (pp.137-146). Westport, CT: Praeger.

Scelfo, J. (2005, June 13). Bad girls go wild. *Newsweek*, pp. 66-67.

shaw, M. (1994). Women in prison: A literature review. *Forum in Corrections Research*, 6(1), 1-7.

Siegal, N. (1998). Women in prison: The number of women serving time behind barshas increased dramatically. *MS*, 9(2), 64-73.

Silverstein, K. (1997). America's private gulag. *Prison Legal News*, 8(6), 1-4.

Simmons, R. (2003). *Odd girl out: The hidden culture of aggression in girls.* Fort Washington, PA.

Star-Ledger. (2004, November 18). Judge allows detainees' lawsuit. *Star-Ledger.* Retrieved from www.nj.com/news.

Talvi, S. J. (1999, September). Is health care too much to ask for? *Prison Legal News*, pp. 5-7.

Thayer, L. (2005). Hidden hell: Women in prison. Amnesty International. Retrieved from http://www.amnestyusa.org/magazine/hidden_

hell.html.
United Nations. (1948). Universal Declaration of Human Rights. Resolution 271A (111). Passed by the General Assembly. New York: United Nations.
U.S. Department of Justice. (2000, January). *Bureau of Justice Statistics Special Report*. Washington, DC: U.S. Department of Justice.
US General Accounting Office. (1999, December 28). *Women in prisons: Issues and challenges confronting the U.S. correctional system*. Washington, DC: Author.
van Wormer, K. (2001). *Counseling female offenders and victims: A strengths-restorative approach*. New York: Springer.
van Wormer, K., & Bartollas, C. (2000). *Women and the criminal justice system*. Boston: Allyn & Bacon.
van Wormer, k., & Davis, D. (2003). *Addictions treatment: A strengths perspective*. Belmont, CA: Brooks/Cole.
Whyte, A., & Baker, J. (2000, May 8). Prison labor on the rise in U.S. World Sociatlist Web Site. Retrieved from www.wsws.org/articles/2000.
Wiseman, R. (2003). *Queen bees and wannabes: Helping your daughter survive cliques, gossip, boyfriends, and other realities of adolescence*. New York: Three Rivers.
Yeoman, B. (1999, November/December). Bad girls. *Psychology Today*, pp.54-57, 71.

10장

Adams, P., & Nelson, K (1992). *Reinventing human services: Community and family-centered practice*. Hawthorne, NY: Aldine de Gruyter-Bloom.
Bellamy, C. (1998). Quoted, by J. Csete, in *Challenges to children's well-being in a globalizing world*. Fedele & Fauri Memorial Lecture, University of

Michigan School of Social Work.

Bibus, A., Link, W., O'Neal, M. (2005). The impact of welfare reform on children's well-being. In J. Scott & H. Ward (Eds.). *Safeguarding and promoting the well-being of children, families and communities* (pp.34-52). London: Jessica Kingsley.

European Network of Ombudsmen for Children (ENOC). (2005, July 5). *European Network of Ombudsmen for Children-Submission to the Europe and Central Asia Regional Consultation Conference.* Ljubljana.

Face-to-face. (1999). Case Study 6.2. In C. Remanathan, & R. Link, *All our futures.* Pacific Grove, CA: Thomsen.

Figueiredo, J., & de Haan, A (1998). *Social exclusion: An ILO perspective.* Geneva: International Institute for Labor Studies.

Financial Times. (2005, May 10). Supreme Court rejects death penalty for juveniles (p. 17). Editorial.

Free the Children. (2007). An international network of children helping children. Retrieved February, 3, 2007, from www.freethchildren.com.

Garbarino, J. (1999). *Lost boy: Why our sons turn violent and how we can save them.* New York: Free Press.

Germain, J. (1995, April 1). To reduce U.S. domestic abuse, outlaw apanking, as in Sweden. *Minneapolis Star Tribune.*

GPN Media. (2002). Children of the World: Society of the children of Italy. Program No.1.1800 North 33rd street, PO Box 80669, Lincoln, NE 68501-0669.

Human Rights Ombudsman Report. (2007). Ljubljana, Slovenia. Retrieved February 2, 2007, from www.varuh-rs.si.

International Federation of Social Workers (IFSW). (2007). *Social worker and the rights of the child.* Berne, Switzerland: IFSW. Retrieved February 3, 2007, from www.ifsw.org.

Goodwin, J. (2005, July). Too young to kill. *Oprah magazine*, pp.188-208.

Kielburger, C., & Kielburger, M. (2004). *Me to we: Turning self-help on its head.*

Toronto: Wiley.
Kljuc. (2007). Fairfund. Center for the Fight against Trafficking in Human Beings. Retrieved February 3, 1007, from http://www.fairfund.org/subpage.asp?p=about&s=who_we_are&T=shelters.
Link, R., & Cacinovic Vogrincic, G. (2000). *Models of international collaboration* (chap. 4). Alexandria: Council on Social Work Education.
Mandela, Nelson. (2000, May 6). *Building a global partnership for children.* Johannesburg Conference on the Convention on the Rights of the Child.
Oxfam. (1996). *Answering back testimonies from people living in poverty around the world.* Oxford: Oxfam
Public Broadcasting System (PBS). (1998). *Childhood.* Film series, part 1 of 7.
Samar, S. (2005). *The history of the Commission for Human Rights in Afghanistan.* Presentation to Peace Prize Forum, Augsburg College, Minneapolis.
Scott, J., & Ward, H. (2005). Safeguarding and promoting the well-being of children, families and communities. London: Jessica Kingsley.
Shukovsky, P. (2003, December 17). Feds claim adopted orphans had parents; U.S. agents break up local agency dealing Cambodia. Seattle Post-Intelligencer, p. A1.
Slovenian Association of Friends of Youth. (2002). Human Rights Ombudsman of the Republic of Slovenia: Who Is the Ombudsman? Retrieved February 13, 2007, from http://en.zpms.si/home/.
Slovenian Committee for UNICEF. (1995). *Situation analysis of position of children and families in Slovenia.* Ljubljana:ĐUNICEF.
stearns, P. N. (Ed.). (1998). *Encyclopedia of World History* (5th ed.). New York: Houghton Mifflin.
Tray, G. (2002, February 16). Closed records leave those who were adopted at risk. *Star Tribune* (Minneapolis, MN).
Trenka, J. J. (2003). *The language of blood.* St Paul: Minnesota Historical So-

ciety.
United Nations. (1989). UN Convention on the Rights of the Child.ÐHuman Rights Resource Center, University of Minnesota. Retrieved January 13, 2007, from http://www.umm.edu/humanrts/instree/auok.htm.
United Nations children's Fund (UNICEF). (1997). *The state of the world's children.* Cover image. New York: UNICEF.
United Nations children's Fund. (2003). *The state of the world's children* (p.1). New York: UNICEF.
____________________ (2004). *The state of the world's children.* New York: UNICEF.
United Nations Human Rights Commission (UNHCR). (2004). Representation in Slovenia, Asylum Section of the Ministry of Interior of the Republic of slovenia Association Kljuc. *Dictionary.* Ljubljana: UNHCR.
Waldmeir, P. (2005, March 2). Top court abolishes U.S. death penalty for juveniles. *Financial Times* (UK).

11장

Anderson, C. (2005, May 19). Cuban militant case challenges Bush. *The Advocate*, p.2A.
Associated Press. (2005, June 11). Leaders agree on debt relief for poor nations. *The Advocate*, p.7A.
Bedau, H. A. (1982). International human rights. In T. Regan & D. Van de veer (Eds.), *And justice for all: New introductory essays in ethics and public policy.* Totowa, NJ: Rowman & Allanheld.
Berger, P. L., & Huntington, S. P. (Eds.). (2002). *Many globalization: Cultural diversity in the contemporary world.* New York: Oxford University Press.

Cohen, R. (2005, May 15). 1945's legacy: A terror defeated, another arrives. *New York Times*, 16.

Cowell, A. (2005 July 7). After coordinated bombs, London is stunned, bloodied and stoic. *New York Times.* Retrieved July7, 2005, from http://www.nytimes.com/2005/07/07/international/europe/07cnd-explosion.html.

Friedman, T. L. (2005). *The world is flat: A brief history of the twenty-first century.* New York: Farrer, Starus & Giroux.

Garson, B. (2005, May 30). True believers at the World Bank. *Los Angles Times*, p.B17.

Gil, D. G. (1985). Dialectics of individual development and global social welfare. In B. Mohan (Ed.), *New horizon of social welfare and policy* (pp. 15-46). cambridge, MA: Schenkman.

Hogland, J. (2005a, June 23). Women's truth rattles Musharraf. *The Advocate*, p.9B.

Hogland, J. (2005b, June 6). Asia's rise no reason to panic. *The Advocate*, p.7B.

Huntington, S. P. (1996). *The clash of civilizations and remaking of world order.* New York: Simon & Schuster.

Ihonvbere, J. O., & Mbaku, J. M. (Eds.). (2003). *Political liberation and democratization in Africa.* Westport, CT: Praeger.

Khinduka, S. K. (2004, fall). Musings on social work and social work education. *Social Development Issues*, 26, 2/3, pp.1-6.

Khor, M. (2001). *Rethinking globalization: Critical issues and policy choice.* New York: Zed Books.

Krishnakumer, A., & Rajalaksmi, T. K. (2005, July). Child brides of India. *Frontline*, 22(14), pp.2-15. Retrieved July 2005 from http://www.frontlineonnet.com/fl2214/fl221400.htm.

Kristof, N. D. (2005a, June 21). The 11-year-old wife. *New York Times*, p.13.

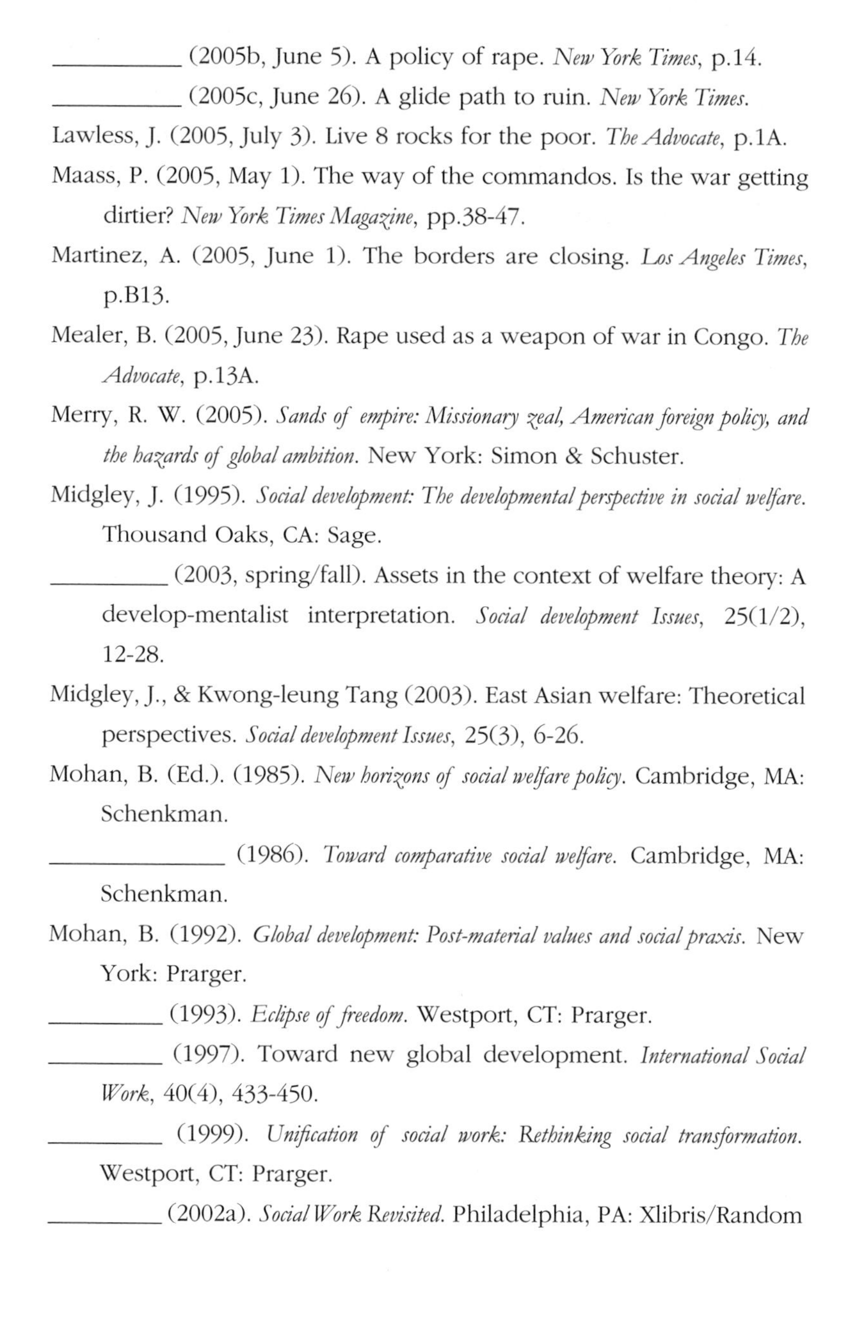

__________ (2005b, June 5). A policy of rape. *New York Times*, p.14.

__________ (2005c, June 26). A glide path to ruin. *New York Times*.

Lawless, J. (2005, July 3). Live 8 rocks for the poor. *The Advocate*, p.1A.

Maass, P. (2005, May 1). The way of the commandos. Is the war getting dirtier? *New York Times Magazine*, pp.38-47.

Martinez, A. (2005, June 1). The borders are closing. *Los Angeles Times*, p.B13.

Mealer, B. (2005, June 23). Rape used as a weapon of war in Congo. *The Advocate*, p.13A.

Merry, R. W. (2005). *Sands of empire: Missionary zeal, American foreign policy, and the hazards of global ambition*. New York: Simon & Schuster.

Midgley, J. (1995). *Social development: The developmental perspective in social welfare*. Thousand Oaks, CA: Sage.

__________ (2003, spring/fall). Assets in the context of welfare theory: A develop-mentalist interpretation. *Social development Issues*, 25(1/2), 12-28.

Midgley, J., & Kwong-leung Tang (2003). East Asian welfare: Theoretical perspectives. *Social development Issues*, 25(3), 6-26.

Mohan, B. (Ed.). (1985). *New horizons of social welfare policy*. Cambridge, MA: Schenkman.

______________ (1986). *Toward comparative social welfare*. Cambridge, MA: Schenkman.

Mohan, B. (1992). *Global development: Post-material values and social praxis*. New York: Prarger.

__________ (1993). *Eclipse of freedom*. Westport, CT: Prarger.

__________ (1997). Toward new global development. *International Social Work*, 40(4), 433-450.

__________ (1999). *Unification of social work: Rethinking social transformation*. Westport, CT: Prarger.

__________ (2002a). *Social Work Revisited*. Philadelphia, PA: Xlibris/Random

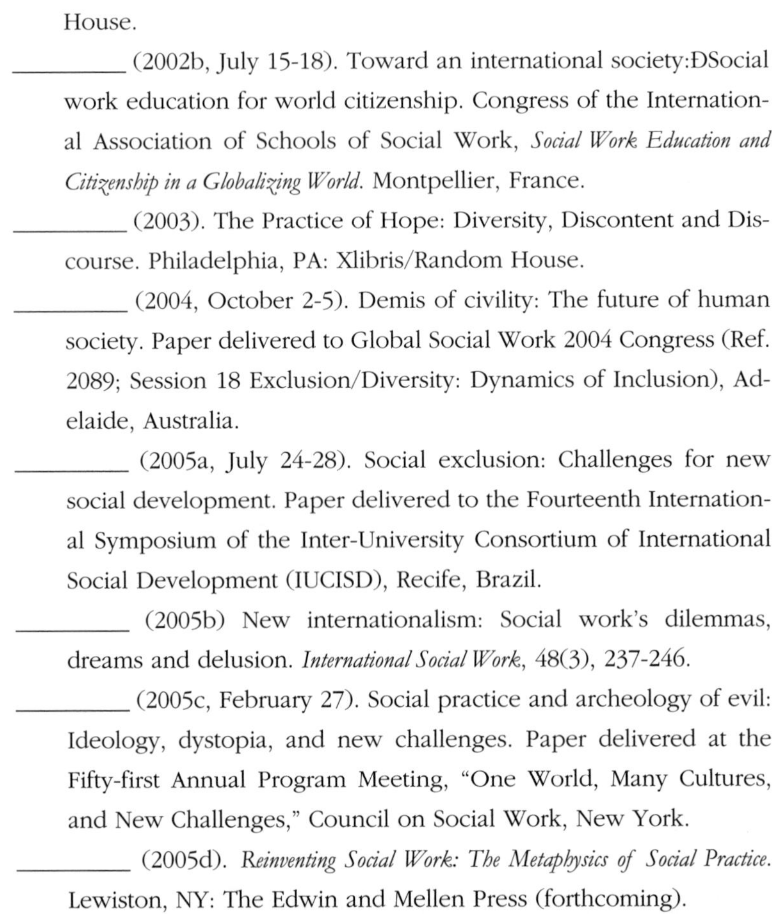

House.

_________ (2002b, July 15-18). Toward an international society:ĐSocial work education for world citizenship. Congress of the International Association of Schools of Social Work, *Social Work Education and Citizenship in a Globalizing World.* Montpellier, France.

_________ (2003). The Practice of Hope: Diversity, Discontent and Discourse. Philadelphia, PA: Xlibris/Random House.

_________ (2004, October 2-5). Demis of civility: The future of human society. Paper delivered to Global Social Work 2004 Congress (Ref. 2089; Session 18 Exclusion/Diversity: Dynamics of Inclusion), Adelaide, Australia.

_________ (2005a, July 24-28). Social exclusion: Challenges for new social development. Paper delivered to the Fourteenth International Symposium of the Inter-University Consortium of International Social Development (IUCISD), Recife, Brazil.

_________ (2005b) New internationalism: Social work's dilemmas, dreams and delusion. *International Social Work*, 48(3), 237-246.

_________ (2005c, February 27). Social practice and archeology of evil: Ideology, dystopia, and new challenges. Paper delivered at the Fifty-first Annual Program Meeting, "One World, Many Cultures, and New Challenges," Council on Social Work, New York.

_________ (2005d). *Reinventing Social Work: The Metaphysics of Social Practice.* Lewiston, NY: The Edwin and Mellen Press (forthcoming).

Mohan, B., & Sharma, P. (1985, spring). On human oppression and social development. *Social development Issues*, 9(1), 12-24.

New York Times. (2005, July 3). Africa at the summit (Editorial), p. 9. Retrieved July 3, 1005, from http://www.nytimes.com/aponline/arts/AP-Live-8.html?hp=&pagewanted=print.

Reichert, E. (2003). *Social work and human rights: A foundation for policy and action.* New York: Columbia University Press.

Rushdie, S. (2005). The PEN and the sword. *New York Times Book Review*, p.31.

Sagade, J. (2005). *Child marriages in India.* New Delhi: Oxford University Press.

Sumuelson, R. J. (2005, June 15). Status quo endangering Europe. *The Advocate*, p.7B.

Scheuer, M. (2004). *Imperial hubris: Why the West is losing the war on terror?* Dulles, VA: Brassey's.

Scott, J., & Leonhardt, D. (2005, May 15). Class in America: Shadowy lines that still divide. *New York Times*, pp.1-16.

Scroggins, D. (2005, June 27). The Dutch-Muslim culture war. *The Nation*, 280, 21-25.

Sen, A (1999). *Development as freedom.* New York: Anchor Books.

Shipman, A. (2002). *The globalization myth.* London: Icon Books.

Sommers, C. H., & Satel, S. (2005). *One nation under therapy: How the helping culture in eroding self-reliance.* New York: St. Martin's.

Specter, M. (2005, May 23). Higher risk. *New Yorker*, pp. 38-45.

Strossel, J. (2004). *Give me a break.* New York: Harper Collins.

Suskind, R. (2004, October 17). What makes Bush's presidency so radical. *New York Times Magazine*, pp.44-51, 64.

Time. (2005, June 27). China rising (cover), pp.28-29.

_____ (2005, July 4). China rising, p.15.

United Nations. (1948). United Nations Resolution 217A (III).

Wald, G. (2005). *Columbia.* New York: Columbia University Press.

Witkin, S. (1998). Human rights and social work (Editorial). *Social work*, 43, 197-201.

12장

Addams, J. (1991, January). Social control. *Crisis*, 22-23.

Brown v. Board of Education.Ð1954). 347 US 483.

Civil Rights Act, as amended. (1964). 42 USC sec. 1971, 1975a-d, 2000a-g-6.

Civil Rights Cases. (1883). 109 US 3.

Council on Social Work Education.Ð2003). Handbook of accreditation standards and procedures (5th ed.). Alexandira, VA: CSWE Press.

Hall, K. (Ed.). (1992). *The Oxford companion to the Supreme Court of the United States*. Oxford and New York: Oxford University Press.

Ignatieff, M. (2005, June 26). Who are Americans to think that freedom is theirs to spread? *New York Times Magazine*.

Illinois Domestic Relations Act. (1976). 750 ILCS 5/602.

International Federation of Social Workers (IFSW). (2004). Code of ethics. Retrieved, November 192005 from www.ifsw.org/enp38000324.html

Lissak, R. (1989). Pluralism and progressives: Hull house and the new immigrants, 1890-1919. Chicago: University of Chicago Press.

National Association of Social Workers (NASW). (1999). Code of Ethics. (Rev. ed). Washington DC: NASW Press.

National Association of Social Workers. (2003). *Social work speaks: National Association of Social Workers policy statements, 2003-2006* (6th ed.). Washington DC: NASW Press.

Plessy v. Fergusson. (1896). 163 US 537.

Reichert, E. (2003). *Social work and human rights: A foundation for policy and practice*. New York: Columbia University Press.

_________ (2006a). *Understanding Human Rights: An Exercise Book*. Sage, Thousand Oaks,

_________ (2006b). An Examination of Universalism and Cultural Rela-

tivism. *Journal of Comparative Social Welfare*, 22(1), 23-36.
Scott v. Sandford. (1857). 60 US 393.
Slaughterhous Cases. (1873). 83 US 36.
Sunstein, C. (2004). The second Bill of Rights: FDR's unfinished revolution and Why We Need It More Than Ever. New York: Basic Books.
United Nations (UN). (1948). Universal Declaration of human Rights. Adopted December 10, 1948. GA. Res. 217 AIII. United Nations Document a/810, New York: United Nations.
United Nations. (1976). International Covenant on Economic, Social, and Cultural Rights. United States Constitution, 1787.

찾아보기

ㅇ

ㅈ

[인명]

인권과 사회복지

초판 1쇄 발행 2015년 12월 31일

지은이 엘리자베스 라이커트 외
옮긴이 KC대학교 남북통합지원센터
펴낸이 박정희

기획편집 이주연, 양송희, 이성목 **마케팅** 김범수, 이광택, 김성은
관리 유승호, 양소연 **디자인** 하주연, 이지선 **웹서비스** 백윤경, 최지은

펴낸곳 사회복지전문출판 나눔의집
등록번호 제25100-1998-000031호
등록일자 1998년 7월 30일

주소 서울시 금천구 디지털로9길 68, 1105호(가산동, 대륭포스트타워 5차)
대표전화 1688-4604 **팩스** 02-2624-4240
홈페이지 www.ncbook.co.kr / www.issuensight.com
ISBN 978-89-5810-324-0(94330)
978-89-5810-250-2(세트)

이 도서의 국립중앙도서관 출판예정도서목록(CIP)은 서지정보유통지원시스템 홈페이지(http://seoji.nl.go.kr)와 국가자료공동목록시스템(http://www.nl.go.kr/kolisnet)에서 이용하실 수 있습니다. (CIP제어번호: CIP2015034805)

• 책값은 뒤표지에 있습니다.
• 잘못된 도서는 구입하신 서점에서 교환해 드립니다.